Neue
Kleine Bibliothek 224

Domenico Losurdo

Der Klassenkampf oder die Wiederkehr des Verdrängten

Eine politische und philosophische Geschichte

Aus dem Italienischen von Daniel Bratanovic

PapyRossa Verlag

Titel der Originalausgabe:
La lotta di classe – Una storia politica e filosofica
Published in 2013 by Gius. Laterza & Figli Spa, Roma / Bari

Luxemburger Str. 202, 50937 Köln
Tel.: +49 (0) 221 – 44 85 45
Fax: +49 (0) 221 – 44 43 05
E-Mail: mail@papyrossa.de
Internet: www.papyrossa.de

Umschlag: Verlag
Druck: Interpress

Die Deutsche Nationalbibliothek verzeichnet diese Publikation in der Deutschen Nationalbibliografie; detaillierte bibliografische Daten sind im Internet über http://dnb.d-nb.de abrufbar

ISBN 978-3-89438-604-7

Inhalt

Einleitung

Rückkehr des Klassenkampfes?

Während die ökonomische Krise die soziale Polarisierung weiter verstärkt und, darin die historische Erinnerung an die Große Depression von 1929 auffrischend, Millionen Menschen zur Erwerbslosigkeit, zur Prekarität, zur alltäglichen Existenzangst, gar zum Hunger verdammt, häufen sich die Aufsätze und Artikel, die von einer »Rückkehr des Klassenkampfes« sprechen. War er also folglich verschwunden?

Um die Mitte des 20. Jahrhunderts fasste Ralf Dahrendorf (1957: 29, 63f, 68f, 73) gelegentlich einer schrillen Kritik am marxistischen »Dogma« des Klassenkampfes die erreichten Ziele des kapitalistischen Systems so zusammen: »Im Prozess der Zuordnung sozialer Positionen hat das Erziehungssystem die Auswahl- und Steuerungsfunktion übernommen.« Das Eigentum habe jede Bedeutung verloren, an seine Stelle sei das Verdienst getreten: »Das Schulsystem ist nunmehr der Bestimmungsgrund der Schichtstruktur. Nicht die Schichtzugehörigkeit bestimmt das Erziehungsniveau, sondern das Erziehungsniveau bestimmt die Schichtzugehörigkeit.« Und das war noch nicht alles: Dahrendorf behauptete »eine Verbreiterung der Sphäre faktischer Gleichheit in der Gesellschaft« und sah eine unbestreitbare Tendenz der »Einebnung sozialer Unterschiede«. Der Autor dieses rosa getünchten Bildes sah sich gleichwohl gezwungen, gegen die vorschnellen Annahmen anderer Soziologen festzuhalten, dass es »noch Klassen und Klassengegensätze« gebe.

Es waren dies die Jahre, in denen auf der südlichen Welthalbkugel und in den ländlichen Gebieten unendliche Massen von Männern, Frauen und Kindern begannen, ihre Herkunftsorte zu verlassen, um andernorts ihr Glück zu suchen. Es handelte sich um ein Phänomen, das sich massenhaft auch in einem Land wie Italien äußerte: Zumeist aus dem Mezzogiorno kommend, überquerten die Emigranten die Alpen oder beendeten ihre Wanderung an deren Fuße. Die Arbeitsbedingungen in den Fabriken des Nordens der Halbinsel können vermöge eines Details illustriert werden: In der Absicht, Streiks und Arbeiteragitation zu brechen, wurden 1955 hunderte, wenn nicht tausende Mitglieder und Aktivisten der CGIL entlassen und die Gewerkschaft eines inakzeptablen Radikalismus beschuldigt (Turone 1973: 259). Es handelte sich hierbei mitnichten um eine Praxis eines rückständig entwickelten Landes. Im Gegenteil, dieses Modell wurde von den USA geschaffen, wo die *yellow-dog contracts* zum Teil noch Gültigkeit besaßen, auf deren Grundlage Arbeiter und Angestellte sich zum Zeitpunkt ihrer Einstellung gezwungenermaßen verpflichteten, keiner gewerkschaftlichen Organisation beizutreten. War also der Klassenkampf wirklich verschwunden oder nicht vielmehr die Freiheit zu gewerkschaftlicher Betätigung, was mithin eine Bestätigung der Realität von Klassenkampf wäre?

Die folgenden Jahre waren jene des »Wirtschaftswunders«. Aber schauen wir uns an, was sich 1969 in der führenden Nation des Westens ereignete, und erteilen einer US-amerikanischen Zeitschrift mit internationaler Verbreitung das Wort, die sich der Propaganda des *american way of life* verpflichtet wusste. Der für sich genommen eloquente Artikel, der im *Reader's Digest* erschien und den Titel *Hunger in America* trägt, enthält folgenden Passus:

> In der Bundeshauptstadt Washington sind 70 Prozent der Patienten des Kinderkrankenhauses von Unterernährung betroffen. […] In Amerika erreichen die Programme zur Ernährungsfürsorge lediglich sechs von 27 Millionen Bedürftigen […]. Eine Gruppe von Ärzten erklärte nach Abschluss einer Untersuchungsreise in die ländlichen Gegenden von Mississippi vor dem Unterausschuss des Senats: »Die Kinder, die wir gesehen haben, sind in offenkundiger Weise dabei, ihre Gesundheit, ihre Energie und ihre Lebendigkeit zu verlieren. Sie leiden Hunger und sind erkrankt, und dies sind die direkten und indirekten Gründe, an denen sie sterben.«

Dahrendorf zufolge entscheidet sich die soziale Stellung einzig oder zumindest vor allem über den Bildungsgrad. Die US-amerikanische Zeitschrift lenkt hingegen die Aufmerksamkeit auf eine zu Unrecht vernachlässigte Offensichtlichkeit: »Die Ärzte sind davon überzeugt, dass die Unterernährung das Wachstum und die Entwicklung des Gehirns beeinträchtigt« (Rowan/Mazie 1996: 100-102). Und ein weiteres Mal stellt sich die Frage: Hat diese schreckliche Misere im Land des kapitalistischen Reichtums irgendetwas mit dem Klassenkampf zu tun?

In den folgenden Jahren nahm Dahrendorf Abstand von seinen fantastischen Vorhersagen und musste ein »Anwachsen des Prozentsatzes der (oft berufstätigen) Armen in den Vereinigten Staaten« zur Kenntnis nehmen (1987: 133). Die interessanteste und beunruhigendste Beobachtung ist unscheinbar in der Klammer enthalten: Nicht einmal ein Arbeitsplatz schützte vor dem Armutsrisiko! Lange vergessen, erlangte das Phänomen der *working poor* erneute Aktualität, und mit ihm zusammen tauchte das Gespenst des Klassenkampfes wieder auf, das ein für alle Mal ausgetrieben zu sein schien. Doch in derselben Zeit bekräftigte der bekannte Philosoph Jürgen Habermas die inzwischen aufgegebene Position des berühmten Soziologen. Vor aller Augen sei Marx' Theorie des Klassengegensatzes und des Klassenkampfes widerlegt: Habermas sprach von einer »sozialstaatlichen Pazifizierung des Klassenkonflikts«, dank eines auf »Keynessche Wirtschaftspolitik gestützten Reformismus [...] in den westlichen Ländern seit 1945« (1988: 512). Sofort springt dabei eine Ungenauigkeit ins Auge. Die Behauptung mag allenfalls für Westeuropa Gültigkeit besitzen, aber sicherlich nicht für die USA, wo dem Sozialstaat niemals sonderlich viel Erfolg beschieden war, wie das oben angeführte beängstigende Beispiel beweist.

Aber das ist auch gar nicht der entscheidende Punkt. Habermas' These ist charakterisiert durch die Abwesenheit einer Fragestellung, die doch eigentlich auf der Hand liegen müsste: War die Errichtung des Wohlfahrtsstaats der unvermeidliche Ausweg aus einer dem Kapitalismus innewohnenden Tendenz oder war sie nicht vielmehr das Ergebnis einer politischen wie sozialen Bewegung der subalternen Klassen, also letztlich das Resultat des Klassenkampfes? Hätte der Philosoph sich diese Frage vorgelegt, hätte er es vielleicht vermieden, die Ewigkeit des Sozialstaates als selbstverständlich vorauszusetzen, dessen Instabilität und dessen fortschreitende Demontage mittlerweile für jedermann sichtbar geworden sind. Wer weiß, ob Habermas, der heute als der Erbe der Frankfurter Schule gilt, inzwischen nicht einige Zweifel gekommen sind. Mit Blick auf den Westen nahm der Sozialstaat zwar keine Gestalt in den USA an, sehr wohl hingegen in Europa, wo die gewerkschaftliche und Arbeiterbewegung traditionell stärker verwurzelt war; und er nahm in jenen Jahren Gestalt an, in denen diese Bewegung so stark wie nie zuvor war. Sie war so stark, weil der Kapitalismus, der für zwei Weltkriege, die Weltwirtschaftskrise und den Faschismus verantwortlich gemacht wurde, arg in Misskredit geriet. Ist all das nun eine Widerlegung oder eine Bestätigung der Marxschen Theorie vom Klassenkampf?

Der deutsche Philosoph gibt das Jahr 1945 als Ausgangspunkt für den Aufbau des Sozialstaates im Westen an und damit gleichzeitig für die Abschwächung bzw. das Verschwinden des Klassenkampfes. Ein Jahr vor diesem Datum besuchte der schwedische Soziologe Gunnar Myrdal die USA und gelangte zu einem drastischen Befund: »Die Rassentrennung ist so weit fortgeschritten, dass ein Südstaatenweißer niemals einen Schwarzen sieht, es sei denn als Bediensteten oder in vergleichbarer Stellung; standardisiert und formalisiert, wahrlich wie in einem Kastenwesen« (1944: 41). Weitere zwei Jahrzehnte später war das bestehende Herr-Knecht-Verhältnis zwischen Weißen und Schwarzen alles andere als verschwunden: »In den 60er Jahren wurden in Alabama mehr als 400 Afroamerikaner als Versuchspersonen der Regierung eingesetzt. Obwohl an Syphilis erkrankt, wurden sie nicht behandelt, weil die Behörden die Auswirkungen der Krankheit bei einer ›Stichprobe der Bevölkerung‹ erforschen wollten.« (R. E. 1997).

Die Jahrzehnte, die vom Ende des Zweiten Weltkriegs bis zur vollendeten »Befriedung des Klassenkonflikts« reichen, sind zugleich die historische Zeitspanne, in der die antikoloniale Revolution aufflammt. Die Völker Asiens, Afrikas und Lateinamerikas entledigten sich des kolonialen oder semikolonialen Jochs, während sich in den USA der Kampf der Afroamerikaner gegen das Regime der Rassentrennung und -diskriminierung auf einen finalen Punkt hin zubewegte, ein Regime, das sie weiterhin unterdrückte und erniedrigte, sie in die untersten Segmente des Arbeitsmarktes verbannte und gar als Versuchskaninchen behandelte. Hat diese riesenhafte revolutionäre Welle, die das System der Arbeitsteilung auf internationaler Ebene fundamental änderte und selbst die internen Verhältnisse der westlichen Führungsmacht keinesfalls unberührt ließ, irgendetwas mit dem Klassenkampf zu tun? Oder ist der Klassenkampf lediglich der Konflikt zwischen Proletariern und Kapitalisten, zwischen abhängiger Arbeit und Großbürgertum innerhalb eines Landes?

Die letztere Auffassung vertritt in aller Deutlichkeit Niall Ferguson, ein bekannter englischer Historiker unserer Tage: In der großen historischen Krise der ersten Hälfte des 20. Jahrhunderts habe der »Klassenkampf«, oder vielmehr die »angebliche Feindschaft zwischen Proletariat und Bourgeoisie« eine reichlich untergeordnete Rolle gespielt. Bedeutsam ist allerdings die Auffassung Hermann Görings, der mit verzerrtem Blick den Zusammenstoß zwischen dem »Dritten Reich« und der Sowjetunion als »großen Rassenkrieg« definierte (siehe Kap. VI, § 8). Der Versuch Nazideutschlands, die Slawen, damit sie der Herrenrasse zu Diensten seien, auf das Niveau von Negersklaven zu zerren, sowie auf der anderen Seite der epische Widerstand ganzer Völker in diesem vom »Dritten Reich« in Gang gesetzten Krieg der kolonialen Knechtung und Versklavung, kurz der »große Rassenkrieg«, sollen nichts mit Klassenkampf zu tun haben?

Es besteht kein Zweifel: Für Dahrendorf, Habermas und Ferguson, aber auch, wie wir sehen werden, für einflussreiche marxistische oder postmarxistische Gelehrte beschränkt sich der Klassenkampf exklusiv auf den Konflikt zwischen Proletariat und Bourgeoisie und das auch nur dann, wenn er offen ausgetragen wird und beide Teile ein Bewusstsein von ihm haben. Ist dies aber auch die Sichtweise von Marx und Engels? Das *Manifest der Kommunistischen Partei* beginnt, nachdem zuvor das »Gespenst des Kommunismus«, das in Europa umgehe, heraufbeschworen worden war, und noch vor der Analyse des »existierenden Klassenkampfes« zwischen Proletariat und Bourgeoisie bekanntlich mit einer These, die weltberühmt werden und für die revolutionären Bewegungen des 19. und 20. Jahrhunderts eine erstrangige Bedeutung spielen sollte: »Die Geschichte aller bisherigen Gesellschaft ist die Geschichte von Klassenkämpfen«. Der Übergang vom Singular zum Plural macht klar, dass jener zwischen Proletariat und Bourgeoisie lediglich einer unter mehreren Klassenkämpfen ist, die ihrerseits ganz grundsätzlich die Universalgeschichte durchdringen, mithin durchaus kein Alleinstellungsmerkmal der industrialisierten bürgerlichen Gesellschaft sind. Das wird, falls Zweifel geblieben sein sollten, einige Seiten später noch einmal unterstrichen: »Die Geschichte der ganzen bisherigen Gesellschaft bewegte sich in Klassengegensätzen, die in den verschiedenen Epochen verschieden gestaltet waren.« Folglich gibt es nicht nur den Plural »Klassenkämpfe«, sondern auch verschieden gestaltete Klassengegensätze innerhalb der verschiedenen historischen Epochen, innerhalb der verschiedenen Gesellschaften und innerhalb der verschiedenen konkreten Situationen, die sich nach und nach einstellten. Aber welche vielfältigen Klassenkämpfe oder, anders gesagt, welche vielfältigen Konfigurationen des Klassenkampfes sind das?

Um auf diese Frage zu antworten, ist es notwendig, auf philologischer und logischer Grundlage die Bedeutung einer Theorie sowie die Wandlungen und Schwankungen, denen sie unterlag, zu rekonstruieren. Die Beschränkung auf die Textgeschichte reicht jedoch nicht aus. Erforderlich ist, sie mit der Realgeschichte zu verschränken. Es bedarf einer doppelten historisch-theoretischen Relektüre: Zum einen wird es darauf ankommen, die von Marx und Engels dargelegte Theorie des Klassenkampfes dadurch zu erhellen, dass sie in die Entwicklungsgeschichte der beiden Philosophen und Revolutionäre und deren aktive Teilnahme an den politischen Kämpfen ihrer Zeit eingebettet wird. Zum anderen darauf, festzustellen, ob diese Theorie in der Lage ist, die reichhaltige und leidvolle Weltgeschichte, mit der das *Kommunistische Manifest* anhebt, angemessen abzubilden.

Die erste Relektüre betrachtet den Gegenstand des Klassenkampfes folglich unter dem Gesichtspunkt »Marx und Engels«. Aber ist eine solch strikt Zusammenführung der beiden überhaupt legitim? Die Gründe dieses Ansatzes lassen sich schnell erklären. Vor dem Hintergrund einer Arbeitsteilung und einer Aufteilung gemeinschaftlich erdachter und vereinbarter Arbeitsaufträge befinden sich die beiden Autoren des *Kommunistischen Manifests* und anderer nicht weniger wichtiger Werke in einem beständigen Verhältnis der Zusammenarbeit und der beiderseitigen Abgleichung im Denken. Mindestens in dem Bereich, der am striktesten mit der Politik und dem Klassenkampf verknüpft ist, betrachteten sich beide als Mitglieder oder vielmehr als Anführer einer einzigen »Partei«. In einem Brief an Engels vom 8. Oktober 1858, beschreibt Marx das Problem, ob die Revolution in Europa, die dort »sofort einen sozialistischen Charakter annehmen« werde, Bestand haben kann, obwohl »auf viel größerm Terrain das movement der bürgerlichen Gesellschaft noch ascendant ist«, so: »Die schwierige question *für uns* ist die« (MEW, 29: 360). Zur Antwort berufen ist nicht ein einzelner Intellektueller, sei er auch noch so genial, sondern die Führungsgruppe einer in Gründung begriffenen politischen Partei. In der Tat, die Anhänger dieser »Partei« sprachen von »Marx und Engels« als von einem unauflöslichen intellektuellen wie politischen Bund, von einer Führungsgruppe der Partei, die im Einklang miteinander dachte und handelte. Der gleichen Ansicht waren auch die Gegner, wie etwa Michail Alexandrowitsch Bakunin, der im Rahmen seiner Kritik beide mehrfach in einem Atemzug »Marx und Engels« oder »die Herren Marx und Engels« nannte oder aber den »Herren Engels« als »alter ego« von Marx ins Visier nahm. (vgl. Enzensberger 1973: 424ff). Andere Gegner warnten vor der »Marx-Engels-Bande« oder spotteten über den »Herren Engels, Marxens Premierminister« bzw. »Marx und seinen Premierminister« (vgl. Enzensberger 1973: 368, 390).

Das Verhältnis dieser beiden großen Intellektuellen und Revolutionäre ist so eng, dass bisweilen von »Marx und Engels« im Singular gesprochen wurden, so als handele es sich um einen einzigen Autoren, um eine einzige Person. Erstmals festgehalten ist das in einem Brief von Marx an Engels vom 1. August 1856, wo es über den Trierer Advokaten und kleinbürgerlichen Demokraten Ludwig Simon heißt: »Höchst sonderbar ist, wie der Kerl uns beide als *Singular* auffasst, ›Marx und Engels *sagt*‹ etc.« (MEW, 29: 68).

Es dürfte indessen klar sein, dass wir es immer mit zwei Individuen zu tun haben und dass unvermeidbar auftretende Differenzen zwischen zwei distinkten Persönlichkeiten im Hinterkopf behalten und bei Bedarf angesprochen werden müssen. Dies allerdings, ohne posthum gewissermaßen eine Spaltung innerhalb der »Partei« beziehungsweise der Führungsgruppe einer Partei vorzunehmen, die es nämlich sehr wohl vermochte, den unzähligen Herausforderungen der Zeit einheitlich zu begegnen. Nun also: Was haben Marx und Engels unter Klassenkampf verstanden?

Kapitel I

Die verschiedenen Formen des Klassenkampfes

1. »Befreiung der Arbeiterklasse« und »nationale Befreiung«

Die beiden Philosophen und kämpferischen Revolutionäre haben zwar keine in systematischer Weise abschließende und klärende Arbeit zum Gegenstand vorgelegt. Gleichwohl spielt aber der Klassenkampf eine zentrale Rolle im Horizont ihres Denkens. Um sich dennoch bewusst darüber zu werden, wie oberflächlich und irreführend die gewöhnliche Lesart der Theorie des Klassenkampfes ist, reicht es, einen Blick auf die theoretischen und politischen Grundlagen zu werfen, die bei Marx (und Engels) bereits in ihren ersten Schriften erkennbar sind. Der Ausgangspunkt ist wohlbekannt. Zwar brachten der Umsturz der alten Herrschaft und die Beseitigung des monarchischen Despotismus und der feudalen Produktionsverhältnisse wichtige Ergebnisse hervor. Aber sie bedeuteten nicht den Abschluss eines drängenden Prozesses radikaler politischer und sozialer Transformation. Es ist notwendig, über die »politische Emanzipation«, die das Resultat der bürgerlichen Revolution ist, hinauszugehen. Es geht darum, die »menschliche Emanzipation«, die »universelle Emanzipation« zu realisieren (MEW, 1: 356, 370, 390). Am Horizont scheint eine neue Revolution auf. Doch was sind deren Ziele?

Sie erfordert, die Macht der Bourgeoisie zu stürzen, die von ihr auferlegten »Ketten« der »modernen Sklaverei« (MEW, 4: 493 u. 84), der »Lohnsklaverei« (MEW, 17: 342) zu sprengen; sie erfordert die »Befreiung der Arbeiterklasse« (MEW, 16: 111), »die ökonomische Emanzipation der Arbeiterklasse« vermöge der »Vernichtung aller Klassenherrschaft« (MEW, 16: 14). Es besteht kein Zweifel: Die Konzentration auf den Kampf, den das Proletariat gegen die Bourgeoisie zu führen aufgerufen ist, bleibt bestehen. Erschöpft sich darin aber der Kampf für die »menschliche Emanzipation«, für die »universelle Emanzipation«?

Kurz bevor der finale Appell zur »kommunistischen Revolution« und zum »gewaltsamen Umsturz aller bisherigen Gesellschaftsordnung« erklingt, ruft das *Kommunistische Manifest* auch zur »nationalen Befreiung« Polens auf (MEW, 4: 492f). Hier tritt eine neue Losung zutage. Bereits in seinen ersten Schriften und Beiträgen spricht sich Engels für die »Befreiung Irlands« aus (MEW, 4: 443), für die »Erringung nationaler Selbständigkeit« (MEW, 2: 485) durch ein Volk, das eine bisher »fünfhundertjährige Unterdrückung« erlitten habe (MEW, 1: 479). Marx wird seinerseits, nachdem er schon Ende des Jahres 1847 für die »Befreiung« der »unterdrückten Nationen« eingetreten war, nicht müde, zum Kampf für die »nationale Emanzipation Irlands« aufzurufen (MEW, 4: 416; MEW, 32: 669).

Halten wir fest: Die von Marx und Engels beschworene radikale Revolution erstrebt nicht nur die Befreiung bzw. Emanzipation der unterdrückten Klasse, des Proletariats, sondern auch die Befreiung bzw. Emanzipation der unterdrückten Nationen. Nachdem kurz auf das Problem der »nationalen Befreiung« Polens hingewiesen worden ist, schließt das *Manifest* mit einer Aufforderung: »Proletarier aller Länder, vereinigt euch!« Dieser weltberühmte Appell bildet auch die Schlussfolgerung der *Inauguraladresse* der 1864 gegründeten Internationalen Arbeiter-Assoziation. Aber dieser großartige Text ist auch einer »auswärtigen Politik« gewidmet, die den »Meuchelmord des heroischen Polen« wie den Irlands und anderer unterdrückter Nationen verhindern möge, sich der Abschaffung der Negersklaverei in den USA verpflichten und Schluss machen solle mit den »piratischen Kriegen«, die vom »Westen Europas« in den Kolonien betrieben werden (MEW, 16: 13).

Der Kampf für die Emanzipation der unterdrückten Nationen ist nicht weniger wichtig als der Kampf für die Emanzipation des Proletariats. Beide Kämpfe werden mit derselben Leidenschaft verfolgt und betrieben. Im August 1844 schrieb Marx an Feuerbach:

> Sie müssten an einer der Versammlungen der französischen ouvriers beigewohnt haben, um an die jungfräuliche Frische, an den Adel, der unter den abgearbeiteten Menschen hervorbricht, glauben zu können. [...] Jedenfalls aber bereitet die Geschichte unter diesen »Barbaren« unserer zivilisierten Gesellschaft das praktische Element zur Emanzipation des Menschen vor (MEW, 27: 426).

Vier Jahre später, in einem Artikel vom 3. September 1848, lenkt Engels die Aufmerksamkeit auf die von Russland, Österreich und Preußen betriebene Zerstückelung und Aufteilung Polens. In der Nation, die darunter zu leiden hatte, rief diese Tragödie eine beinahe einhellige Antwort hervor. Daraus erwuchs eine Befreiungsbewegung, an der sich auch der Adel beteiligte. Diese Klasse war zur Herbeiführung eines Endes der nationalen Unterdrückung und Erniedrigung bereit, auf ihre feudalen Privilegien zu verzichten, um sich »mit einer beispiellosen Aufopferung der demokratisch-agrarischen Revolution« anzuschließen (MEW, 5: 355). Der Enthusiasmus, der aus diesen Zeilen spricht, geht mitnichten auf eine Arglosigkeit und Oberflächlichkeit zurück, derer man Engels oft bezichtigt hat. Marx äußerte sich zur Sache in noch emphatischeren Worten: »Die Weltgeschichte bietet kein andres Beispiel von ähnlichem Adel des Adels« (Marx 1961: 124). Eine Sprache, die zu denken gibt. Dieser Adel des Geistes, wie er zuerst von den französischen Arbeitern zelebriert wurde, geht jetzt auch in hohem Maße auf die polnische Aristokratie und indirekt auch auf den großen Kampf der nationalen Befreiung über.

Gleichwohl besteht kein Grund, einen differenzierten Blick aufzugeben. Sofern das Proletariat der Protagonist im Befreiungs- bzw. Emanzipationsprozess ist, der sich der Ketten der kapitalistischen Herrschaft entledigt, ist das zum Sprengen der Ketten nationaler Unterdrückung aufgerufene Aufgebot umso größer. Das haben wir für den Fall Polens gesehen, es gilt in gleicher Weise für Irland. In einem langen Brief vom April 1870 sprach sich Marx für ein Bündnis aus, dessen heterogene Charakteristika sofort ins Auge springen: Als Protagonisten müssten sowohl die englischen Arbeiter als auch die irische Nation betrachtet werden. Erstere waren aufgerufen, den »nationalen irischen Kampf« zu unterstützen und sich von der Politik, die die englischen »Aristokraten und Kapitalisten« insgesamt »gegen Irland« betrieben, zu distanzieren. Hart und herzlos war die ausgeübte Unterdrückung durch die herrschenden englischen Klassen, doch zum Glück könne man auf den »revolutionären Charakter der Iren« zählen (MEW, 32: 667-669). Ein solcher revolutionärer Schwung müsse in erster Linie im Kampf für die nationale Befreiung zur Anwendung kommen.

So wie die unterdrückte Nation angehalten ist, ihren Kampf auf breitestmöglicher nationaler Basis zu führen, so sehr ist es die Aufgabe des Proletariats innerhalb der unterdrückenden Nation, den Antagonismus gegenüber der herrschenden Klasse zu entwickeln, um auf diese Weise die eigene »menschliche« Emanzipation zu befördern und zur gleichen Zeit zur Emanzipation der unterdrückten Nation beizutragen.

Diese theoretische Grundlage erreichten Marx und Engels nicht ohne Schwankungen: »Man kann Irland als die erste englische Kolonie ansehn«, schreibt letzterer seinem Freund in einem Brief vom Mai 1856 (MEW, 29: 56). Auf diese Weise werden wir auf das Terrain der außereuropäischen Kolonialwelt geführt, insbesondere nach Indien, das Marx drei Jahre zuvor als das »Irland des Ostens« definiert hatte (MEW, 9: 127; MEGA, I, 12: 166). Auf die tragische Situation Indiens wies bereits *Das Elend der Philosophie* hin, worin die Aufmerksamkeit auf eine von den bürgerlichen Ökonomen generell ignorierte Realität gelenkt wurde. Denen ist es darum zu tun, die Fähigkeit des Kapitalismus unter Beweis zu stellen, die Lage der arbeitenden Klassen zu verbessern. Aus dem Blick geraten aber jene Millionen von Arbeitern, »die in Ostindien umkommen mussten, damit den eineinhalb Millionen in der gleichen Industrie in England beschäftigter Arbeiter drei Jahre Prosperität auf zehn verschafft würden« (MEW, 4: 123f). Die Konfrontation besteht hier zwischen Arbeitern und Arbeitern und verweist damit auf die unterschiedlichen Bedingungen zwischen kapitalistischen Metropolen und Kolonien. Vor diesem Hintergrund können wir das Problemfeld erkennen, das Marx in einem Artikel vom Juli 1853 absteckte. Nachdem er dort die tragischen Bedingungen in Indien und die neuen Gärungen, die im Gefolge der Begegnung bzw. des Zusammenstoßes mit der europäischen Kultur – hier in Gestalt der englischen Kolonisatoren – erwuchsen, beschrieben hat, fährt er wie folgt fort:

> Die Inder werden die Früchte der neuen Gesellschaftselemente, die die britische Bourgeoisie in ihrem Lande ausgestreut, nicht eher ernten, bis in Großbritannien selbst die heute herrschenden Klassen durch das Industrieproletariat verdrängt oder die Inder selbst stark genug geworden sind, um das englische Joch ein für alle Mal abzuwerfen (MEW, 9: 224; MEGA, I, 12: 251).

Zwei verschiedene revolutionäre Szenarien werden hier angenommen: Das erste – in England – betrachtet das »Industrieproletariat« als Protagonisten der Revolution, das zweite – in der unterworfenen Kolonie – hat den »Hindu« als Protagonisten. Jedes Mal, wenn die »nationale Emanzipation« bzw. die »nationale Befreiung« ins Spiel kommt, bildet die Nation als solche das Subjekt: Die Polen, die Iren, die Hindus. Ist also die Aufmerksamkeit für den Klassenkampf bei den beiden Theoretikern des historischen Materialismus und militanten Revolutionären verschwunden?

2. Eine Ablenkung vom Klassenkampf?

Es mangelt nicht der Interpreten, die auf die soeben gestellte Frage affirmativ antworten. Der Autor eines im Übrigen sehr gut belegten Buchs über *Marx, Engels et la politique internationale* hält fest, dass in den unmittelbar auf das *Manifest der Kommunistischen Partei* folgenden Jahren »die Außenpolitik und der Kampf zwischen den Nationen die Oberhand über den Klassenkampf gewinnt«. Ja, »Marx analysiert nicht nur leidenschaftlich und in detailreicher Weise die [internationalen] politischen Intrigen, er analysiert sie auch ohne jede Bezugnahme auf die ökonomischen und sozialen Kräfte und Faktoren«; die in der *Neuen Rheinischen Zeitung* veröffentlichten Artikel »scheinen« daher, um nur ein Beispiel zu nennen, »gänzlich von der Doktrin gelöst« (Molnár 1975: 122, 114 u. 20). Man gewinnt den Eindruck, dass dort, wo die Außenpolitik und die zusammenhängenden diplomatischen und militärischen »Intrigen« beginnen, der Klassenkampf aufhört und die »Doktrin« des historischen Materialismus verstummt.

An dieser Stelle könnte sich eine befremdliche Schlussfolgerung aufdrängen: Auf der einen Seite hielten Marx und Engels beharrlich an dem Umstand fest, dass »jede Gesellschaft« im Laufe ihrer inneren Entwicklung von Klassenkämpfen durchdrungen ist und dass »alle Kämpfe der Geschichte« Klassenkämpfe sind, auf der anderen Seite aber rekurrierten sie nur gelegentlich und unregelmäßig auf diese von ihnen formulierte Theorie. Doch steht es wirklich so um die Dinge? Es empfiehlt sich, von der Aussage des französischen Sozialisten Charles Longuet auszugehen, der sich in seiner Hommage auf die »Märtyrer« der Pariser Kommune auf den »Tempel des historischen Materialismus« oder besser auf das Haus Marx berief, ein Haus, das er als Schwiegersohn des großen Philosophen und Revolutionärs gut kannte:

> Der polnische Aufstand von 1863, die irischen Revolten der Fenier von 1869, der Agrarliga und der Home Rulers von 1874: diese Erhebungen von unterdrückten Nationalitäten sind von den Zinnen jener Festung der Internationale aus mit ebenso großem Interesse verfolgt worden wie die anschwellende Bewegung des Sozialismus in beiden Hemisphären (Enzensberger 1973, Bd. 2: 411).

Folglich war das Interesse für die »Erhebungen von unterdrückten Nationalitäten« nicht weniger lebhaft und konstant als jenes, das sich der Agitation des Proletariats und der subalternen Klassen widmete. Es dürfte schwierig sein, die Glaubwürdigkeit dieses Zeugnisses in Zweifel zu ziehen: Dabei genügt es, die gesammelten Werke von Marx und Engels durchzublättern, um festzustellen, dass zahlreiche Texte dem Kampf des irischen und des polnischen Volkes und der Anprangerung einer von Großbritannien bzw. Russland betriebenen Politik der nationalen Unterdrückung gewidmet sind.

Dabei handelt es sich sowohl um ein intellektuelles wie auch politisches Interesse, angefüllt mit emotionaler Anteilnahme. Am 23. November 1867 wurden in Manchester drei militante irische Revolutionäre gehängt, beschuldigt, mit Waffengewalt die Befreiung zweier Führer der Unabhängigkeitsbewegung orchestriert zu haben, bei der ein Polizist ums Leben kam. Bezugnehmend auf die Reaktion seiner erstgeborenen Tochter schrieb Marx wenige Tage später an Engels: »Jenny geht seit der Hinrichtung in Manchester in Schwarz und trägt ihr polnisches Kreuz an einem grünen Band« (MEW, 31: 392). Das Kreuz, Symbol des polnischen Befreiungskampfes, vereinigt sich so mit dem Grün der irischen Sache. Nach Erhalt des Briefes antwortete Engels am

29. November unverzüglich: »Schwarz und grün herrscht auch bei mir zu Hause vor, brauche ich Dir kaum zu sagen« (MEW, 31: 396). Farben der auferlegten Trauer angesichts der britischen Henker der nationalen Befreiungsbewegung des irischen Volkes.

Die beiden Philosophen und Revolutionäre verglichen die Opfer von Manchester mit John Brown, jenem Abolitionisten, der versuchte, die Sklaven im Süden der USA aufzuwiegeln, und der in der Folge furchtlos aufs Schafott trat (MEW, 31: 387; MEW, 16: 439). Dieser Vergleich zwischen den irischen Unabhängigkeitskämpfern und dem Verfechter des Abolitionismus bestätigt neben der Leidenschaft, mit der Marx und Engels die »Erhebungen von unterdrückten Nationalitäten« verfolgten, auch die zentrale Rolle, die diese Regungen in ihren Augen im Rahmen des Emanzipationsprozesses der Menschheit spielten.

Nicht nur Feindschaft, sondern auch Gleichgültigkeit gegenüber den unterdrückten Nationen verfiel auf politischer wie moralischer Ebene schärfster Ablehnung. Die *Inauguraladresse* verurteilte »die höheren Klassen« des westlichen Europas, insbesondere Englands, für ihre arbeiterfeindliche Politik, aber auch für den erbrachten Beistand zugunsten der Sezession der US-amerikanischen Südstaaten ebenso wie für den »schamlosen Beifall, die Scheinsympathie oder idiotische Gleichgültigkeit«, mit der sie der nationalen Tragödie Polens zusahen. (MEW, 16: 13). Eine Arie der Überlegenheit gegenüber dieser Tragödie anstimmend, stellte Pierre-Joseph Proudhon in den Augen von Marx seinen alles andere als intelligenten »Zynismus« unter Beweis (siehe Kap. IV, § 1).

Das Interesse für die »auswärtige Politik« soll also nichts mit Klassenkampf zu tun haben, ihn sogar unterschlagen? Folgen wir dem Zeugnis Longuets, glomm in Wirklichkeit die sympathische Hingabe an die »Regungen der unterdrückten Nationalität« im »Tempel des historischen Materialismus«, im Tempel jener Doktrin, die auf deren Grundlage die Geschichte als Geschichte von Klassenkämpfen betrachtet wird. Und schon im Juli 1848, im selben Jahr also, in dem das *Manifest der Kommunistischen Partei* veröffentlicht wurde, beschwor Engels die Notwendigkeit einer revolutionären »internationalen Politik der Demokratie« (MEW, 5: 156). Sechzehn Jahre später unterstrich die Internationale

Arbeiterassoziation mit Marxscher Feder im Moment ihrer Gründung: Die Notwendigkeit einer »politischen Ökonomie der Arbeiterklasse« ist notwendig, was aber nicht reicht; erforderlich ist, »den Arbeiterklassen die Pflicht« zu lehren, »in die Geheimnisse der internationalen Politik einzudringen, die diplomatischen Akte ihrer respektiven Regierungen zu überwachen, ihnen wenn nötig entgegenzuwirken«; erforderlich ist, dem Umstand Rechnung zu tragen, dass »der Kampf für eine solche auswärtige Politik« des Beistands für die unterdrückten Nationen integraler Bestandteil »im allgemeinen Kampf für die Emanzipation der Arbeiterklasse« ist (MEW, 16: 11 u. 13). Wie erklärt sich eine solch verbindliche Position?

3. »Klassenkämpfe und nationale Kämpfe«: »Genus« und »Spezies«

Jenseits der »Ausbeutung der Arbeit«, die den Arbeiter auf dem Terrain eines einzelnen Landes zu »moderner Sklaverei« verdammt, wird im *Elend der Philosophie*, im *Manifest der Kommunistischen Partei* und in anderen zeitgenössischen Texten die »Exploitation einer Nation durch die andere« oder auch die »Exploitation der Völker unter sich« kritisiert (MEW, 4: 164, 84, 479 u. 416). In Betrachtung des irischen Falles muss man sich der Tatsache erinnern, dass »die Ausbeutung dieses Landes« »eine Hauptquelle« des »materiellen Reichtums« Englands bildete (MEW, 32: 667). Ist es einzig die Ausbeutung innerhalb eines Landes, die zum Klassenkampf herausfordert? Im selben Jahr, in dem das *Manifest der Kommunistischen Partei* erschien, hielt Marx eine unumstößliche Botschaft bereit: Diejenigen, die »nicht begreifen können, wie ein Land sich auf Kosten des anderen bereichern kann«, können umso weniger begreifen, »wie innerhalb eines Landes eine Klasse sich auf Kosten einer anderen bereichern kann« (MEW, 4: 457). Weit davon entfernt, nur geringe Relevanz zu besitzen, bedeuten Ausbeutung und Unterdrückung, die sich auf internationaler Ebene entwickeln, wenigstens in methodologischer Hinsicht eine Vorbedingung für das Verständnis des sozialen Konflikts und für den Klassenkampf im nationalen Rahmen.

Gleichzeitig mit der »Befreiung« oder der »ökonomischen Emanzipation des Proletariats« traten Marx und Engels, wie wir wissen, für die »Befreiung« oder »Emanzipation« der »unterdrückten Nationen« ein. Ist Klassenkampf nur jenes Trachten nach Befreiung / Emanzipation der ausgebeuteten Klassen, aber nicht das vorgeschlagene Mittel, um die Befreiung / Emanzipation der ausgebeuteten (und unterdrückten) Nationen zu erreichen? Ist es kein Klassenkampf, wenn eine Klasse die politische Emanzipation erreicht hat, nicht aber die ökonomische und soziale? Der ausgefochtene Kampf einer Nation für eben jene politische Emanzipation wäre mithin kein Klassenkampf.

Insofern das Proletariat nicht die ökonomische wie soziale Emanzipation erreicht, bleibt es der »modernen Sklaverei« unterworfen. Ein Ausdruck, der schlagartig an die eigentliche Sklaverei denken lässt. Und aufs Neue erhebt sich eine Frage: Ist der Klassenkampf nur der Kampf derer, die der »modernen Sklaverei«, dem »emanzipierten Sklaventum« oder der »Lohnsklaverei«, der »indirekten Sklaverei des weißen Mannes in England« unterworfen sind, nicht aber der Kampf jener, die der »wirklichen Sklaverei« der »direkten Sklaverei des schwarzen Mannes auf der anderen Seite des Atlantik« unterworfen sind (MEW, 2: 129; MEW, 17: 342; MEW, 15: 317)? Ist Klassenkampf nur jener, dessen Subjekt in den *Grundrissen* in unüblicher Diktion als »freier Arbeiter« definiert ist, aber nicht hingegen der Kampf, dessen Subjekte, um mit der *Deutschen Ideologie* zu sprechen, die versklavten »revolutionierenden Neger von Haiti« und die versklavten »weglaufenden Neger aller Kolonien« sind (MEW, 3: 290)?

Schauen wir uns an, auf welche Weise Marx die bürgerliche Gesellschaft entlarvt, und geben ihm zuerst mit dem *Elend der Philosophie* das Wort: »Die modernen Völker haben die Sklaverei in ihren Ländern lediglich zu maskieren gewußt, während sie sie in der Neuen Welt unverhüllt eingeführt haben« (MEW, 4: 132). Mit besonderem Blick auf das in Indien errichtete Kolonialreich Großbritanniens bekräftigt Marx einige Jahre später: »Die tiefe Heuchelei der bürgerlichen Zivilisation und die von ihr nicht zu trennende Barbarei liegen unverschleiert vor unseren Augen, sobald wir den Blick von ihrer Heimat, in der sie unter respektablen Formen auftreten, nach den Kolonien wenden, wo sie sich in ihrer ganzen Nacktheit zeigen« (MEW, 9: 225). Ist Klassenkampf nur derjenige, der die maskierte Sklaverei und die verkappte, herausgeputzte Barbarei in Frage stellt? Es wäre absurd, dies zu bejahen, und ausgerechnet dort, wo Ausbeutung und Unterdrückung am offensichtlichsten und am brutalsten sind, den Klassenkampf als zutreffende Kategorie nicht gelten zu lassen.

Doch kehren wir zur Aussage Longuets zurück. Nachdem er über die Interessen und Leidenschaften seines Schwiegervaters bezüglich der »Erhebungen von unterdrückten Nationalitäten« referiert hat, fährt Longuet wie folgt fort: »Seine Philosophie war keine Kasuistik. Sie hätte sich nie auf zweideutige Spitzfindigkeiten eingelassen, wo es um die klare und offene Theorie des Klassenkampfs ging« (Enzensberger 1973: 411). Deutlich erkennbar ist hier der Nexus zwischen den nationalen Kämpfen und den Klassenkämpfen. Aber ist diese Lesart korrekt?

In seiner 1849 verfassten Schrift *Lohnarbeit und Kapital* ging Marx auf den Vorwurf ein, »dass wir nicht die ökonomischen Verhältnisse dargestellt haben, welche die materielle Grundlage der jetzigen Klassenkämpfe und Nationalkämpfe bilden.« Und antwortete: »Es galt vor allem den Klassenkampf in der Tagesgeschichte zu verfolgen« (MEW, 6: 397). Will man diesen Ausschnitt einer Bewertung unterziehen, so scheint es, als seien die »Nationalkämpfe« der in einem weiten Sinne verstandenen Kategorie der »Klassenkämpfe« zu subsumieren. Es erscheint angebracht, diesen Ausschnitt mit einem anderen zu konfrontieren, der in dem bereits zitierten Brief vom April 1870 enthalten ist und in dem Marx zu einer tiefgehenden Analyse der irischen Frage fortschritt. Lesen wir seine Schlussfolgerung:

> Weil in Irland die Landfrage [historisch dem irischen Volk von den englischen Kolonisatoren entrissen] bis jetzt die ausschließliche Form der sozialen Frage ist, weil sie eine Existenzfrage, eine Frage von Leben und Tod für die immense Majorität des irischen Volks ist, weil sie zugleich unzertrennlich von der nationalen Frage ist, ist die Vernichtung der englischen Grundaristokratie eine unendlich leichtere Operation als in England selbst (MEW, 32: 668).

In Irland existiert die »soziale Frage« nicht außerhalb der »nationalen Frage«; die eine ist identisch mit der anderen, wenigstens für eine ganze historische Periode, nämlich solange, bis die Unabhängigkeit Irlands erreicht sein wird. Die »soziale Frage« ist hier die allgemeinere Kategorie, die Gattung, innerhalb derer die konkrete Situation der unglückseligen Insel, die seit Jahrhunderten von Großbritannien ausgebeutet und unterdrückt wurde, als spezifische »nationale Frage« erscheint. Für diejenigen, die das nicht verstanden haben, bekräftigte Marx nochmals: »Die soziale Bedeutung der irischen Frage muss klargelegt werden« (MEW, 32: 669f). Man kann die *Spezies* nicht verstehen, wenn man sie aus dem *Genus* herauslöst. In analoger Weise können wir bezugnehmend auf den Passus aus *Lohnarbeit und Kapital* argumentieren, dass der *Genus* »Klassenkämpfe« die spezifische, unter bestimmten Bedingungen zustande kommende Form der »Nationalkämpfe« übergreift.

Sofern die Klassen und mit ihnen die Klassenkämpfe sich auf der »materiellen Basis« der Produktion und der Distribution der Ressourcen und der Mittel, die das Leben gewährleisten, sofern sie sich auf der Grundlage der »gesellschaftlichen Lebensverhältnisse« bzw. der »wirklichen Lebensverhältnisse« (MEW, 23: 393, Anm.) konstituieren und entwickeln, ist klar, dass man die »Arbeitsteilung« nicht nur auf nationaler, sondern auch auf internationaler Ebene betrachten muss, ohne dabei also je den »Weltmarkt« aus dem Blick zu verlieren (MEW, 27: 454).

Die bestehende Ordnung verlangt den Völkern, die ihrer Unabhängigkeit beraubt sind, und vor allem denjenigen, die kolonialer Herrschaft und Ausplünderung unterworfen sind, eine besonders abstoßende Form der Arbeitsteilung ab. In den Kolonien, beobachtete Marx im Sommer 1853 mit Blick auf Indien, schleift der Kapitalismus »ganze Völker durch Blut und Schmutz, durch Elend und Erniedrigung« (MEW, 9: 224; MEGA, I, 12: 251). Wir wissen, dass auch Irland eine »Kolonie« ist, in der, wie Engels festhielt, von der »sogenannten Freiheit der englischen Bürger« nicht eine Spur vorhanden ist. »In keinem Lande hab' ich so viel Gendarmen gesehn« (MEW, 29: 56). Um genau zu sein, handelt es sich, wie Marx in einem Artikel vom Januar 1859 bestürzt schrieb, um eine Unterdrückung, die Tendenzen eines Genozids aufweist: »Die [englischen] Gutsbesitzer Irlands haben sich zu einem teuflischen Ausrottungskrieg gegen die [irischen] Häusler verbündet; oder, wie sie es nennen, sie vereinen sich zu dem ökonomischen Experiment, das Land von unnützen Mäulern zu ›lichten‹« (MEW, 12: 671). Es ist erforderlich, die spezifische Differenz zu betonen, die gegenüber den kapitalistischen Metropolen die soziale Frage und den Klassenkampf in den Kolonien kennzeichnet: hier transformiert die internationale Arbeitsteilung die geknechteten Völker in eine Masse von Leibeigenen oder Sklaven, die einem Regime unterstehen, das über Leben und Tod zu entscheiden vermag. Deshalb ist es das ganze Volk, die Nation, die diese Bedingungen zu erleiden hat. Folglich ist England, die »den Weltmarkt beherrschende Macht«, die die »Versklavung Irlands« besorgt hat, als herrschende Nation die eine Seite der Angelegenheit. Die andere ist Irland, reduziert auf »ein bloßes Weideland«, das »for the English market Fleisch und Wolle zu den möglichst billigen Preisen liefert« und dessen Bevölkerung »auf eine so geringe Zahl durch eviction und zwangsweise Emigration« drastisch dezimiert wird (MEW, 32: 667-669).

Womöglich wird jetzt die Bedeutung der im *Manifest der Kommunistischen Partei* gebräuchlichen Formulierung »Klassenkämpfe« deutlich. Der Plural deutet nicht etwa auf die Wiederholung eines Identischen hin, rekurriert nicht auf den Fortlauf ein und derselben Form eines gleichbleibenden Klassenkampfes; nein, der Plural verweist auf die Mannigfaltigkeit der Konfigurationen, die der Klassenkampf annehmen kann.

An diesem Punkt können wir schließen. Marx definierte nicht klar und eindeutig das Verhältnis zwischen Klassenkampf und nationalem Kampf, zwischen sozialer und nationaler Frage. Doch bei gründlicher Betrachtung gelangt man zu einer impliziten Formulierung, die zwischen *Genus* und *Spezies* unterscheidet. Festzuhalten bleibt, dass das Interesse und die Leidenschaft, mit denen er die »Erhebungen von unterdrückten Nationalitäten« verfolgt, nicht Ausdruck einer Ablenkung vom Klassenkampf sind, sondern der Anstrengung, dessen konkrete Manifestationen zu begreifen. Die unterdrückten Nationen sind aufgerufen, die Protagonisten des zweiten großen Klassenkampfes für die Emanzipation zu sein.

4. Die Lage der Frauen als »erste Klassenunterdrückung«

Dem Kampf der emanzipatorischen Klassen gehört neben den beiden erörterten ein weiterer Typus an. Es handelt sich um jene soziale Gruppe, die so zahlreich ist, dass sie die Hälfte der Gesamtbevölkerung ausmacht, und die eine bestimmte Form der »Alleinherrschaft« zu erleiden und ihre »Befreiung« noch immer zu erwarten hat. Es handelt sich um die Frauen, auf denen die Unterdrückung lastet, die innerhalb der häuslichen Mauern durch den Mann ausgeübt wird (MEW, 21: 158). Zitiert wird hier aus der Schrift *Der Ursprung der Familie, des Privateigentums und des Staats,* die Engels 1884 veröffentlicht hat. Da war Marx seit einem Jahr tot. Doch eine andere Schrift, auf die sich Engels explizit beruft, die zwischen 1845 und 1846 entstandene *Deutsche Ideologie,* vermerkte bereits, dass in der patriarchalischen Familie »die Frau und die Kinder die Sklaven des Mannes sind« (MEW, 3: 32). Auf seine Weise macht das *Manifest,* das insgesamt nicht müde wird, die Bourgeoisie dafür zu tadeln, dass sie das Proletariat auf bloße Maschinen und Arbeitsinstrumente reduzierte, darauf aufmerksam, dass der Bourgeois »in seiner Frau ein bloßes Produktionsinstrument« sieht. Dieser »ahnt nicht, dass es sich eben darum handelt, die Stellung der Weiber als bloßer Produktionsinstrumente aufzuheben« (MEW, 4: 478f). Die gebräuchliche Kategorie zur Bestimmung der Lage des Arbeiters in der kapitalistischen Fabrik wird also ebenfalls angewandt, um die Lage der Frau in der Umgebung der patriarchalischen Familie zu definieren.

Diesen Zusammenhang berücksichtigend, präsentiert sich das kapitalistische System als ein Ensemble mehr oder weniger untertäniger Verhältnisse, auferlegt einem Volk durch ein anderes auf internationaler Ebene, einer Klasse durch eine andere im Rahmen eines Landes und der Frau durch den Mann innerhalb derselben Klasse. Man versteht dadurch die von Engels formulierte These, die er von François-Marie-Charles Fourier aufgriff und die auch Marx bedeutsam war, wonach »der Grad der weiblichen Emanzipation das natürliche Maß der allgemeinen Emanzipation ist« (MEW, 20: 242; MEW, 32: 583). Im guten, wie im schlechten – das Verhältnis Mann / Frau ist ein Mikrokosmos, der die soziale Gesamtordnung widerspiegelt: Im weitgehend prämodernen Russland, wo sie erbarmungsloser Unterdrückung ihrer Herren ausgesetzt waren, reagierten die Bauern, wie Marx festhielt, auf ihre Weise »mit der scheußlichen Zu-Tode-Prügelei ihrer Weiber« (MEW, 32: 437). Oder man erinnere an die kapitalistischen Fabriken. Wenngleich sie alle Arbeiter bedrängt, nehmen die Frauen, wie Engels unterstrich, in besonders demütigender Weise die

Macht des Fabrikeigners wahr: »So ist seine Fabrik zugleich sein Harem« (MEW, 2: 373).

Es ist nicht schwer, in der Kultur jener Zeit Stimmen zu finden, die die unterdrückerische Situation der Frauen anprangern. 1790 bezeichnete es Condorcet als einen »Akt der Tyrannei«, Frauen von den politischen Rechten auszuschließen (1968, Bd. 10: 121). Ein Jahr später wies auch Olympe de Gouges in Artikel 4 ihrer *Erklärung der Rechte der Frau und der Bürgerin* darauf hin, dass die Frau »bei der Wahrnehmung ihrer natürlichen Rechte nur an die ihr von der Tyrannei des Mannes gesetzten Grenzen« stoße. Ein weiteres halbes Jahrhundert später sprach John Stuart Mill von der durch Gesetz sanktionierten »Sklaverei der Frau«, von der »häuslichen Tyrannei« und von »akuter Hörigkeit« *(actual bondage)* (1963-91: 264, 288 u. 323).

Aber was sind nun die Gründe für diese Unterdrückung und für die verbreitete Unempfänglichkeit ihr gegenüber? Condorcet (1968, Bd. 10: 121) verurteilte die »Macht der Gewohnheit«, die das Gerechtigkeitsempfinden selbst bei »aufgeklärten Männern« abstumpfen lasse. In analoger Weise argumentierte Mill (1963-91: 263f), der diese Geisteshaltung auf das Zusammenwirken von »Gewohnheiten«, »Vorurteilen«, und »Aberglauben« zurückführte, die vermöge einer »gesunden Psychologie« überwunden oder doch zumindest neutralisiert werden müssten. Sofern er jedoch Bezug auf die sozialen Relationen nimmt, spricht er einzig von den »Sozialbeziehungen der beiden Geschlechter«: Sie sanktionierten sich durch Abhängigkeit und Untertänigkeit der Frau aufgrund von deren »unterlegener Muskelkraft« und der Fortdauer des »Rechts des Stärkeren« in diesem Bereich.

Unbeachtet bleibt der Zusammenhang zwischen der Situation der Frau und anderen Formen der Unterdrückung. In den Augen von Mill (1963-91: 264f) stellt sich das Verhältnis Mann/Frau als eine Art Insel dar, auf der die Logik der Repression fortlebe, während sie in anderen gesellschaftlichen Ebenen bereits verschwunden sei: »Wir leben jetzt – d. h. eine oder einige der am weitesten vorgeschrittenen Nationen leben jetzt in einem Zustande, in welchem das Gesetz des Stärksten als leitender Grundsatz in den weltlichen Angelegenheiten gänzlich verworfen zu sein scheint«. Für Marx und Engels ist das Verhältnis zwischen den kapitalistischen Metropolen (den »am weitesten fortgeschrittenen Nationen der Welt«) und den Kolonien mehr als je zuvor ein Verhältnis von Herrschaft und Unterdrückung. Und innerhalb der kapitalistischen Metropolen bestimmt zwar nicht der rechtliche, aber doch der ökonomische Zwang die Beziehung von Kapital und Arbeit.

Lediglich Mary Wollstonecraft (2008: 30) verband die Anprangerung der »untertänigen Abhängigkeit«, der die Frauen unterliegen, mit der Anklage gegen die bestehende Sozialordnung. Die männliche Dominanz scheint ganz und gar jener der Antike zu entsprechen. Während die Verfechter der Abschaffung der Sklaverei die »Aristokratie der Epidermis« bzw. den »Adel der Haut« bekämpften (Losurdo 2010: Kap. 5, §6), nahm die militante Feministin das ins Visier, was sich in ihren Augen als die aristokratische Macht der Männer darstellte. Die Anprangerung der letzteren geht Hand in Hand mit der Verurteilung des vererblichen »Reichtums« und des Erbadels, geht Hand in Hand mit der Verurteilung der »absurden Klassenunterschiede«. Das heißt zwingend, dass sich »die Frauen nicht wirklich selbst befreien werden«, »solange sich die Stände und Klassen nicht durchmischen« und solange sich insgesamt »keine größere gesellschaftliche Gleichheit etabliert haben wird« (Wollstonecraft 2008: 109 u. 139). An anderer Stelle will es scheinen, dass die englische Feministin und Jakobinerin gleich die gesamte kapitalistische Gesellschaft in Frage stellte. Ja, die Frauen sollten »Repräsentanten haben anstatt ohne jedwede Stimme bei Regierungsbeschlüssen zu sein«. Aber es dürfe nicht aus dem Blick geraten, dass in England auch die Arbeiter von den politischen Rechten ausgeschlossen werden:

> Das ganze Repräsentativsystem in diesem Land ist lediglich eine bequeme Form des Despotismus, und die Frauen sollten nicht darüber klagen, dass sie im gleichen Maße vertreten sind wie die so zahlreiche Arbeiterklasse, grimmige Arbeiter, die den Unterhalt der königlichen Familie bezahlen, während sie kaum die hungrigen Mäuler ihrer Kinder mit Brot füllen können (Wollstonecraft 2008: 113).

Es fehlt nicht an Berührungspunkten zwischen der Lage der Arbeiter und jener der Frauen: Wie bei den Angehörigen der Arbeiterklasse, sind auch »die wenigen Arbeitsplätze, die Frauen offenstehen, weit davon entfernt, freie zu sein, es sind knechtische«. Und schließlich sollten die Frauen, insbesondere jene aus gutsituierten Verhältnissen, im Rahmen dieser Generalkritik an den Herrschaftsverhältnissen, die die bestehende soziale Ordnung charakterisieren, sich befähigen, folgendes zu berücksichtigen: diese Verhältnisse legen Zeugnis von dem »Irrwitz« ab, von der »Art, wie die Bediensteten in Gegenwart der Kinder behandelt werden, der letztere glauben lässt, jene hätte ihnen zu dienen und ihren Zustand zu erdulden« (Wollstonecraft 2008: 115 u. 137).

Die »englische Jakobinerin«, die eine brillante Ausnahme darstellt, scheint in gewisser Weise Marx und Engels vorwegzunehmen, welche einen Zusammenhang zwischen der Arbeitsteilung innerhalb der Familie und der gesellschaftlichen Arbeitsteilung hergestellt haben. Insbesondere Engels formulierte die These, wonach die »moderne Einzelfamilie« gegründet ist »auf die offene oder verhüllte Haussklaverei der Frau«; der Mann »ist in der Familie der Bourgeois, die Frau repräsentiert das Proletariat« (MEW, 21: 75).

Unter den Zeitgenossen, die eine Analyse entwickelten, die neben die von Marx und Engels gestellt werden könnte, ist weniger J. S. Mill als vielmehr Friedrich Nietzsche zu nennen, wenngleich der ein entgegengesetztes Werturteil fällte. Der unerbittliche Kritiker einer jeden Revolution, einschließlich der feministischen, vergleicht die Lage der Frauen mit jener der »Leidenden der niederen Stände«, mit den »Arbeitssklaven oder Gefangenen« (Genealogie der Moral, III: 18) und rückt indirekt die Frauenbewegung, die Arbeiterbewegung und die abolitionistische Bewegung zusammen: allen dreien sei an einer empörten Zurückweisung all des »Sklavenhaften und Leibeigenen« gelegen, als ob dies nicht vielmehr »die Bedingung jeder höheren Cultur, jeder Erhöhung der Cultur sei« (Jenseits von Gut und Böse: 239).

Offensichtlich ist der Zusammenhang zwischen der Unterwerfung der Frau und der sozialen Unterdrückung in seiner Gesamtheit am breitesten und gründlichsten von Engels ausgearbeitet worden, dabei immer rückbezogen auf die von ihm gemeinsam mit Marx verfasste und lange unveröffentlichte *Deutsche Ideologie:* »Der erste Klassengegensatz, der in der Geschichte auftritt, fällt zusammen mit der Entwicklung des Antagonismus von Mann und Frau.« Das ist eine Angelegenheit, die eine lange Geschichte hat und noch immer zu keinem Ende gekommen ist:

Der Umsturz des Mutterrechts war die weltgeschichtliche Niederlage des weiblichen Geschlechts. Der Mann ergriff das Steuer auch im Hause, die Frau wurde entwürdigt, geknechtet, Sklavin seiner Lust und bloßes Werkzeug der Kinderzeugung. Diese erniedrigte Stellung der Frau, wie sie namentlich bei den Griechen der heroischen und noch mehr der klassischen Zeit offen hervortritt, ist allmählich beschönigt und verheuchelt, auch stellenweise in mildere Form gekleidet worden; beseitigt ist sie keineswegs (MEW, 21: 68 u. 61).

5. Die Klassenkämpfe der ausbeutenden Klassen

Bis hierher sind die drei großen Kämpfe jener emanzipatorischen Klassen behandelt worden, die aufgerufen sind, die Arbeitsteilung und die Ausbeutungs- wie Unterdrückungsverhältnisse radikal zu ändern, die sowohl auf internationaler Ebene wie auch in jedem Land und innerhalb der Familie bestehen. Es kommt aber nunmehr darauf an, jene nicht aus dem Blick zu verlieren, die die Protagonisten der Kämpfe der ausbeutenden Klassen stellen.

Schauen wir uns an, auf welche Weise Marx im November 1848 die entscheidenden Ereignisse dieses Jahres zusammenfasst: »Zu Neapel das Lazzaronitum, verbunden mit dem Königtum, gegen die Bourgeoisie. Zu Paris der größte historische Kampf, der je stattgefunden. Die Bourgeoisie, verbunden mit dem Lazzaronitum, gegen die Arbeiterklasse« (MEW, 6: 10). Klassenkampf ist es also auch, wenn die Feudalreaktion unter Zuhilfenahme der *Lazzaroni* die bürgerlich-demokratische Revolution in Neapel erstickt und Klassenkampf ist ebenso sehr, wenn die französische Bourgeoisie in jenen Junitagen dank derselben Unterstützung durch das städtische Subproletariat die Verzweiflung und den Aufstand der Pariser Arbeiter zum Verstummen bringt.

Kommen wir schlussendlich ein letztes Mal auf das Zeugnis Longuets zurück. Zur Bestätigung der Marx und seinem Familienkreis attestierten »klaren und offenen Theorie des Klassenkampfes« wird darin ein weiteres Detail ergänzt: »Man hat nie gezögert, Stellung zu nehmen in jenen Konflikten, ›in denen die verschiedenen Fraktionen der bürgerlichen Klasse‹ fassbar wurden« (Enzensberger 1973: 411). Wie man sieht, ist auch in Bezug auf die Konflikte zwischen den »verschiedenen Fraktionen der Bourgeoisie« von »Klassenkampf« die Rede, Konflikte also, bei denen Ausbeuterklassen oder deren Fraktionen einander gegenüberstehen. Das *Manifest* unterstreicht: »Die Bourgeoisie befindet sich in fortwährendem Kampfe: anfangs gegen die Aristokratie; später gegen die Teile der Bourgeoisie selbst, deren Interessen mit dem Fortschritt der Industrie in Widerspruch geraten; stets gegen die Bourgeoisie aller auswärtigen Länder«. Wenn auch der Kampf gegen die Aristokratie die Revolutionen stimuliert, die den Untergang des Ancien Régime anzeigen, so kann die ökonomische Konkurrenz zwischen den Bourgeoisien der verschiedenen kapitalistischen Länder in einen »industriellen Vernichtungskrieg der Nationen untereinander« münden (MEW, 4: 471 u. 485). Wahrscheinlich wird hier auf die Kriege der Napoleonischen Zeit Bezug genommen, deren Hauptakteure England und Frankreich waren, die das Ancien Régime hinter sich gelassen hatten und die miteinander auf mehreren Kontinenten um die Kontrolle des Weltmarkts rangen. Aber während damit die historische Bilanz der Vergangenheit abgesteckt ist, lässt die »Vernichtung« infolge des Klassenkampfes zwischen den einander gegenüberstehenden kapitalistischen Bourgeoisien an das Gemetzel des Ersten Weltkriegs denken, eine These also, die sich 70 Jahre nach Veröffentlichung des *Manifests* bestätigte.

6. 1848/49: Ein »Klassenkampf in kolossalen politischen Formen«

Die verzwickte Darstellung der Klassenkämpfe, die Konturen anzunehmen beginnt, ist noch nicht abgeschlossen. Bisher haben wir sie die Kämpfe getrennt voneinander betrachtet. Eine konkrete historische Situation und vor allem eine große historische Krise ist jedoch durch die Verschränkung vielfältiger und widersprüchlicher Klassenkämpfe charakterisiert.

Es lohnt sich, den Blick auf jene großen historischen Krisen zu lenken, deren Zeugen die Autoren des *Manifests der Kommunistischen Partei* wurden. Für die Revolutionszeit von 1848/49 haben wir zwei Bilanzen, beide aus der Feder von Marx. Die erste, vom April 1849, ist in *Lohnarbeit und Kapital* enthalten, das dem Titel zufolge offenbar streng ökonomische und gewerkschaftliche Fragen behandelt. In Wirklichkeit bettet Marx darin den täglichen Klassenkampf ein in den Kontext der jüngsten Umsturzversuche: die »Besiegung der revolutionären Arbeiter« in Europa (der Juniaufstand der Pariser Arbeiter 1848); die »heroischen Unabhängigkeitskriege«, »die verzweifelten Anstrengungen Polens, Italiens und Ungarns«; der am Horizont sich abzeichnende mögliche »Weltkrieg«, bei dem sich die »proletarische Revolution und die feudalistische Konterrevolution« »mit Waffen messen«; »Irlands Aushungerung« (jene schreckliche Hungersnot, die die Einwohner der Insel dezimiert hat und die von maßgeblichen Exponenten der herrschenden englischen Klasse als ein Eingriff der Vorsehung begrüßt wurde, mit der ein widerspenstiges und barbarisches Volk ausgedünnt werde); der auf unterschiedliche Weise bedeutsame Beitrag der revolutionären Bewegung in England und in Russland und der Rückfall Europas »in seine alte Doppelsklaverei«, »in die englisch-russische Sklaverei«, die damit einhergehende Bekräftigung der »kommerziellen Unterjochung und Ausbeutung der Bourgeoisieklassen der verschiedenen europäischen Nationen durch den Despoten des Weltmarkts – England«. Somit hat die Welt »den Klassenkampf im Jahre 1848 in kolossalen politischen Formen sich entwickeln« sehen (MEW, 6: 397f). Anstatt unmittelbar in rein ökonomischem Gewand aufzutreten, hat der Klassenkampf die verschiedensten politischen Formen angenommen (Arbeiter- und Volksaufstände, nationale Erhebungen, eine entfesselte Repression der inneren wie internationalen Reaktion unter Rückgriff auf militärische und ökonomische Mittel) und hat sich, anstatt abzuflauen, eher noch verschärft.

Die zweite Bilanz führt zur Schrift *Die Klassenkämpfe in Frankreich*. Wir befinden uns im Jahre 1850, und in den Augen von Marx war die Krise noch nicht an ihr Ende gekommen, ja hätte gar neue und grandiose revolutionäre Perspektiven eröffnen können:

> Endlich verriet die Juniniederlage den despotischen Mächten Europas das Geheimnis, dass Frankreich unter allen Bedingungen den Frieden nach außen aufrechterhalten müsse, um den Bürgerkrieg nach innen

> führen zu können. So wurden die Völker, die den Kampf um ihre nationale Unabhängigkeit begonnen hatten, der Übermacht Russlands, Österreichs und Preußens preisgegeben, aber gleichzeitig wurde das Schicksal dieser nationalen Revolutionen dem Schicksal der proletarischen Revolution unterworfen, ihrer scheinbaren Selbständigkeit, ihrer Unabhängigkeit von der großen sozialen Umwälzung beraubt. Der Ungar soll nicht frei sein, nicht der Pole, nicht der Italiener, solange der Arbeiter Sklave bleibt!
>
> Endlich nahm Europa durch die Siege der Heiligen Allianz eine Gestalt an, die jede neue proletarische Erhebung in Frankreich mit einem Weltkriege unmittelbar zusammenfallen lässt. Die neue französische Revolution ist gezwungen, sofort den nationalen Boden zu verlassen und das europäische Terrain zu erobern, auf dem allein die soziale Revolution des 19. Jahrhunderts sich durchführen kann (MEW, 7: 33f).

Absehbar erschien da ein Eingreifen der konterrevolutionären Kräfte, ähnlich dem von 1792:

> Der Klassenkrieg innerhalb der französischen Gesellschaft schlägt um in einen Weltkrieg, worin sich die Nationen gegenübertreten (MEW, 7: 79).

Die revolutionäre Ungeduld, die in diesem Abschnitt zum Ausdruck kommt, neigt dazu, von den Etappen eines langen (und sehr viel komplexeren) historischen Prozesses nichts wissen zu wollen. Doch worauf es hier ankommen soll, ist in erster Linie die Untersuchung des theoretischen und kategorialen Aspekts: Darzustellen, inwiefern der »Klassenkrieg« »Weltkrieg« ist, bzw. wie Revolution und internationale Konflikte miteinander verschränkt sind.

Sicher, die Ereignisse der Jahre 1848/49 riefen Marx die 1789 anhebende historische Krise in Erinnerung, bei der ebenfalls, beginnend mit der Invasion gegen Frankreich von Seiten derer, die sich der Verteidigung des Ancien Régime verpflichteten, diese Verschränkung von statten ging und bei der Revolutionen und internationale Konflikte in einem Welt- bzw. europäischen Krieg zusammenflossen. Der wichtigste Unterschied der neuen Krise war, dass sie nicht mehr nur zwei sondern drei handelnde Sozialsubjekte kannte: zur Aristokratie und zur Bourgeoisie kam das Proletariat hinzu, das nach Überwindung des Ancien Régimes, in der Erwartung von Marx, nun eine entscheidende Rolle bei der Überwindung des Kapitalismus spielen sollte.

Fest steht, dass beide historische Krisen zwar eine je verschiedene Gestalt angenommen haben, gleichwohl aber in beiden Fällen der Klassenkampf »in kolossalen politischen Formen« (*Lohnarbeit und Kapital*) ausgetragen wurde und der »Klassenkrieg« sich als »Weltkrieg« (*Die Klassenkämpfe in Frankreich*) darstellte.

Der Klassenkampf tritt beinahe nie in reinem Zustand in Erscheinung, beinahe nie sind in ihn lediglich die einander antagonistisch gegenüberstehenden Subjekte involviert. Aber gerade dank dieses Mangels an »Reinheit« kann er in eine siegreiche soziale Revolution münden. Marx ging davon aus, dass sich eine »proletarische Erhebung« am ehesten in den am weitesten entwickelten kapitalistischen Ländern zutragen werde. Die konterrevolutionäre Reaktion nähme daher folglich England ins Visier, wo sich das Gewicht der Arbeiterklasse aus Sicht jener Kräfte, die um jeden Preis an der bestehenden Ordnung festzuhalten gewillt waren, als bedrohlich erweisen musste.

Im Fortlauf des »Weltkriegs«, d. h. jener neuerlichen Verflechtung von Revolutionen und Kriegen, entwickelten sich somit günstige Bedingungen für das Eintreten eines Ereignisses, das eine weltgeschichtliche Wende markierte: »Das Proletariat« wird »an die Spitze des Volks getrieben [...], das den Weltmarkt beherrscht, an die Spitze Englands. Die Revolution, die hier nicht ihr Ende, sondern ihren organisatorischen Anfang findet, ist keine kurzatmige Revolution« (MEW, 7: 79). Seinerzeit hatte das Eingreifen der feudalen Kräfte gegen Frankreich eine Radikalisierung der Jakobiner bewirkt und mit ihnen eine politische wie ideologische Klasse an die Macht gebracht, die nicht organisch mit der Bourgeoisie verbunden war und die von letzterer, wie *Die deutsche Ideologie* hervorhebt, recht spät und nur mit Mühe wieder gebändigt werden konnte (siehe Kap. VIII, § 2). Eine etwaige konterrevolutionäre Intervention gegen England inmitten einer revolutionären Krise hätte einen vergleichbaren Prozess in Gang setzen können, hätte in diesem Falle die Sozialisten dazu aufgerufen, alle Anstrengungen zu unternehmen, gleichzeitig die sozialen Errungenschaften wie auch die nationale Unabhängigkeit zu verteidigen.

Zwar enthält dieses von Marx 1850 umrissene Szenario offenkundig irreale Züge, doch in anderer Hinsicht zeugt es von schier prophetischer Weitsicht. Begünstigt durch die großen historischen Krisen, charakterisiert durch die Verschränkung interner und internationaler Konflikte, verschärft sich der Klassenkampf und wird in dem Land zum revolutionären Kampf, wo die nationale Krise ohne Beispiel ist. Ein Szenario, das auch vom späten Engels heraufbeschworen wurde. Dieser wies in einem Brief an August Bebel vom 13. Oktober 1891 auf die sich zuspitzende Kriegsgefahr hin. Was würde passieren, falls Deutschland, wo die stärkste sozialistische Partei agierte, vom zaristischen Russland (gestützt auf seine Verbündeten im Westen) angegriffen würde und dadurch in seiner »nationalen Existenz« bedroht wäre? »Es kann kommen, dass gegenüber der Feigheit der Bourgeoisie und Junker, die ihr Eigentum retten wollen, wir die einzige wirkliche energische Kriegspartei sind. Natürlich kann auch kommen, dass wir ans Ruder treten müssen und 1794 spielen, um die Russen und ihre Alliierten herauszuwerfen« (MEW, 38: 176).

An diese Stelle würde sich die deutsche Sozialdemokratie 1914 erinnern, um ihrer Befürwortung des imperialistischen Krieges Rechtfertigung zu verleihen. Eine reichlich bizarre Bezugnahme, mit der indirekt ein Vergleich zwischen Wilhelm II. und Robespierre unternommen wurde! Es bleibt der Umstand, dass ein wesentliches Moment des 20. Jahrhunderts das Aufblühen der nationalen Befreiungsbewegungen darstellt, die später dann von kommunistischen Parteien angeführt wurden oder wenigstens kommunistisch inspiriert waren. Die weitere Entwicklung dieser Bewegungen ist klar markiert durch den Hergang zweier Weltkriege, bei dem der Aspekt eines konterrevolutionären Eingreifens mehr oder weniger deutlich erkennbar ist: der Intervention der Entente gegen Sowjetrussland folgte rund 20 Jahre später die Aggression Hitler-Deutschlands, die darauf abzielte, die sozialistische Bewegung zu liquidieren und gleichzeitig ein Kolonialreich im Osten zu errichten – mit dem Ergebnis jedoch, dass das völlige Scheitern dieses Vorhabens weltweit eine gigantische Welle der antikolonialen Revolutionen auslöste. Und von Neuem sieht man, um die Sprache von Marx aufzugreifen, »den Klassenkampf [...] in kolossalen politischen Formen sich entwickeln«, erscheint der »Klassenkrieg« in Gestalt des »Weltkriegs«.

7. 1861-65: Ein »Kreuzzug des Eigentums gegen die Arbeit«

Mehr als zwei Jahrzehnte nach der revolutionären Krise von 1848/49 wurden Marx und Engels Zeugen der Tragödie der Pariser Kommune, und in diesem Fall trug sich das direkte Zusammenprallen zwischen Bourgeoisie und Proletariat vor den Augen aller zu, zumindest aber vor den Augen der Exekutionskommandos, die erstere gegen letztere zum Einsatz brachte. Es lohnt indes, sich einem komplexeren historischen Ereignis zuzuwenden, das die beiden Philosophen und Revolutionäre aus tausenden Kilometern Entfernung verfolgten. Gemeint ist der Sezessionskrieg, der im ersten Band des *Kapitals,* veröffentlicht 1867, als »das einzig großartige Ereignis der Zeitgeschichte« bezeichnet wird (MEW, 23: 270, Anm. 90). Diese Formulierung erinnert an jene, die einige Jahre zuvor getroffen worden war und sich auf den Aufstand der Pariser Arbeiter bezogen hatte – auf die »Juni-Insurrektion« von 1848, beschrieben als das »kolossalste Ereignis in der Geschichte der europäischen Bürgerkriege« (MEW, 8: 121).

Im *Kapital* werden der Sezessionskrieg und der in England und Frankreich ausgetragene Kampf gegen die Arbeitsbedingungen, die die Arbeiter buchstäblich dazu zwangen, sich »zu Tod [zu] arbeiten«, parallelisiert. Insofern die Abschaffung der »Negersklaverei« das Ergebnis des »Amerikanischen Bürgerkriegs« ist, insofern ist analog in Europa »die gesetzliche Schranke und Regel des Arbeitstags durch halbhundertjährigen Bürgerkrieg Schritt für Schritt abgetrotzt« worden (MEW, 23: 270f, Anm. 90 u. 312f). Wie in den USA die Emanzipationsproklamation den Handel mit schwarzen Sklaven verbot, so hielt in Europa die gesetzliche Regelung der Arbeitszeit die Arbeiter davon ab, »durch freiwilligen Kontrakt mit dem Kapital sich und ihr Geschlecht in Tod und Sklaverei zu verkaufen« (MEW, 23: 320). Als jenseits des Atlantiks mit der Wahl Lincolns, der verdächtigt wurde ein Abolitionist zu sein, die Sklavenhalterstaaten mit ihrer Sezession begannen, reagierten die englischen Kapitalisten auf die gesetzliche Reduzierung und Regulierung der Arbeitszeit mit einer »Proslavery Rebellion in Miniatur«, mit einer Agitation zur Verteidigung der Lohnsklaverei in ihrer reinsten Form (MEW, 23: 302 u. 305).

In beiden Fällen wurde Klassenkampf von oben und unten geführt. In den USA, vor allem während der letzten Phase des Konfliktes, konnten die Unionsarmeen dank des Zustroms der Sklaven bzw. Exsklaven, die das Gut ihrer Herren verlassen hatten, um zur Niederlage der sezessionistischen Sklavenhalter beizutragen, ihre Reihen vergrößern. In England war der Kampf der Arbeiter älteren Datums. In beiden Ländern spielte dabei die reformorientierte Bourgeoisie eine wichtige Rolle. Damit begegnet uns ein emanzipatorischer Klassenkampf, der sich eben nicht, gewissermaßen ungetrübt, bloß als Aufeinandertreffen von Ausgebeuteten und Ausbeutern, von Unterdrückten und Unterdrückern darstellte.

Gewiss, der »unreine« Charakter des Sezessionskriegs war viel markanter und lag deutlicher zutage, was nicht nur dem Umstand geschuldet war, dass als Kontrahenten nicht (zumindest nicht auf den ersten Blick) herrschende auf der einen und unterdrückte Klasse auf der anderen Seite einander gegenübertraten. Darüber hinaus nämlich war der Norden von etwas ganz anderem angetrieben als von rein abolitionistischen Motiven. Lincoln sicherte jenen Sklavenhalterstaaten, die Treue zur nationalen Regierung signalisierten, zu, dass sie stillschweigend in den Genuss der Selbstverwaltung kommen könnten (und damit des Eigentums an »menschlichem Vieh«). Hierauf stützten sich zwecks Rechtfertigung ihrer Sympathien für den Süden wichtige Teile der englischen Bourgeoisie, die so argumentierten: Die Union kämpfe in erster Linie für protektionistische Zolltarife (die notwendig waren zur Beförderung einer eigenständigen industriellen Entwicklung) und für die Verteidigung der territorialen Integrität (und damit für einen ausgedehnten nationalen Markt, den die Bourgeoisie der Vereinigten Staaten benötigte). In nicht ganz unähnlicher Weise verhielten sich bedeutende Repräsentanten der sozialistischen Bewegung (siehe Kap. IV, §2): War zur Unterstützung der Industriebourgeoisie des Nordens gegen die Gutsaristokratie des Südens oder, anders gesagt, zur Ersetzung der einen Ausbeuterklasse durch eine andere zwecks Verallgemeinerung der Lohnsklaverei, die die klassische Sklaverei verdrängte, wirklich ein Blutbad gerechtfertigt? Zumal der Einsatz einen kümmerlichen Gewinn zu zeitigen schien, waren doch die materiellen Bedingungen der Lohnsklaven nicht besser als die der wirklichen Sklaven. Schließlich warfen erhebliche Teile der englischen Arbeiterklasse den Abolitionisten ihres Landes Heuchelei vor: Diese setzten sich für die schwarzen Sklaven jenseits des Atlantiks ein, blieben aber von der Tragödie der weißen Sklaven im eigenen Hause ungerührt.

Marx wusste um die Unzulänglichkeiten des englischen Abolitionismus. Im *Kapital* brachte er seine ganze Verachtung gegenüber einer diesbezüglich idealtypischen Figur, der Herzogin von Sutherland, zum Ausdruck: Die Adelsfrau, »die Mrs. Beecher Stowe, Verfasserin von *Uncle Tom's Cabin*, mit großem Prunk in London empfing, um ihre Sympathie für die Negersklaven der amerikanischen Republik auszustellen«, war zur selben Zeit ganz ohne Mitleid für ihre eigenen »Sklaven«, die von ihrem Land »systematisch verjagt«, Hungers starben und zusammen mit ihren Dörfern hinweggefegt, mithin regelrecht »ausgerottet« wurden (MEW, 23: 758f u. Anm. 218).

Gleichwohl wies Marx bereits in seinem ersten am 11. Oktober 1861 veröffentlichten Artikel in der *New York Daily Tribune* die gerade vorgestellten Argumente zurück: Es stimmt, Lincoln kam es einzig darauf an, die territoriale Integrität der USA zu bewahren, doch »begann der Süden seinerseits den Krieg mit der lauten Proklamation, dass die ›spezielle Institution‹ das alleinige und hauptsächliche Ziel der Rebellion sei«. Die Verfassung der Konföderation anerkannte »zum ersten Mal die Sklaverei als eine an sich gute Sache [...], als ein Bollwerk der Zivilisation und eine göttliche Einrichtung. Während der Norden sich dazu bekannte, nur für die Union zu kämpfen, rühmte sich der Süden des Aufstandes für die Vorherrschaft der Sklaverei« (MEW, 15: 305). Demnach war klar, worum es ging: um Verteidigung oder Liquidierung der »Sklavenhaltermacht des Südens« (MEW, 15: 309). Wie man sieht, wohnt man hier einer frappierenden Verkehrung der Positionen bei. Es waren die mit dem Süden sympathisierenden Teile der herrschenden Klasse Englands, die sich in der Kritik der Ideologien (reduktionistischer und ökonomistischer Art) übten, während ausgerechnet Marx, der große und scharfe Ideologiekritiker, die Bedeutung und den Wert des Abolitionismus im Krieg des Nordens unterstrich. Aus welchen Gründen? Im Folgenden sei zusammengefasst, warum nach Auffassung von Marx der von der Union unternommene Krieg zur Niederschlagung der Sezession ein gigantischer und emanzipatorischer Klassenkampf war.

a) Es war erforderlich, eine Gesellschaft zu überwinden, die von einer »Oligarchie« beherrscht war, in der »die ganze produktive Arbeit den niggers zufällt« (MEW, 30: 287). »Lange Zeit in der menschlichen Geschichte war der Ausdruck ›freie Arbeit‹ ein Oxymoron« (Drescher 1999: 401), was ganz besonders im Süden der Vereinigten Staaten in jenen Jahren galt, die dem Sezessionskrieg vorausgingen, wo sich, um mit Tocqueville zu sprechen, »die Arbeit mit der Idee der Sklaverei vermengte« (1951, Bd. 1.1: 392 u. 362). Ein Bruch mit dieser Tradition bedeutete, der Idee der Arbeit selbst Würde zu verleihen und einen wichtigen ideologischen Sieg zu erringen. Vor allem aber habe die Emanzipation der wirklichen Sklavenarbeit »in schwarzer Haut«, also der »Abolitionskrieg« der Union gegen die sezessionistischen Sklavenhalterstaaten des Südens, günstigere Bedingungen zur Emanzipation der Arbeit »in weißer Haut« geschaffen (MEW, 15: 312; MEW, 23: 318). Zumal »die Rebellion der Sklavenhalter die Sturmglocke zu einem allgemeinen Kreuzzug des Eigentums gegen die Arbeit läuten würde« (MEW, 16: 18f). Mit dieser Einschätzung lag Marx voll und ganz richtig. Inmitten des Sezessionskrieges rechtfertigte George Fitzhugh, einer der umtriebigsten Theoretiker des Südens, die Notwendigkeit und den Nutzen der Knechtung der Schwarzen. In Europa hallten diese Positionen nach und wurden Bestandteil einer geschlossenen Geschichtsphilosophie. Nietzsche pries die Sklaverei, nicht zwingend rassistisch zu verstehen, als unauslöschliches zivilisatorisches Prinzip (Losurdo 2009: Kap. 12, § 8).

b) Zu der Zeit, als Fitzhugh behauptete, das Rechtsinstitut der Sklaverei sei berufen, das Verhältnis von Kapital und Arbeit als solches zu regeln, dürfte er sicherlich jene »rastlosen piratischen Expeditionen der Flibustier« vor Augen gehabt haben, die vom Süden aus die Sklaverei auch in die Länder Zentralamerikas exportierten, »deren offenkundiger Zweck«, wie Marx schrieb, »Eroberung neuen Gebiets für die Ausbreitung der Sklaverei und der Herrschaft der Sklavenhalter war« (MEW, 15: 334). Und wirklich, in den Jahren vor dem Sezessionskrieg unternahm William Walker, der an der Spitze eines kleinen Heeres von Abenteurern stand, den Schritt zur Eroberung Nicaraguas, endlich in der Absicht, dort die Sklaverei der Schwarzen wieder einzuführen, den Sklavenhandel wieder zu eröffnen und den Nicaraguanern die Zwangsarbeit aufzuerlegen (Slotkin 1994: 245-261). Man versteht folglich die Gründe für die von Marx redigierte Gratulationsadresse der Internationale an Lincoln vom Januar 1865 aus Anlass von dessen Wiederwahl: »Vom Anfang des amerikanischen Titanenkampfs an fühlten die Arbeiter Europas instinktmäßig, dass an dem Sternenbanner das Geschick ihrer Klasse hing«, und waren sich bewusst, dass »außer ihren Hoffnungen auf die Zukunft auch ihre vergangnen Eroberungen in diesem Riesenkampfe jenseits des Ozeans auf dem Spiele standen.« (MEW, 16: 18f).

c) Mit der Aufhebung der Sklaverei der Schwarzen mündete der Sezessionskrieg, wenn auch nur teilweise, in die Emanzipation einer »Rasse« bzw. einer unterdrückten Nation. Auch unter diesem Gesichtspunkt stellt er sich als ein einziger großer Klassenkampf dar. In der letzten Phase ihrer Existenz war die Konföderation gezwungen, sich auf ihre anfängliche Position zurückzuziehen und »die Soldatenneger als ›Kriegsgefangene‹ zu behandeln«, anstatt sie, ausgeschlossen vom *jus publicum europaeum*, als rebellische und barbarische Sklaven einfach hinzurichten (MEW, 30: 433f). Darüber hinaus unterstrich Marx, dass sich mit der Aufhebung der Sklaverei in den USA zugleich auch die Anerkennung der »Unabhängigkeit der Negerrepubliken von Liberia und Haiti« durch Washington verband (MEW, 15: 526). Besonders bedeutsam war die Anerkennung Haitis, jener Republik, hervorgegangen aus der großen Revolution der schwarzen Sklaven und angeführt von Toussaint Louverture, die lange Zeit der Isolierung durch die USA ausgesetzt war.

Aus all diesen Gründen gehörte der Sezessionskrieg in den Augen von Marx zu den wichtigsten Klassenkämpfen seiner Zeit. Die Prätention, mit der die Sklavenhalter die Identität von Arbeit und Sklaverei behaupteten bzw. bekräftigten, jener »allgemeine Kreuzzug des Eigentums gegen die Arbeit«, erlitt eine Niederlage, deren Bedeutung die Grenzen der USA und auch der schwarzen »Rasse« überschritt.

Bedauerlicherweise war die Niederlage der sklavenhalterischen Konterrevolution nur eine partielle und vermochte nicht, die Versuche einer Revanche im Zeichen der *white supremacy* aufzuhalten. Hierin bewies sich nach Auffassung von Marx, dass dieser gigantische Klassenkampf, der zwischen 1861 und 1865 aufloderte, weit davon entfernt war, an sein Ende zu kommen.

8. Der Klassenkampf und andere Paradigmen

Wie zu sehen war, soll die Theorie des Klassenkampfs, den historischen Prozess als solchen zu erhellen. Sie ist ein Erklärungsansatz, der sich in Gegensatz zu anderen Ansätzen stellt. Diese lassen sich in ihrem Gegensatz zu jener besser verstehen, wenn ein Blick auf die theoretische Herausforderung geworfen wird, der sich die Kultur des 19. Jahrhunderts gegenüber sah. Es wird erstens und vor allem erforderlich sein, nach den Gründen des unaufhaltsamen Aufstiegs des Westens zu fragen. Um mit den überschwänglichen Worten zu sprechen, mit denen sich Alexis de Tocqueville auf den ersten Opiumkrieg bezieht, geht es um die Klärung der »Vielheit gleichgearteter Ereignisse, die die europäische Rasse schrittweise über ihre eigenen Grenzen hinausdrängen und sich alle anderen Rassen zu unterwerfen«, um die Gründe für »die Knechtung von vier Erdteilen durch den fünften (1951, Bd. 6.1: 58). Worauf ist dieser Triumphmarsch zurückzuführen?

Es ist zweitens nötig, die im Vergleich zu England und den USA ganz anders verlaufene politische Entwicklung Frankreichs zu erklären. Dort folgte auf die Revolution die Konterrevolution, die ihrerseits einer weiteren Revolution den Weg ebnete. Die Regime, die einander ablösten, waren: absolute Monarchie, konstitutionelle Monarchie, jakobinische Terrorherrschaft, Militärdiktatur, Kaiserreich, demokratische Republik, Bonapartismus – ohne dass ein Ende der Erschütterungen und der Anbruch geordneter Verhältnisse der Freiheit und der Herrschaft des Gesetzes auch nur zu ahnen gewesen wären. Wie recht deutlich zu sehen war, erschien, von kurzen Intervallen abgesehen, im Gegenteil die absolute Macht als schicksalhaft oder mit Fluch belegt: Auf die Monarchie von Gottes Gnaden folgte die jakobinische Terrorherrschaft, die ihrerseits Wegbereiterin der bonapartistischen Diktatur war. Wie sehr all das doch in eklatantem Kontrast zur schrittweisen und konstruktiven Entwicklung steht, die sich ganz im Zeichen der Freiheit und der Herrschaft des Gesetzes in den anderen beiden Länder abgespielt hat! Was waren die Gründe der endlosen historischen Krisen, die Frankreich aufzehrten?

Drittens: Zur Zeit seiner kolonialen Expansion musste der Westen angstvoll mit ansehen, wie bis dahin unbekannte Massenbewegungen, zuerst der Jakobinismus, dann der Sozialismus, in sein Innerstes hineinströmten und sich anschickten, die Grundlagen seiner Zivilisation anzugreifen. Was passierte da?

Betrachten wir nun in groben Zügen, mit welchen Paradigmen die Kultur jener Zeit auf diese drei großen theoretischen und politischen Herausforderungen antwortete. 1883, dem Jahr, in dem Marx verschied, erblickte in Österreich ein Buch von Ludwig Gumplowicz das Licht der Welt, dessen bloßer Titel, *Der Rassenkampf*, schon die Frontstellung zur Theorie des Klassenkampfs als Leitmotiv des Geschichtsdenkens zu erkennen gab. Drei Jahrzehnte vor Gumplowicz hatte in Frankreich Arthur Gobineau seinen *Essay über die Ungleichheit der Menschenrassen* in Druck gegeben, eine Schrift, deren Titel ebenfalls für sich spricht. Innerhalb derselben Zeitspanne argumentierte in England Benjamin Disraeli in analoger Weise, insofern er die These aufstellte, die »Rasse« sei »der Schlüssel zur Geschichte«, und postulierte, »alles ist Rasse, eine andere Wahrheit gibt es nicht«, und Rasse definiere und konstituiere sich durch »nur eine Sache« – durch »das Blut«. Die gesamte historische Periode, die von der Entdeckung/Eroberung Amerikas bis zu den Opiumkriegen und dem Aufstieg und Triumph des British Empire reicht, illustriere in exemplarischer Weise den entscheidenden Charakter des Faktors »Rasse«. Erst vor diesem Hintergrund lasse sich begreifen, warum, wenngleich zahlenmäßig stark unterlegen, es den spanischen Konquistadoren gelang, in Amerika zu triumphieren, und den Engländern in China.

Das rassistische Paradigma lässt sich in abgeschwächter Form vorstellen als das, was in der Sprache unserer Tage der Kampf der Kulturen (Clash of civilizations) genannt wird. Offensichtlich haben die Zivilisationen ihre eigene reale Existenz und können deshalb nicht mit den »Rassen« durcheinander gebracht werden. Aber anstatt sie vor dem Hintergrund der historischen Konflikte zu erfassen, erblickt man in ihnen den Ausdruck eines Geistes, dem tendenziell Ewigkeit eignet. Hier kommt die Gefahr zum Vorschein, in einen Naturalismus abzudriften. Die Zivilisationen, die Tocqueville jener okzidentalen »christlichen Welt« gegenüberstellt, erscheinen diesem in all ihren Werten als unvergleichlich niedriger und unveränderlich, sie seien daher von der Vorsehung bestimmt, unterzugehen. An diesem Punkt wird die Tendenz, das historische Terrain zu verlassen, nur allzu deutlich. Das Abdriften in einen Naturalismus erweist sich dort als unumkehrbar, wo von »halbzivilisierten Stämmen« und ihren »Wilden« die Rede ist:

> Die europäische Rasse hat vom Himmel oder dank ihrer Anstrengungen eine solch unbestreitbare Überlegenheit über alle anderen Rassen der großen Menschheitsfamilie erlangt, dass derjenige Mensch, der bei uns aufgrund seiner Laster und seiner Unwissenheit auf der untersten gesellschaftlichen Stufe steht, bei den Wilden den ersten Rang einnähme.

Man versteht den Schrecken, der in den französischen Liberalen gefahren sein muss, als sich dieser Vorgang in Australien bewahrheitete: Die dorthin deportierten weißen europäischen Sträflinge flohen in die Wälder, vermählten sich mit den Töchtern der »wilden« Aborigines und brachten so eine »Kreuzung«, eine »Mischlingsrasse« hervor, die die bestehende Sozial- und Rassenordnung gefährdete. (Tocqueville 1951, Bd. 4.1: 271 f).

Zwölf Jahre nach Marx verschied auch Engels. Wir befinden uns im Jahr 1895, dem Jahr, in dem Gustave Le Bon seine *Psychologie der Massen* vorlegte. Die zentrale These des Buchs ist wohlbekannt: Die lange Phase der Krise, die in Frankreich von 1789 bis 1871 währte, vom Knall der Großen Revolution bis zur Pariser Kommune, sei letztlich das Produkt einer mentalen Krankheit. Die bürgerliche Kultur des 19. Jahrhunderts begegnet der zweiten theoretischen und politischen Herausforderung (die von England und den USA abweichende Entwicklung Frankreichs) mit einer Flucht in psychopathologische Erklärungsweisen. Im Land des unabgeschlossenen revolutionären Zyklus wütet das »Virus einer neuen und unbekannten Spezies«, das die geistige Befähigung von Generationen von Intellektuellen und politischen Agitatoren befallen hat: Dies ist die Auffassung von Tocqueville wie auch von Hippolyte Taine und Le Bon.

Aber warum wütet dieser Virus in einem Land stärker als in anderen? Das sei, wie Tocqueville beklagte, dem Umstand geschuldet, dass es den Franzosen, anders als den Angelsachsen, insbesondere den Amerikanern, fester Moralität, eines robusten praktischen Sinns, der Liebe zur Freiheit und der individuellen Würde mangele. Die Franzosen erlägen oft dem Rausch ideologischer Abstraktionen und offenbarten eine kränkliche Anhänglichkeit an die Gleichheit, gar an eine Vereinheitlichung. Sie hätten »Angst vor der Isolation«, hegten den »Wunsch Teil der Masse« zu sein und fühlten sich als Mitglieder einer »Nation, die in Reih und Glied marschiert«. Sie betrachteten die Freiheit als »das am wenigsten bedeutende Gut und sind daher stets bereit, sie preiszugeben, wenn Gefahr im Verzuge ist«. Es handelt sich um Charakteristika, von denen sich schwer vorstellen lässt, dass sie je verschwinden werden: Wir gewärtigen »ein in seinen grundlegenden Instinkten derart unbewegliches Volk, dass sich seine unverkennbaren Konturen bereits vor zwei- oder dreitausend Jahren umreißen lassen«.

Wie man sieht, tendiert das psychopathologische Paradigma zur Verschränkung mit einem ethnologischen bzw. ethnologisch-rassistischen. Das trifft auch auf Taine und Le Bon (1982/1911: 33) zu, von denen der letztere zur Erklärung des Wahns, des Deliriums und der Zuckungen des revolutionären Frankreichs die krankhafte »Psychologie der Massen« anführt, exakter die krankhafte Psychologie der »lateinischen Massen«, die fast ohne »Gefühl der persönlichen Unabhängigkeit, das bei den Angelsachsen so mächtig ist«, seien.

Derlei Stereotype finden sich in noch größerer Verbreitung jenseits des Ärmelkanals. Sie äußern sich etwa bei John Stuart Mill. Der stellt der geordneten Freiheit und der ökonomischen Entwicklung der angelsächsischen Welt die »Unterwerfung« unter den Etatismus, die den »kontinentalen Nationen« Europas eigen sei gegenüber und macht dort obendrein »Wucherungen der Bürokratie« und eine neiderfüllte Gleichheitsversessenheit aus. Auch die Auffassungen des englischen Liberalen offenbaren, wenngleich weniger ordinär naturalistisch, die Verschränkung des psychopathologischen (das die verlängerte historische Krise auf eine psychische Krankheit zurückführt) mit dem ethnologischen Paradigma (das diese psychische Krankheit bei bestimmten Völkern diagnostiziert).

Bei Tocqueville sind die naturalistischen Momente des Psychopathologismus am stärksten akzentuiert. Gestorben 1859, erlebte er den Sezessionskrieg zwar nicht mehr, aber er wähnte ihn kommen. Aus welchen Gründen erfolgte diese Umwälzung? Der ideologische Fanatismus, der solch verheerende Wirkungen im Land der radikalen Aufklärung und des Jakobinismus zeitigte, war auf der anderen Seite des

Atlantiks nicht vorhanden. Was aber waren dann die Gründe für den Bürgerkrieg, der sich nunmehr abzeichnete? Für den französischen Liberalen gibt es keinen Zweifel. Es ist das »rapide Eindringen von der englischen Rasse fremden Männern in die Vereinigten Staaten«, das in desaströser Weise die »Natur« (naturel), »die Ökonomie und das Heil« des ursprünglichen »Gesellschaftskörpers« entstellt habe.

Der Auftritt der subalternen Klassen auf der Bühne der Geschichte, das Erscheinen der jakobinisch-sozialistischen Bewegung, diese Momente des 19. Jahrhunderts, werden einerseits durch die Verschränkung beider Paradigmen, die wir kennengelernt haben, erklärt: In den Augen Tocquevilles ist der Sozialismus die »natürliche Krankheit« der Franzosen, und das ist auch der Standpunkt Le Bons[1]. Andererseits bedient man sich des rassistischen Paradigmas, in der Absicht, die subalternen Klassen, die gegen die bestehende Ordnung aufbegehren, als barbarisch und wild abzustempeln. Man erblickte eine »neue Invasion der Barbaren«, nur dieses Mal eher von innen kommend, denn von außen die zivilisierte Welt bedrohend. Es sei, schrieb Nietzsche in seinem Kommentar und seiner Verurteilung der Pariser Kommune (1988, Bd. 1: 117), »ein barbarischer Sclavenstand« am Werke, der drohe, der Zivilisation schreckliche Zerstörungen beizufügen. Es sei, um es dieses Mal in den Worten Jeremy Benthams auszudrücken (1838-43, Bd. 1: 309), nichts Gutes zu erwarten von dem armen »Wilden«.

Wie man sieht, haben diese Paradigmen, derer sich die bürgerliche Kultur vor allem in der zweiten Hälfte des 19. Jahrhunderts – nach dem Scheitern der Revolution von 1848 war Hegel ein toter Hund – in immer stärkerem Maße bediente, nur wenig für die Geschichte übrig. Das erklärt einige eklatante Unzulänglichkeiten. Tocqueville stellt die USA Frankreich gegenüber, das unfähig sei, mit der absoluten Macht zu brechen. Es sind dies jene Jahre, die dem Sezessionskrieg vorausgehen: Das Land, in dem die Versklavung der Schwarzen weiterhin besteht,

---

1 In diesem Abschnitt habe ich Untersuchungen zusammengefasst, die in vorangehenden Arbeiten gründlicher ausgeführt worden sind. Losurdo 2010, Kap. VIII, §2 (für J.S. Mill); Kap. VIII, §6 (zum englisch-französischen Gegensatz insbesondere bei Tocqueville); Kap. VIII, §8 (zu Tocquevilles Klage über das Eindringen von »der englischen Rasse fremden« Immigranten in die USA); Kap. VIII, §10 (zu Gobineau und Disraeli).

wird als Musterbeispiel für die Sache der Freiheit gefeiert, während das andere, das die Sklaverei in seinen Kolonien einige Jahrzehnte zuvor abgeschafft hatte, taub gegenüber dieser Sache sei. In der Polemik gegen diese Paradigmen erarbeiteten Marx und Engels ihre Theorie des Klassenkampfs.

9. Die Herausbildung der Theorie des Klassenkampfs

Schon der 26-jährige Marx verspottete, als er sich bei der historischen und sozialen Analyse mit der Arbeiterfrage auseinandersetzte, das alarmistische Geschrei über die »neue Invasion der Barbaren« und wendet es gegen diejenigen, die es veranstalten: Es sind nämlich ausgerechnet die »Barbaren«, von denen die dringend benötigte Emanzipation zu erwarten steht. Der »barbarische Sclavenstand« gegen den sich Nietzsche (und die Kultur seiner Zeit) rüstete, ist die Arbeiterklasse, die, indem sie die Ketten der »modernen Sklaverei« zerbricht, entscheidend zur Errichtung einer Gesellschaft beiträgt, die sich nicht mehr auf Ausbeutung und Unterdrückung gründet. Das rassistische Paradigma und dasjenige vom Kampf der Kulturen sind bereits durch den Umstand widerlegt, dass sich aus der konkreten historisch-sozialen Analyse keine klar erkennbare Grenze zwischen Zivilisation und Barbarei ergibt. Und das gilt nicht nur für die Klassenverhältnisse innerhalb der kapitalistischen Metropole. Diese beabsichtigt, ihre Zivilisation in die Kolonialgebiete zu exportieren. Tatsächlich aber offenbart sich genau darin mit großer Klarheit die von der bürgerlichen Zivilisation »nicht zu trennende Barbarei« (siehe Kap. I, § 3). Im Opiumkrieg, der in den Augen der herrschenden Ideologie des Westens und damit auch für Tocqueville und John Stuart Mill ein »Krieg im Namen der Zivilisation ist, vertrat China, der »Halbbarbar«, das »Prinzip der Moral« (MEW, 13: 516; MEW, 12: 552). Die koloniale Expansion jedenfalls war weniger ein – von der Vorsehung gewollter und geheiligter – Triumph der überlegenen Zivilisation und der »europäischen Rasse«, von der Tocqueville und andere fabulierten, sondern vielmehr ein wesentliches Moment der durch das Werk der Bourgeoisie erfolgten Herstellung des Weltmarkts, der »aus allen Poren blut- und schmutztriefend« Wirklichkeit wird. Mit ihrem

Klassenkampf installiert die westliche Bourgeoisie eine internationale Arbeitsteilung auf der Grundlage der Versklavung der Schwarzen und der Enteignung, Deportation und sogar Vernichtung der indigenen Völker Amerikas (MEW, 23: 788 u. 779). Bei alldem fehlt nicht die Reaktion der unterdrückten Völker in Gestalt des Klassenkampfs.

Marx analysierte diese 1789 anhebende große historische Krise, ganz ohne auf den Irrwitz von Rasse oder stereotype Charakteristika des einen oder anderen Volkes zurückzugreifen. 1850 erschien von ihm *Die Klassenkämpfe in Frankreich 1848 bis 1850.* Die bereits im Titel so unmissverständlich benannte Methode ist auch der rote Faden in der zwei Jahre später veröffentlichten Schrift *Der 18. Brumaire des Louis Bonaparte*: In ihr werden die Gründe erhellt, warum die revolutionäre Krise, nachdem sie auf verschiedene Weise »alle Klassen und Parteien« erfasst hatte, in die Diktatur Bonapartes mündete, dieses »Chefs des Lumpenproletariats«, dieses »prinzlichen Lumpenproletariers« (MEW, 8: 123, 161 u. 169). Sinnlos, in diesem Falle England und den USA das für die Werte der Freiheit angeblich fürchterlich empfindungslose Frankreich entgegenzusetzen. England zeichnete sich dadurch aus, dass es als erstes Land in »unanständiger Eile« dem Staatsstreich in Frankreich seine Zustimmung gab und dessen konservative Presse Bonaparte bis zum Ende »vergöttert« hat (MEW, 17: 278). Was nun die nordamerikanische Republik anbelangte, so wird man auch unter Absehung der Sklaverei feststellen müssen, dass dort »die Klassengegensätze nur unvollständig entwickelt« waren; »die Klassenkollisionen werden jedes Mal vertuscht durch den Abzug der proletarischen Überbevölkerung nach dem Westen« (MEW, 7: 288) – einen Abzug, der die Enteignung und die Deportation der indigenen Bevölkerung und folglich eine unbarmherzige Diktatur der Armee zu deren Schaden zur Voraussetzung hat.

Die Distanzierung von den naturalistischen Paradigmen war ein wesentliches Moment im Prozess der Herausarbeitung einer Theorie des Klassenkampfs. Schon der junge Engels warf dem »für das germanische Wesen eingenommenen« Thomas Carlyle dessen »übertriebene und einseitige Verwerfung des irischen Nationalcharakters« vor. Anstatt die Aufmerksamkeit auf »die schamlose Unterdrückung dieses Volks durch die Engländer« zu lenken, stempelte der große Schriftsteller die Bewohner dieser unglückseligen unterjochten Insel zu Unrecht als »romanisch« und »keltisch«, als Mitglieder einer »entmenschten Rasse« ab, die jener »germanischen« oder »sächsischen«, der auch die Engländer angehörten, klar unterlegen seien (MEW, 2: 295, 321 u. 483f). In diesen Rahmen lässt sich auch die Marxsche Kritik der herrschenden Ideologie einordnen, die behauptet, die »angeborenen Fehler der keltischen Rasse« seien für die Tragödie dieses Volkes verantwortlich (MEW, 9: 158 u. 160; MEGA, I, 12: 195f). Es komme hingegen darauf an, »für die irischen Unzulänglichkeiten« nicht etwa das vermeintliche »irische Naturell« verantwortlich zu machen, sondern die »englische Misswirtschaft« und damit folglich die herrschenden Klassen (MEW, 13: 493).

Die Iren galten Carlyle (1983: 463-465) zu jener Zeit, zu der sie in Großbritannien die untersten Ränge des Arbeitsmarktes besetzten, zwar als »Lateiner« und »Kelten«, aber eben auch und schlimmer als »Schwarze«, als Mitglieder also jener »Rasse«, deren Versklavung der britische Schriftsteller besonders mit Blick auf die USA rechtfertigte.

Unerfreulicherweise handelte es sich dabei um eine Sicht, die auch unter den englischen Arbeitern anzutreffen war, bei denen Marx 1870 beobachtet hatte, sie tendierten dazu, gegenüber den Iren eine ähnliche Haltung einzunehmen wie die verarmten Weißen im Süden der USA gegenüber den »Niggern«, den verachteten und verhassten Schwarzen (MEW, 32: 669). Und dennoch hat all das nur wenig mit der »Rasse« zu tun. In einer Gesellschaft, wie jener im Süden der USA, wo auch nach der formalen Aufhebung des Instituts der Sklaverei die herrschende Oligarchie hochmütig ihren Müßiggang pflegte und alle »produktive Arbeit« den Schwarzen aufbürdete, manifestierte sich die soziale Arroganz als rassistische, und die Verachtung der »produktiven Arbeit« war zugleich die Verachtung der zur Dienerschaft gezwungenen geknechteten oder halbgeknechteten »Rasse«.

Neben Carlyle nahmen die beiden Philosophen und Revolutionäre in ihrer Polemik auch François Guizot aufs Korn, der nach der Arbeitererhebung vom Juni 1848, darin Tocqueville ähnlich und vermutlich in dessen Kielwasser, England gegen Frankreich in Stellung bringt. Ersteres vermöge die Liebe zur Freiheit mit einem robusten praktischen Sinn zu verbinden, letzteres hingegen sei erfasst von einem fanatischen und grenzenlosen Umstürzlertum. Und alles erkläre sich – wie Marx spöttelte – mit einer »überlegenen Intelligenz der Engländer«. Der Klassenkampf, dieser immer nur historisch zu bestimmende soziale Konflikt, dankt hier ab, und an seine Stelle tritt eine mehr oder weniger ewige mythische Natur der Völker, in unterschiedlichem Maße mit Sinn für Praxis und Realität ausgestattet. Wer so argumentiert, lässt den Radikalismus und den Bürgerkrieg, die die erste englische Revolution charakterisierten, ganz und gar außer acht. Die puritanische Revolution in England ist Guizot »nur erklärlich durch den bösen Willen und den religiösen Fanatismus einzelner Ruhestörer, die sich nicht mit einer gemäßigten Freiheit begnügen konnten« (MEW, 7: 210). Das ethnologische Paradigma, das die Franzosen treffen soll, wird hier ersetzt durch ein psychopathologisches, das nach allen Seiten hin Jagd auf Fanatiker und Irre macht. Bleibt festzuhalten, dass damit »alles geschichtliche Verständnis« abhanden kommt (MEW, 7: 207). Marx und Engels erscheint diese Argumentationsweise so lächerlich, dass sie das Festhalten am ethnologischen wie psychopathologischen Paradigma als Ausweis untergehender »Kapazitäten der Bourgeoisie« ausgeben. In Panik vor dem Gespenst der proletarischen Revolution schafft sie es nicht mehr, den sozialen Konflikt in historischen Begriffen zu deuten (MEW, 7: 212 u. 255).

Auf direkte oder indirekte Weise läuft die Polemik der Theoretiker des Klassenkampfs darauf hinaus, die großen Autoren des 19. Jahrhunderts in nicht geringem Maße bloßzustellen. Tocqueville zufolge (1951, Bd. 13.2.: 337; Bd. 2.2: 337) war der Überträger der »Krankheit der französischen Revolution« und des »neuen und unbekannten Virustyps« eine »neue Rasse der Revolutionäre«: »Wir haben noch immer dieselben Menschen vor uns, auch wenn die Bedingungen andere sind«. Man hat den Eindruck, als antwortete Engels 1851 auf den französischen Liberalen, wenn er über den »Aberglauben« spottet, demzufolge »Revolutionen auf die Bösartigkeit einer Handvoll Agitatoren« zurückzuführen seien (MEW, 8: 5; MEGA, I, 11: 3).

Während die Liberalen des 19. Jahrhunderts mit ihrer Klage über den Ausbruch des revolutionären Wahns insbesondere Frankreich ins Visier nahmen, ausgehend von der Überzeugung einer langen Dauer des revolutionären Zyklus, der im Westen tobte, forderte Nietzsche dazu auf, noch weiterzugehen und sich endlich Rechenschaft darüber abzulegen, dass man in einer »Irrenhaus-Welt ganzer Jahrtausende«

lebe, die von Geisteskrankheiten befallen sei, die seit Anbeginn des Christentums wüteten. (»Der Antichrist«, KSA, Bd. 6: 38).

Nietzsche radikalisiert das psychopathologische Paradigma ins Extrem, anerkennt verkniffen die Schuld der Tradition, die auf seinen Schultern lastet, und erklärt, er habe »die Schule von Tocqueville und Taine« durchlaufen (vgl. Losurdo 2009, Kap. 28, § 2). In scharfem Gegensatz dazu spottete indes Engels über »die vom Philister vergötterten Taine und Tocqueville« (MEW, 37: 154).

Die verschiedenen Exponenten der vorherrschenden Kultur des 19. Jahrhunderts waren sich jedenfalls einig darin, in Frankreich das Schreckensbeispiel für revolutionären Wahn zu sehen. Engels hingegen nennt 1885 Frankreich dasjenige Land, »wo die geschichtlichen Klassenkämpfe mehr als anderswo jedes Mal bis zur Entscheidung durchgefochten wurden« (MEW, 21: 248). Ebenso betrachtet Marx die Sache. Seine ganze Verachtung für das psychopathologische Paradigma bringt er in einer Bemerkung über das autokratische und feudale Russland zum Ausdruck. Zar Nikolaus I. erklärte sich das Übergreifen der revolutionären Krise von 1848 damit, dass »die französische Pest« in ihrem Fieberwahn Europa angesteckt, dass das »Krebsgeschwür einer schändlichen Philosophie« die »lebenskräftigen Teile« dieses »so gesunden Volkes« befallen habe (MEW, 16: 201).

10. Klassenkampf und ideologischer Kampf

Der Klassenkampf erfasst nicht nur die verschiedenen gesellschaftlichen Verhältnisse, sondern spielt sich auch auf der Ebene der Ideologie ab, ohne dabei die Religion auszusparen. Letztere behauptet von sich, sie sei ein heiliger Ort, an dem Konflikte transzendiert würden. In der Realität aber wirkt sie oft als »Opium des Volkes«, das die Absichten der herrschenden Klassen erleichtert (MEW, 1: 378). Es lohnt, an diesem Punkt zu verweilen, denn der Marxsche Diskurs über die Religion ist oft mit dem aufklärerischen verwechselt worden, wodurch das Verständnis der Marxschen Ideologiekritik gefährdet wird. Für Marx ist die Religion eine unter vielen Ideologien, nicht aber Ideologie schlechthin. Es kommt darauf an, die Rolle zu untersuchen, die diese oder jene Religion im Rahmen des Klassenkampfs und in dessen verschiedenen Gestalten jeweils konkret spielt. Werfen wir einen Blick auf die Geschichte.

Zum Ende des 18. Jahrhunderts war Polen formell noch immer ein souveräner Staat. Als Friedrich II. die Annexion polnischer Territorien betrieb, machte sich der Preußenkönig die antikatholischen Regungen der Aufklärer zunutze und rechtfertigte mit ihnen die Einverleibung als Beitrag zur Verbreitung des Lichts der Vernunft und zur Verteidigung der religiösen Toleranz. In einem an ihn gerichteten Brief feierte D'Alembert die »entzückenden Verse« des aufgeklärten Monarchen, die auf beglückende Weise »Vorstellungskraft« und »Vernunft« miteinander verknüpften und sich über die Polen und deren »Heilige Jungfrau Maria« lustig machten, der sie sich in ihrer Hoffnung auf »Befreiung« anvertraut hätten (Fréderic II 1791: 169f). Ein vergleichbares Phänomen lässt sich mit Blick auf Irland beobachten, der Kolonie des protestantischen bzw. anglikanischen Englands: Auch dort, wie in Polen, hat die Bewegung gegen die nationale Unterdrückung religiöse, nämlich katholische Motive. Und in diesem Fall bedient sich John Locke (2006: 292) des Pathos' der Aufklärung in der Absicht, die Rebellen niederzumachen, denn sie seien nichts als der Ausdruck der »unwissenden und fanatischen Welt« des Papismus, Getäuschte und Missbrauchte einer »geschickten Aktivität ihres Klerus«. Die »Pfaffen« seien zu deren Aufhetzung da, sie hätten, um sich »der Herrschaft zu versichern«, die »Vernunft aus jedwedem Bereich ihrer religiösen Tätigkeit ausgeschlossen« (Locke 1824: 135). Für die Papisten könne es keine Toleranz geben: Ohne sich direkt auf eine fremde und feindliche Macht zu beziehen, hegten sie gleichwohl »gefährliche Meinungen, die für jede Regierung, ausgenommen jener des Papstes, absolut zerstörerisch« seien. »Der Richter ist daher angehalten, eine jede öffentliche Verbreitung ihrer Positionen zu unterdrücken« (Locke 2006: 290). In beiden Fällen läuft der vorgebliche Kampf gegen den klerikalen Obskurantismus zur gleichen Zeit auf die Unterdrückung der nationalen Bestrebungen des polnischen und des irischen Volkes hinaus. Als Erbe dieser Form der Aufklärung kann Proudhon betrachtet werden: In ihm vereinigt sich aufs engste die Haltung eines liberalen Denkers mit der Verhöhnung von Unabhängigkeitsbewegungen, bei denen die Verteidigung der nationalen Identität (und Befreiung) mit der Verteidigung der religiösen Identität zusammenfällt.

Deutlich anders stellt sich die Haltung von Marx und Engels dar. Von Beginn an verschränkt sich bei ihnen das Engagement für den Emanzipationskampf der unterdrückten Klassen, die oftmals betäubt und gelähmt sind durch das »Opium« der Religion, mit der Unterstützung von Unabhängigkeitsbewegungen, die gerade dank der Religion ein erstes Bewusstsein der nationalen Frage erlangen. Aus Sicht der Iren, bemerkte der junge Engels, machen sich die »protestantischen Eindringlinge« eins mit den »Grundbesitzern« und sind in gewisser Weise integraler Bestandteil einer Maschinerie, die das Volk unterdrückt und der »brutalsten Ausbeutung« unterwirft (MEW, 2: 485). Unterhalb der Oberfläche des religiösen Gegensatzes zwischen Katholiken und Protestanten (Anglikaner) erblicken wir den Gegensatz zwischen den irischen Tagelöhnern, oftmals ihres eigenen Bodens beraubt, und den kolonisierenden englischen Enteignern. Wir erblicken die Wirklichkeit des Klassenkampfes in seiner konkreten Gestalt. Das Zugehörigkeitsgefühl zur Religion mag intensiv sein und in Geschichte und Politik wirksam werden, es ist aber niemals der primäre Grund eines Konflikts.

Kurz nach der (rasch niedergeschlagenen) polnischen Revolte vom Januar 1863 notierte Marx (1961: 108) gelegentlich der Rekonstruktion der Geschichte des zerstückelten und unterdrückten Landes, dass das zaristische Russland nicht gezögert habe, den »Ausschluss der (nichtkatholischen) Dissidenten von den politischen Rechten« zum Vorwand dafür zu nehmen, seine Politik der Intervention und des Expansionismus zum Schaden Polens zu rechtfertigen. Die Thematik griff auch Engels auf. Zur Zeit der ersten Teilung des Landes hatte sich, wie er beobachtete, eine »aufgeklärte öffentliche Meinung« herausgebildet, auch »unter dem starken Einfluss von Diderot, Voltaire, Rousseau und der anderen französischen Schriftsteller des 18. Jahrhunderts«. Das zaristische Russland profitierte bei seinem expansionistischen Marsch von dieser Situation. Während es eben noch die Juden erbarmungslos verfolgte, »stürzte es sich nunmehr unverzüglich auf Polen im Namen der religiösen Toleranz« und der Rechte der Orthodoxen, in den Staub getreten von einer katholischen Regierung und einem rückschrittlichen Land. Russland konnte mit diesem Verhalten auf die Unterstützung und das Wohlwollen der *Philosophes* bauen:

> Der Hof Katharinas II. wurde zum Stabsquartier der aufgeklärten Männer jener Tage, besonders der Franzosen; die Kaiserin und ihr Hof bekannten sich zu den höchsten Prinzipien der Aufklärung, und es gelang ihr, die öffentliche Meinung so trefflich zu täuschen, dass Voltaire und viele andere das Lob der »Semiramis des Nordens« sangen und Rußland als das fortgeschrittenste Land der Welt priesen, als die Heimat liberaler Prinzipien, den Verfechter religiöser Toleranz (MEW, 16: 161).

Wir befinden uns im Jahr 1866. Ein Jahr später schrieb, wie wir gesehen haben, Marx an Engels, dass seine Tochter Jenny sowohl den kurz zuvor erhängten irischen wie auch den um ihre Unabhängigkeit kämpfenden polnischen Patrioten ihre Ehrerbietung erwiesen habe. Diese Haltung war keineswegs nur von der emotionalen Regung des Augenblicks diktiert. Denn 1869 griff Marx diesen Moment nochmals auf. Er schickte zuerst Engels, dann Ludwig Kugelmann eine Fotografie seiner Jenny und erklärte im beigefügten Brief: »Das Kreuz ist polnisches 1864er Insurrektionskreuz« (MEW, 32: 247 u. 590). Im Haus des großen Philosophen, Revolutionärs und Kämpfers gegen das »Opium des Volks« scheute man sich nicht, seine Solidarität mit dem Befreiungskampf eines unterdrückten Volkes mit dessen religiösen Symbolen zu bezeugen.

Die Aufmerksamkeit, die sie der konkreten Bedeutung der Religion in einer konkreten historischen Situation und im Rahmen eines bestimmten Konflikts beimaßen, ist eine Konstante im Denken der beiden großen Revolutionäre. Anlässlich des Sezessionskrieges unterstreicht Marx lebhaft die vorwärtsweisende Rolle der christlichen Abolitionisten wie William L. Garrison und Wendell Phillips. Letzterer hat »während dreißig Jahren [...] unausgesetzt und unter Lebensgefahr die Emanzipation der Sklaven als Schlachtparole verkündet, gleich rücksichtslos gegen die Persiflage der Presse, den Wutschrei bezahlter rowdies und die vermittelnden Vorstellungen besorgter Freunde.« Ja, er zögerte nicht, den Präsidenten Abraham Lincoln dafür zu kritisieren, dass der sich von oben auf Verhandlungen mit den Führern jener Staaten einließ, die sich an der Grenze zwischen Nord und Süd befanden und die in ihrer Position schwankten, anstatt von unten die Schwarzen zu mobilisieren, die entschlossen waren, die Ketten ihrer Versklavung zu sprengen. »Lincoln führt einen politischen Krieg«: So lautet die Anklage von Phillips, der vielmehr danach strebte, das militärische Kräftemessen dieser beiden Teile der Union in eine Art abolitionistische Revolution umzuwandeln, die auch von Marx herbeigesehnt wurde (MEW, 15: 530f).

Der große Gegner des christlichen Abolitionismus ist John C. Calhoun, der gegen die »tollwütigen Fanatiker« wetterte. Sie betrachteten »die Sklaverei als Sünde und nur deshalb besteht ihr höchstes Sollen darin, selbige zu beseitigen, auch dann wenn das die Zerstörung der Verfassung und der Union mit sich führt«. Für sie sei die Abolition »eine Verpflichtung des Gewissens«: Nur so glaubten sie, sich des quälenden Gefühls entledigen zu können, Komplizen dieser unverzeihlichen »Sünde« zu sein, die sie in der Sklaverei erblickten und gegen die sie nun einen regelrechten, einen »allgemeinen Kreuzzug« ausriefen. (Losurdo 2010, Kap. V, § 11). Trotz oder gerade wegen seines Hasses traf Calhoun ins Schwarze: Es mangelte wahrlich nicht der fundamentalistischen Töne auf Seiten des christlichen Abolitionismus. Ihm stellte der Theoretiker des sklavenhaltenden Südens mit Genugtuung eine laizistische, in bestimmter Weise »aufgeklärte« Haltung gegenüber. Und dennoch trat Marx an die Seite von Garrison und Phillips und würdigte sie gar als Kämpfer für die Sache der Freiheit. In diesem riesenhaften Klassenkampf, der sich am Vorabend und im Verlauf des Sezessionskrieges abspielte, war es der oftmals in fundamentalistischen Tönen erklingende christliche Abolitionismus, der den Widerstand gegen den »allgemeinen Kreuzzug des Eigentums gegen die Arbeit« verkörperte, der die revolutionäre Sache der Emanzipation der Arbeit vertrat.

Doch nicht nur als aktive Kämpfer, die aufgefordert waren, zu den Konflikten ihrer Zeit Stellung zu beziehen, sondern auch als Historiker, die die Konflikte selbst vergangener Zeiten untersuchten, hüteten sich Marx und Engels vor einer undifferenzierten Bewertung von Bewegungen, die auf die eine oder andere Weise religiös inspiriert waren. Die Erhebung Spaniens gegen das napoleonische Heer richtete sich nicht nur gegen die militärische Besetzung, sondern auch gegen das Eindringen kultureller Momente. Folglich wurden dort die Aufklärung und die Französische Revolution abgelehnt, und in der Abwehr dieser mehr oder weniger »satanischen« Ideen berief man sich auf die Religion der Ahnen und auf den Heiligen Glauben. Aber all das hielt Marx nicht davon ab, 1854 ein ausgewogenes Urteil zu formulieren. »Alle gegen Frankreich geführten Kriege«, schreibt Marx über das napoleonische Zeitalter, »tragen den gemeinsamen Stempel einer Regeneration, die sich mit Reaktion paart« (MEW, 10: 444). Die »Regeneration« ist durch den Kampf der Massen für die nationale Unabhängigkeit repräsentiert, während die »Reaktion« ihren Platz in der rückschrittlichen Ideologie hat, die diesem Kampf seine Regeln verleiht.

Unmittelbar nach dem Scheitern der Revolution von 1848 wies Engels die Neigung zu Flucht und Verzagtheit zurück und bemüht sich um eine Rekonstruktion der »revolutionären Tradition« der Deutschen (MEW, 7: 329). Er schrieb eine Abhandlung über den deutschen Bauernkrieg, über jene große antifeudale Revolte, die drei Jahrhunderte zuvor aufgelodert war, von der Welle der protestantischen Reformation getragen war und Losungen verkündete, die dem Alten und dem Neuen Testament entnommen waren.

Später, 1895, also zum Ende seines Lebens, zögerte Engels nicht, den unaufhaltsamen Aufstieg des Sozialismus und seinen letztendlichen Sieg mit dem Aufstieg des Christentums zu vergleichen, das letztlich trotz der großen Verfolgungen unter Diokletian, aber dank der Bekehrung Konstantins triumphierte (MEW, 22: 526f). Diese Positionsbestimmung erscheint umso bedeutsamer, wenn berücksichtigt wird, dass sie in eine Zeit fällt, in der Nietzsche Christentum und Sozialismus einander gleichsetzt und beide gemeinsam zunächst im Namen der wirklichen »Aufklärung« und dann, in seiner letzten Entwicklungsphase, im Namen einer »neuen Aufklärung« verdammt (Losurdo 2009, Kap. 7-8 und Kap. 28 §4). Schließlich lohnt es sich, daran zu erinnern, dass Marx von Beginn an gegen Gustav Hugo, den Vertreter der historischen Rechtsschule, polemisierte. Der gebärdete sich als ein »vollendeter Skeptiker«, viel konsequenter als »die übrigen Aufklärer«, und verhöhnte das Ideal der Sklavenemanzipation (MEW, 1: 79f), wie es auch von den christlichen Abolitionisten vertreten wurde.

Als Schlussfolgerung. Die Religion ist bei Marx und Engels immer dann »Opium des Volkes«, wenn sie behauptet, sie transzendiere die Konflikte. Auf diese Weise behindert sie den Schritt hin zu einem revolutionären Bewusstsein und endet darin, die Ketten der Unterdrückung zu schmieden. Es kann jedoch passieren, dass die Religion den Boden bereitet, aus dem, und sei es auch noch so urwüchsig, ein Bewusstsein des Konflikts, ein Bewusstsein des Klassenkampfs in seinen verschiedenen Gestalten erwächst. Dies erfolgt insbesondere dann, wenn die nationale Frage aufgeworfen wird. In diesem Fall ist die religiöse Widerspiegelung, in der die Auseinandersetzung als ein Kampf zwischen den irischen Katholiken und den englischen Protestanten oder zwischen den polnischen Katholiken und den russischen Orthodoxen erscheint, sehr viel weniger idealistisch und mystifizierend als eine Sichtweise, derzufolge in Polen und in Irland das Licht der Aufklärung auf der einen und der Obskurantismus auf der anderen Seite miteinander ringen. Eine solche Aufklärung, die die Herrschaft zum Ausdruck des Lichts der Vernunft verklärt, war sowohl Friedrich II. (zum Teil auch D'Alembert) als auch Hugo, Calhoun und Nietzsche lieb und teuer und könnte als höfische Aufklärung bezeichnet werden. Bei Marx und Engels hingegen darf nie aus dem Blick geraten, dass deren Kritik der Religion von einer Kritik dieser höfischen Aufklärung nicht zu trennen ist.

11. Von der Religion zur »Bauernidylle«

Wie schon im Falle der Religion, so lässt sich auch mit dem Rückzug in die Kunst eine illusorische Abkehr vom Konflikt befördern. In Wirklichkeit aber treten die »gesellschaftlichen Konflikte« (MEW, 36: 394) in den Hauptwerken von Aischylos, Aristophanes, Dante und Cervantes mit großer Klarheit zutage. Sie setzen sich zuweilen sogar gegen den Willen des Autors durch: Balzac endet nachweislich mit einer unbarmherzigen Schilderung des unvermeidlichen Untergangs einer Klasse, der Aristokratie, der all seine Sympathien und verzehrenden Nostalgien galten (MEW, 37: 43f). Die Versuche, der gesellschaftlichen Realität und ihrer Widersprüche zu entfliehen, können verschiedene Formen annehmen, sie alle aber sind vergeblich.

Nach dem Scheitern der Revolution von 1848 polemisierten Marx und Engels gegen den heute in Vergessenheit geratenen Autoren Georg Friedrich Daumer, der seine Verachtung für »abstrakte, ausschließliche Politik« zum Ausdruck brachte und diesem Elend die Schönheit und die Wärme der Natur entgegensetzte. Sie spotteten über die verbreitete

Tendenz, »sich vor der geschichtlichen Tragödie [...] in die angebliche Natur, d.h. in die blöde Bauernidylle« zu flüchten (MEW, 7: 200 u. 202).

Sie findet sich auch bei Feuerbach (1967: 213f). So stark waren Enttäuschung und Ekel in jenen Jahren, dass er sich veranlasst sah, einen Ausruf Ciceros zu zitieren, den er mit der »Politik seiner Zeit« ins Verhältnis setzt: »Sunt omnia omnium miseriarum plenissima (Alles ist aller Erbärmlichkeiten voll)«. Es bleibe nichts weiter, als sich in »Gleichgiltigkeit gegen die politischen Parteien und Händel« zu üben, ein Refugium zu finden und Trost in den Armen der Natur zu suchen: »Die Natur kümmert sich nicht nur nichts um die Politik, sie ist das direkte Gegentheil der Politik«. Der Ausbruch aus beziehungsweise die Flucht vor dem Konflikt suchte sich nun ein Refugium weniger in der Religion als vielmehr in der Natur. Vor dieser Haltung hatte Marx bereits fünf Jahre vor der Revolution gewarnt, als er beobachtet hatte, dass Feuerbach »zu sehr auf die Natur und zu wenig auf die Politik hinweist« (MEW, 27: 417).

Für die Flucht in die Natur gelten in groben Zügen dieselben Überlegungen, die schon für die Flucht in die Religion angestellt worden sind: Weit davon entfernt, eine wirkliche Überwindung des gesellschaftlichen Konflikts darzustellen, ist sie dessen unreifer und oftmals verzerrter Ausdruck. Wir haben es mit einer geistigen Haltung zu tun, die dazu neigt, sich immer dann zu äußern, wenn die zuvor in die Politik gesetzten Hoffnungen auf Veränderungen zerstoben. Das bestätigte sich auch in den auf 1789 folgenden Jahren, als es schien, als sei infolge der extremen Komplexität des revolutionären Ablaufs der anfängliche Enthusiasmus, den der Untergang des französischen Ancien Régime in der deutschen Kultur ausgelöst hatte, ein für alle Male der Lächerlichkeit preisgegeben. 1803 hatte Friedrich Schiller gesungen: »Nur auf den Bergen ist Freiheit!« Nur wo die Natur vom Menschen noch unberührt ist, ist »die Welt vollkommen«. Deshalb sei nur der glücklich zu nennen, der in der »Stille der ländlichen Flur« lebe, der sich mit kindlicher Hingabe an die »Brust der Natur« drücke oder der »in des Klosters friedlicher Zelle« wohne, wo man nicht »der Menschheit traur'ge Gestalt« sehe, wo man also gleichermaßen weit entfernt ist vom flüchtigen Lärm der historisch-politischen Erschütterungen. Gegen Schiller und dessen

»Pochen auf die Natur« hatte bereits Hegel gestritten, jede Trost suchende Flucht (in die Natur oder die Religion) vor den Widersprüchen und den Konflikten der politischen Welt zurückgewiesen und unterstrichen: »Was die menschliche Vernunft produziert, könnte aber wenigstens die gleiche Würde haben, als die Natur«, und in diesem Sinne ist der »gewöhnlichste Berliner Witz« genauso der Bewunderung würdig wie ein magisches Naturereignis (in: Losurdo 1989, Kap. X, §5).

Es handelt sich hierbei um eine Lektion, die Marx in starkem Maße beeinflusst haben dürfte. Wie aus dem verlässlichen Zeugnis Paul Lafargues (nach der Heirat mit der Tochter Laura der Schwiegersohn des Philosophen) hervorgeht, liebte er es, einen Ausspruch Hegels zu zitieren: »Selbst der verbrecherischste Gedanke eines Bösewichts ist großartiger und erhabener als die Wunder des Himmels« (Enzensberger 1973: 303f). Engels seinerseits schrieb in einem Brief aus dem Jahr 1893: »Die Natur ist großartig, und als Abwechslung von der Bewegung der Geschichte bin ich immer gern zu ihr zurückgekehrt, aber die Geschichte scheint mir doch großartiger als die Natur«. Der Ausflug in die Natur dient hier allenfalls der Erholung, um wieder die historische und politische Welt zu beobachten und teilzunehmen an der Errichtung einer Gesellschaft, die sich auf Solidarität und dem Bewusstsein eines gemeinsamen Menschseins gründet anstatt auf Ausbeutung und Unterdrückung; um folglich, an der »Herausbildung von etwas in der Geschichte unserer Erde noch nie Dagewesenem« mitzuwirken (MEW, 39: 63).

Wir haben gesehen, dass Marx die »angebliche Natur« verspottete, in die der Philister, angeekelt von den historischen und politischen Umwälzungen, zu entkommen versucht. Diese »Natur« ist in zweifacher Hinsicht eine »angebliche«. Erstens ist sie überhaupt nicht unberührt von den politischen und historischen Konflikten: Dorthin zog sich das konservative Milieu zurück und beklagte die unvernünftige Unruhe der Stadt. Und zweitens, wie schon in der *Deutschen Ideologie* bemerkt, ist »diese der menschlichen Geschichte vorausgehende Natur« – und dies ist gegen die Kritik an der menschlichen Geschichte gerichtet – »ja nicht die Natur [...], die heutzutage, ausgenommen etwa auf einzelnen australischen Koralleninseln neueren Ursprungs, nirgends mehr existiert« (MEW, 3: 44). Das Land, zu dem Schiller, Daumer und Feuerbach Zuflucht suchen, hat eine lange und qualvolle Geschichte sowie eine Revolution gigantischen Ausmaßes hinter sich. Die neolithische Revolution führte Agrikultur, Viehzucht und die Zähmung der Tiere ein: Alles, was in unseren Tagen als ewige Natur gepriesen wird, als Inbegriff der Ordnung und der Regelmäßigkeit und demgemäß im Gegensatz zum Klassenkampf, zur Unruhe und zu den Krämpfen der historischen und politischen Welt stehen soll, ist in Wirklichkeit das Ergebnis einer großen historischen Umwälzung.

Anders als Schiller behauptete erweisen sich nicht einmal die Berge als unberührt von »der Menschheit trauriger Gestalt«, wie Schiller indes behauptete: Man denke nur an das Weideland und an das Vieh, was auf die eben skizzierte Geschichte zurückverweist. Zudem bedarf es, um ihre schwer erreichbaren Höhen zu erklimmen, immer auch der Zuhilfenahme von Hervorbringungen menschlicher Arbeit, angefangen bei der Bekleidung, die vor Kälte und Unterkühlung schützt. Die von Schiller, Daumer und Feuerbach angerufene und ersehnte »Natur« ist lediglich der »Gedankenausdruck eines frommen Wunsches über menschliche Verhältnisse«, die fantastische Projektion der »Ideen«, die man »in der menschlichen Gesellschaft realisiert zu sehen wünscht« (MEW, 3: 461 u. 463). Eine »Natur« also, in der jener »Zwiespalt von Leben und Glück«, der für die menschliche Gesellschaft beklagt wird, aufgelöst ist. Und »mit viel größerem Recht konnte«, um weiter die *Deutsche Ideologie* zu zitieren, »Hobbes sein *bellum omnium contra omnes* aus der Natur beweisen und Hegel [...] in der Natur den Zwiespalt [...] erblicken« (MEW, 3: 460). Überwinden kann den »Zwiespalt von Leben und Glück« aber einzig die politische Aktion, der Klassenkampf.

12. Die »Natur« – zwischen Flucht und Klassenkampf

Marx und Engels begegneten dem Streben, dem Konflikt in eine von der menschlichen Geschichte unberührten und als deren Gegensatz gefeierte Natur zu entkommen, mit Ironie und kritisierten die Flucht in den »Naturkultus« als Religion im eigentlichen Sinne (MEW, 7: 202). All das hindert sie aber nicht daran, als erste auf das hingewiesen zu haben, was heute die ökologische Frage genannt wird.

Schon sehr früh hatte Marx unterstrichen: »Der Mensch lebt von der Natur« (MEW, 1. Ergbd.: 516); »die erste Voraussetzung aller Menschengeschichte ist natürlich die Existenz lebendiger menschlicher Individuen«, Individuen, deren »physische Beschaffenheit« und die von ihnen »vorgefundenen Naturbedingen« wir nicht ignorieren können (MEW, 3: 20f). Etwa 30 Jahre später ließ er seine *Kritik des Gothaer Programms* mit einer Mahnung beginnen, die heutzutage geradezu prophetisch klingt. Wenn auch mit großem und wachsendem Anteil, so ist die Produktivität der Arbeit eben »nicht Quelle alles Reichtums«. Und dabei darf ein zentraler Gesichtspunkt nie aus den Augen geraten: »Die Natur ist ebensosehr die Quelle der Gebrauchswerte (und aus solchen besteht doch wohl der sachliche Reichtum!) als die Arbeit, die selbst nur die Äußerung einer Naturkraft ist, der menschlichen Arbeitskraft« (MEW, 19: 15).

Damit sind wir unmittelbar zurückverwiesen auf das Feld des Klassenkampfs. Auch wenn dem Kapitalismus auf der einen Seite das Verdienst zukommt, die Produktivkräfte wie nie zuvor entwickelt zu haben, gefährdet er auf der anderen Seite in doppelter Hinsicht den »sachlichen Reichtum«. Durch seine erbarmungslose Jagd nach maximalem Profit und seine zyklischen Krisen bringt er eine enorme Verschwendung jener »Naturkraft«, die die »menschliche Arbeitskraft« ist, mit sich und opfert dabei skrupellos selbst Kinder, denen nichts blieb, als an den ihnen auferlegten Strapazen und Mühen zugrunde zu gehen. Man könnte sagen, dass das erste Buch des *Kapitals* zu großen Teilen eine kritische Analyse jenes »ununterbrochenen Opferfestes der Arbeiterklasse« und der »maßlosesten Vergeudung der [natürlichen] Arbeitskräfte« ist (MEW, 23: 511).

Aber das ist nicht alles. Im *Kapital* heißt es weiterhin: »Und jeder Fortschritt der kapitalistischen Agrikultur ist nicht nur ein Fortschritt in der Kunst, den Arbeiter, sondern zugleich in der Kunst, den Boden zu berauben, jeder Fortschritt in Steigerung seiner Fruchtbarkeit für eine gegebne Zeitfrist zugleich ein Fortschritt im Ruin der dauernden Quellen dieser Fruchtbarkeit« (MEW, 23: 529). So oder so, bezogen auf das komplexe Verhältnis Mensch / Natur erweist sich die Idee des Privateigentums, auf dem die bürgerliche Gesellschaft gründet, mehr als je zuvor als verheerend. Je absoluter diese Idee, umso gravierender die Konsequenzen auch für die Natur: In den Südstaaten der USA war die Sklavenhaltergesellschaft auch durch »die brutale Aussaugung des Bodens« gekennzeichnet (MEW, 25: 632). Und was Irland betrifft: »Die Kartoffelkrankheit war eine Folge der Erschöpfung des Bodens, ein Produkt der englischen Herrschaft« und der Politik der kolonialen Ausplünderung, betrieben von der Regierung in London (MEW, 16: 551).

Es lässt sich hier eine generelle Schlussfolgerung ziehen: »Selbst eine ganze Gesellschaft, eine Nation, ja alle gleichzeitigen Gesellschaften zusammengenommen, sind nicht Eigentümer der Erde. Sie sind nur ihre Besitzer, ihre Nutznießer, und haben sie als boni patri familias den nachfolgenden Generationen verbessert zu hinterlassen.« In Zukunft, »vom Standpunkt einer höhern ökonomischen Gesellschaftsformation wird das Privateigentum einzelner Individuen am Erdball« oder einzelner Nationen oder von Teilen derselben Menschheit innerhalb eines bestimmten zeitlichen Abschnitts »ganz so abgeschmackt erscheinen wie das Privateigentum eines Menschen an einem anderen Menschen« (MEW, 25: 784).

Man versteht nun die Absicht, die Engels in der *Dialektik der Natur* verfolgt hat: »Und so werden wir bei jedem Schritt daran erinnert, dass wir keineswegs die Natur beherrschen, wie ein Eroberer ein fremdes Volk beherrscht, wie jemand, der außer der Natur steht – sondern dass wir mit Fleisch und Blut und Hirn ihr angehören und mitten in ihr stehen« (MEW, 20: 53).

Wenn letztlich eine Natur bewahrt werden soll, die den Fortlauf und die Entwicklung der menschlichen Geschichte ermöglicht, dann wird es notwendig sein, sich dem politisch-sozialen Konflikt zu stellen und ihn zu lösen, vor dem zu fliehen indes ein religiöser »Naturkultus« empfiehlt. Die Aufforderung, in der Natur einen gegenüber den Dissonanzen und den Widersprüchen der Gesellschaft fremden und transzendenten Ort zu finden, ist verdrehter und mystifizierter Ausdruck desselben Konflikts, den zu beseitigen man vergeblich sich bemüht.

Aber versuchen wir, eine solche Aufforderung dennoch ernst zu nehmen. Man muss sich dabei vor Augen führen, dass der Arbeiter einerseits »oft gar nicht einmal die Natur zu sehen bekommt in seiner großen Stadt und bei seiner langen Arbeit« (MEW, 2: 454). Andererseits offenbart die »Natur«, wie sie in den »Arbeiterbezirken« und den »armen Distrikten« der urbanen Zentren präsent ist, ein trostloses Spektakel. Diese Siedlungen wurden »ohne alle Rücksicht auf Ventilation, bloß mit Rücksicht auf den dem Erbauer zufließenden Gewinn« errichtet, und es herrschte dort »entsetzlicher Schmutz und Gestank« (MEW, 2: 294 u. 267). Hier liegt eine der ersten Analysen der Ökologie- bzw. der Umweltfrage vor, und Engels machte darin darauf aufmerksam, wie aus der Profitlogik die Verschmutzung der Atmosphäre (die Stadt »von einer grauen Wolke Kohlenrauch verhüllt«) und der Wasserläufe (»einem kleinen, pechschwarzen, stinkenden Flusse« und ein »schwarzes Wasser, von dem man zweifelt, ob es ein Bach oder eine lange Reihe stinkender Pfützen ist«) hervorgeht (MEW, 2: 272 u. 274).

Der Text, aus dem hier ausführlich zitiert wurde, stammt aus dem Jahr 1845. Zwei Jahre zuvor hatte Herbert Spencer (1981: 244) noch ironisch gefragt: Wenn man dem Staat schon die Aufgabe zuschreibt, gegen die umweltschädlichen Abfälle der Industrie einzuschreiten, warum verweigert man ihm dann die Zuständigkeit für die »geistige Gesundheit der Nation«? Einige Jahrzehnte später hatte der englische Liberale es sich anders überlegt und sah sich gezwungen, dem Problem der Luftverschmutzung Rechnung zu tragen: Er machte sehr modern anmutende Beobachtungen über verbrauchte Luft in Zügen, die man zuweilen einzuatmen gezwungen ist (Spencer 1978, Bd. 2: 99f). In der von ihm geschilderten Szene begegneten sich allerdings nur solche Individuen, die keinerlei Fühlung mit den Fabriken und den Produktionsstätten oder mit den verschmutzten Flüssen und Seen hatten. Es waren »Männer, die sich für Gentlemen halten, aber an anderen als den für Raucher vorgesehenen Stellen rauchen«. Hier sind die Klassen und der Klassenkampf schlichtweg abwesend.

13. Eine allgemeine Theorie des Gesellschaftskonflikts

Wir können nun einige Schlussfolgerungen ziehen. Erstens gestaltet sich die Theorie des Klassenkampfs kraft ihres Anspruchs, die Totalität des historischen Prozesses zu erfassen, als eine allgemeine Theorie des gesellschaftlichen Konflikts. Dem *Manifest der Kommunistischen Partei* zufolge ist »die Geschichte *aller* bisherigen Gesellschaft«, »die Geschichte der *ganzen* bisherigen Gesellschaft« durch die »Klassenkämpfe« und die »Klassengegensätze« charakterisiert (MEW, 4: 462 u. 480). Aus der Distanz von Jahrzehnten kehrte Engels 1885 zu diesem Thema zurück. »Es war grade Marx, der das große Bewegungsgesetz der Geschichte zuerst entdeckt hatte, das Gesetz, wonach *alle* geschichtlichen Kämpfe [...] in der Tat nur der mehr oder weniger deutliche Ausdruck von Kämpfen gesellschaftlicher Klassen sind« (MEW, 21: 249). Durch Kursivierung wurden hier die Schlüsselwörter, besser noch: das Schlüsselwort hervorgehoben, das den Klassenkampf mit dem allgemeinen gesellschaftlichen Konflikt gleichsetzt, ganz gleich wer seine Protagonisten in welcher auch immer angenommenen Form sein mögen.

Zweitens hebt die Marxsche Theorie den Klassenkampf auf das Terrain der Geschichte und sorgt damit für einen epistemologischen Bruch mit den naturalistischen Ideologien.

Gerade weil sie beabsichtigt, einen Schlüssel zur Lektüre des historischen Prozesses zu liefern, bemüht diese sich drittens darum, der Mannigfaltigkeit der Formen, in denen der *soziale* Konflikt erscheint, Rechnung zu tragen. Mit der Kursivierung sei auf ein vorgängiges Problem hingewiesen: es ist evident, dass das Leben durch eine Unzahl an Konflikten gekennzeichnet ist, die sich unter den Individuen aus den verschiedensten Gründen entfalten – aber hier geht es darum, diejenigen Konflikte zu analysieren, deren Protagonisten nicht einzelne Individuen, sondern soziale Subjekte sind und die direkt oder indirekt, unvermittelt oder vermittelt auf die Gesellschaftsordnung verweisen beziehungsweise auf diesen oder jenen wesentlichen Ausdruck der Arbeitsteilung in dieser Ordnung.

So lässt sich der Gegenstand der Marxschen Theorie vom »Klassenkampf« bestimmen. Wir haben es hier mit einer generellen Kategorie zu tun, mit einem *Genus*, unter den ziemlich verschiedene *Spezies* subsumiert werden können. Man könnte sich an einer Typologie versuchen, die jedoch selbstverständlich nicht von der Universalgeschichte auszugehen hätte, sondern in jener historischen Zeit anzusiedeln ist, in der die Autoren des *Manifests der Kommunistischen Partei* lebten. Dabei ist eine erste Unterscheidung zu treffen. Auf der einen Seite gibt es die Konflikte, in denen die Ausbeuterklassen einander gegenübergestellt sind, die Klassenkämpfe, in denen sich die Bourgeoisien der verschiedenen Länder gegen den Landadel und das Ancien Régime erheben und in denen dann die einen gegen die anderen in eine mal mehr, mal weniger erbitterte Konkurrenz zueinander treten, die indes sehr wohl zum Krieg führen kann. Auf der anderen Seite haben wir Emanzipationskämpfe, die ebenfalls Klassenkämpfe sind, ob nun deren Subjekte sie zu führen beabsichtigen oder aber entschlossen sind, sie zu blockieren oder zu unterbinden. An diesem Punkt kommt es darauf an, eine zweite Unterscheidung vorzunehmen, die, um genau zu sein, eine Dreiteilung ist: der Kampf, dessen Protagonisten die Völker unter kolonialen oder semikolonialen Bedingungen sind, beziehungsweise der auf koloniale Ursprünge zurückgeht; der Kampf, geführt von der Arbeiterklasse in den kapitalistischen Metropolen (also jener, auf den sich die Reflexionen von Marx und Engels besonders konzentrierten); der Kampf der Frauen gegen die »Haussklaverei«. Jeder dieser drei Kämpfe stellt die geltende Arbeitsteilung in Frage – auf internationaler, nationaler und familiärer Ebene. Das »Zwangsverhältnis« besteht in der Gesellschaft zwischen Kapital und Arbeit (MEGA, II, 4.1: 93), aber dieselben Überlegungen lassen sich für die anderen beiden Verhältnisse anstellen. Die drei Kämpfe um Emanzipation stellen die drei »Zwangsverhältnisse« in Frage, die das kapitalistische System in seiner Gesamtheit konstituieren.

Von all dem wollte Benedetto Croce (1993: XIV) nichts wissen, als er im September 1917 mit Blick auf den zu dieser Zeit tobenden Krieg erklärte: »Das Konzept von der Macht und vom Kampf, das Marx vom Staat auf die sozialen Klassen übertragen hatte, scheint nunmehr von den Klassen zum Staat zurückgekehrt zu sein«. Wahr ist, dass zumindest zu Beginn jener heiligen patriotischen Union, dieser kolossale Konflikt von nicht wenigen europäischen Intellektuellen als Beweis einer Krise des historischen Materialismus beziehungsweise als »Mittel zur Abschaffung der Klassenunterschiede« (Mosse 1993: 84) gesehen und theoretisch verarbeitet wurde. Gleichwohl, nur wenige Wochen nachdem Croce seine Erklärung vom Tod des Klassenkampfs aufgesetzt hatte, ereignete sich in Russland die Oktoberrevolution und damit die Erhebung der Volksmassen gegen den Krieg und gegen die privilegierten Klassen, die Land und Heer anführten. Aber nicht nur deswegen bedeutete das schreckliche Ringen der Großmächte, das 1914 begann, alles andere als das Ende oder die Aufhebung des Klassenkampfes.

Es lohnt sich vor allem an die Beobachtungen des seinerzeit prominenten Historikers Arno Mayer zu erinnern: es gab keinen Krieg, der so sehnlich als »Prophylaxe« herbeigerufen wurde, als »Instrument der Innenpolitik«, als Rettungsanker einer politischen und sozialen Ordnung, die man immer stärker durch den Aufstieg der sozialistischen Arbeiterbewegung bedroht sah. Beispielhaft sei eine vom Umkreis Croces nicht allzu weit entfernte Persönlichkeit benannt. Zehn Jahre vor seinem Ausbruch wurde der Krieg von Vilfredo Pareto in der Absicht herbeigerufen und gefordert, den Sozialismus um »mindestens ein halbes Jahrhundert« zurückzuschlagen. In analogen Begriffen begründete in Deutschland Admiral Alfred von Tirpitz seine Flottenpolitik nicht zuletzt auch mit der Notwendigkeit, ein Gegengift gegen die »Verbreitung des Marxismus und des politischen Radikalismus unter den Massen« zu finden. Nicht zu sprechen von der weithin verbreiteten Überzeugung bei großen Teilen der herrschenden Klassen und deren Ideologen, derzufolge einzig der koloniale Expansionismus in der Lage gewesen sei, die soziale Frage in den Metropolen zu entschärfen und die sozialistische Bewegung zu schwächen oder einzusperren (Losurdo 2007, Kap. III, §3).

Wie recht wohl zu sehen war, ist der Erste Weltkrieg nicht nur einfacher Ausdruck des Klassenkampfs, er ist es in dreifacher Hinsicht. Er verweist a) auf den Kampf um die Hegemonie unter den Bourgeoisien der kapitalistischen Großmächte; b) auf den gesellschaftlichen Konflikt in den Metropolen, den die herrschende Klasse zu neutralisieren hofft und von dem sie mittels einer Kraftprobe auf dem internationalen Parkett und mittels kolonialer Eroberungen abzulenken beabsichtigt; c) auf die Unterdrückung und Ausbeutung der kolonisierten und halbkolonisierten Völker, für die sich, um die Sprache von Marx in Betreff Irlands aufzugreifen, die »soziale Frage« als »nationale Frage« stellt.

Sicherlich, vom Standpunkt jedes einzelnen Landes ergreift die herrschende Klasse die Gelegenheit, den sozialen Frieden und die nationale Einheit zu festigen oder zu erzwingen, Streiks zu unterdrücken und den Arbeitstag zu verlängern. Diese Bestrebungen sind Ausdruck eines von der Bourgeoisie geführten Klassenkampfes, dem das Proletariat angesichts steigender Kriegsopfer und fortschreitenden Glaubwürdigkeitsverlustes vaterländischer Rhetorik seinen mitunter gar revolutionären Klassenkampf entgegensetzt.

Im Lichte solcher Betrachtungen kann man die »Synthese« eines Karl Popper (1980, Bd. 2: 39) nur müde belächeln, der mit ihr bewiesen haben will, dass Faschismus und Kommunismus einen gemeinsamen unheilvollen und offensichtlich aus Deutschland stammenden Vater gehabt hätten: »Der [von Marx repräsentierte] linke Flügel ersetzt den Kampf der Nationen, der im historistischen Schema Hegels erscheint, durch den Klassenkampf, die extreme Rechte ersetzt ihn durch den Kampf der Rassen«. In Wirklichkeit ist der Gesellschafts- und Klassenkonflikt sehr wohl präsent bei Hegel. Konstant nimmt er darauf Bezug, etwa um den Untergang der Monarchie im antiken Rom zu erklären, die von einer Aristokratie gestürzt wurde, die entschlossen war, ihre Herrschaft über die Plebs zu festigen; oder um die Vorgänge zu erhellen, die im Zeitalter der Moderne dazu geführt haben, dass die absolute Monarchie mehr und mehr die Macht und die Privilegien der Feudalaristokratie limitiert hat, die sich hartnäckig daran klammerte und die über die Bauernmassen auferlegte Knechtschaft und deren Ausbeutung aufrechterhalten wollte. Auf der anderen Seite ist mit der Herausbildung des modernen Repräsentativstaates, hervorgegangen aus der Französischen Revolution, der gesellschaftliche Konflikt für Hegel alles andere als erledigt: Der entlassene oder zur Arbeit unfähige Proletarier, der Arme, der droht Hungers zu sterben – beide befinden sich in einer gegenüber dem Sklaven vergleichbaren Situation und haben mithin jedes Recht zu rebellieren (Losurdo 2000, Kap. VII und passim). Umgekehrt sind die »Kriege der Nationen« (eine Realität, die für jedermann sichtbar war und ist) bei Marx und Engels sehr wohl präsent: Der Kapitalismus ist ihnen zufolge dazu verdammt, in sich den »industriellen Vernichtungskrieg der Nationen untereinander« auszubrüten und »Piratenkriege« zum Schaden der Kolonialvölker zu führen, die ihrerseits und legitimerweise mit einem Widerstandskampf und der nationalen Befreiung antworten. Und was den »Kampf der Rassen« angeht, so haben Marx und Engels ganz ohne Zweifel eine Lesart zurückgewiesen, die in der »Rasse« den Schlüssel zum Verständnis der Geschichte erblickt. Das brachte beide dazu, nicht etwa gegen eine imaginäre hegelianische »extreme Rechte« zu streiten, von der Popper fabuliert, der selbst in gewisser Hinsicht ein Gefangener des ethnologischen Paradigmas ist (nämlich in Tradition der Ideologie des Ententekrieges, die die Quelle allen Übels einzig und alleine in Deutschland erblickt), sondern gegen Personen und die Presse aus dem liberalen Umfeld der USA und Englands. Was jedoch auf den ersten Blick als »Kampf der Rassen« erscheint, ist in Wirklichkeit Klassenkampf. Es ist beispielsweise evident, dass in den USA das Schicksal der Afroamerikaner unter den Bedingungen der Sklaverei und der *white supremacy* in erster Linie von der »Rassenzugehörigkeit« bestimmt war. Unter solchen Umständen die »Rassenfrage« (bzw. die nationale Frage) aufzuwerfen, heißt nun aber beileibe nicht, den gesellschaftlichen Konflikt aufzuheben, sondern im Gegenteil, ihn unter den konkreten und spezifischen Bedingungen, unter denen er sich manifestiert, auszufechten.

Nur wenn wir dies in Rechnung stellen, können wir das 20. Jahrhundert verstehen; ein Jahrhundert, das, wie wir sehen werden, durch epische Klassenkämpfe und von nationalem Widerstand charakterisiert ist. Diese Kämpfe wurden gegen die Versuche eines »Dritten Reichs« und eines »Reichs der aufgehenden Sonne« ausgefochten, gegen Regime, die eine kolonialistische, ja sklavenhalterische Tradition wieder aufgriffen, um sie in Osteuropa beziehungsweise in Ostasien wieder Wirklichkeit werden zu lassen. Kurzum, was Croce, Popper und Ferguson nicht begreifen, ist die Rolle, die der Klassenkampf bei Zusammenstößen spielt, die rein national oder »rassenmäßig« zu sein scheinen. Alle drei tragen nicht dem Umstand Rechnung, dass die Theorie des Klassenkampfs eine allgemeine Theorie des gesellschaftlichen Konflikts ist, wenngleich sie nicht in systematischer Gestalt auftritt. Ein Vergleich mag weiterhelfen: Auch Carl von Clausewitz gehörte der außergewöhnlichen kulturellen Phase an, in der sich die klassische deutsche Philosophie entwickelte. Damals verfasste er seine berühmte Schrift *Vom Kriege*, in der die verschiedensten bewaffneten Konflikte behandelt werden. Clausewitz verstand den Krieg als Fortsetzung der Politik mit anderen Mittel. Marx und Engels schrieben gewissermaßen ideell einen Traktat über den sozialen und politischen Konflikt, der sich, ausgehend von der Arbeitsteilung einander antagonistisch gegenüberstehender Klassen und vom Klassenkampf, auf ein höheres Verallgemeinerungs- und Abstraktionsniveau erhebt und auf einheitliche Weise die diversen Formen des gesellschaftlichen Konflikts versteht und dabei die Kriege beziehungsweise die verschiedenen Typen des Krieges einschließt. Dem ist jedoch unverzüglich hinzuzufügen, dass, wo Clausewitz eine objektivistische Haltung einzunehmen scheint, die beiden Philosophen und revolutionären Kämpfer explizit erklären, sich nicht über die Dinge zu stellen und sich nicht damit zu begnügen, das Getümmel aus der Distanz zu betrachten, sondern für sich beanspruchen, aktiv an der Umgestaltung der Welt in eine ganz bestimmte Richtung beteiligt zu sein.

Kapitel II

Ein prolongierter Kampf, kein Nullsummenspiel

1. »Universelle Nivellierung« oder »große Divergenz«?

Das *Manifest der Kommunistischen Partei* behandelt den Klassenkampf ausgehend von der Analyse der bürgerlichen Gesellschaft, die sich im Westen zu jener Zeit immer mehr durchsetzte. Aber war eine solche Herangehensweise nicht durch das Verschwinden des Ancien Régime – gegliedert in stabile und von Natur aus starre Stände – und durch die Nachfolge einer von sozialer Mobilität gekennzeichneten Ordnung widerlegt? Nach Auffassung Tocquevilles (1951, Bd. 1.2: 40, 12 u. 288, Fn) hat der Anbruch der industriellen wie demokratischen Gesellschaft die Kämpfe obsolet gemacht, da sie auf eine längst überwundene gesellschaftliche Stufe zurückverwiesen. In seiner Schrift *Über die Demokratie in Amerika* kommt die Idee zum Ausdruck, dass »die Kasten verschwinden (les castes disparaissent) und die Klassen sich einander annähern« (les classes se rapprochent). Ja, »man kann sagen, es existieren keine Klassen mehr«. Wenigstens im Falle des Westens gelte, dass sie der Vergangenheit angehörten und dass die Gesellschaften, in der »die Bürger in Kasten und Klassen geteilt sind«, dem Untergang geweiht seien.

Es handelt sich hierbei nicht um eine Vorhersage, die einzig mit Blick auf die Vereinigten Staaten getroffen wurde, ein Land ohne ausgedehnte feudale Vergangenheit. Vielmehr haben wir es mit einer soziologischen Analyse zu tun, die sich mit einem geschichtsphilosophischen Diskurs verschränkt. Dem französischen Liberalen zufolge war im Westen seit dem 11. Jahrhundert »eine zweifache Revolution der gesellschaftlichen Verhältnisse« im Gange. Ja, »der Adel wird auf der gesellschaftlichen Stufenleiter zurückfallen, der Pöbel auf ihr vorankommen, der eine steigt ab, der andere auf. Alle halbe Jahrhundert nähern sie sich einander an und sehr bald werden sie sich Seit' an Seit' wiederfinden«. Alles wirke in konvergenter Weise auf dieses Resultat hin. Nicht nur der Reichtum an Grund und Boden, sondern auch der »bewegliche Reichtum« könne »politischen Einfluss« schaffen und »Macht verleihen«. Allein das schwäche schon die Privilegien und die Herrschaft der Aristokratie. Zusammen mit dem Eigentum in seinen diversen Formen ist die »intellektuelle Regsamkeit« »Quelle von Macht und Reichtum«, sodass die »Entdeckungen in der Kultur« und die »Vervollkommnung auf dem Gebiet des Handels und der Industrie« »ebenso sehr zu Elementen der Gleichberechtigung zwischen den Menschen« werden. All die verschiedenen Faktoren der modernen Welt »scheinen in gemeinsamem Einvernehmen daran zu arbeiten, die Reichen ärmer und die Armen reicher zu machen«. Letztendlich sei die Tendenz zur »universalen Nivellierung« (nivellement universel) unausweichlich: Sie könne nicht aufgehalten und auch nicht verlangsamt werden, zumal »die Reichen [...] verstreut und ohnmächtig sind« und folglich unfähig, dem wirksamen Widerstand entgegenzutreten. Es gebe keinen Zweifel, ein übermächtiger Wille regiert: »Die schrittweise Entwicklung der Gleichheit der Bedingungen ist eine unumstößliche Tatsache; und sie ist wesentlicher Natur: universell, dauerhaft, sie entzieht sich Tag für Tag der Macht der Menschen, alle Begebenheiten wie auch alle Menschen begünstigen diese Entwicklung« (Tocqueville 1951, Bd. 1.1: 3f; Bd. 1.2: 259).

Die hier zitierten Auszüge entstammen dem ersten und dem zweiten Band seiner Schrift *Über die Demokratie in Amerika* und verweisen uns folglich auf die Jahre 1835 beziehungsweise 1840. In den folgenden Jahren umreißt Tocqueville mit Blick auf Frankreich und England ein merklich anderes Feld (1951, Bd. 3.2: 105f): »Die allenthalben anzutreffende Gleichheit erweitert fortschreitend ihre Herrschaft, ausgenommen allerdings die Industrie, die sich jeden Tag mehr in Form einer Aristokratie« und Hierarchie organisiert. »Strikte Abhängigkeit« binde den Lohnarbeiter an den Arbeitgeber. Und hinsichtlich der Machtverhältnisse und der Verteilung des gesellschaftlichen Reichtums seien wir von Gleichheit weit entfernt: »Die organisierten Kräfte einer Vielzahl von Menschen produzieren zum Nutzen eines einzigen«. Zusammengefasst: »Hier der Sklave, dort der Herr, dort der Reichtum weniger, hier das Elend der übergroßen Mehrheit«; es drohe der »Sklavenkrieg« (Tocqueville 1951, Bd. 5.2: 80-82; Bd. 3.2: 727). Zuerst ignorierte er in seiner groben Sichtweise die Realität der sozialen Klassen und deren Bereitschaft einander kämpfend gegenüberzutreten. Nun jedoch ist es nicht mehr die Gleichheit sondern vielmehr die Ungleichheit, die von einem übergeordneten Willen sanktioniert wird, wie es aus der Polemik gegen »die ökonomischen und politischen Theorien« hervorgeht, welche uns glauben machen wollen, »dass das menschliche Elend das Werk des Gesetzes und nicht der Vorsehung sei und dass man die Armut unterdrücken könne, wenn man die gesellschaftliche Ordnung ändere« (Tocqueville 1951, Bd. 12: 92-94 u. 84).

Dennoch, mit der Drucklegung der zwölften Auflage von *Über die Demokratie in Amerika* unmittelbar nach der Februarrevolution 1848 bekräftigte Tocqueville seinen »fünfzehn Jahre« zuvor zum Ausdruck gebrachten Standpunkt vom unaufhaltsamen und gottgewollten Marsch der Gleichheit in den USA und im Westen insgesamt (1951, Bd. 1.1: xliii). Doch wie ist es möglich, die These von der Verarmung der Reichen und der Bereicherung der Armen in Einklang zu bringen mit einer so sehr akzentuierten Warnung vor einer gesellschaftlichen Polarisierung, dass aus ihr die Furcht vor einem »Sklavenkrieg« spricht? Es bleibt der Umstand, dass der französische Liberale sich weigerte, seine Sichtweise in Frage zu stellen, derzufolge sich im Westen eine »universelle Nivellierung« abzeichne. Erst ignoriert, dann hie und da eingestanden, wird die Existenz der Klassen und des Klassenkampfs nun in gewisser Hinsicht wieder zurückgenommen. Diese Rücknahme klingt jedoch wie eine unfreiwillige Bestätigung, angetrieben von der politischen Sorge, den Groll der subalternen Klassen abzumildern und einzudämmen.

Die trotz des Untergangs des Ancien Régime weiterhin bestehende Macht des Reichtums ist in aller Deutlichkeit auch von J. S. Mill (1972: 269f) unterschätzt worden, der 1861 eine Besorgnis zum Ausdruck brachte, die heute umso befremdlicher erscheint: Er fürchtete, dass »die Arbeiterklasse«, die im England (und im Europa) der damaligen Zeit sehr viel zahlreicher war als in den bis dahin nur geringfügig industrialisierten USA, mit der Ausweitung des Stimmrechts eine Wahlmehrheit würde erringen können, um diese dann dafür einzusetzen, »den Armen jenen Klasseneinfluss zu übertragen, der bis dahin einzig den Reichen vorbehalten blieb«. Die »Regierung der numerischen Mehrheit« wäre »eine Klassenregierung« in dem Sinne, dass mit ihr der »kollektive Despotismus« bzw. die unangefochtene Macht der »Mehrheit der Armen« über »eine Minderheit der, nennen wir sie, Reichen« sanktioniert würde.

Um dieser Gefahr zu begegnen, empfiehlt Mill den Rückgriff auf ein Mehrfachstimmrecht zugunsten derjenigen Personen, die als intelligenter betrachtet werden oder gewichtigere gesellschaftliche Aufgaben übernehmen, wie zum Beispiel die Unternehmer. So wäre es den Reichen weiterhin gestattet, in den Vertretungskörperschaften zu verbleiben, und sei es auch in geringer Zahl. Der englische Liberale gelangt zur gleichen Schlussfolgerung wie Tocqueville: Der Reiche ist nun isoliert und ohnmächtig. Und folglich ist der Klassenkampf des Proletariats entweder überflüssig oder kündet schlimmer noch von einem bevorstehenden Unglück.

Während Tocqueville dem Westen den Anbruch der »universellen Nivellierung« prophezeit und sich dabei in himmelschreiende Widersprüche verstrickt, nimmt er andererseits (1951, Bd. 9: 243f) den Abgrund, der sich zwischen dem Westen und dem Rest der Welt auftut, befriedigt zur Kenntnis: Die Verhältnisse, die unter »einigen Millionen Menschen«, jenen des Westens, den »Herrschern über ihre gesamte Gattung« statthaben, sind »von der Vorsehung eindeutig vorherbestimmt«. Auf analoge Weise Mill. Während er einerseits vor einem Prozess der Demokratisierung warnt, der im Westen so ungestüm fortschreite, dass er den Reichtum in Isolation und Ohnmacht dränge, preist er andererseits (1972: 382) den auf internationaler Ebene ausgeübten »Despotismus« des Westens (bzw. seiner herrschenden Klassen). Dieser Zustand extremer Ungleichheit, den Mill alles andere als negativ bewertet, müsse soweit ausgedehnt werden, dass er den gesamten Globus umfasse. Der »direkte Despotismus der fortschrittlichen Völker« über die rückständigen sei bereits »der übliche Zustand« und müsse ein »genereller« werden.

Das Verhältnis extremer Ungleichheit auf internationaler Ebene beschränkt sich nicht auf die Verteilung der politischen und militärischen Macht. Tocqueville (1951, Bd. 1.1: 3) schreibt: »Die Entdeckung Amerikas eröffnete tausende neue Straßen zum Glück und versprach dem verwegenen Abenteurer Reichtum und Macht«. Aus gleichem Antrieb drängte es einige französische Bürger zur Übersiedlung in die Kolonien, insbesondere nach Algerien: »Um die Einwohner dazu zu bewegen, in ein solches Land zu kommen, muss ihnen in erster Linie die Möglichkeit gegeben werden, ihr Glück zu machen«. Dazu sei es nötig, ihnen »die fruchtbarsten und am besten bewässerten Böden« zu reservieren (Tocqueville 1951, Bd. 3.1: 259 u. 321f). Auf diesem Wege sollte die koloniale Expansion (in Amerika und in Algerien) stimuliert werden und eine außerordentliche vertikale Mobilität bewirken, die auch Leute aus dem Volk am Reichtum teilhaben lässt, womit der Prozess einer »universellen Nivellierung« seine Bestätigung erhalten hätte. Aber das ist nur die eine Seite der Medaille. Derselbe französische Liberale gesteht, dass infolge dieses Kolonisierungsprozesses in Algerien die arabische Bevölkerung »buchstäblich Hungers stirbt« und in Amerika die Ureinwohner vom Angesicht der Erde beseitigt worden sind (Tocqueville 1951, Bd. 15.1: 224f; Bd. 1.1: 339 u. 355). Aber auch wenn sich die Ungleichheit in den Metropolen und unter den Weißen abgeschwächt haben mag, schafft die Bereicherung der »Abenteurer« und der Kolonisten einen immer tiefer werdenden Graben zwischen den Eroberern auf der einen und den unterworfenen Völkern auf der anderen Seite. Insoweit Tocqueville konstant und ausschließlich den Standpunkt der »christlichen Welt« bzw. des Westens einnimmt, bleibt der Zusammenhang zwischen diesen widersprüchlichen Aspekten ein und desselben Phänomens unberücksichtigt. Zu keinem Zeitpunkt stellt er seine ihm so teure Vision eines unaufhaltsamen Fortschreitens der Chancengleichheit und des Verschwindens nicht nur der »Kasten«, sondern ebenso der Klassen in Frage.

Das *Kommunistische Manifest* scheint den beiden liberalen Autoren zu antworten: »Die aus dem Untergang der feudalen Gesellschaft hervorgegangene moderne bürgerliche Gesellschaft hat die Klassengegensätze nicht aufgehoben. Sie hat nur neue Klassen, neue Bedingungen der Unterdrückung, neue Gestaltungen des Kampfes an die Stelle der alten gesetzt« (MEW, 4: 463). Es stimmt, mit der Ausweitung des Wahlrechts zugunsten der Volksmassen und mit der Beseitigung der Zensusdiskriminierung verlor der Reichtum seine unmittelbare politische Bedeutung. Aber genau in diesem Moment feierte er seinen größten Triumph: Das Elend der Massen kehrte nun wieder in die private Sphäre zurück, also dorthin, wo die öffentliche Gewalt kein Recht zu intervenieren hatte. Dies ist ein Triumph, den die Bourgeoisie auch auf internationaler Ebene feiern konnte, denn damit waren Impulse für einen kolonialen Expansionismus und für die Versklavung und Dezimierung ganzer Völkerschaften gesetzt.

Zwecks Bekräftigung der angeblich unaufhaltsamen Tendenz zur »universellen Nivellierung« und der Gleichheit zwischen der »Plebs« und dem »Adel«, behauptet Tocqueville (1951, Bd. 1.1: 3), dass die Presse der jeweiligen Intelligenz »die gleichen Mittel zur Verfügung stellt«. Grundverschieden argumentiert *Die deutsche Ideologie:* »Die Klasse, die die Mittel zur materiellen Produktion zu ihrer Verfügung hat, disponiert damit zugleich über die Mittel zur geistigen Produktion, so dass ihr damit zugleich im Durchschnitt die Gedanken derer, denen die Mittel zur geistigen Produktion abgehen, unterworfen sind« (MEW, 3: 46).

Anstatt eine »universelle Nivellierung« herbeizuführen, brachte die bürgerliche Revolution eine Verschärfung der Ungleichheit auf verschiedenen Ebenen. International hat sie das hervorgerufen, was in unseren Tagen »great divergence« genannt wird, die Vertiefung der Kluft zwischen dem wohlhabenden Westen und dem Rest des Planeten (Pomeranz 2000). China, mit langer Geschichte und über Jahrhunderte, wenn nicht Jahrtausende an herausragender Stelle in der Entwicklung der menschlichen Zivilisation stehend, hatte noch 1820 einen Anteil von 32,4 Prozent am Weltsozialprodukt, und »die Lebenserwartung (ebenso wie die Ernährung) der Chinesen entsprach bis ins späte 18. Jahrhundert hinein in etwa dem Stand in England (und war damit höher als auf dem Festland)«. Zum Zeitpunkt ihrer Gründung war die Volksrepublik China eines der ärmsten Länder der Erde. Nicht wesentlich anders ereignete sich die Geschichte Indiens, dessen Anteil am Weltsozialprodukt 1820 15,7 Prozent betrug, bevor es in einen Zustand heillosen Elends verfiel (Davis 2004: 297). Es handelt sich dabei um einen Vorgang, der sich ausgehend von Marx und dessen entsprechendem Kapitel im *Kapital* als »ursprüngliche Akkumulation« bezeichnen lässt, ein Vorgang allerdings, der weit jenseits des Horizonts von Tocqueville liegt, der dazu neigt, eine apologetische Beschreibung der Welt, in der er lebt, abzuliefern.

In keinem Falle kann davon die Rede sein, dass der Klassenkampf dank einer »universellen Nivellierung« obsolet geworden wäre. Die bürgerliche Gesellschaft hat auf nationaler wie auf internationaler Ebene die Ungleichheit verschärft, die nur mittels Klassenkampf bekämpft werden kann.

2. Obsoleszenz des Krieges?

Ist seit dem Anbruch des Zeitalters der industriellen Demokratie neben dem Klassenkampf auch das Phänomen des Krieges zu verschwinden bestimmt? Die von Kant zum Ausdruck gebrachte Hoffnung, auf den Untergang des Ancien Régime und der Konzeption eines patrimonialen Staates folge der Beginn einer internationalen Ordnung des Friedens, geriet nach den post-thermidorianischen und napoleonischen Kriegen in eine Krise, schien aber nach der Julirevolution, infolge der Auflösung des englisch-französischen Antagonismus und durch die Konsolidierung der *pax britannica*, neue Nahrung zu erhalten. In diesem Kontext muss die These Tocquevilles (1951, Bd. 1.2: 270ff) angesiedelt werden, der zufolge es in der modernen demokratischen Gesellschaft an einer objektiven Basis für den Krieg fehle, auch wenn er immerhin bei ehrgeizigen Militärs von bescheidener sozialer Herkunft eine Rolle spielen möge, die sich um der Karriere willen auf dem Schlachtfeld profilieren wollten. Mehr noch als in das Repräsentativsystem setzen andere Autoren ihr Vertrauen auf Verwirklichung des Ideals eines ewigen Friedens in die Entwicklung der industriellen und kommerziellen Gesellschaft: Der Weltmarkt würde die staatlichen und nationalen Grenzen mehr und mehr bedeutungslos machen und die Völker in einen immer festeren und letztendlich unauflöslichen Bund gemeinsamer Interessen, wechselseitigen Respekts und der Freundschaft überführen. Solcherart argumentieren Benjamin Constant und vor allem Spencer.

Streckenweise schließt sich das *Manifest der Kommunistischen Partei* diesem Diskurs an: »Die nationalen Absonderungen und Gegensätze der Völker verschwinden mehr und mehr schon mit der Entwicklung der Bourgeoisie, mit der Handelsfreiheit, dem Weltmarkt, der Gleichförmigkeit der industriellen Produktion und der ihr entsprechenden Lebensverhältnisse.« Es hat den Anschein, als wohne man infolge der kapitalistischen Entwicklung dem Verschwinden des Krieges bei, ohne dass man den Kommunismus abwarten müsste, ohne dass erst »mit dem Gegensatz der Klassen im Innern der Nation [...] die feindliche Stellung der Nationen gegeneinander« falle (MEW, 4: 479). Dennoch wird im *Manifest* jene harmonisierende Sicht auf einen Prozess zurückgewiesen, den wir heute Globalisierung nennen.

Ein ähnliches Schwanken durchzieht auch die Brüsseler Rede von Marx im Januar 1848: Der Freihandel bringe »die paar nationalen Schranken, die noch die freie Entwicklung des Kapitals einengen«, zu Fall, heißt es da. Er »zersetzt die bisherigen Nationalitäten und treibt den Gegensatz zwischen Proletariat und Bourgeoisie auf die Spitze. Mit einem Wort, das System der Handelsfreiheit beschleunigt die soziale Revolution« (MEW, 4: 455 u. 457f). Gleichwohl wird in derselben Rede darauf hingewiesen, dass der Freihandel die Widersprüche auch auf internationaler Ebene verschärfe:

> Wir haben gezeigt, was die Brüderlichkeit ist, welche der Freihandel zwischen den verschiedenen Klassen ein und derselben Nation hervorruft. Die Brüderlichkeit, welche der Freihandel zwischen den verschiedenen Nationen der Erde stiften würde, wäre schwerlich brüderlicher; die Ausbeutung in ihrer kosmopolitischen Gestaltung mit dem Namen der allgemeinen Brüderlichkeit zu bezeichnen ist eine Idee, die nur dem Schoß der Bourgeoisie entspringen konnte (MEW, 4: 456).

Es ist diese letztere Sichtweise, die sich bei Marx und Engels durchsetzt. Nur wenige Monate später nämlich tadelt die *Neue Rheinische Zeitung* Arnold Ruge dafür, nicht begriffen zu haben, dass das Phänomen des Krieges beileibe nicht mit dem Feudalregime verschwinde: Anstatt »natürliche Alliierte« zu sein, seien die Länder, in denen die Bourgeoisie herrscht, zerrissen von einer erbarmungslosen Konkurrenz, deren Ausgang Krieg bedeuten könne (MEW, 5: 359-363). Eine Konkurrenz, die auch zur Ausplünderung der Kolonialvölker führt. Anders als von

Spencer behauptet, verschwindet in der industriellen Gesellschaft der Krieg als Mittel der Bereicherung keineswegs. Dabei reicht es, an die »piratischen Kriege« und an die »räuberischen Expeditionen« nach China und nach Cochin-China zu erinnern (MEW, 16: 13; MEW, 15: 326).

Weit davon entfernt, eine friedliche Entwicklung zu begünstigen, trug das kapitalistische System, wie später im *Kapital* unterstrichen wird, Formen »brutalster Gewalt« in die Kolonien. Die gegen die »Barbaren« entfesselten (Versklavungs-, gar Ausrottungs-) Kriege verflochten sich mit den Rivalitäten und Konflikten zwischen den großen Hauptmächten der »zivilen Welt«, den Nutznießern der kolonialen Expansion und Ausplünderung. Kapitalismus ist, um ihn angemessen zu charakterisieren, »der Handelskrieg der europäischen Nationen mit dem Erdrund als Schauplatz. Er wird eröffnet durch den Abfall der Niederlande von Spanien, nimmt Riesenumfang an in Englands Antijakobinerkrieg, spielt noch fort in den Opiumkriegen gegen China usw.« (MEW, 23: 779). Der »Handelskrieg der europäischen Nationen« – das ruft den »industriellen Vernichtungskrieg der Nationen untereinander«, von dem das *Manifest* spricht, in Erinnerung. In jedem Fall ist die historische Epoche, die vom Auftritt der Niederlande (das erste Land, das sich des Ancien Régimes entledigt hatte) bis zum Aufstieg des liberalen (und imperialen) Englands reicht, alles andere als das Vorspiel eines immerwährenden Friedens.

Um ein für alle Mal die Wurzeln des Krieges auszureißen, wird es nicht ausreichen, dass eine Ausbeuterklasse sich an die Stelle einer anderen setzt, wie das im Falle der bürgerlichen Revolution geschehen ist. Es ist dagegen notwendig, das System der Ausbeutung und der Unterdrückung in seiner Gesamtheit und weltweit zu beseitigen. In diesem Sinne rief die Internationale Arbeiterassoziation, als sie zum kurz zuvor entfachten deutsch-französischen Krieg Stellung bezog, im Juli 1870 in einem von Marx redigierten Text zum Kampf für die Errichtung einer »neuen Gesellschaft« auf, »deren internationales Prinzip der Friede sein wird, weil bei jeder Nation dasselbe Prinzip herrscht – die Arbeit!« (MEW, 17: 7).

Dieser Appell wurde beinahe zeitgleich mit einer Schrift von Mill (1972: 380) formuliert, der hingegen das englische Imperium als »einen

Schritt in Richtung des universellen Friedens und in Richtung einer generellen Kooperation und Verständigung unter den Völkern« feierte. Zur Untermauerung dieser These wird ein einziges Argument angeführt: Jene riesenhafte »Föderation« trage in sich den Grund der »Freiheit« und der »internationalen Moral« in einem Maße, das »kein anderes großes Volk zu ersinnen und zu erreichen vermöge«. Folglich hätten die rückständigen Bevölkerungen ein Interesse daran, ihr beizutreten, Teil dieses Imperiums zu werden, nicht zuletzt, um zu vermeiden, »von einem fremden Staat einverleibt zu werden, um somit einen neuen aggressiven Kraftquell in den Händen irgendeiner gegnerischen Macht zu bilden«. Dieser Huldigung des »universellen Friedens« gelingt es indes nicht, die Realität der kolonialen Kriege zu verbergen, die zwecks »Einverleibung« dieser oder jener Kolonie ausgerufen werden. Ebenso wenig gelingt es ihr, die bestehende Kriegsrivalität zwischen einem als Verkörperung des Friedens gepriesenen Großbritannien und »irgendeiner gegnerischen Macht« zu verbergen, der die beunruhigende Eigenschaft zugeschrieben wird, ihre »aggressive Kraft« einsetzen zu wollen.

Wenn Mill hier versucht, den Beweis zu führen, dass die Kriege mit Beginn des imperialistischen Wettstreits verschwänden, wo sie mit dieser Rivalität überhaupt erst vorbereitet werden, so behauptet Tocqueville schon im Titel eines zentralen Kapitels des zweiten Buchs *Über die Demokratie in Amerika*, dass die »großen Revolutionen selten« würden.

In Wirklichkeit erlebte das Jahrhundert aber unberührt von solchen Vorhersagen in dieser Zeit vermutlich die an Kriegen und Revolutionen reichhaltigste Phase der Geschichte. Lesen wir Marx. Ausgehend von »dem Konflikt zwischen den bereits erworbenen Produktivkräften der Menschen und ihren gesellschaftlichen Verhältnissen …, die diesen Produktivkräften nicht mehr entsprechen«, beschwor Marx wenige Jahre nach Erscheinen von Tocquevilles Schrift in einem Brief vom 28. Dezember 1846 die »furchtbaren Kriege, die sich zwischen den verschiedenen Klassen einer Nation, zwischen den verschiedenen Nationen vorbereiten« (MEW, 27: 460). Kurz darauf wurden im *Manifest der Kommunistischen Partei* die am Horizont sich abzeichnenden verschiedenen Revolutionstypen antizipiert – ob proletarische (oder besser gesagt »bürgerliche Revolutionen«, die in »proletarische Revolutionen« umgewandelt werden könnten), ob »agrarische Revolutionen« oder solche der »nationalen Befreiung«. So oder so würden das jeweils Erhebungen gegen eine Ordnung sein, aus deren Poren Gewalt trieft, nicht nur weil sie auf soziale und nationale Unterdrückung gegründet ist, sondern auch, weil in ihr die beständige Gefahr gegeben ist, dass es zu einer katastrophenhaften Konfrontation der verschiedenen konkurrierenden kapitalistischen Bourgeoisien kommt. Kein Zweifel kann darüber bestehen, dass Marx auf der Grundlage der Theorie des Klassenkampfs in gewisser Weise die Erschütterungen und Umwälzungen des 20. Jahrhunderts vorausgeahnt hat.

3. Ein ewiger Konflikt zwischen Herren und Sklaven?

Für ein adäquates Verständnis der Marxschen Theorie des Klassenkampfs reicht es nicht hin, sie von den Thesen derer abzugrenzen, die im Untergang des Ancien Régime das Verschwinden oder zumindest ein erhebliches Nachlassen des politisch-sozialen Konflikts auf internationaler Ebene erblicken. In einem berühmten Brief vom 5. März 1852 hielt Marx fest: »Was mich nun betrifft, so gebührt mir nicht das Verdienst, weder die Existenz der Klassen in der modernen Gesellschaft noch ihren Kampf unter sich entdeckt zu haben. Bürgerliche Geschichtsschreiber hatten längst vor mir die historische Entwicklung dieses Kampfes der Klassen, und bürgerliche Ökonomen die ökonomische Anatomie derselben dargestellt.« Das wirklich Neue am historischen Materialismus besteht in der Bestimmung des geschichtlich gewordenen und vergänglichen Charakters der Gesellschaft gegründet auf dem Kampf und auf der Herrschaft der Klassen (MEW, 28: 507 f).

Wir befinden uns in der Mitte des 19. Jahrhunderts. Im Lichte der nachfolgenden Entwicklungen können wir zur Auseinandersetzung mit anderen Autoren fortschreiten, die möglicherweise noch bedeutsamer ist. Sprach das *Manifest der Kommunistischen Partei* vom »Klassenkampf«, so sah auch Nietzsche (1988, Bd. 12: 493) in der Geschichte die Entfaltung eines »Stände- und Classenkampfs«. Verglichen die Autoren des *Manifests* die moderne Lohnsklaverei mit der Versklavung der schwarzen Bevölkerung und rückten beide wiederholt in einen Zusammenhang, so argumentierten bei mehreren Gelegenheiten sowohl Nietzsche als auch jenseits des Atlantiks die Ideologen der Sklavenhalter der Südstaaten nicht anders, mit dem entscheidenden Unterschied jedoch, dass der eine wie die anderen am Ende die Vergeblichkeit des abolitionistischen Projekts zu beweisen versuchten. Hatte die kapitalistische Gesellschaft in den Augen von Marx und Engels die moderne Sklaverei an die Stelle der mittelalterlichen Leibeigenschaft gesetzt, die wiederum zu ihrer Zeit die auch wirklich so genannte Sklaverei der Antike verdrängt hatte, so waren Nietzsche und die Ideologen der Südstaaten der Auffassung, dass die Knechtung der Arbeit das entscheidende und unauslöschliche Fundament der Zivilisation bilde. Um es in den Worten des vielleicht berühmtesten jener Ideologen jenseits des Atlantiks, in den Worten John C. Calhouns (1992: 474f) auszudrücken:

> Ich halte dafür, dass noch nie eine reiche und zivilisierte Gesellschaft existiert hat, in der ein Teil der Gemeinschaft nicht von der Arbeit eines anderen Teils gelebt hat [...]. Das war und ist in einem Stadium des fortgeschrittenen Reichtums und der Zivilisation ein Konflikt zwischen Arbeit und Kapital.

»Stände- und Classenkampf«, Fortdauer der Sklaverei auch in einer Gesellschaftsordnung, die sie formal abgeschafft hat, »Konflikt zwischen Arbeit und Kapital«: die konzeptuellen Analogien enden hier nicht. Bei Nietzsche finden wir zwei weitere zentrale Kategorien des Marx-Diskurses: Er spricht von »Mehrarbeit«, die den Sklaven und den Arbeitern abgepresst werde, die daher der »Ausbeutung« ausgesetzt seien (Losurdo 2009, Kap. 12, §7 und Kap. 20, §8). Worin aber bestehen nun die Differenzen?

Für den Theoretiker des »aristokratischen Radikalismus« sind die Abpressung der »Mehrarbeit« und die »Ausbeutung« Ausdruck einer generellen und ununterdrückbaren Tendenz der natürlichen und gesellschaftlichen Wirklichkeit, ja des Lebens überhaupt. Bleibt hinzuzufügen, dass die Sklaverei für Marx und Engels nicht nur in jeder ihrer Formen überwindbar ist, sondern auch, dass diese Formen einander nicht gleichwertig sind. Bereits in der Jugendschrift *Die Heilige Familie* werfen sie den Jakobinern vor, das »wirkliche Sklaventum« der Antike mit dem »emanzipierten Sklaventum« der Moderne durcheinander gebracht zu haben (MEW, 2: 129). Sicher, das Adjektiv beseitigt nicht das Substantiv und dennoch ist es keine Nichtigkeit, die bar jeder Bedeutung wäre. Im *Elend der Philosophie* wird die Sklaverei in Europa als gewissermaßen maskiert herrschende entlarvt. Die »Maske«, auf die hier Bezug genommen wird, entspricht dem »Schein« aus der Logik Hegels (1969-79, Bd. 6: 17-24), womit eine oberflächliche Ebene der Realität angezeigt wird.

Man versteht nun, dass die beiden Philosophen und Revolutionäre bei Ausbruch des Sezessionskrieges entschieden Position zugunsten der Union beziehen. Von dieser forderten sie von Beginn an, gegen den Süden einen revolutionären Krieg zur Abschaffung der »Negersklaverei« zu führen. Gleichwohl hatte im Norden die Sklaverei, der die Lohnarbeiter unterworfen waren, weiterhin Bestand – jene Form also, die einige Jahre später im *Kapital*, dabei die Erklärung des allgemeinen Arbeiterkongresses zu Baltimore aufgreifend, als »kapitalistische Sklaverei« bestimmt wurde (MEW, 23: 318). Tatsächlich ist »die indirekte Sklaverei des weißen Mannes in England« etwas anderes als »die direkte Sklaverei des schwarzen Mannes auf der anderen Seite des Atlantik« (MEW, 15: 317). Die »direkte Zwangsarbeit«, der der Sklave unterworfen ist, ist nicht vergleichbar mit dem indirekten ökonomischen Zwang, der auf dem Lohnarbeiter, auf dem zumindest formal »freien« Arbeiter lastet (MEW, 42: 170 u. 505).

Mehr noch: Während in den USA der Bürgerkrieg aufflammte und es in Europa nicht an Stimmen fehlte, die mit dem Süden sympathisierten, schien es, als sorge sich Marx um die Vermeidung eines Missverständnisses: Seine traditionelle Kritik an der dem kapitalistischen System innewohnenden »indirekten Sklaverei« abmildernd, rief er fortwährend dazu auf, »das System der freien Arbeit« gegen das »System der Sklaverei« zu verteidigen (MEW, 15: 340 u. 346).

Mit dem Ende des Sezessionskrieges habe man, wie Engels 1885 schrieb, versucht, die (formal abgeschaffte) »offene Negersklaverei durch die verdeckte Sklaverei indischer und chinesischer Kulis zu ersetzen« (MEW, 4: 132, Fn). Hier, auf dem Gebiet der Diskussion zur Sklaverei, die in unterschiedlichem Maße auf der Arbeit lastet, lässt sich die Herausbildung einer doppelten Differenzierung erkennen: Zu unterscheiden ist zwischen Formen der Sklaverei, denen die kolonialen bzw. aus den Kolonien stammenden Bevölkerungen unterlagen: Einerseits zwischen der »offenen«, auf den Schwarzen lastenden, und andererseits der den Indern und Chinesen auferlegten »verdeckten Sklaverei«. In den kapitalistischen Metropolen hingegen scheint der Kampf um Verkürzung und Regulierung der Arbeitszeit das Sklavenhafte, das der Lage der Arbeiter im Kapitalismus tendenziell zu eigen ist, abgeschwächt zu haben und weiter abschwächen zu können.

Bei Nietzsche (wie bei Calhoun) lassen sich zwar sehr leicht die Kategorien wiederfinden, die bei Marx ganz wesentlich auftreten. Aber bei letzterem ist die Analyse des Konflikts zwischen Kapital und Arbeit eine Analyse der Geschichte der fortschrittlichen Emanzipation der Arbeit, die, wenn auch nur teilweise, schon innerhalb der bestehenden Gesellschaft stattfindet und vermöge des Klassenkampfs erreicht werden kann. Bei ersterem hingegen wird der Konflikt schematisch, bisweilen grob naturalistisch und ohne konkrete historische Dialektik aufgefasst und auf einen angeblich ewigen Antagonismus zwischen Herren und Sklaven reduziert. Deswegen könne der Klassenkampf derer, die der Sklaverei, in ihrer antiken oder modernen, ihrer offenen oder verdeckten Form, unterworfen sind, die Revolte eines »barbarischen Sclavenstand(s)« zu keiner wirklichen Emanzipation führen, sondern bedeute nichts anders als eine Zivilisationskatastrophe.

4. Proletariat, Klasseninteresse und seine Transzendierung

Bei Marx und Engels existiert die Behauptung eines ewigen Gegensatzes zwischen Herren und Sklaven nicht. Wenn dereinst die auf Herrschaft und Ausbeutung gegründeten gesellschaftlichen Verhältnisse beseitigt sein werden, werden die Sklaven aufhören, Sklaven zu sein, und verwirklichen eine Ordnung, die reichere und befriedigendere Formen des gesellschaftlichen Lebens ermöglicht und in der auch die ehemaligen Herren ihren Platz haben werden.

Wichtig ist dabei vor allem, was hinsichtlich der Entwicklung der Produktivkräfte zu erwarten steht. Indem die sozialistische Revolution Schluss macht mit den Überproduktionskrisen, die die bürgerliche Gesellschaft kennzeichnen, befördert sie die Produktivkraftentwicklung. Das Proletariat ist der erste und unmittelbare Nutznießer der Überwindung eines Systems, das ihm zumutet, einen »asketischen, aber produktiven Sklaven« (MEW, 1. Ergbd.: 549) abzugeben. Aber Nutzen aus der umfassenden Vermehrung des gesellschaftlichen Reichtums zu ziehen, ist nicht das Einzige.

Auch intellektuelle und moralische Aspekte sind von einiger Bedeutung. In den *ökonomisch-philosophischen Manuskripten* von 1844 wird auf den Umstand wert gelegt, dass das kapitalistische System auch die Ausbeuter entmenschlicht:

> Die [kapitalistische] Produktion produziert den Menschen nicht nur als eine Ware, die Menschenware, den Menschen in der Bestimmung der Ware, sie produziert ihn, dieser Bestimmung entsprechend, als ein ebenso geistig wie körperlich entmenschtes Wesen. – Immoralität, Mißgeburt, Hebetismus der Arbeiter und der Kapitalisten (MEW, 1. Ergbd.: 524).

Über die Ausbeutung hinaus endet der Prozess der Abstumpfung und des Zur-Ware-Werdens darin, die Ausbeuter selbst zu verzehren. Das ist eine These, die in der *Heiligen Familie* bekräftigt wird:

> Die besitzende Klasse und die Klasse des Proletariats stellen dieselbe menschliche Selbstentfremdung dar. Aber die erste Klasse fühlt sich in dieser Selbstentfremdung wohl und bestätigt, weiß die Entfremdung als ihre eigne Macht und besitzt in ihr den Schein einer menschlichen Existenz; die zweite fühlt sich in der Entfremdung vernichtet, erblickt in ihr ihre Ohnmacht und die Wirklichkeit einer unmenschlichen Existenz (MEW, 2: 37).

Wenngleich die fortschreitende Verdinglichung und Verarmung der sozialen Beziehungen in erster Linie und mit aller Kraft auf dem Arbeiter lasten, der »dem Bourgeois weniger als ein Mensch ist« und der ausgebeutet und »als ein bloßes Material, als Sache gebraucht« wird, so erfassen diese Vorgänge die kapitalistische Gesellschaft dennoch in ihrer Gesamtheit: »Die Leute [sehen] einander nur für brauchbare Subjekte an« (MEW, 2: 352, 286 u. 257). Niemand, auch die Bourgeoisie nicht, ist davon ausgenommen.

Es handelt sich hierbei mitnichten um eine These, die exklusiv der Jugendzeit angehört. In der Beschreibung der Schrecken der ursprünglichen Akkumulation wird im *Kapital* dazu aufgefordert, hinzusehen, »wozu der Bourgeois sich selbst und den Arbeiter macht, wo er die Welt ungeniert nach seinem Bilde modeln kann« (MEW, 23: 779, Fn). Der

Arbeiter stehe »von vorn herein höher als der Capitalist, als der letztere in jenem Entfremdungsproceß wurzelt und in ihm seine absolute Befriedigung findet, während der Arbeiter als sein Opfer von herein dagegen in einem rebellischen Verhältniß steht und ihn als Knechtungsproceß empfindet« (MEGA, II, 4.1: 65). Bleibt der Fakt, dass im Falle des Sieges die Arbeiterrebellion die Entfremdung auch des kapitalistischen Eigentümers beendet.

Diese Ausführungen besitzen ihre Gültigkeit auch für die einzelnen, innerhalb der bürgerlichen Gesellschaft durch Klassenkampf errungenen Reformen. Unter bestimmten Gesichtspunkten kann die Verkürzung des Arbeitstages auch denjenigen zugutekommen, die alles daran setzen, dies zu verhindern. So lesen wir im *Kapital*:

> Mit verhaltner Ironie und in sehr vorsichtigen Ausdrücken deuten die Fabrikinspektoren an, dass das jetzige Zehnstundengesetz auch den Kapitalisten einigermaßen von seiner naturwüchsigen Brutalität als bloßer Verkörperung des Kapitals befreit und ihm Zeit zu einiger »Bildung« gegeben habe (MEW, 23: 320, Fn).

In anderen Worten: Wenn das Proletariat ein materielles und nicht nur intellektuelles und moralisches Interesse daran hat, die Herrschaft der kapitalistischen Klasse umzustürzen, könnte bei Einzelnen oder Gruppen eben dieser Ausbeuterklasse ein intellektuelles und moralisches Interesse daran heranreifen, der bestehenden Ordnung ein Ende zu setzen. Auf diesen Punkt pochte insbesondere Engels, der selbst »Kapitalist« war. Um genau zu sein, nahm er an, dass die am weitesten blickenden Bourgeois ein Interesse an der Veränderung der Gesellschaft haben könnten, das über rein moralische und intellektuelle Belange hinausgeht. Man denke nur an die Folgen des in England angerichteten Verfalls der Arbeiterviertel, die wie Ghettos angeordnet sind: Man versuchte, »vor den Augen der reichen Herren und Damen mit starkem Magen und schwachen Nerven das Elend und den Schmutz zu verbergen, die das ergänzende Moment zu ihrem Reichtum und Luxus bilden«. Nichtsdestoweniger wurde diese »heuchlerische« und »schamhafte Bauart« (MEW, 2: 279f), die alle beschämt, nicht beseitigt.

Die Ghettos der Arbeiter waren nicht zuletzt wegen der hygienischen Bedingungen und wegen des Elends abscheulich, waren Orte der Verbreitung von Epidemien. Als in Manchester die Cholera ausbrach, »befiel ein allgemeiner Schrecken die Bourgeoisie dieser Stadt; man erinnerte sich auf einmal der ungesunden Wohnungen der Armut und zitterte bei der Gewissheit, dass jedes dieser schlechten Viertel ein Zentrum für die Seuche bilden würde, von wo aus sie ihre Verwüstungen nach allen Richtungen in die Wohnsitze der besitzenden Klasse ausbreite« (MEW, 2: 295). Für die in die Fabriken und in die Krankheit bringenden Viertel gezwängten Arbeiter hatte das schwerwiegende Folgen, die für alle wahrnehmbar waren. Aber die zügellose Profitlogik richtete so sehr allgemeine charakterliche Verheerungen an, dass dieser Skandal gleichgültig blieb.

Das gilt auch für andere Bereiche des gesellschaftlichen Lebens. Niemandem dürfte die Polarisierung zwischen arm und reich innerhalb der bürgerlichen Gesellschaft gleichgültig sein. Ihr erwächst der »soziale Krieg, der Krieg Aller gegen Alle«, eine solche allgemeine Verunsicherung, dass sich »das Haus jedes einzelnen im Belagerungszustand« versetzt sah (MEW, 2: 257). Die bestehende Ordnung bereitet auch der herrschenden Klasse negative Folgen.

Auf der anderen Seite erhebt sich die Frage, bis zu welchem Punkt die einzelnen Angehörigen der Bourgeoisie als Schuldige betrachtet werden können. Die grenzenlose Jagd nach Profit hat für das Proletariat die schlimmsten Konsequenzen: »vorzeitiger Tod, Tortur der Überarbeit«, wie es im *Kapital* heißt. Es folgt daraufhin dieser Passus:

> Im großen und ganzen hängt dies aber auch nicht vom guten oder bösen Willen des einzelnen Kapitalisten ab. Die freie Konkurrenz macht die immanenten Gesetze der kapitalistischen Produktion dem einzelnen Kapitalisten gegenüber als äußerliches Zwangsgesetz geltend (MEW, 23: 286).

Auch wenn das »Zwangsverhältniß«, das aus dem Widerspruch zwischen Kapital und Arbeit erwächst, in erster Linie auf dem Proletariat lastet, so bleibt doch der einzelne Kapitalist ebenso wenig verschont, er ist ebenso sehr diesem äußerlichen »Zwangsverhältniß« unterworfen (MEGA, II, 4.1: 93), »worin er nur ein Triebrad ist« (MEW, 23: 618). Weiter geht einmal mehr der junge Engels, der gelegentlich der Untersuchung des Funktionsmodus der gesellschaftlichen Ordnung schreibt, dass der Sozialismus / Kommunismus auf dem »Prinzip der Unzurechnungsfähigkeit des einzelnen« beruhe. »In demselben Verhältnis nämlich, in welchem das Proletariat sozialistische und kommunistische Elemente in sich aufnimmt, genau in demselben Verhältnis« wird »die Erbitterung des Proletariats gegen seine Unterdrücker«, also gegen die Einzelpersonen abnehmen (und folglich dürfte sich das Maß an Gewalt in einer antikapitalistischen Revolution verringern) (MEW, 2: 505).

Für Marx und Engels geht es dabei nicht bloß um die Abschaffung der Ausbeutung innerhalb eines einzelnen Landes, sondern auch um die Beseitigung nationaler Unterdrückung. Und aufs Neue kommt die Grundlinie zum Vorschein, die wir bereits kennen: Zwar wenden sich die beiden revolutionären Denker in erster Linie und direkt an das unterdrückte Volk und rufen das Proletariat des Unterdrückerlands dazu auf, keine gemeinsame Sache mit der privilegierten Klasse zu machen, sie schlagen aber auch den aufgeklärten Teilen dieser Klasse die Tür nicht zu. Wiederholt wird die These aufgestellt, dass ein Volk solange nicht frei sein kann, wie es ein anderes unterdrückt. So wie der »soziale Krieg« im Inneren eines Landes, so bringt auch der latente oder offene Krieg der Völker gegeneinander einen mehr oder weniger allgemeinen »Belagerungszustand« hervor und bewirkt damit eine Einschränkung der Freiheit auch des Unterdrückervolks.

Das bedeutet schlussfolgernd, dass die übergroße Mehrheit der Menschheit ein Interesse an einer erfolgreichen gesellschaftlichen Umwälzung hat. Diejenigen Teile und Angehörigen der Ausbeuterklasse mit der größten Neigung zum Studium der Theorie und zu moralischen Reflexionen werden in gewisser Weise aufgefordert, die gravierenden und unziemlichen Praktiken und die vom gesellschaftlichen System hervorgerufenen allgemeinen menschlichen Verwüstungen nicht aus dem Blick zu verlieren, auch wenn sie deren unmittelbare materielle Nutznießer sind. Kommunist sein bedeutet sicherlich, zum Klassenkampf der Unterdrückten aufzurufen (auf internationaler, nationaler und auch familiärer Ebene), aber eben auch die Befähigung für den Blick auf die Gesamtheit. In diesem Sinne hält der junge Engels dafür, dass »der Kommunismus über dem Gegensatze zwischen Proletariat und Bourgeoisie steht« und sich von »dem ausschließlich proletarischen Chartismus« (MEW, 2: 506) unterscheidet, der bestimmte Überreste eines Korporatismus nicht verbergen kann.

5. Marx gegen Nietzsche (und Foucault)

Ein erstaunliches Ergebnis ist zutage getreten: Auf der einen Seite, gibt es keine Möglichkeit, dem Klassenkampf zu entkommen. Auf der anderen Seite aber hat selbiger die Tendenz, sich selbst zu transzendieren, wenn er Ziele verfolgt und realisiert, die das Potential haben, universellen Charakter anzunehmen. Wie ist das möglich? Das Pathos der Vernunft und der Wissenschaft durchzieht alle Schaffensphasen der Autoren des *Kommunistischen Manifests*: »Die Wahrheit ist allgemein, sie gehört nicht mir, sie gehört allen, sie hat mich, ich habe sie nicht« (MEW, 1: 6). Als Marx in unverkennbarem hegelianischen Sound so schrieb, war er gerade einmal 24 Jahre alt, aber an diesem Standpunkt hielt er getreulich bis zu seinem Lebensende fest. Das *Kapital* unterstreicht mit Nachdruck: Die »Erscheinung« bzw. ein »trügerischer Schein« eines Dings fällt nicht mit dessen »Wesen« zusammen, und man muss sich eine langwierige und ermüdende intellektuelle Verpflichtung auferlegen, um »wissenschaftliche Wahrheit« zu erlangen (MEW, 25: 825; MEW, 16: 129).

Ist damit der Konflikt verschwunden? Darum geht es nicht. Das Pathos der Vernunft und der wissenschaftlichen Wahrheit hinderte Marx nicht daran, zu unterstreichen, dass die Wissenschaft der bürgerlichen Gesellschaft in »den Dienst des Kapitals« gepresst wird: Geschichte und Kritik der »kapitalistischen Anwendung der Maschine«, die wir im *Kapital* nachlesen können, sind eben auch Geschichte und Kritik der kapitalistischen Anwendung der Wissenschaft (MEW, 23: 382 u. 465). 1854 erklärte Engels in einem Brief, er wolle sich an den »Grundsatz halten, dass die Militärwissenschaft, ebenso wie Mathematik und Geographie, keine besondere politische Meinung hat« (MEW, 28: 602). Offensichtlich hatte Engels, als er sich so ausdrückte, nicht ignoriert, dass die »Militärwissenschaft« eine essentielle Rolle im Klassenkampf spielt, ist ihr Gegensand doch der Krieg einander verfeindeter Bourgeoisien, der Bürger- oder der Kolonialkrieg. Bleibt festzuhalten, dass unter denjenigen, die imstande sind, Logik, Stimmigkeit und Wirkung der verschiedenen Wissenschaften zu analysieren und zu bewerten, auch solche sind, die deren Anwendung zu Diensten des Kapitalismus und des Kolonialismus verurteilen.

Dieser Diskurs beschränkt sich nicht auf die angewandten Wissenschaften. Im Ergebnis ihrer Kritik dessen, was hier als höfische Aufklärung bestimmt wurde, waren sich Marx und Engels des Umstands sehr bewusst, dass sich zur Legitimation von Herrschaft und Unterdrückung sehr gut auf die Vernunft rekurrieren lässt. Dieses Vorgehen lässt sich derweil nur benennen und widerlegen vermöge eines neuen, beweglicheren und überzeugenderen Rückgriffs auf die Vernunft. Wir haben es hier mit einer Aufklärungskritik zu tun, die sich von jener, die in unseren Tagen von Hans-Georg Gadamer vorgebracht wird, deutlich unterscheidet. Der schreibt: »Es gibt nämlich sehr wohl auch ein Vorurteil der Aufklärung, das ihr Wesen trägt und bestimmt: Dies grundlegende Vorurteil der Aufklärung ist das Vorurteil gegen die Vorurteile überhaupt und damit die Entmachtung der Überlieferung« (Gadamer 1990: 275). So aber betreibt er die Vermengung zweier einander sehr verschiedener Standpunkte. Indem es sich der Kontrolle der Vernunft unterstellt, ist das aufgeklärte »Vorurteil« in der Lage, sich selbst zur Diskussion zu stellen; nicht so das gegenaufklärerische Vorurteil. Die Vernunft vermag zu begreifen, wie viel Rationales im Vorurteil und wie viel Vorurteil in den historisch und gesellschaftlich determinierten Formen steckt, die dieselbe Vernunft jeweils in sich aufnimmt. Zu einer analogen Operation ist das Vorurteil nicht fähig, da es sich weigert, sich selbst und die sich auf die Autorität der Vernunft berufende Tradition einem solchen Verfahren zu unterziehen.

Ist für Gadamer alles vom »Vorurteil« ergriffen, so ist für Nietzsche alles vom Konflikt durchdrungen: Es gibt keine kulturelle Aussage, die eine, und sei es auch relative oder partielle, Autonomie beanspruchen könne. Man nehme die Physik: Der Wille, in der Natur Regeln, Normen und Gleichheiten zu erkennen – eine angebliche »Gesetzmäßigkeit der Natur« –, entspricht der angeblichen »Gleichheit vor dem Gesetz« (das Leitmotiv der aus dem Untergang des Ancien Régime hervorgegangenen juristischen Ordnung): »ein artiger Hintergedanke, in dem noch einmal die pöbelmännische Feindschaft gegen alles Bevorrechtete und Selbstherrliche [...] verkleidet liegt«. Die Angewohnheit des Physikers auszurufen: »hoch das Naturgesetz!«, ist letzten Endes nur eine Variation des anarchistischen Ausrufs »Ni dieu, ni maître«. Die Modernität und die ihr so teure Vernunft charakterisieren sich durch den »Widerstand gegen jeden Sonder-Anspruch, jedes Sonder-Recht und Vorrecht« (*Jenseits von Gut und Böse*, §§22 u. 202).

Diese von Nietzsche wiedergegebene antiaristokratische Lesart der philosophischen und wissenschaftlichen Argumentation ist nicht so neu, wie es auf den ersten Blick scheinen mag. Werfen wir einen Blick auf das vormarxsche Denken. Schon Kant (1900, Bd. 3: 28f) hielt fest, dass die »strenge Allgemeinheit« der Vernunft im Vorhinein »keine Ausnahme« zulasse. Hegel wiederum bemerkt, dass die Philosophie »als Wissenschaft der Vernunft durch die allgemeine Weise ihres Seins eben ihrer Natur nach für Alle ist« (in: Hoffmeister 1936: 342). Wenngleich das Werturteil verschieden, ja entgegengesetzt ist, stimmt Nietzsche mit dieser These überein. Er unterstreicht nicht zu Unrecht, dass der dem Sokrates so teure »Syllogismus« nur scheinbar bloß eine formale Diskursregel ist, die keine besonderen politischen Ziele verfolgt. In Wirklichkeit aber kommt die Anwendung des »Syllogismus«, des logisch-rationalen Diskurses, an dem alle Menschen teilhaben können und der sich folglich gründlich von einer esoterischen und aristokratischen Offenbarung einer Wahrheit aus Weisheit unterscheidet, tödlichen plebejischen »Messerstichen« gleich (*Götzen-Dämmerung*, Das Problem des Sokrates, §7). Genauer, der »Syllogismus« bzw. der logisch-rationale Diskurs ist politisch nicht reiner als der Weisheitsdiskurs. Die Konfrontation beider Diskurstypen erzeugt das gleiche Ergebnis wie die Konfrontation der beiden »Vorurteils«-Typen (aufklärerisch – gegenaufklärerisch): Der logisch-rationale Diskurs ist in der Lage, sich selbst zu widerlegen und zu erfassen, wie viel Zutreffendes im anderen Diskurstyp enthalten ist. Der Weisheitsdiskurs ist zu einer analogen Übung nicht fähig.

Nicht grundlos stolpert Nietzsche in der polemischen Auseinandersetzung mit Sokrates in einen performativen Widerspruch. Er versucht den vorteilhaften Charakter der aristokratischen Privilegien gerade durch die Anwendung der logischen Argumentation zu beweisen, die indes per definitionem alle Gesprächspartner auf die gleiche Stufe stellt und jedes Privileg ausschließt. Indem er sich der logisch-rationalen Argumente bedient, diskreditiert der Verfechter eines »aristokratischen Radikalismus« in gewisser Weise den Weisheitsdiskurs und endet darin, dass auch er jene plebejischen »Messerstiche« ausführt, die er bei Sokrates verurteilt hat.

Nietzsche verstrickt sich also in einem schreienden Widerspruch. Wie aber können Marx und Engels das Pathos des Klassenkampfs mit dem Pathos der Vernunft und der Wissenschaft in Einklang bringen? Die Vernunft lässt sich zweifellos auch zur Legitimation der Privilegien, der Herrschaft und der Unterdrückung einsetzen. Und dennoch wohnt ihr, wie selbst von Nietzsche anerkannt, die Tendenz zur Behauptung von Beziehungen der Gleichheit inne und damit zur Delegitimierung des Privilegs, der Herrschaft und der Unterdrückung. Somit existiert eine tendenzielle Übereinstimmung zwischen Klassenkampf und Vernunft.

Alles andere als einen ewigen Gegensatz zwischen Herren und Sklaven, wie es Nietzsche und Calhoun unterstellen, bringt der Klassenkampf unablässig Entwicklungen und Wandlungen mit sich. Ihm entspringen solche, die als Prozesse der Objektivierung bestimmt werden könnten. Marx schreibt, dass, obzwar »an gewisse gesellschaftliche Entwicklungsformen geknüpft«, griechische Kunst und griechisches Epos »für uns noch Kunstgenuss gewähren und in gewisser Beziehung als Norm und unerreichbare Muster gelten« (MEW, 13: 641). Es sind die im Hintergrund vonstatten gehenden politischen und sozialen Konflikte, die jene Meisterwerke inspiriert haben. Das ästhetische Vergnügen bleibt nicht nur unverändert erhalten, an ihm können Männer und Frauen verschiedenster gesellschaftlicher Herkunft und politischer Einstellung teilhaben. Hier ist ein Prozess der Objektivierung am Werke.

Das gilt nicht nur für die Kunst. In erbittertem Streit wurde das ptolemäische Weltbild widerlegt und überwunden. Zum Heliozentrismus haben sich schließlich auch die Erben derjenigen bekannt, die noch einige Jahrhunderte zuvor Galileo verdammt hatten. Die hier unternommenen Erwägungen zum ptolomäischen Weltbild lassen sich auch mit Leichtigkeit auf die sogenannte »Konstantinische Schenkung« ausdehnen. Das angebliche Testament des römischen Herrschers, das die zeitweilige Macht der katholischen Kirche legitimierte, wird auch von denen nicht mehr ernstgenommen, die dem Vatikan nach wie vor in Treue fest verbunden sind. In vergleichbarer Weise ließe sich hinsichtlich des von Nietzsche ins Visier genommenen sokratischen Syllogismus und der Physik argumentieren. In unseren Tagen mag sich eine politische Bewegung oder eine Regierung Nietzsches Überlegenheitsgestus in der Auseinandersetzung mit dem plebejischen Syllogimus zu eigen machen, es dürfte ihr aber schwer fallen, die Physik als anarchisch zu ächten. Fassen wir somit den Standpunkt von Marx zusammen: Alles wird durch den Konflikt bestimmt, aber nicht gemäß immergleicher, in der Zeit unveränderlicher Modalitäten.

Man muss jedoch weiter bis zum Grund vordringen, will man das je unterschiedlich gelagerte Verhältnis zwischen Vernunft und Macht bei dem Verfechter des »aristokratischen Radikalismus« einerseits und bei dem Theoretiker des emanzipatorischen Klassenkampfs andererseits nachvollziehen. Abseits der Vernunft stellt ersterer die Idee des Menschen als solchem zur Diskussion. Es gibt und es kann für ihn keine Gemeinsamkeit von Begriff und Vernunft geben, weil es keine menschliche Gemeinschaft im eigentliche Sinne gibt und geben kann. Die Verurteilung des Plebejismus innerhalb der Wissenschaft der Logik und in der Physik geht bei Nietzsche Hand in Hand mit der nominalistischen Zerstörung des Universalbegriffs vom Menschen, mit der Kritik des »blutlose[n] Abstractum[s] ›Mensch‹«, dieser »allgemeinen blassen Fiction« (Morgenröte, § 105), geht Hand in Hand mit der Behauptung, »die Meisten sind keine« Personen, fallen nicht unter die Kategorie des Menschen oder des Individuums, sind »Träger, Transmissions-Werkzeuge«, genau wie die aristotelischen Sklaven (Nietzsche 1988, Bd. 12: 492). In entgegengesetzter Weise steht die Sache bei Marx. Das Pathos der Gemeinsamkeit von Idee und Vernunft befindet sich bei ihm im Einklang mit dem Pathos der menschlichen Gemeinschaft, die das Leitmotiv des emanzipatorischen Klassenkampfs ausmacht.

In erratischer und abwegiger Manier argumentieren nun diejenigen (man denke insbesondere an Michel Foucault), die bei Nietzsche eine sehr viel radikalere Herrschaftskritik zu entdecken glauben als bei Marx, der auf halber Strecke stehen geblieben sei, wie dessen Verbeugung vor der Vernunft und der Wissenschaft beweise. In Wirklichkeit wirft die Behauptung von der (auch nur partiellen und zeitweiligen) Unüberwindbarkeit des Konflikts mittels der Vernunft den Theoretiker des aristokratischen Radikalismus in letzter Konsequenz auf unentrinnbare naturalistische Argumentationsmuster zurück, nach denen die menschliche Gemeinschaft unauflöslich in Herren und Sklaven, in Erfolgreiche und Versager zerrissen sei. Die von Marx und Engels eingenommenen Haltung wirkt umso überzeugender, wenn wir einen Blick auf die Geschichte der politischen Bewegung werfen, die sich von ihnen hat inspirieren lassen. Hervorgerufen durch das Grauen der Gemetzel des Ersten Weltkriegs und das Bedürfnis, mit der Vergangenheit radikal zu brechen, hat sich eine Art spontaner Foucaultismus *avant la lettre* manifestiert, der in allen Bereichen Jagd auf Machtverhältnisse machte, sie entlarvte und verurteilte. Das Ergebnis war alles andere als positiv. Die unmittelbare Identifikation von Vernunft und Herrschaft hat die Hervorbringung einer Hermeneutik des Verdachts begünstigt und die intersubjektive Kommunikation beeinträchtigt: Abstrahiert von seiner argumentativen Basis und seiner logischen Struktur wurde jeder Satz als Ausdruck des Klassenkampfs gelesen. Darüber hinaus wurde der Aufbau einer postkapitalistischen Gesellschaft umso mehr von einer »Mikrophysik der Macht« erschwert, die die Übernahme neuer Formen der Macht und der Herrschaft bei der Regulierung jedweder Beziehung oder Institution und in der Rechtsordnung als solche anprangerte. Diese substantiell anarchistische Haltung hinterließ einen enormen Leerraum und eine Regellosigkeit, die nur mit unmittelbarer Gewalt und der unbegrenzten Fortsetzung der in der Revolution enthaltenen unmittelbaren Gewalt zugeschüttet werden konnten.

Kapitel III

Klassenkampf und Kampf um Anerkennung

1. Umverteilung oder Anerkennung?

Der emanzipatorische Klassenkampf hebt den Interessengegensatz der Ausbeuter und der Unterdrückten tendenziell auf. Im Lichte dieses Resultats erweist sich, wie überaus beschränkt die These ist, derzufolge die Umverteilung der Einkommen bis zum »Tod des Kommunismus« das beherrschende Paradigma in den »letzten 150 Jahren« gewesen sei (Fraser 2003: 7f). Die Bewegung, die ihren Anstoß durch das *Manifest der Kommunistischen Partei* erhalten hat, soll demnach also ausschließlich und in erster Linie unter dem Banner der Umverteilung agiert haben?

In Wahrheit war sie allen drei Fronten des emanzipatorischen Klassenkampf gleichzeitig zugewandt, seit sie sich vorgeblich nur für die ökonomischen Belange einsetzte. Für die Befreiung der »unterdrückten Nationen« sprach sich die Internationale Arbeiterassoziation seit ihrer Gründung aus. Was die Sache der politischen und sozialen Emanzipation der Frau angeht – die Überwindung ihres Ausschlusses von den politischen Rechten und von den freien Berufen und das Ende der häuslichen Sklaverei –, sei hier auf einen für sich sprechenden Umstand verwiesen: Im Vorwort seiner Schrift *Die Frau und der Sozialismus* wies August Bebel, der damalige Führer der deutschen Sozialdemokratie, darauf hin, dass das Buch, mittlerweile in der 50. Auflage erschienen und in 15 Sprachen übersetzt, seinen Triumphmarsch einzig der klandestinen Verbreitung durch die Aktivisten der von Bismarck illegalisierten Sozialdemokratie verdanke (Bebel 1964: 21f). So entstand die feministische Bewegung in vielfältiger Verbindung mit der Arbeiterbewegung. Aber auch dann, wenn man das Augenmerk nur auf letztere legt, ist es schwierig, deren hartnäckigen Kampf zur Beseitigung der Zensusdiskriminierung zu verstehen, wenn man sich ausschließlich auf das Paradigma der Umverteilung bezieht. Dieses Paradigma ist nur eine geringe Erklärungshilfe, sobald wir die von der Internationalen Arbeiterassoziation übernommene Verpflichtung in den Blick nehmen, an der Seite der afroamerikanischen Sklaven und deren Emanzipationsbestrebens zu kämpfen sowie den von Lincoln geführten Krieg gegen den sklavenhalterischen Süden zu unterstützen. Die gegen den sezessionistischen Süden verhängte Seeblockade des Nordens verhinderte den Export von Baumwolle nach England: Daraus resultierten eine schwere Krise der britischen Textilindustrie, Massenentlassungen, Kurzarbeit und eine Senkung der ohnehin schon mageren Löhne. Als Ausdruck eines gereiften Klassenbewusstseins erkannte und lobte Marx nun die Entschlossenheit der englischen Arbeiter, den ergriffenen Maßnahmen der Textilindustriellen entgegenzutreten und vor allem den Kampf der Union zur Niederschlagung des Aufstands der Sklavenhalter zu unterstützen, sowie ihre Massenmobilisierung zur Verhinderung einer militärischen oder auch nur diplomatischen Hilfe zugunsten der Konföderierten seitens der englischen Regierung.

Wie daraus ersichtlich wird, vermag das Paradigma der Umverteilung nicht einmal den Arbeiterkampf in den Fabriken angemessen zu erklären. Der »Despotismus« der Eigentümer wird auch abseits niedriger Löhne und des Hungers verurteilt (MEW, 4: 469). Und die Ketten, die zu brechen die Proletarier in Schlussfolgerung dieses Textes aufgerufen sind, sind in erster Linie die Ketten der von der bürgerlichen Gesellschaft auferlegten »Sklaverei« (MEW, 4: 493 u. 473). Dies ist ein Kampf um Freiheit, der innerhalb wie außerhalb der Fabriken ausgefochten wird. Man denke da an die klandestin geführte Agitation zur Aufhebung des Sozialistengesetzes – erlassen von Bismarck, den man ins Visier nahm, obwohl er der Initiator des Sozialstaats war.

Unzufrieden mit dem Paradigma der Umverteilung, stößt man auf einen Text des jungen Engels, den Marx bei der Redaktion des *Manifests der Kommunistischen Partei* zu Rate gezogen hat. Hier, in den *Grundsätzen des Kommunismus,* wird ein alternatives Paradigma vorgeschlagen:

> Der Sklave ist ein für allemal verkauft; der Proletarier muss sich täglich und stündlich selbst verkaufen. Der einzelne Sklave, Eigentum eines Herrn, hat schon durch das Interesse dieses Herrn eine gesicherte Existenz, so elend sie sein mag; der einzelne Proletarier, Eigentum sozusagen der ganzen Bourgeoisklasse, dem seine Arbeit nur dann abgekauft wird, wenn jemand ihrer bedarf, hat keine gesicherte Existenz. Diese Existenz ist nur der ganzen Proletarierklasse gesichert. Der Sklave steht außerhalb der Konkurrenz, der Proletarier steht in ihr und fühlt alle ihre Schwankungen. Der Sklave gilt für eine Sache, nicht für ein Mitglied der bürgerlichen Gesellschaft; der Proletarier ist als Person, als Mitglied der bürgerlichen Gesellschaft anerkannt. Der Sklave kann also eine bessere Existenz haben als der Proletarier, aber der Proletarier gehört einer höheren Entwickelungsstufe der Gesellschaft an und steht selbst auf einer höheren Stufe als der Sklave (MEW, 4: 366).

Angewendet auf das Proletariat lautet die Schlüsselformulierung »als Person anerkannt«. Wenngleich einer Prekarität ausgesetzt, die sein Überleben schwierig macht und dem Sklaven unbekannt sein mag, darf der Proletarier nicht mehr der völligen Verdinglichung unterworfen werfen, die ihn als Ware gleich jeder anderen betrachtet und behandelt. Die relativen ökonomischen Vorteile, über die der Sklave verfügt, zählen wenig oder gar nichts hinsichtlich dieser (bescheidenen) vom Proletariat erzielten Errungenschaft in seinem Kampf um Anerkennung.

Den Klassenkampf in reduktionistischen und vulgärökonomischen Termini zu lesen, ist liberale Tradition. Diese stützt sich auf das konzeptuelle Begriffspaar Freiheit/Gleichheit, attestiert sich eine eifersüchtige Liebe zur Freiheit, die letztlich aber eine desinteressierte ist, und brandmarkt ihre Gegner als vulgär und neiderfüllt, einzig angetrieben von materiellen Interessen und von der Erlangung ökonomischer Gleichheit. Eine Tradition des Denkens, die in der Sichtweise Hannah Arendts (1963: 80f) kulminiert, der zufolge Marx »die Freiheit an die Notwendigkeit ausgeliefert« und nicht in der »Freiheit«, sondern im »Überfluss das erstrebte Ziel aller Revolutionen« erblickt habe. Das konkrete Engagement für die Emanzipation der Frau und der unterdrückten Nationen, die Bereitschaft, (zur Zeit des Sezessionskrieges) die härtesten materiellen Opfer zu erdulden, um dazu beizutragen, die den

Afroamerikanern auferlegten Ketten zu sprengen, die Entschlossenheit, gemeinsam die tatsächliche wie die »moderne Lohnsklaverei« abzuschaffen, der tägliche Kampf gegen den »Despotismus« der Eigentümer in den Fabriken und die freiheitsberaubende Gesetzgebung Bismarcks – all das ist vergessen in dieser Interpretation, die sich mehr durch politische und ideologische Leidenschaft auszeichnet (wir befinden uns in der Zeit des Kalten Krieges) als durch philologische und philosophische Strenge.

2. Eine weit verbreitete Forderung nach Anerkennung

Der Aufruf zum Klassenkampf auf allen Ebenen, lanciert von Marx und Engels, fällt in eine Zeit, in der die Forderung nach Anerkennung, vorgebracht von denjenigen, die sich auf die eine oder andere Weise ausgegrenzt und in ihrer menschlichen Würde gedemütigt und missachtet fühlten, weit verbreitet war. Ein seinerzeit berühmtes Plakat des Abolitionismus zeigt einen schwarzen Sklaven in Ketten, der ausruft: »Am I Not a Man and a Brother?« Veröffentlicht wurde das Plakat 1844 von der englischen Zeitschrift *Punch*, im selben Jahr, in dem Marx seine vom Enthusiasmus für den Menschen und die menschliche Würde durchdrungenen *ökonomisch-philosophischen Manuskripte* schrieb. Dies alles geschah vor dem Hintergrund der Erfahrungen der Sklavenrevolution der Schwarzen, die sich zum Ende des 18. Jahrhunderts in Santo Domingo ereignete und die aus dem Munde ihres Führers Toussaint Louverture die »uneingeschränkte Anwendung des Prinzips« proklamierte, dass »kein Mensch, sei er rot, schwarz oder weiß, Eigentum von seinesgleichen sein darf«. So bescheiden ihre Lebensbedingungen auch gewesen sein mögen, die Menschen konnten nicht mehr »mit den Tieren in eins gesetzt werden«, wie das innerhalb des Sklavenhaltersystems der Fall war (in: Dubois 2004: 242 u. 210).

Bereits zuvor hatte Condorcet (1968, Bd. 3: 647f) beklagt: Der amerikanische Siedler »vergisst, dass die Schwarzen Menschen sind, er unterhält zu ihnen keinerlei moralische Beziehung; für ihn sind sie nichts als Gegenstände des Profits«. Und direkt an die Sklaven gerichtet, drückte sich der französische Philosoph so aus:

> Teure Freunde, obgleich ich nicht dieselbe Hautfarbe wie ihr habe, habe ich Euch immer als meine Brüder betrachtet. Die Natur hat Euch denselben Geist, dieselbe Vernunft und dieselbe Tugend verliehen wie den Weißen. Ich spreche hier nur von den Weißen Europas; hinsichtlich der Weißen in den Kolonien werde ich Euch nicht beleidigen, indem ich sie mit Euch vergleiche [...]. Begibt man sich auf die Suche nach einem Menschen auf den Inseln Amerikas, so wird man ihn mit Sicherheit nicht unter der weißhäutigen Bevölkerung finden (Condorcet 1968, Bd. 7: 63).

Auf die Entmenschlichung des schwarzen Sklaven, betrieben vom seinem weißen Eigentümer, antwortete der französische Philosoph mit einem ideellen Ausschluss des Verantwortlichen dieser Niedertracht aus dem Menschengeschlecht. Wie man sieht, dreht sich die Polemik um die Subsumtion bzw. ausbleibende Subsumtion unter die Kategorie »Mensch« – um den Kampf um Anerkennung. Auf nicht unähnliche Weise wie Condorcet bezog Engels Stellung, als er 1845 *Die Lage der arbeitenden Klasse in England* untersuchte und anprangerte. Den englischen Arbeitern zugewandt, die, von der bestehenden sozialen Ordnung »zu Maschinen herabgewürdigt« und »ärgere Sklaven« seien »als die Schwarzen in Amerika«, (MEW, 2: 229 u. 400), führte er aus: »Ich fand, dass ihr Menschen seid, Angehörige der großen und internationalen Familie der Menschheit, die erkannt haben, dass ihre Interessen und die der ganzen menschlichen Rasse die gleichen sind«, anders als die Kapitalisten, die die »Sache der Menschheit« mit Füßen treten und »dem indirekten Handel mit Menschenfleisch«, dem nur notdürftig getarnten Sklavenhandel verpflichtet sind (MEW, 2: 230f). Diese Haltung des späteren engen und untrennbaren Weggefährten von Marx artikuliert eine Art historische und theoretische Bilanz eines bereits in Gang befindlichen Kampfes, dessen Protagonisten die subalternen Klassen waren. Lange wurden sie von der herrschenden Ideologie mit bisweilen rassistischer Verachtung betrachtet. Ein berühmter Soziologe bemerkte, dass sich zwischen 1660 und 1760 in England gegenüber dem »neuen Industrieproletariat« eine Einstellung herausgebildet hatte, die bemerkenswerterweise viel härter war, als jene in der ersten Hälfte des 17. Jahrhunderts allgemein verbreitete, und sich in unseren Tagen am ehesten im niederträchtigen Verhalten der weißen Kolonisatoren gegenüber den farbigen Arbeitern beobachten lässt (Tawney 1975: 513).

Dabei handelt es sich um ein Phänomen, das über die hier angezeigten räumlichen und zeitlichen Grenzen hinausgeht. Es genügt, an Edmund Burke und an Emmanuel-Joseph Sieyès zu denken, die den Lohnarbeiter zum »instrumentum vocale« bzw. zur »zweibeinigen Maschine« degradierten (Losurdo 2010, Kap. III, § 10). Diese so grobe und explizite Entmenschlichung gerät zwar mit der Französischen Revolution und mit dem Auftritt dieser angeblichen Arbeitsinstrumente auf der historischen Bühne in eine Krise, verschwindet aber nicht, sodass wir bei jeder Etappe des Klassenkampfs die Forderung nach Anerkennung beobachten können. Im Juni 1790 gab Marat einem Repräsentanten der »Unglücklichen«, denen die Staatsbürgerschaft verweigert wurde, das Wort: »In euren Augen sind wir stets Kanaille« (in: Guillemin 1967: 13). Die Mittellosen von den politischen Rechten auszuschließen, erklärte Robespierre im April des folgenden Jahres, bedeute, sie in die »Klasse der ›Heloten‹« zurückdrängen zu wollen. Nicht nur die »Feudalaristokratie«, auch die »Aristokratie der Reichen« betrachteten die Angehörigen der niederen Klassen mit einer »bestimmten Vorstellung der Minderwertigkeit und mit Verachtung« (Robespierre 1950-67, Bd. 7: 167 f). Unmittelbar nach der Julirevolution hielten die volkstümlichen Zeitungen in Paris – empört über die anhaltende Zensusdiskriminierung sowie das Verbot zur Bildung von Koalitionen und damit der gewerkschaftlichen Organisation – der »adligen Bourgeoisie« vor, sie wollten daran festhalten, in den Arbeitern keine Menschen sondern »Maschinen«, nichts anderes als »Maschinen« zu sehen, die einzig dazu vorgesehen seien, für die Bedürfnisse ihrer Herren zu produzieren. Die Erlangung ihrer politischen Rechte nach der Februarrevolution von 1848 war den Proletariern der Beweis, dass auch sie dank des Kampfes endlich »Menschenrang« erklommen hatten (Losurdo 2008, Kap. 1, § 11).

Vergleichbare Motive und Akzente fanden sich schließlich in der Agitation und in der Bewegung im Kampf um die Frauenrechte wieder. In einem der ersten Texte des Feminismus klagte Wollstonecraft (2008: 57, 33 u. 67) die Gesellschaft ihrer Zeit an, diese betrachte und behandle die Frauen im gleichen Maße wie die Sklaven, denen nicht gestattet werde, die »regenerierende und durchdringende Luft der Freiheit zu atmen«, ja schlimmer noch, sie betrachte und behandle sie wie »graziöse Haustiere«. Die herrschende Kultur gelangte gar an einen Punkt, an dem über die »weibliche Seele« wie über die »Seele der Tiere« diskutiert wurde. Nun, »es ist soweit, die verlorene Würde zurückzugewinnen«: Die Frauen müssen endlich »als vernunftbegabte Wesen« anerkannt werden, »als Teil der menschlichen Spezies« (Wollstonecraft 2008: 67 u. 110). Im selben Jahr, 1792, drückte sich ein französischer Feminist, Pierre Manuel, sehr ähnlich aus: »Es gab eine Zeit, in der die menschliche und männliche Gesellschaft sich gefragt hat, ob denn die Frauen eine Seele hätten«(in: Soprani 1988: 99). Auch hier die Forderung nach Anerkennung. Annähernd ein Jahrhundert später prangerte Marx' Tochter Eleanor in ihrer gleichzeitigen Eigenschaft als Aktivistin der Arbeiter- und der feministischen Bewegung die Tatsache an, dass die Frauen in der bürgerlichen Gesellschaft »wie die Arbeiter um ihre Rechte als menschliche Wesen betrogen« werden (Marx-Aveling/Aveling 1983: 21). Von einer Beendigung des Kampfes um Anerkennung konnte keine Rede sein.

Der Aufruf zum Kampf auf allen Ebenen, vorgebracht von Marx und Engels, erzeugte ein enormes Echo – und das aus einem sehr einfachen Grund: Die beiden revolutionären Denker waren fähig, auf theoretischer und politischer Ebene die weitverbreitete Forderung nach allgemeiner Anerkennung aufzunehmen und auszuarbeiten. Der Ausgangspunkt kann gleichwohl in Hegels *Phänomenologie des Geistes* und der dort entfalteten Herr-Knecht-Dialektik ermittelt werden. Abseits direkter Bezugnahmen auf diesen Text, der in der intellektuellen Bildung insbesondere von Marx eine herausragende Rolle gespielt haben muss, macht sich dessen Einfluss bereits in der Sprache sehr klar bemerkbar. »Unter dem Schein einer Anerkennung des Menschen«, heißt es in den *ökonomisch-philosophischen Manuskripten*, »ist also die Nationalökonomie«, die bürgerliche Gesellschaft, »vielmehr nur die konsequente Durchführung der Verleugnung des Menschen« (MEW, 1. Ergbd.: 530f). Die Anerkennung, die der moderne Sklave, der Lohnarbeiter, anstrebt, wurde durch den Zusammenbruch des Ancien Régime nicht erreicht. Sie bleibt weiterhin uneingelöste Forderung, auch für andere am Klassenkampf Beteiligte. Das macht die Stelle verständlich, in der sich die Autoren des *Manifests* an die Bourgeoisie richten, die den Alleinvorbehalt des Begriffs der Person für sich beansprucht: »Ihr gesteht also, dass ihr unter der Person niemanden anders versteht als den Bourgeois, den bürgerlichen Eigentümer. Und diese Person soll allerdings aufgehoben werden« (MEW, 4: 477).

3. »Positiver Humanismus« und Kritik des Verdinglichungsprozesses

Die verschiedenen gesellschaftlichen und nationalen Subjekte, deren Forderung nach Anerkennung wir kennengelernt haben, stellen fest, dass sie nicht ernstlich der Kategorie »Person« bzw. Mensch zugeordnet werden. In diesen Kontext müssen wir die Anklagerede einordnen, die der junge Marx gegen die kapitalistische Gesellschaft vorgetragen hat. Diese zwinge den Proleten zur qualvollen Verstümmelung, sperre ihn in die »abstrakte Existenz des Menschen als eines bloßen Arbeitsmenschen, der daher täglich aus seinem erfüllten Nichts in das absolute Nichts, sein gesellschaftliches und darum sein wirkliches Nichtdasein hinabstürzen kann« (MEW, 1. Ergbd.: 524f). Der Lohnarbeiter muss »sich selbst und seine Menschheit verkaufen« und wird dabei wie ein »Pferd« behandelt (MEW, 1. Ergbd.: 476f). Die »Nationalökonomie kennt den Arbeiter nur als Arbeitstier, als ein auf die striktesten Leibesbedürfnisse reduziertes Vieh«. Auch das hochtrabende Gerede über die in Folge des Niedergangs des Ancien Régime eroberte Freiheit vermag nicht darüber hinwegzutäuschen, dass die gesellschaftliche Ordnung eine »Sklavenklasse« unterdrückt (MEW, 1. Ergbd.: 478 u. 475). Ein Jahr später führte Engels in analogen Begriffen aus, dass abgesehen von den Schwarzen im Süden der USA auch die formal freien Arbeiter einer grundlegenden Sklaverei unterworfen seien. Die bürgerliche Gesellschaft erkläre offen, »dass die Proletarier keine Menschen sind und nicht als Menschen behandelt zu werden verdienen« (MEW, 2: 502). In jedem Falle ist die Lage, in der zu leben sie verurteilt sind, keine, »in der ein Mensch oder eine ganze Klasse von Menschen menschlich denken, fühlen und leben können. Die Arbeiter müssen sich also bestreben, aus dieser vertierenden Lage herauszukommen, sich eine bessere, menschlichere Stellung zu verschaffen«. Das können sie nur vermöge des Klassenkampfs: Der Arbeiter kann »seine Menschheit nur durch den Hass und die Empörung gegen die Bourgeoisie retten« (MEW, 2: 430). Für den Proletarier bedeutet der »Kampf gegen die Bourgeoisie« in letzter Konsequenz, »für seine Menschheit zu kämpfen« (MEW, 2: 347). Da kannten die beiden revolutionären Denker einander noch nicht, aber sie sprachen bereits dieselbe Sprache, eine Sprache, in der das Menschheitspathos mit der energischen Forderung nach Anerkennung verflochten ist.

Man kann nun verstehen, dass der junge Marx die bestehende Gesellschaft als Negation des »positiven Humanismus«, des »vollendeten Humanismus« (MEW, 1. Ergbd.: 583 u. 536), des »realen Humanismus« (MEW, 2: 7) unter Anklage stellte. Sein revolutionäres Programm enthält den »kategorischen Imperativ, alle Verhältnisse umzuwerfen, in denen der Mensch ein erniedrigtes, ein geknechtetes, ein verlassenes, ein verächtliches Wesen ist« (MEW, 1: 385). Es komme darauf an, einer gesellschaftlichen Ordnung ein Ende zu setzten, in der der Mensch »unter die Herrschaft unmenschlicher Verhältnisse und Elemente gegeben ist« und es nicht vermag, ein »wirkliches Gattungswesen« zu sein (MEW, 1: 360). Nach Auffassung von Louis Althusser zeugen diese Formulierungen von ideologischer Naivität. Sie seien aber glücklicherweise vom reiferen Marx mehr oder weniger beginnend ab 1845, als ein »epistemologischer Bruch« eingetreten sei, überwunden, und die humanistische Rhetorik sei vom historischen Materialismus oder besser von der Wissenschaft der Geschichte verdrängt worden. Diese Lesart begeht auf philosophischer Ebene den Fehler, den Kampf um Anerkennung und für die reale Subsumtion des Sklaven oder Halbsklaven unter die Kategorie Mensch mit einem erhabenen Humanismus zu verwechseln, der den Gesellschaftskonflikt ignoriert oder verdrängt.

Wir haben gesehen, wie der junge Engels den Arbeiter aufgefordert hat, »seine Menschheit« durch die »Empörung gegen die Bourgeoisie« zu »retten«; eben nicht mit allgemeinen und unbestimmten moralischen Appellen, sondern mit einer konkreten politischen Aktion, mit der Infragestellung eines wohldefinierten gesellschaftlichen Systems. Und die *Deutsche Ideologie* verspottete Max Stirner dafür, »dass er sich einbildet, die revolutionierenden Neger von Haiti und die weglaufenden Neger aller Kolonien hätten nicht sich, sondern ›den Menschen‹ befreien wollen« (MEW, 3: 290). Der »Humanismus« ist nur in dem Maße ein »realer«, in dem er seine Universalität in bestimmten Kämpfen zu ermitteln und zu konkretisieren weiß. Gegen Ruge, der die Revolution von 1848 als »die humanste in ihren Prinzipien« feierte, wandte Engels ein, dass »diese Prinzipien aus der Vertuschung der entgegengesetztesten Interessen entstanden sind«, aus dem Konflikt zwischen Proletariat und Bourgeoisie. Auf der anderen Seite werde mit dem Nachbeten (im September desselben Jahres) der »philanthropischen Schwärmereien und sentimentalen Brüderlichkeitsphrasen« ein Schlussstrich unter die »kannibalischen Grausamkeiten der Pariser Junisieger« und unter den weiterhin lodernden Antagonismus gezogen (MEW, 5: 358). Bei Marx und Engels geht der Rekurs auf einen Universalbegriff des Menschen und auf den Kampf um Anerkennung einher mit der Kritik dieses erhabenen Humanismus.

Die These Althussers ist auch auf rein philologischer Ebene nicht überzeugend. Die vorgeblich »humanistische« Rhetorik erklingt weiterhin kraftvoll in der Rede über den Freihandel, die Marx zu Beginn des Jahres 1848 in Brüssel hielt und in der er den Kapitalismus für den Umstand verurteilte, die Kosten »zum Unterhalt dieser Maschine, die sich Arbeiter nennt«, auf ein Minimum reduzieren zu wollen (MEW, 4: 450). Das *Manifest der Kommunistischen Partei* seinerseits ruft dazu auf, ein System zu stürzen, das die menschliche Würde der übergroßen Mehrheit der Bevölkerung missachte. Unter Anklage stehen die sozioökonomischen Verhältnisse, die den Proletariern die »Heranbildung zur Maschine« abverlangen (MEW, 4: 477), und die sie bereits im Kindesalter »in einfache Handelsartikel und Arbeitsinstrumente« (MEW, 4: 478), in »ein bloßes Zubehör der Maschine« (MEW, 4: 468), in ein »unselbständig[es] und persönlich[es]« Anhängsel des Kapitals, das seinerseits »selbständig und persönlich« ist (MEW, 4: 476), verwandeln.

Für den französischen Interpreten fällt das *Manifest* unter die »Werke der Reifung« und nicht unter diejenigen vollständig erlangter »Reife« (Althusser 1968: 37). Schauen wir uns also an, in welchen Termini das kapitalistische System in *Lohn, Preis und Profit* unter Anklage gestellt wird:

> Zeit ist der Raum zu menschlicher Entwicklung. Ein Mensch, der nicht über freie Zeit verfügt, dessen ganze Lebenszeit – abgesehn von rein physischen Unterbrechungen durch Schlaf, Mahlzeiten usw. – von seiner Arbeit für den Kapitalisten verschlungen wird, ist weniger als ein Lasttier. Er ist eine bloße Maschine zur Produktion von fremdem Reichtum, körperlich gebrochen und geistig verroht (MEW, 16: 144).

Wir haben es mit einem System zu tun, das nicht zögert, kaum ausgebildete Menschen zu opfern, die unfähig sind, sich irgendwie zu verteidigen. Das *Kapital* erwähnt »den großen herodischen Kinderraub, den das Kapital in den Anfängen des Fabriksystems an den Armen- und Waisenhäusern verübte und wodurch es sich ein ganz willenloses Menschenmaterial einverleibte« (MEW, 23: 425, Fn 144). Schrecklich sind die humanen Kosten des Kapitalismus. Man denke da an die Entstehung der Textilindustrie in England: Dort beschaffte man sich den benötigten Rohstoff, indem öffentlicher Grund eingehegt und zum Weideland bestimmt wurde, der zuvor indes den breiten Massen die Subsistenz sicherte, die nun expropriiert, zu Hunger und Verzweiflung verdammt waren. Ein Vorgang, bei dem, um eine von Marx wieder aufgegriffene Wendung des Thomas Morus zu gebrauchen, die »Schafe die Menschen auffressen« (MEW, 23: 747, Fn 193).

Das ist indes kein Kapitel der Geschichte, das nunmehr abgeschlossen wäre und sich nur mit dem Bildungsprozess des Kapitalismus befasste. Auch in seiner reifen Gestalt ist dieses System durch eine Jagd nach Profit gekennzeichnet, die mit einer »Timur-Tamerlanschen ›Verschwendung‹ von Menschenleben« einhergeht (MEW, 23: 279, Fn 103). »Die kapitalistische Produktion ist überhaupt, bei aller Knauserei, durchaus verschwenderisch mit dem Menschenmaterial«, ist eine »Vergeuderin von Menschen«, ist charakterisiert durch »Verschwendung des Leben und der Gesundheit der Arbeiter« (MEW, 25: 97, 99 u. 102). Zusammengefasst: der Kapitalismus sanktioniert die »Herrschaft der Sache über den Menschen« (MEGA, II, 4.1: 64), führt zur Verwandlung der Arbeiter in »Arbeitskraftmaschinen«, zur Verwandlung auch der Kinder, also »unreifer Menschen in bloße Maschinen zur Fabrikation von Mehrwert«, ohne dass man sich über die »moralische Verkümmerung« und die »intellektuelle Verödung«, die ihr folgt, beunruhigte (MEW, 23: 262 u. 421f). Die bürgerliche Gesellschaft findet Gefallen daran, sich selbst als »ein wahres Eden der angebornen Menschenrechte« zu zelebrieren, dabei spielt in ihr die »menschliche Arbeit«, ja »der Mensch schlechthin [...] eine sehr schäbige Rolle« (MEW, 23: 189 u. 59). So schreiten wir von der Sphäre der Zirkulation zu jener der Produktion und stellen fest, dass der Lohnarbeiter, weit davon entfernt, in seiner Menschenwürde anerkannt zu sein, »seine eigne Haut zu Markt getragen und nun nichts andres zu erwarten hat als die – Gerberei« (MEW, 23: 191). Wenn Engels, wie bereits gesehen, in *Die Lage der arbeitenden Klasse in England*, verurteilend vom »indirekten Handel mit Menschenfleisch« schreibt, für den die Kapitalisten verantwortlich sind, so ist im *Kapital* vom »Fleischhandel« die Rede, vergleichbar dem, den man mit den schwarzen Sklaven trieb. All das geschah in England, dem seinerzeitigen Musterland der kapitalistischen Entwicklung und der liberalen Tradition (MEW, 23: 283).

Die Kritik am immanenten Prozess der Entmenschlichung, der dem Kapitalismus eigen ist, klingt noch einmal stärker dort an, wo Marx vom Los spricht, das den Kolonialvölkern beschieden ist: Die »Verwandlung von Afrika in ein Geheg zur Handelsjagd auf Schwarzhäute« bezeichnet »die Morgenröte der kapitalistischen Produktionsära« (MEW, 23: 779). Gehen wir zum niederländischen Kolonialreich über: Es entstand dort ein »System des Menschendiebstahls in Celebes, um Sklaven für Java zu erhalten. Die Menschenstehler wurden zu diesem Zweck abgerichtet« (MEW, 23: 780). Noch um die Mitte des 19. Jahrhunderts erblicken wir in den USA den von seinem Herrn völlig entmenschten schwarzen Sklaven, der von ihm als eine Form bloßen »Eigentums« wie jedes andere auch betrachtet wurde, als eine Form von »Menschenvieh (human chattle)« oder als dessen »bewegliche schwarze Habe« (black chattle) (MEW, 15: 333; MEW, 23: 282; MEW, 30: 290). Die Reduktion auf eine Ware ist so vollständig, dass sich einige Staaten auf »Negerzucht« (MEW, 23: 467) bzw. auf »breeding of slaves« (MEW, 30: 290) spezialisiert hatten. Diese Staaten, »die früher Sklaven zur Produktion von Exportartikeln verwendeten«, verwandelten sich »in Staaten, die Sklaven züchten, um sie [...] zu exportieren« (MEW, 15: 336). Mehr noch, ein 1850 erlassenes Gesetz zur Auslieferung flüchtiger Sklaven sanktionierte die Umwandlung der Bürger des Nordens in »Sklavenfänger« (MEW, 15: 333). Das häusliche »Menschenvieh« hatte sich somit in Freiwild verwandelt, womit eine weitere Stufe im Prozess der Entmenschlichung erreicht worden war.

Wie man sieht, kehrt auch in den reifen Schriften bei Marx das kritische Motiv wieder, der bürgerlichen Gesellschaft vorzuhalten, die übergroße Mehrheit der Menschheit zur »Maschine«, zum »Arbeitsinstrument«, zur unbekümmert zu verschwendenden »Ware«, zum »Handelsartikel«, zum »Exportartikel«, zur »beweglichen Habe«, zum Zuchtvieh oder zum Freiwild und zur Lederware zu degradiert zu haben, das man jagen bzw. die man zur Gerberei schicken könne.

Die Anprangerung des kapitalistischen Systems in seinem Antihumanismus verschwindet durchaus nicht und kann auch gar nicht verschwinden, weil sie im Zentrum des Marxschen Denkens steht. Der ihm wichtige Vergleich der modernen und der antiken Sklaverei, der Lohnsklaverei und der Kolonialsklaverei wird unternommen, um die dem Kapitalismus eigene Permanenz dieses Verdinglichungsprozesses anzuzeigen, der sich in all seiner Rohheit manifestiert, wenn man ihn in Relation zu den tatsächlich so bezeichneten Sklaven setzt. So verflechten sich wissenschaftliche Analyse und moralisches Urteil sehr eng miteinander, und nur diese Verflechtung vermag den Aufruf zur Revolution erklären. So getreulich und erbarmungslos sie auch sein mag, die Beschreibung der bestehenden Gesellschaft wird niemals für sich allein zur revolutionären Tat mit dem Ziel ihres Umsturzes stimulieren, sofern nicht eine moralische Verurteilung hinzukommt. Und diese moralische Verurteilung erklingt angesichts der Tatsache umso stärker, insofern die analysierte und unter Anklage gestellte politisch-soziale Ordnung nicht etwa nur für einzelne Ungerechtigkeiten verantwortlich ist, sondern für die Nichtanerkennung der menschlichen Würde gegenüber einer ganzen gesellschaftlichen Klasse und den Kolonialvölkern in ihrer Gesamtheit, in letzter Konsequenz gegenüber der großen Mehrheit der Menschheit.

Davon ausgehend wird die Verwirklichung einer neuen Ordnung als »kategorischer Imperativ« verstanden – in den Jugendschriften wie in den reifen. Schließen die *Thesen über Feuerbach* mit der Kritik der Philosophen, die sich als unfähig entpuppen, eine Welt »zu verändern«, in der der Mensch missachtet und erniedrigt wird, so ist das *Kapital* auch auf moralischer Ebene eine »Kritik der politischen Ökonomie«, wie es im Untertitel heißt. Der »politische Ökonom« wird nicht nur für seine theoretischen Fehler kritisiert, sondern auch für seine »stoische Seelenruhe«, das heißt für sein Unvermögen zur moralischen Empörung angesichts der von der bürgerlichen Gesellschaft angerichteten Tragödien (MEW, 23: 756); in denselben Kontext fällt die Verurteilung der »Pharisäer der ›politischen Ökonomie‹« (MEW, 23: 313). Kurzum, es dürfte schwer fallen, sich eine Schrift vorzustellen, die sich in stärkerem Maße moralisch empörte als der erste Band des *Kapitals*! Die Kontinuität in der Entwicklung von Marx ist evident, und was Althusser als epistemologischen Bruch beschreibt, ist lediglich der Übergang zu einem Diskurs, in dessen Rahmen die moralische Verurteilung der Verdinglichungsprozesse innerhalb der bürgerlichen Gesellschaft und deren Antihumanismus knapper und bloß elliptisch zur Sprache kommen.

Der französische Philosoph konzediert zwar, dass es einen »revolutionären Humanismus« geben könne (Althusser / Balibar 1968: 150), doch an diesem Punkt ist er sehr zögerlich und verbaut sich auf diese Weise das Verständnis des Klassenkampfs als eines Kampfes um Anerkennung. Dieser ist von den Sklaven (und den Kolonialvölkern bzw. denen, die den Kolonien entstammen) geführter Klassenkampf, der gesellschaftliche Subjekte formiert, die der Entmenschlichung sehr viel expliziter und radikaler ausgesetzt sind. Ein Kampf um Anerkennung ist aber auch derjenige Klassenkampf, dessen Protagonisten die von der herrschenden Ideologie zu Arbeitsinstrumenten oder »zweibeinigen Maschinen« zugerichteten Proletarier in den kapitalistischen Metropolen sind. Und Kampf um Anerkennung ist letztlich auch der Klassenkampf, mit dem die engagierten Frauen die häusliche Sklaverei, der sie in der patriarchalischen Familie unterworfen sind, in Frage stellen, angreifen oder beseitigen.

Bereits hier wird die Unangemessenheit und Abwegigkeit einer rein ökonomistischen Lesart der Marxschen Konflikttheorie deutlich. Wie hoch ist der Spieleinsatz im Klassenkampf? Die geknechteten Völker, das Proletariat, die subalternen Klassen, die der häuslichen Sklaverei unterworfenen Frauen – diese untereinander so verschiedenen Gruppen und Subjekte können auch die unterschiedlichsten Forderungen aufstellen: die nationale Befreiung, die Abschaffung der Sklaverei und die Eroberung der elementarsten Formen der Freiheit, bessere Lebens- und Arbeitsbedingungen, die Umwandlung der Eigentums- und Produktionsverhältnisse, ein Ende der häuslichen Segregation. So verschieden diese Subjekte, so verschieden der Inhalt ihres Klassenkampfs. Und dennoch können wir den kleinsten gemeinsamen Nenner identifizieren: Auf ökonomisch-politischer Ebene ist er bestimmt durch das Ziel einer Änderung der Arbeitsteilung (international, in den Fabriken und in der Familie); auf der politisch-moralischen Ebene durch das Ziel der Überwindung der Entmenschlichungs- und Verdinglichungsprozesse, die die kapitalistische Gesellschaft charakterisieren, kurzum durch das Ziel, Anerkennung zu erlangen.

4. Das Vertragsparadigma und die Rechtfertigung der bestehenden Ordnung

Das von Hegel hergeleitete Paradigma des Kampfs um Anerkennung ist in aller Deutlichkeit gegenwärtig. Die weiteren im Umlauf befindlichen philosophischen Paradigmen erweisen sich als inadäquat und abgenutzt, angefangen bei der Konfiguration, wonach der politisch-soziale Konflikt in jenen Jahren eingestellt worden sei. Auf die populäre Forderung nach einem Recht auf Leben in humaner Würde antwortete die herrschende Klasse: So niedrig das Lohnniveau auch sein mag, es ist immer Ausdruck eines frei vereinbarten Vertrages; und gegenüber den Erwerbslosen und Invaliden, denen kein Vertrag irgendeine Unterstützung sichert, heißt es: diese Unterstützung zu fordern und zu erflehen sei das Verhalten eines Sklaven (der sein Auskommen von seinem Herrn erwartet) und nicht das eines freien Menschen, der die Verantwortung seiner freien Wahl und deren Konsequenzen auf sich zu nehmen weiß (Himmelfarb 1985: 162 u. 183). Engels unterstrich 1845, dass der Kapitalist in seiner Fabrik sein eigenmächtiger und »absoluter Gesetzgeber« sei und dass der »Friedensrichter, der selbst ein Bourgeois ist«, dem Arbeiter Ergebenheit und Gehorsam abverlangt: »Ihr wart ja Euer eigner Herr, Ihr brauchtet ja einen solchen Kontrakt nicht einzugehen, wenn Ihr nicht Lust hattet; jetzt aber, da Ihr unter diesen Kontrakt Euch freiwillig begeben habt, jetzt müsst Ihr ihn auch befolgen« (MEW, 2: 399). Im Zentrum des *Kapitals* steht die Kritik genau dieses Vertragsparadigmas: »dass der vereinzelte Arbeiter, der Arbeiter als ›freier‹ Verkäufer seiner Arbeitskraft, auf gewisser Reifestufe der kapitalistischen Produktion, widerstandslos unterliegt« (MEW, 23: 316). Deshalb sieht Marx in der gesetzlichen Regelung der Arbeitszeit eine Maßnahme, die die Arbeiter davon abhält, sich durch einen »freiwilligen Vertrag mit dem Kapital« als Sklave zu verkaufen (siehe Kap. I, § 7). Die tendenzielle Sklavenhandelslogik des Vertrags kann nur durch den Klassenkampf ausgebremst werden, durch die gewerkschaftliche Aktion, durch die Politik der Arbeiterklasse und durch den von der Arbeiterklasse bedrängten Staat.

Auf der gegenüberliegenden Seite verurteilen die Kapitalisten diese Verletzungen der Vertragsfreiheit, die Versuche, Arbeitszeit und -modalitäten durch Eingriff von oben (die staatliche Gesetzgebung) oder von unten (die gewerkschaftliche Aktion) zu regulieren. Der Verweis auf den Vertrag und auf die freie und ungestörte Abwicklung des Arbeitsmarkts begründete in jenen Jahren auch das Koalitions- und Organisationsverbot der Gewerkschaften, jener »ausgedehnten Monopole«, wie Adam Smith (1976, Buch I: 79) sie definierte, die einer freien und individuellen Aushandlung der Arbeitsbedingungen im Wege stünden. Vom Standpunkt Burkes (1826, Bd. 7: 380) kann nur derjenige Vertrag als wirklich frei und gültig zustande gekommen betrachtet werden, der außerhalb jedweder »combination oder collusion« vereinbart wird (eindeutig und sauber dagegen sind Verweis und Stützung auf die *Combination laws*, die seinerzeit die Arbeiterkoalitionen verboten und unter Strafe stellten).

Dieses ideologische Motiv offenbart eine große Lebendigkeit: Der *Sherman Antitrust Act* in den USA, erlassen 1890, wurde vor allem und mit großer Wirksamkeit gegen die Arbeiter angewandt, die man beschuldigte, sich in gewerkschaftlichen »Monopolen« zu vereinigen, ohne Rücksicht auf die Initiative und die Freiheit des Individuums zu nehmen. Gesetzlich einwandfrei dagegen waren auf lange Sicht die Verträge, auf deren Grundlage sich die Arbeiter und Angestellten vom Moment ihrer Einstellung an verpflichteten (sie waren dazu gezwungen), keiner gewerkschaftlichen Organisation beizutreten. Aus Sicht der Gesetzgeber und der herrschenden Ideologie jedenfalls waren damit die Vertragsklauseln und die Regeln des Marktes und der individuellen Freiheit respektiert (Losurdo 2010, Kap. VI, § 10).

Zur Untermauerung seiner geringen Brauchbarkeit im Kampf der Arbeiterklasse um Emanzipation werfen wir einen Blick auf die Geschichte des vertragstheoretischen Paradigmas. Hugo Grotius griff darauf zurück, um letztlich das Institut der Sklaverei zu erklären und zu rechtfertigen: Der Kriegsgefangene, der der Gnade des Siegers ausgeliefert ist oder der Elende, der andernfalls dazu verurteilt ist, Hungers zu sterben, haben dem Herrn ununterbrochen zu dienen. Der eine wie der andere bekommt kraft des Vertrages seine Subsistenz garantiert. Die Berufung auf den Vertrag dient der Rechtfertigung der Sklaverei. Bei John Locke, einem anderen Vertragstheoretiker, kann man lesen, dass die Pflanzer auf den Karibischen Inseln »Sklaven oder Pferde« infolge eines rechtmäßigen »Kaufs«, das heißt »dank des Vertrags und des Geldes« besitzen (Losurdo 2010, Kap. II, § 3). Noch Mitte des 19. Jahrhunderts argumentierten die Sklavenhalter der Südstaaten der USA auf die gleiche Weise. Auf diesen Punkt richtet Marx seine Aufmerksamkeit im *Kapital*: »Der Sklavenhalter kauft seinen Arbeiter, wie er sein Pferd kauft« (MEW, 23: 281) – einmal mehr auf Grundlage eines regulären Vertrages.

Über die Legitimation der tatsächlich so bezeichneten Sklaverei hinaus hatte man sich lange schon auf das vertragstheoretische Paradigma berufen, um dem Kampf gegen die mehr oder weniger knechtischen Arbeitsverhältnisse entgegenzuwirken. In Frankreich schlug Sieyès vor, die »Sklaverei der Not«, die auf den Armen und Elenden lastete, in eine »leibeigene Anstellung« (*engageance serve*) umzuwandeln, in eine »vom Gesetz sanktionierte Sklaverei«, gemäß dem amerikanischen Modell, das auf die weißen Vertragsknechte, auf die *indentured servants*, de facto Halbsklaven, angewandt wurde, die oftmals auch Kaufobjekt (genauso wie die wirklichen schwarzen Sklaven) waren. Man könnte nun einwenden, dass der Knecht, von dem hier die Rede ist, »einen Teil seiner Freiheit verliert«. Die Antwort von Sieyès erfolgt prompt (1985: 76, 89 u. 196): »Es ist zutreffender zu sagen, dass er in dem Moment, in dem der Vertrag stipuliert wird, mitnichten in seiner Freiheit behindert wird, sondern diese insofern ausübt, als der Vertrag sich für ihn bezahlt macht. Jede Übereinkunft ist ein Tausch, bei dem ein jeder das, was er erhält, mehr zu schätzen weiß als das, was er abtritt.« Solange der Vertrag dauert, kann der Knecht seine Freiheit nicht ausüben, er hat sie abgegeben, aber eine allgemeine Regel besagt, dass die Freiheit eines Individuums »sich niemals soweit ausdehnen darf, dass sie den anderen schadet«. Historisch betrachtet behielt der französische Autor in gewisser Weise recht. Nach Abschaffung der Sklaverei in den Kolonien machte man sich in England Gedanken darüber, wie die Schwarzen zu ersetzen seien, und ließ Vertragsknechte aus Afrika und Asien ins Land strömen. Schuften mussten nun die indischen und chinesischen Kulis, auch sie der Sklaverei bzw. der Halbsklaverei ausgesetzt, mit dem Unterschied allerdings, dass ihr Arbeitsverhältnis durch den Vertrag legitimiert und versüßt wurde.

Wie man sieht, kann auf die Vertragsidee rekurriert werden und wurde auf sie rekurriert, um die verschiedensten Sozialverhältnisse, auch die freiheitsfeindlichsten, zu rechtfertigen. Gegen diesen Formalismus versuchte man einzuwenden, dass nicht alles Gegenstand von Vertragsverhandlungen und Kauf sein könne. Um es mit Kant zu sagen (1900, Bd. 19: 547 u. 545), »ein jedes *pactum subiectionis servilis* (i.e. ein Hörigkeitsvertrag) ist an sich null und nichtig. Er (der Mensch) kann nur operam locieren«, also seine Arbeit verpachten, und er kann dies nur, wenn er gleichzeitig die »inemissible [unauflösliche] Pflicht« erfüllt, »seine menschliche Bestimmung in Ansehung des Geschlechts« aufrechtzuerhalten. Damit sind folglich die Sklaverei und die mehr oder weniger getarnte Halbsklaverei, insgesamt jede soziale Beziehung, die die »Menschheit degradiert«, ausgeschlossen. »Personalitas non est alienabilis (Persönlichkeit ist nicht veräußerlich)« – mithin ist ein Sozialverhältnis unzulässig, in dem der Knecht »est res, non persona (Sache, nicht Person ist)«. In jedem Falle unveräußerlich, erklärt seinerseits Hegel in der *Philosophie des Rechts* (§ 66), sind »diejenigen Güter oder vielmehr substantiellen Bestimmungen, […] welche meine eigenste Person und das allgemeine Wesen meines Selbstbewusstseins ausmachen«.

Diese Tradition und diese Lektion beherzigte im England der zweiten Hälfte des 19. Jahrhunderts der Linkshegelianer Thomas Hill Green (1973: 367) in der Polemik gegen die Freihandelsanhänger seiner Zeit. Die sahen sich im Namen der »Vertragsfreiheit« und im Namen einer Freiheit, die exklusiv auf die Nichteinmischung der politischen Macht in die Privatsphäre abzielte, dazu berufen, sich gegen die staatliche Regelung der Arbeitszeit in den Fabriken oder der Frauen- und Kinderarbeit zu engagieren. Dieser ideologischen Kampagne, in die sich nach und nach auch Herbert Spencer, Lord Acton und andere einbrachten, war sich Green voll und ganz bewusst. »Die drängendsten Fragen unserer Zeit sind Fragen, von deren Regelung ich nicht sage, dass sie notwendigerweise eine Beeinträchtigung der Vertragsfreiheit bedeuten, mit Sicherheit aber werden sie sich dem heiligen Namen der individuellen Freiheit widersetzen«. Gegen die Freihandelsideologen warf er ein:

> Wir verurteilen die Sklaverei auch dann, wenn sie aus freiwilliger Übereinkunft von Seiten der zu versklavenden Person hervorgeht. Einen Vertrag, bei dem einer aus bestimmten Gründen zustimmt, Sklave eines anderen zu werden, nennen wir einen nichtigen Vertrag. Hier erfolgt eine Begrenzung der Vertragsfreiheit, die wir alle als rechtmäßig anerkennen. Kein Vertrag besitzt Gültigkeit, bei dem menschliche Personen willentlich oder unwillentlich wie Waren behandelt werden (Green 1973: 372f).

Das Argument, das in der Vergangenheit gebraucht wurde, um die vertragstheoretische Rechtfertigung der Sklaverei (und der mehr oder weniger knechtischen Arbeitsverhältnisse) zu widerlegen, wurde nun geltend gemacht, um die am meisten verhassten Aspekte dessen zu hinterfragen, was sich in den Augen von Marx und Engels als »moderne Sklaverei« darstellte.

Was sich als zweifacher Formalismus des vertragstheoretischen Paradigmas bezeichnen ließe, wurde deshalb aber nicht überwunden, sondern schien sich weiterhin zu bestätigen. Der Vertrag, auf den man sich berief, konnte verschiedenste und widerstreitende Inhalte subsumieren und rechtfertigen (er kann Insignum der Freiheit wie der Knechtschaft sein). Vor allem aber wird nicht deutlich, wer die Kontrahenten sind. Über Jahrhunderte duldete der Markt des liberalen Westens die Existenz der *chattel slavery*, der Kaufsklaverei: die Ahnen der heutigen schwarzen Bürger waren in der Vergangenheit Ware zum Kauf und Verkauf und nicht autonome Konsumenten, sie waren die Objekte und nicht die Subjekte des Kaufvertrags.

Das Beharren auf der Existenz unveräußerlicher Güter (oder Bestimmungen), die das Individuum, selbst wenn es wollte, nicht aufgeben kann, das Beharren auf der Existenz von Gütern (oder Bestimmungen), die in keinem Fall Gegenstand des Kaufs oder der Vertragsverhandlungen sein können, weil sie untrennbar von der Natur oder der menschlichen Würde sind, verweist auf den Übergang vom vertragstheoretischen zum naturrechtlichen Paradigma.

5. Die Unzulänglichkeiten des naturrechtlichen Paradigmas

Aber nicht einmal das naturrechtliche Paradigma war in der Lage, den von Marx und Engels theoretisch behandelten und erstrebten emanzipatorischen Klassenkampf zu befördern. Es offenbarte all seine Probleme und Unzulänglichkeiten schon zum Zeitpunkt seines Triumphs, als es die Unabhängigkeitserklärung der USA und die 13 Jahre später in Frankreich erfolgte Erklärung der Menschen- und Bürgerrechte inspirierte. Das erste dieser beiden feierlichen Dokumente proklamiert, »dass alle Menschen gleich erschaffen worden« und »mit unveräußerlichen Rechten begabt worden« sind. Mit noch größerer Eloquenz würdigt das zweite die »natürlichen, unveräußerlichen und heiligen Rechte der Menschen« und hält fest, »dass die Unkenntnis, die Achtlosigkeit oder die Verachtung der Menschenrechte die einzigen Ursachen des öffentlichen Unglücks und der Verderbtheit der Regierungen sind«. Das aber verhinderte keineswegs das Florieren der Sklaverei in den USA (wo in 32 von bis dahin 36 Jahren seit Bestehen des Staates Sklavenhalter das Amt des Präsidenten besetzt hatten) und in den französischen Kolonien.

Über die Sklaverei brach indes eine gewaltige Krise herein, die bereits 1791 in der französischen Kolonie Saint Domingue ihren Ausgang nahm, und Jahrzehnte später, in der Zeit, in der Marx und Engels ihre intellektuelle Ausbildung durchliefen, in den USA reifte, bevor der Sezessionskrieg entfacht wurde. In beiden Fällen war das Problem das gleiche: Gehören auch die Schwarzen zu den Inhabern der natürlichen und unveräußerlichen Rechte? Die Antwort stand keineswegs von vornherein fest. Grotius, der sich auch des vertragstheoretischen Paradigmas bediente, aber in diesem Zusammenhang mit Gründen als der Vater des Naturrechts betrachtet werden kann, hatte keinerlei Schwierigkeiten damit, das Institut der Sklaverei zu verteidigen. Wenngleich die Unabhängigkeitserklärung und die Verfassung der Vereinigten Staaten auf das naturrechtliche Paradigma rekurrierten, waren ihre beiden maßgeblichen Autoren, Thomas Jefferson und James Madison, Sklavenhalter. Man versteht daher gut die von Engels im *Anti-Dühring* gezogene Bilanz, wonach »die amerikanische Verfassung, die erste, welche die Menschenrechte anerkennt, in demselben Atem die in Amerika bestehende Sklaverei der Farbigen bestätigt« (MEW, 20: 98).

Bedeutsam ist vor allem, was sich in Frankreich ereignete. In Opposition zur Erklärung der Menschen- und Bürgerrechte befand sich im Besonderen der Plantagen- und Sklavenbesitzer Pierre-Victor Malouet, der (zusammen mit dem Club Massiac) an vorderster Front im Kampf gegen die abolitionistischen Bestrebungen stand. Als er am 2. August 1789 in der Nationalversammlung das Wort ergriff, brachte er sich gegen die aus seiner Sicht brandgefährliche Wirkung in Stellung, die die Diskussion um die Menschenrechte auf die »enorme eigentumslose Menschenmasse« haben könnte, die, vom schwierigen Kampf um ein »Auskommen« beansprucht, dazu neigen könnte, sich vom »Spektakel des Luxus und der Opulenz« reizen zu lassen (in: Fauré 1988: 162). Es gibt in den Ausführungen nicht eine einzige Bezugnahme auf die Sklaven. Mit anderen Worten, es stand für Malouet außerhalb jeder Diskussion, dass die schwarzen Sklaven zu den Inhabern der Menschenrechte gehören könnten. Er sah lediglich die Gefahr, dass sich die kleinen Leute von Paris auf dieses Recht berufen könnten, aber nicht das menschliche Vieh von Saint Domingue.

Für das zweite gravierende Krisenmoment des naturrechtlichen Paradigmas sorgte die Frauenbewegung, die auf der Woge des Umsturzes des Ancien Régime Gestalt annahm. 1791, im selben Jahr, als sich die schwarzen Sklaven in Saint Domingue erhoben, arbeitete Olympe de Gouges in Anlehnung an die von der Französischen Revolution proklamierten Menschen- und Bürgerrechte die *Erklärung der Rechte der Frau und Bürgerin* aus. Und von neuem sind wir auf das bereits bekannte Problem zurückgeworfen: Gehören auch die Frauen zu den Inhabern der natürlichen und unveräußerlichen Rechte? Auch in diesem Fall stand die Antwort nicht von Anfang an fest, wie das tragische Ende de Gouges' beweist, die 1793 guillotiniert wurde, zu einem Zeitpunkt, als sich mit Robespierre ein überzeugter Verfechter des Naturrechts an der Macht befand. In anderer Hinsicht hatte der Führer der Jakobiner indes keine Schwierigkeiten, dieses Paradigma anzuwenden. Noch bevor die Abschaffung der Versklavung der Schwarzen in Kraft trat, hatte er die »politischen Rechte der farbigen Menschen« verkündet und auch für sie die »Menschheitsrechte« verlangt (Robespierre 1950-67, Bd. 7: 366 u. 728). Unabhängig von diesem exemplarischen Ereignis erschien es in der liberalen Tradition lange als ganz selbstverständlich, die Frauen von den politischen Rechten ebenso auszuschließen wie Kinder und Minderjährige: Im einen wie im anderen Fall wollte man klar erkannt haben, dass die nötige Reife für eine Teilhabe am politischen Leben fehlte. Für Marx und Engels war das die Bestätigung, dass der Verweis auf die natürlichen und unveräußerlichen Rechte in der Tradition des Naturrechts kein geeignetes Mittel ist, die Sklaverei der Schwarzen, die Lohnsklaverei oder die häusliche Sklaverei der Frau ernsthaft in Frage zu stellen und deren Behandlung als »bloßes Produktionsinstrument« zu überwinden.

Schließlich ist das dritte Krisenmoment des naturrechtlichen Modells durch den Auftritt der Arbeiterbewegung auf der geschichtlichen Bühne angezeigt. Marx beschäftigte sich ausführlich mit dem Dekret, das im Juni 1791 alle Arbeiterkoalitionen als »Attentat auf die Freiheit und die Erklärung der Menschenrechte« verbot. Obgleich der Berichterstatter Isaac R. G. Le Chapelier anerkannte, dass sich die Arbeiter de facto in einer »durch die Entbehrung der notwendigen Lebensmittel bedingten absoluten Abhängigkeit« befänden, »welche fast die Abhängigkeit der Sklaverei ist«, habe dennoch der Schutz der Freiheit der Unternehmer Vorrang, die von den aufkommenden Arbeitersyndikaten behindert würde (MEW, 23: 769f). An dieser Stelle tritt klarer denn je zutage, dass das Banner des Naturrechts vom Klassengegner und seinen Parteien geschwenkt wurde. Die Volksmassen forderten das Recht auf Leben, das von Robespierre (1950-67, Bd. 8: 90; Bd. 9: 112) als das erste unter den »unverjährlichen Menschenrechten« definiert worden ist. Um es aber zu garantieren, hätte die Staatsmacht in die bestehenden Eigentumsverhältnisse eingreifen müssen. Ein solcher Eingriff jedoch wurde von der vermögenden Klasse als ein intolerabler Gewaltakt gegen das natürliche Recht auf ungestörten Genuss des

Eigentums gebrandmarkt. Ausgehend von dieser Position lässt sich die in der *Heiligen Familie* gezogene Bilanz verstehen, der zufolge »die Anerkennung der Menschenrechte durch den modernen Staat keinen andern Sinn hat als die Anerkennung der Sklaverei durch den antiken Staat« (MEW, 2: 120). Oder, um *Zur Judenfrage* zu zitieren: »Die praktische Nutzanwendung des Menschenrechtes der Freiheit ist das Menschenrecht des Privateigentums«; das ist seinerseits »das Recht, willkürlich (à son gré), ohne Beziehung auf andre Menschen, unabhängig von der Gesellschaft, sein Vermögen zu genießen« (zum Beispiel ohne irgendeine Bezugnahme auf die Sklaven oder auch Halbsklaven, deren Existenz zur Kenntnis zu nehmen aber selbst Le Chapelier gezwungen war) (MEW, 1: 364).

Das naturrechtliche Paradigma leidet wie schon das vertragstheoretische an einem doppelten Formalismus. Der Kategorie der Menschenrechte können unterschiedliche und einander widersprechende Inhalte zugeordnet werden: Das Recht des Eigentümers, sein Eigentum zu genießen und nach Belieben darüber zu verfügen; oder entgegengesetzt, das Recht auf Leben oder ein Dasein in Würde, zu realisieren durch Eingriff der politischen Macht in die bestehenden Eigentumsverhältnisse, mithin durch einen Eingriff, der nach Auffassung der Eigentümer eine offenkundige Verletzung der Menschenrechte darstellt. Aber der gravierendere Formalismus betrifft die Figur des Inhabers der Menschenrechte: Welche sozialen Subjekte umfasst diese Figur real? Locke, Exponent der Vertragstheorie, erhebt keinen Einwand dagegen, im schwarzen Sklaven Objekt und nicht Subjekt des Vertrags zu erblicken. Ebenso wenig stellt Grotius, der Stammvater der Naturrechtstheorie, die Figur des schwarzen Sklaven in Frage, der für ihn nicht den Inhabern der unveräußerlichen Rechte zuzurechnen ist, ja sogar Objekt des unveräußerlichen Rechts auf Eigentum und dessen ungestörten Genuss sein kann, dessen sich die freien Bürger erfreuen. Ein der Geschichte entnommenes Beispiel mag das Problem illustrieren. Die Vereinigten Staaten von Amerika hatten sich eben erst im Zuge einer Revolte gegründet, die sich auf naturrechtliche wie auf vertragstheoretische Motive berief, da belohnten Virginia und andere Staaten ihre Veteranen des Unabhängigkeitskrieges mit Land und schwarzen Sklaven (Losurdo, 2010, Kap. II, §6).

Weil er weder zu den Vertragsunterzeichnern noch zu den Inhabern der unveräußerlichen Rechte gehört, kann der Sklave, der nach Freiheit strebt, weder an die Vertragstheorie noch an das Naturrecht appellieren. Mit anderen Worten, beide, das vertragstheoretische wie das naturrechtliche Paradigma, machen den Fehler, etwas zur wesentlichen Voraussetzung zu erheben, was indes nur Resultat eines langwierigen Kampfes ist und bisweilen die Form der bewaffneten Auseinandersetzung annimmt. Bedingung ist die gegenseitige Anerkennung der Vertragsunterzeichner bzw. der Inhaber der unveräußerlichen Rechte oder exakter: derer, die sich wechselseitig als Vertragsunterzeichner bzw. als Inhaber der unveräußerlichen Rechte anerkennen.

6. Hegel, Marx und das Paradigma des Kampfs um Anerkennung

Es ist folglich erforderlich, zum Kampf um Anerkennung überzugehen. Auch wenn man sich ausschließlich auf die kapitalistischen Metropolen konzentrieren will, nimmt der von Marx und Engels geförderte Klassenkampf über die Einkommensverteilung hinaus die Zwangsverhältnisse und die Entmenschlichungsprozesse in den Blick, die die kapitalistische Gesellschaft konstituieren. Anders wäre es nicht möglich, eine klare Linie zwischen dem Kampf für Umverteilung und dem Kampf um Anerkennung zu ziehen. Ein Mensch, der droht, Hungers zu sterben, ist, wie es in den *Grundlinien der Philosophie des Rechts* (§ 127) heißt, auf die »totale Rechtlosigkeit« zurückgeworfen, auf einen Zustand also, der ihn zum Sklaven macht. Die Figur des Sklaven ist durch die fehlende Subsumtion unter den allgemeinen Begriff des Menschen, durch die fehlende Anerkennung als Mensch bestimmt.

Ist der Einfluss Hegels auf die beiden revolutionären Philosophen gut dokumentiert? Paradoxerweise manifestiert sich die Gegenwart des Hegelschen Paradigmas des Kampfs um Anerkennung mit besonderer Klarheit nicht im Verhältnis zwischen empirischen Individuen, sondern im Verhältnis der Völker, also eines Bereichs, den Hegel nicht explizit in Betracht gezogen hat, als er seine Studien über den Kampf um Anerkennung angestellt hat. Wir werden sehen, dass Marx und Engels bei mehreren Gelegenheiten unterstrichen haben, dass »ein Volk nicht frei sein kann, das ein anderes unterdrückt«. Das lässt sogleich an die *Phänomenologie des Geistes* denken, die das Resultat der Herr-Knecht-Dialektik so zusammenfasst: »Sie anerkennen sich als gegenseitig sich anerkennend.« Oder mit der *Enzyklopädie* zu sprechen (§ 431 Z): »so bin ich wahrhaft frei nur dann, wenn auch der andere frei ist und von mir als frei anerkannt wird« (Hegel 1969-79, Bd. 3: 147; Bd. 10: 220).

Um zu erfassen, in welchem Umfang das Motiv des Kampfs um Anerkennung bei Marx präsent ist, muss man sich vor Augen führen, dass dieses Motiv von Hegel in zwei verschiedenen Sprechweisen entwickelt worden ist. Die erste haben wir bereits kennengelernt. Wir müssen nun die zweite untersuchen, die viel nur andeutungsweise erfolgt und ihren Ausgang in einer wichtigen Unterscheidung nimmt, die in der *Wissenschaft der Logik* formuliert ist. Zu unterscheiden ist zwischen dem einfach »negativen Urteil«, bei dem im Verhältnis von Subjekt und Prädikat die Bestimmtheit des Prädikats negiert wird (die Rose ist nicht rot), und dem negativ »unendlichen Urteil«, das anstatt ein einzelnes Prädikat oder einzelne Prädikate zu negieren, das Subjekt als solches negiert (das ist keine Rose). Das heißt, negiert das negativ unendliche Urteil die Gattung (die Rose als solche), so negiert das einfach negative Urteil nur die Spezies, die spezifische Bestimmtheit (die Farbe rot der Rose). Die hier angedeutete logische Unterscheidung kann uns auch bei der Untersuchung der gesellschaftlichen Verhältnisse helfen. Eine Sache ist – unterstreicht Hegel – der »bürgerliche Rechtsstreit«, beispielsweise der Streit zwischen den Erben um ein bestimmtes Eigentum, das aufzuteilen oder zuzuweisen ist. Derjenige, der vor Gericht Unrecht erleidet, ist Opfer eines einfach negativen Urteils geworden: In seinem Fall ist nur das »besondere Recht« verletzt worden, nicht aber »das Recht als Recht«, nicht die »Rechtsfähigkeit einer bestimmten Person«. Davon verschieden ist das Strafrecht, jener Bereich, in dem das negativ unendliche Urteil zur Anwendung kommt. Das Verbrechen negiert auch das Allgemeine, die »Rechtsfähigkeit« des Opfers, das sich als Rechtssubjekt aberkannt sieht und in letzter Konsequenz nicht mehr unter die Kategorie Mensch fällt. Die negierte Gattung im negativ unendlichen Urteil, das das Verbrechen ist, ist die Gattung »Mensch«, während im einfach negativen Urteil des bürgerlichen Rechtsstreits die Spezies, die spezifische Bestimmtheit, in Frage gestellt wird, auf dessen Grundlage aber eine Person anerkannte Eigentümerin eines bestimmten Eigentums bleibt. Insofern das Opfer nicht mehr unter die Gattung »Mensch« fällt, löscht das Verbrechen die Anerkennung des Anderen aus.

Nach Auffassung Hegels wird auch über den Sklaven ein negativ unendliches Urteil gefällt, gar in seiner ganzen Fülle, in einer »Unendlichkeit«, die dem Begriff voll und ganz angemessen ist: die Negation der Anerkennung ist auf die Spitze getrieben. Dies deshalb, weil die Sklaverei als »absolutes Verbrechen« betrachtet werden kann, ein Verbrechen, das in gewisser Hinsicht noch schlimmer ist als der Mord. Bei letzterem erfolgt und endet die Negation der Anerkennung und des allgemeinen Begriffs vom Menschen, auch wenn der Ausgang fatal sein mag, in einem einzigen Augenblick. Die Sklaverei hingegen verkörpert eine Negation der Anerkennung und eine Verdinglichung als ununterbrochene tägliche Praxis. Der Hungernde wiederum, der zu sterben droht und auf einen Zustand der »totalen Rechtlosigkeit« zurückgeworfen ist, kann mit dem Sklaven verglichen werden. Auch er erleidet ein negativ unendliches Urteil, das die Anerkennung beseitigt bzw. unmöglich macht. Dabei handelt es sich nicht um isolierte oder individuelle Fälle. Zum Schaden von Massen derer, die unter extrem elenden Bedingungen leben, wird das »negativ-unendliches Urteil« des Verbrechens ausgesprochen. In letzter Konsequenz sind sie nicht mehr als Rechtssubjekte, nicht mehr als Menschen anerkannt (vgl. Losurdo 2000, Kap. VII, §§ 5 u. 7).

Hegel rückt beide Sprechweisen zusammen. Nachdem festgestellt worden war, dass es nötig ist, vom Bewusstsein der Illegalität bzw. des »absoluten Unrechts«, das zum Schaden des Sklaven begangen wird, auszugehen, um sich in der Debatte über die Sklaverei zurechtzufinden, wendet sich die *Rechtsphilosophie* (§ 57) einerseits noch einmal den Passagen in der *Phänomenologie* und in der *Enzyklopädie* zu, die dem Kampf um Anerkennung gewidmet sind, und unterstreicht andererseits, dass das Institut der Sklaverei im Gegensatz zum »Begriffe des Menschen als Geistes« steht und dass »der Mensch an und für sich nicht zur Sklaverei bestimmt sei«. Pathos des allgemeinen Menschenbegriffs und Kampf um Anerkennung sind eins.

Die beiden Sprechweisen, von denen hier die Rede ist, kehren bei Marx wieder. Wenden wir uns zunächst der *Judenfrage* zu, die mit den entsprechenden Termini die bürgerlich-bourgeoise Gesellschaft kritisiert. In ihr betrachtet das Individuum »die andern Menschen als Mittel«, allerdings mit der Folge, dass es »sich selbst zum Mittel herabwürdigt und zum Spielball fremder Mächte wird« (MEW, 1: 355). Wir wissen bereits, auf welche Weise die Hegelsche *Enzyklopädie* den Kampf um Anerkennung beschreibt: »so bin ich wahrhaft frei nur dann, wenn auch der andere frei ist und von mir als frei anerkannt wird.« In denselben Kontext können wir die mehrfach von Marx und Engels geäußerte These einordnen, derzufolge die seitens der Bourgeoisie den Proletariern auferlegte Entfremdung und die Verdinglichung darin enden, dass sie auch die herrschende Klasse erfassen (siehe Kap. II, § 4). Der gleiche Standpunkt wird in der *Heiligen Familie* eingenommen, die allerdings auch auf den zweiten Sprachtypus Bezug nimmt: »Die Gleichheit ist der französische Ausdruck für die menschliche Wesenseinheit, für das Gattungsbewusstsein und Gattungsverhalten des Menschen, für die praktische Identität des Menschen mit dem Menschen, d. h. also für die gesellschaftliche oder menschliche Beziehung des Menschen zum Menschen« (MEW, 2: 41). Die Feier der Gattung Mensch in ihrer Einheit ist gleichzeitig die Verdammung der fehlenden Anerkennung einer endlosen Masse an Menschen innerhalb der bürgerlichen Gesellschaft.

Das Wesen des Anerkennungsparadigmas besteht in der Tatsache, dass es eben nicht ein Subjekt zum unkritischen Ausgangspunkt erhebt, als sei es eine unmittelbar gegebene unumstößliche Tatsache, wie das in der Vertragstheorie und im Naturrecht geschieht. Die gleichen Bedenken lassen sich gegenüber den Theorien der »vita activa« Hannah Arendts und der des »kommunikativen Handelns« bei Jürgen Habermas anstellen, die in unseren Tagen sehr geschätzt werden. Auch in diesen Fällen wird das Wesentliche ignoriert: Die Erhebung des Subjekts zum Vertragspartner oder Inhaber von Menschenrechten, zum Teilnehmer an der »vita activa« oder am »kommunikativen Handeln« stand im Zentrum eines jahrhundertelangen Kampfs gegen die Ausschlussklauseln zum Schaden der Kolonialvölker, der subalternen Klassen und der Frauen. Das Verschwinden dieser Ausschlussklauseln ist das Ergebnis eines mühseligen historischen Prozesses und eines langwierigen Kampfes um Anerkennung. Der gesellschaftliche Konflikt ist zur gleichen Zeit ein Kampf um Anerkennung und die allgemeine Theorie dieses Konflikts ist zur gleichen Zeit allgemeine Theorie des Kampfs um Anerkennung.

7. Kampf um Anerkennung und die Eroberung der Selbstachtung

Das Hegelsche Modell erfährt gleichwohl einige Veränderungen. Nach Auffassung von Marx und Engels machen die Lohnsklaven ihren ersten Schritt im Kampf um Anerkennung bereits, sobald sie zueinander in Beziehung treten. Sprechen Nietzsche und Bentham hinsichtlich des Proletariats und der subalternen Klassen noch vom »barbarischen Sclavenstand« bzw. von Stamm der »Wilden«, beginnen die Opfer des kapitalistischen Systems bereits, diese Beschuldigungen und den Mangel an Selbstachtung abzuschütteln, die vermittels der herrschenden Ideologie auf ihnen lasten, und überwinden ihre Isolation, sobald sie sich in den gemeinsamen Kampf und an den Aufbau von Organisationen begeben, die zu diesem gemeinsamen Kampf aufrufen. Aber unabhängig von der fortschreitenden Entwicklung der Organisationen und des Kampfes erweist sich schon das Zueinander-in-Beziehung-Treten als von entscheidender Wichtigkeit. Die nicht nur »unterdrückten« sondern, wie Engels hervorhebt, auch »verleumdeten« (MEW, 2: 229) Klassenangehörigen lernen einander kennen und schütteln die von der herrschenden Klasse auferlegte Verleumdung und Selbstverleumdung ab. Von diesem Punkt an, bekräftigt der junge Marx in den *ökonomisch-philosophischen Manuskripten*, tritt »ein neues Bedürfnis« hervor, »das Bedürfnis der Gesellschaft«, sodass sich »die Gesellschaft, der Verein, die Unterhaltung« als ein »Zweck« in sich erweist (MEW, 1. Ergbd.: 553f). Um es in den Worten des *Elends der Philosophie* zu sagen:

> Wenn der erste Zweck des Widerstandes nur die Aufrechterhaltung der Löhne war, so formieren sich die anfangs isolierten Koalitionen in dem Maß, wie die Kapitalisten ihrerseits sich behufs der Repression vereinigen zu Gruppen, und gegenüber dem stets vereinigten Kapital wird die Aufrechterhaltung der Assoziationen notwendiger für sie als die des

> Lohnes. Das ist so wahr, dass die englischen Ökonomen ganz erstaunt sind zu sehen, wie die Arbeiter einen großen Teil ihres Lohnes zugunsten von Assoziationen opfern, die in den Augen der Ökonomen nur zugunsten des Lohnes errichtet wurden (MEW, 4: 180).

Die Aufrechterhaltung der Löhne wird weniger wichtig als der Zusammenschluss zur Gewerkschaft oder zur politischen Arbeiterpartei – nicht nur deshalb, weil die eine wie die andere es erlauben, über eine planmäßige und gründliche Strategie im Kampf um die Löhne zu konferieren. Schon der Zusammenschluss als solcher ist der erste große Sieg der Arbeiter. Viele Jahre später bezog sich Engels in zwei Briefen an Eduard Bernstein und Laura Lafargue vom 22. bzw. 29. August 1889 auf einen Streik der Gelegenheitsarbeiter am Londoner Hafen und erklärte darin die Gründe seines damaligen Enthusiasmus:

> Das Ostend war bisher in passiver Elendsversumpfung – die Widerstandslosigkeit der durch Hunger Gebrochnen, der absolut Hoffnungslosen war seine Signatur. Wer da hineingeriet, war physisch und moralisch verloren. [...] Wegen des Mangels an Organisation, wegen des passiven Dahinvegetierens der wirklichen Arbeiter des Ostends führte dort bisher das Lumpenproletariat das große Wort, gerierte sich und galt als der Typus und Repräsentant der Million Hungerleider des Ostends.

Aber »dieser Riesenstrike der Verkommensten der Verkommenen« änderte alles:

> Sie sind, wie Du weißt, die elendsten aller *misérables* vom East End, die Verkommensten aus allen Berufen, die niedrigste Schicht vor dem Lumpenproletariat. Dass diese armen, hungernden, niedergebrochenen Geschöpfe, die sich jeden Morgen Schlachten liefern um den Vortritt zur Arbeit, sich zum Widerstand zusammentun, mit 40-50.000 Mann in den Ausstand treten, praktisch jeden Zweig im East End, der irgendwie mit der Schiffahrt verbunden ist, nach sich in den Streik ziehen, über eine Woche ausharren und den reichen und mächtigen Dockgesellschaften Angst einjagen würden – das ist ein Erwachen, das erlebt zu haben mir Freude macht (MEW, 37: 260f u. 266).

Zunächst das Zusammentreffen der Angehörigen einer »unterdrückten und verleumdeten« Klasse, dann die Selbstorganisation zum wirklichen und wahren Klassenkampf: Schon diese vorbereitenden Schritte haben das Feld radikal verändert. Das Elend ist alles andere als verschwunden, die materiellen Lebensbedingungen haben sich nicht verbessert, und dennoch haben die »Barbaren« und »Wilden« dieses Dasein beendet, weil sie sich wechselseitig als Angehörige einer ausgebeuteten und unterdrückten Klasse anerkannt haben, die dazu aufgerufen ist, die Emanzipation zu erkämpfen.

8. Der Kampf um Anerkennung – von den Individuen zu den Völkern

Es tritt eine zweite Verwandlung im Paradigma des Kampfs um Anerkennung ein: Dessen Präsenz bei Marx und Engels erscheint mit besonderer Klarheit bei der Behandlung des Verhältnisses zwischen den Völkern. Wir wohnen hier einer Erweiterung dieses Paradigmas sowie seiner Anwendung auf einen Bereich bei, der bei Hegel nicht explizit in Betracht gezogen worden war. Gemäß dem Paradigma des Kampfs um Anerkennung ist das Individuum nur dann wirklich frei, wenn es den Anderen als freies Individuum anerkennt und respektiert. Die gleiche Schlussfolgerung stellte Engels wiederholt hinsichtlich der Beziehungen zwischen den Völkern an. Zum Ende des Jahres 1847, gelegentlich einer Londoner Demonstration der Solidarität mit Polen, führte er aus: »Eine Nation kann nicht frei werden und zugleich fortfahren, andre Nationen zu unterdrücken. Die Befreiung Deutschlands kann also nicht zustande kommen, ohne dass die Befreiung Polens von der Unterdrückung durch Deutsche zustande kommt« (MEW, 4: 417). Wenige Monate später war Revolution, und Engels forderte Deutschland auf, die durch den Absolutismus ausgeübte Unterdrückung und das Ancien Régime sowie die von diesem errichtete Unterdrückung insbesondere Polens zu beenden: »Deutschland macht sich in demselben Maß frei, worin es die Nachbarvölker freilässt« (MEW, 5: 155).

Dabei handelt es sich nicht um einen nur an das deutsche Volk gerichteten Appell, sich nicht vom Chauvinismus fortreißen zu lassen und sich stattdessen mit der Sache des polnischen Volks gemein zu machen, weil es auch die eigene Sache ist. Die hier vorgetragene Parole will auch in ihrer analytischen Bedeutung verstanden sein, so wie es 1875 in der Stellungnahme von Marx und Engels gelegentlich einer anderen

Solidaritätsdemonstration für Polen aufschien: »Keiner kann ungestraft ein Volk knechten«. Man denke hier an die Konsequenzen, die sich für »Preußen-Deutschland« ergaben, einen der drei Protagonisten bei der Zerstückelung des unglückseligen Landes: Wir »haben überall Feinde, beladen uns mit Schulden, Steuern, um unzählige Massen Soldaten zu erhalten, welche zugleich zur Unterdrückung der deutschen Arbeiter dienen müssen« (MEW, 18: 573).

Diese Dialektik manifestiert sich auch in anderen geographischen Regionen und in anderen politischen Zusammenhängen. 1869 schrieb Engels an Marx: »An der irischen Geschichte kann man sehen, welch ein Pech es für ein Volk ist, wenn es ein andres unterjocht hat« (MEW, 32: 378). Das ist auch der wiederkehrende Leitfaden in den von Marx angestellten Untersuchungen zur irischen Frage. Das Unvermögen der englischen Arbeiterklasse, sich mit einem unterdrückten Volk zu solidarisieren, stärkte die Herrschaft der Aristokratie und der Bourgeoisie auch in England: »Das Volk, das ein anderes Volk unterjocht, schmiedet seine eigenen Ketten«; die »Versklavung Irlands« verhindert die »Emanzipation der englischen Arbeiterklasse« und »eine große stehende Armee«, aufgebaut, die rebellische Insel zu kontrollieren und zum Schweigen zu bringen, wird »im Bedarfsfall« auch »auf die englischen Arbeiter losgelassen« (MEW, 16: 417).

Die Dialektik, von der hier die Rede ist, findet ihren plastischen Ausdruck in einer berühmten Seite des *Kapitals*. Das Opium aus Fernost strömte nach London und in andere Industriestädte hinein: Es half, den Hunger zu unterdrücken, die Schreie hungriger Kinder abzustellen, bisweilen wurde es gar ein Mittel des »versteckten Kindermordes«; »Säuglinge, die Opiate empfingen, ›verrumpelten in kleine alte Männchen oder verschrumpfen zu kleinen Affen‹«. Entnommen hatte Marx diese Abscheulichkeiten offiziellen Berichten. Und er kommentierte: »Man sieht, wie Indien und China sich an England rächen« (MEW, 23: 421). Eine Art Vergeltungsgesetz sorgt dafür, dass die fehlende Anerkennung des chinesischen Volks unschöne Folgen für das für koloniale Unterdrückung und Opiumkrieg maßgeblich verantwortliche Land hat.

Bei genauer Betrachtung lässt sich die Geschichte des Westens in ihrer Gesamtheit nach dem Prinzip lesen: Das Volk ist nicht frei, das ein anderes unterdrückt. Im 20. Jahrhundert kehren totalitäre Herrschaft und Völkermordpraktiken, die der kolonialen Tradition zugrunde lagen, auf den Kontinent zurück, von dem sie ihren Ausgang nahmen – an der Spitze steht dabei der Versuch Hitlers, ein Kontinentalreich in Osteuropa zu errichten, das seine »indigenen« Bewohner unterjochte, dezimierte und versklavte.

Kapitel IV

Die Überwindung der binären Logik: Ein mühseliger und unvollendeter Vorgang

1. Die Verstümmelung des Klassenkampfs

In seiner reifsten Ausformulierung stellt sich die Theorie des Klassenkampfs als eine allgemeine Theorie des gesellschaftlichen Konflikts dar, die gleichzeitig eine Vielfalt der Kämpfe um Anerkennung widerspiegelt und stimuliert. Aber es ist nicht leicht, die Höhen dieses Standpunkts zu erklimmen und auf diesem Niveau zu verbleiben. Nicht wenige Male haben Persönlichkeiten oder Bewegungen, die sich an einer Front bewährten, den anderen Fronten zu geringe Aufmerksamkeit zukommen lassen oder haben gar mit Verachtung auf sie geblickt. Proudhon (1875), der sich mit aller Kraft der sozialen Frage zuwandte, stempelte die beginnende feministische Bewegung als reine »Pornokratie« ab und zeigte keinerlei Sympathie für die unterdrückten Nationen, die bestrebt waren, das ihnen auferlegte Joch der zaristischen Autokratie abzuschütteln. Die Verwicklungen der Klassenwidersprüche vermochte er nicht zu verstehen: Der von der Bourgeoisie ausgebeutete Proletarier kann an der »ersten Klassenunterdrückung« zum Schaden der Frau beteiligt sein; der adelige polnische Unterdrücker seiner Leibeigenen kann unter Umständen am Kampf gegen die nationale Unterdrückung beteiligt sein.

Auch hinsichtlich des Klassenkampfs in Frankreich, bei dem die subalternen Klassen den herrschenden Privilegien und der herrschenden Macht gegenüberstanden, brachte Proudhon eine sehr eingeschränkte

Sicht zum Ausdruck: In seinen Augen war der Protagonist des Staatsstreichs vom 18. Brumaire, wenn auch mit Widersprüchen behaftet, eben nicht der Erbe des Massakers an den Pariser Arbeitern vom Juni 1848, eben nicht derjenige, der, seit das Bestreben der Bourgeoisie bestand, das »Schwert« gegen das aufständische Proletariat sprechen zu lassen, selbiges in der Konfrontation mit der gesamten französischen Gesellschaft letztlich auch gegen eben diese Bourgeoisie zur Anwendung brachte (siehe Kap. VII, §2). Fernab, diese Sicht mit Marx zu teilen, schien Proudhon bisweilen so fasziniert von Louis Bonaparte, dass er unmittelbar nach dessen Staatsstreich einem Freund schrieb und in sein Tagebuch notierte: »Ich habe Grund zu glauben, dass man mich im Élysée-Palast mit Wohlwollen betrachtet [...]. Zu diesem Zeitpunkt gehe ich davon aus, dass sich binnen zwei oder drei Monaten, die Fahne der sozialen Republik entrollen wird, nicht mehr und nicht weniger. Die Gelegenheit ist großartig, der Erfolg beinahe sicher«. »Man hört sagen, dass mehr als einmal der Wunsch geäußert wurde, sich an mich zu wenden, und dass man nur mit großer Mühe davon abgehalten werden konnte« (in: Albertini 1968: 50f). Verächtlich war das Urteil von Marx, der die beiden »Gemeinheiten« Proudhons benannte: »seine Schrift über den ›*Coup d'etat*‹, worin er mit L. Bonaparte kokettiert, ihn in der Tat den französischen Arbeitern mundgerecht zu machen strebt, und seine letzte Schrift gegen Polen, worin er dem Zaren zur Ehre kretinartigen Zynismus treibt« (MEW, 16: 31). In jedem Falle nahm der französische Autor, dem immerhin das Verdienst zukommt, das bürgerliche Privateigentum in Frage gestellt zu haben, eine desorientierende Funktion ein, indem er der Arbeiterklasse die »Abstention von politischer Bewegung«, vom Kampf gegen den Bonapartismus und gegen die nationale Unterdrückung sowie darüber hinaus vom Kampf für die Frauenemanzipation predigte (MEW, 33: 329). Die binäre Lesart des sozialen Konflikts, die nur einen einzigen Widerspruch erkennt (jener, bei dem die Reichen und die Armen einander gegenüberstehen), lässt ein Verständnis der Emanzipationsbewegungen nicht zu, deren soziale Basis nicht ausschließlich aus Armen zusammengesetzt ist. Die ausschließliche Aufmerksamkeit für die soziale Frage in Frankreich hat sich in ein Gefängnis verwandelt, dessen Kennzeichen der kleinlichste Korporatismus ist.

Zehrte Proudhon von Illusionen über Louis Bonaparte, so kultivierte Lassalle die seinen gegenüber Bismarck und hoffte, seine Sache könne dadurch gewinnen. In seiner Polemik gegen den Standpunkt vom Staate als eines »Nachtwächters« des Eigentums und der öffentlichen Ordnung, gleichgültig gegenüber den erbärmlichen Lebens- und Arbeitsbedingungen der Arbeiterklasse, nahm Lassalle (1987: 221) in erster Linie oder vielmehr ausschließlich die liberale Bourgeoisie ins Visier. Marx hatte Recht darin, ihn für »seine Allianz mit den absolutistischen und feudalen Gegnern wider die Bourgeoisie« (MEW, 19: 23) zu kritisieren, ihm das Kokettieren mit einem Mann vorzuhalten, der einige Zeit später unbarmherzige antisozialistische (und arbeiterfeindliche) Gesetze vom Stapel lassen sollte.

Man kann an dieser Stelle die bereits für Proudhon angestellten Überlegungen wiederholen: Auch im Fall des großen intellektuellen und charismatischen deutschen Agitators geht die Verpflichtung gegenüber der sozialen Frage, genauer, der Versuch, der herrschenden Macht einige hübsche Zugeständnisse in Richtung eines Sozialstaats abzutrotzen, Hand in Hand mit einer Achtlosigkeit für die anderen Fronten des Klassenkampfs und mit einem bornierten ökonomistischen Blick auf den Kampf der Arbeiterklasse. Lassalle hatte die historische Bedeutung des Kampfs für die Aufhebung der Sklaverei in den USA nicht verstanden. Und was Frankreich angeht, so gab er einzelne Erklärungen zum Staatsstreich Louis Bonapartes ab. An die Macht gelangt, hatte dieser veranlasst, das Zensuswahlrecht zu beseitigen, das schon die Februarrevolution 1848 abgeschafft hatte, aber unterdessen von der liberalen Bourgeoisie per Gesetz vom 30. Mai 1850 wieder eingeführt worden war. Unter den Bedingungen der bonapartistischen Diktatur bedeutete die Rückkehr zum allgemeinen (männlichen) Wahlrecht vor allem für die ärmsten Volksmassen allerdings lediglich die Möglichkeit, an plebiszitären Akklamationen des Führers teilzunehmen. Das aber waren nicht die Argumente Lassalles (1987: 225). Für ihn hatte Bonaparte nicht die »Republik« niedergerissen, sondern lediglich »die Bourgeois-Republik, welche das Gepräge der Bourgeoisie, die Herrschaft des Kapitals, auch dem republikanisierten Staate aufdrücken wollte.«

Analoge Tendenzen wie die für Frankreich und Deutschland beobachteten, traten auch in anderen Ländern in Erscheinung. Engels kritisierte die intellektuellen Zirkel in Russland, die gerne ihr Land (in dem Formen des Gemeineigentums noch Bestand hatten) positiv gegenüber Frankreich und England (wo das bürgerliche Privateigentum und die gesellschaftliche Polarisierung omnipräsent waren) herausstrichen. Eine Denkrichtung, die so argumentierte:

> Die Einführung einer bessern Gesellschaftsordnung wird in Westeuropa überaus erschwert durch die grenzenlose Erweiterung der Rechte der einzelnen Persönlichkeit [...] man verzichtet nicht so leicht auch nur auf einen kleinen Teil dessen, was man gewohnt ist zu genießen; in Westeuropa ist der einzelne schon gewöhnt an die Unbegrenztheit der Privatrechte. [...] Im Westen ist eine beßre Ordnung der ökonomischen Verhältnisse mit Opfern verbunden und daher schwer herzustellen (MEW, 22: 422 u. 425).

Eine solche Sichtweise war Alexander I. Herzen nicht fremd, demzufolge es »eine politische Frage« gegeben haben mag, aber »die ›soziale Frage‹ ist für Russland bereits gelöst« (MEW, 22: 422). Es handelt sich hierbei um eine populistische Strömung, die, wie Engels beobachtete, es schätzte, »die russischen Bauern als die wahren Träger des Sozialismus, als geborene Kommunisten darzustellen gegenüber den Arbeitern des alternden, verfaulten europäischen Westens, die sich den Sozialismus erst künstlich anquälen müssten. Von Herzen kam diese Kenntnis zu Bakunin und von Bakunin zu Herrn Tkatschow«, nach dessen Auffassung das russische Volk »instinktiv, traditionell Kommunist« sei (MEW, 18: 562). Deutlich unterbewertet erscheint hier die Aufgabe, ein Ancien Régime zu beseitigen, das sich durch die Unterdrückung der Nationen und der Frauen wie auch der Arbeiterklasse auszeichnete. Und einmal mehr ist der Klassenkampf verstümmelt, und das, was von ihm übrigbleibt, auch hinsichtlich des Engagements zugunsten der subalternen Klassen, ist ausgesprochen dürftig.

2. »Imperialsozialismus«

Die Verstümmelung des Klassenkampfs kann auch in anderer Weise erfolgen, nämlich dann, wenn gegenüber dem Schicksal, das der Kapitalismus über die Kolonialvölker oder die ehemals kolonisierten Völker verhängt, die Augen verschlossen werden. Von Anfang an hob Marx, indem er auf die »Millionen von Arbeitern« hinwies, die in Indien umkommen mussten, damit die Kapitalisten den englischen Arbeitern bescheidene Zugeständnisse machten, hervor, wie sehr die koloniale Frage mit der sozialen in den kapitalistischen Metropolen verschränkt ist (siehe Kap. I, § 3). Gleichwohl handelte es sich dabei um einen schon auf intellektueller Ebene anspruchsvollen Ansatz. In krassem Gegensatz zu Proudhon war Fourier ein bedeutender Verfechter der Frauenemanzipation. Es geschah indes, dass just in den Jahren, in denen Marx und Engels mit jugendlicher Emphase ihre Hoffnungen in das Proletariat als Protagonisten einer universellen Emanzipation legten, Anhänger Fouriers (und Saint-Simons) sich vornahmen, eine mehr oder weniger sozialistische Gemeinschaft in Algerien auf Landstrichen aufzubauen, die den Arabern in einem brutalen und streckenweise genozidalen Krieg entrissen werden sollten.[2]

Später blickte der utopische Sozialismus dann zumeist mit Überheblichkeit oder Misstrauen auf die abolitionistische Bewegung. Nach der Februarrevolution von 1848 schritten Victor Schoelcher und die neue französische Regierung zur endgültigen Abschaffung der Sklaverei in den französischen Kolonien, nachdem diese beinahe ein halbes Jahrhundert zuvor von Napoleon wieder eingeführt worden war, der damit die Errungenschaften der von Toussaint Louverture angeführten Revolution der Schwarzen in Saint Domingue und die vom Jakobinerkonvent erlassenen Emanzipationsgesetze rückgängig gemacht hatte. Etienne Cabet nun, ein prominenter Vertreter des französischen utopischen Sozialismus, machte Schoelcher den Vorwurf, sich auf ein beschränktes Ziel zu konzentrieren, nämlich das der Emanzipation der schwarzen Sklaven, anstatt sich der allgemeinen Emanzipation der Arbeit zu widmen (Drescher 1999: 193, Fn 58). Mit Blick auf den Ausbruch des Sezessionskrieges in den USA muss sich Lassalle ganz ähnlich verhalten haben. Zumindest einem Brief von Marx an Engels vom 30. Juli 1862 nach zu urteilen, in dem ersterer Lassalle für dessen Haltung zu den gewaltigen Vorgängen in den USA kritisierte: »As to

2 Diese Information ist einer Anmerkung André Jardins in Tocqueville 1951, Bd. 3.1: 250f entnommen.

America, so ist das, sagt er, ganz uninteressant. Die Yankees haben keine ›Ideen‹. Die ›individuelle Freiheit‹ ist nur eine ›negative Idee‹ etc. und was dieses alten verkommenen Spekulationskehrichts mehr ist« (MEW, 30: 258). Für die beiden hier zitierten Exponenten des Sozialismus lenkte demnach das Streben nach Abschaffung der Sklaverei in den Kolonien und in der nordamerikanischen Republik von der brennenden sozialen Frage in den kapitalistischen Metropolen ab.

Auf dieses epische Ereignis, das der Sezessionskrieg in den Augen von Marx war, nahm Lassalle bestenfalls verstreut und beschränkt Bezug. Die von der Union gegenüber dem sezessionistischen Süden erhobene Blockade und der darauf folgende Baumwollmangel, den die englische Textilindustrie mit ihrem Zentrum Lancashire litt, straften die englischen Arbeiter mit Arbeitslosigkeit, so dass für sie das Risiko bestand, »nach den Kolonien auswandern« zu müssen. Es handele sich um einen »der blutigsten und greuelvollsten Kriege [...] welche die Geschichte jemals gesehen hat«. Auf den Inhalt des Bürgerkriegs ging Lassalle dabei nicht ein. Schlimmer noch: Anstelle der Sklaverei verurteilte er den »Föderalismus« und die den Staaten zugestandene Autonomie: Die hätten die »Vertiefung in die Partikularinteressen« und den gegenseitigen »Haß« der Kontrahenten provoziert. Damit stellt er die Kriegsparteien auf ein und dieselbe Stufe (Lassalle 1987: 280 u. 310).

Die ökonomistischen und korporatistischen Unzulänglichkeiten, die dieser oder jener Vertreter der sozialistischen Arbeiterbewegung an den Tag legte, sind von den Unternehmungen der herrschenden Klasse nicht zu trennen, deren Wirkung Marx und Engels allerdings unterschätzten.

Nach der Einordnung des »Jungen Englands« in das von der »Aristokratie« inszenierte »Schauspiel« eines »feudalen Sozialismus« schlussfolgert das *Manifest der Kommunistischen Partei:* »Den proletarischen Bettelsack schwenkten sie als Fahne in der Hand, um das Volk hinter sich her zu versammeln. Sooft es ihnen aber folgte, erblickte es auf ihrem Hintern die alten feudalen Wappen und verlief sich mit lautem und unehrerbietigem Gelächter« (MEW, 4: 482f). Der historisch wichtigste Anhänger des Jungen Englands war Disraeli. Bei ihm (wie auch bei der Organisation, der er angehörte) lassen sich transfigurierte Elemente der Ideologie des Ancien Régime auffinden, er kann aber zugleich als der Erfinder eines »Sozialismus« betrachtet werden, der besser mit dem Attribut »imperial« zu beschreiben ist als mit dem Attribut »feudal«. Es handelte sich um einen Sozialismus, der keineswegs den unmittelbaren Spott der Volksklassen hervorrief, sondern letztere oftmals betörte und umgarnte.

Zur selben Zeit, als die *Heilige Familie* und *Die deutsche Ideologie* den irreduziblen Antagonismus zwischen Proletariat und Bourgeoisie verkündeten, veröffentlichte Disraeli einen Roman, der in gewisser Hinsicht das gleiche Thema verhandelte. Wir lernen darin einen Agitator des Chartismus kennen, der hartnäckig die bestehende Ordnung anfechtet und die Wirklichkeit »zweier Nationen« (»die Reichen und die Armen«) beklagt, die ein zerrissenes England verursache. Im *Manifest* werden die »Chartisten« zu den »bereits konstituierten Arbeiterparteien« gezählt (MEW, 4: 492), und der fragliche Agitator scheint mit dem revolutionären Bewusstsein ausgestattet, das Marx und Engels dem Proletariat attestierten. Interessant ist, welche Antwort Disraeli darauf gab (1988: 65f u. 422): Es habe keinen Sinn, von »zwei Nationen« zu sprechen. Das Band der »Brüderlichkeit« vereine vielmehr »das privilegierte und segensreiche englische Volk«. Das Schlüsselwort ist das kursivierte: Die englische Aristokratie mäßigt ihre kastenhafte, bisweilen rassistische Arroganz, die traditionell gegenüber den Volksklassen in Anschlag gebracht wurde. Hier gebärdet sich eine »brüderliche«, englische, nationale Gemeinschaft mit höchster aristokratischer Verachtung gegenüber anderen Nationen und vor allem gegenüber den Kolonialvölkern. Mit anderen Worten: Die Rassisierung, deren Opfer bisher die Volksklassen waren, wird, anstatt zu verschwinden, bloß verlagert. Disraeli, der in der Folge zum maßgeblichen Repräsentanten des Second Reform Act (die erstmalige Erweiterung der politischen Rechte über den Kreis der Aristokratie und der Bourgeoisie hinaus) und einer Reihe sozialer Reformen avancierte, war nicht ohne Grund zur selben Zeit ein Verfechter des Imperialismus, ein Verfechter des Rechts der »überlegenen« Rassen, die »minderwertigen« zu unterwerfen. Auf diese Weise beabsichtigte der englische Staatsmann, die soziale Frage und den Klassenkampf im eigenen Land zu entschärfen. »Ich behaupte mit Zuversicht, dass die englischen Arbeiter in ihrer großen Mehrheit vor allem Engländer sind. Sie sind für die Bewahrung des Königreichs und des Empires und stolz, Untertanen unseres Souveräns und Angehörige dieses Empires zu sein« (in: Wilkinson 1980: 52). Es sind die Jahre, in denen Proudhon in Frankreich nach Einschätzung von Marx der »Sozialist der Kaiserzeit« wurde (MEW, 32: 443).

Eine neue politische Bewegung betrat die Bühne. Ein deutscher Beobachter des Geschehens bezeichnete sie zum Ende des 19. Jahrhunderts nicht nur mit Blick auf Disraeli, sondern auch auf Napoleon III. und Bismarck als »imperialistische Sozialpolitik« bzw. als »Imperialsozialismus« (Adler 1897: 43f). Wie schon von Marx beleuchtet, wurde dabei die Bedeutung einer Verschränkung von kolonialer und sozialer Frage erkannt und ins Zentrum eines neuen politischen Projekts gerückt, das einen Handel anbot: Im Tausch für begrenzte soziale Reformen, die seitens der herrschende Klassen gewährt werden, sind die Massen bzw. das Proletariat zur patriotischen Loyalität und zur Unterstützung der kolonialen Expansion aufgerufen.

3. »Klasse gegen Klasse« auf planetarischer Ebene?

Diesen Tauschhandel haben die Autoren der Theorie des Klassenkampfs entschieden zurückgewiesen. Gleichwohl bleibt ein Problem ungelöst. Bereits eine Phase der relativ friedlichen Entwicklung, aber umso mehr eine große historische Krise, sind durch die Verschränkung vielfältiger Widersprüche und verschiedener Formen des Klassenkampfs gekennzeichnet: Zwischen ihnen gibt es keine prästabilierte Harmonie. Ein angemessenes Verständnis einer konkreten historischen Situation setzt die Überwindung der gewohnten binären Logik voraus, die alles von einem einzigen Widerspruch ausgehend zu erklären behauptet. Bei Marx und Engels stellte sich diese Überwindung als ein mühseliges und letztlich unvollendetes Unterfangen dar.

Die Lage der arbeitenden Klassen in England, veröffentlicht 1845, klingt mit einer Beschwörung der bevorstehenden, ja bereits schon begonnenen Revolution der »Arbeiter« gegen die »Bourgeoisie« aus, »des ganz offnen, direkten Krieges der Armen gegen die Reichen«, der »Hütten« gegen die »Paläste« (MEW, 2: 505f). Die nationale Frage in Irland, auf die Engels ebenfalls mit verstärkter Aufmerksamkeit hinwies, schien dabei nun allerdings keine Rolle für eine Konfrontation zu spielen, die sich bereits am Horizont abzeichnete. Etwa zwei Jahre später gab Marx im *Elend der Philosophie* eine Art Parole aus: »der Kampf von Klasse gegen Klasse« (MEW, 4: 181). Die Grundlage dieser Losung wurde im *Manifest der Kommunistischen Partei* erklärt:

> Unsere Epoche, die Epoche der Bourgeoisie, zeichnet sich jedoch dadurch aus, dass sie die Klassengegensätze vereinfacht hat. Die ganze Gesellschaft spaltet sich mehr und mehr in zwei große feindliche Lager, in zwei große, einander direkt gegenüberstehende Klassen: Bourgeoisie und Proletariat (MEW, 4: 463).

Auch wenn man noch andere gesellschaftliche Akteure im Blick behalten müsse, isoliere sich doch die kapitalistische Bourgeoisie, diese Handvoll Ausbeuter, immer mehr. Die Aussichten auf die Revolution seien rundweg ermutigend: Die Proletarier, ist in der *Deutschen Ideologie* zu lesen, bringen eine Klasse hervor, »die die Majorität aller Gesellschaftsmitglieder bildet« (MEW, 3: 69). Auf der anderen Seite werden, ergänzt das *Manifest*, »durch den Fortschritt der Industrie ganze Bestandteile der herrschenden Klasse ins Proletariat hinabgeworfen« (MEW, 4: 471).

In den hier zitierten Jugendschriften entspringt die neue Revolution (die berufen ist, nicht nur das Proletariat, sondern die gesamte Menschheit zu befreien) in letzter Instanz einem einzigen Widerspruch, jenem der Entgegensetzung von Bourgeoisie und Arbeiterklasse; und diese neue Revolution ist aufgrund des fortschreitenden und unaufhaltsamen Anwachsens des Arbeiteraufgebots und der mit ihm Verbundenen unausweichlich.

Relevante Unterschiede von Land zu Land existieren dabei nicht und die nationalen Grenzen scheinen an Bedeutung zu verlieren. Diese Vision findet sich am eloquentesten in einer Rede von Engels vom 9. Dezember 1847 ausgedrückt, gelegentlich einer in London abgehaltenen Demonstration für die Unabhängigkeit Polens: In England werden »durch die moderne Industrie, durch die Maschinen alle unterdrückten Klassen in eine einzige große Klasse mit gemeinsamen Interessen in die Klasse des Proletariats zusammengeworfen«, mehr denn je vereint dank »der Nivellierung der Lebenslage aller Arbeiter«. Auf »der entgegengesetzten Seite« sind »alle Klassen von Unterdrückern ebenfalls in eine einzige Klasse, die Bourgeoisie, vereinigt worden«. So sei »der Kampf vereinfacht, und so wird er mit einem einzigen großen Schlage entschieden werden können«. Und die internationale Lage berücksichtigend: Die Maschinerie habe in allen Ländern »die Lage aller Arbeiter gleichgemacht und macht sie täglich mehr und mehr gleich; in allen diesen Ländern haben die Arbeiter jetzt dasselbe Interesse, nämlich die Klasse, die sie unterdrückt, die Bourgeoisie, zu stürzen«. Und schlussfolgernd: »Weil die Lage der Arbeiter aller Länder dieselbe, weil ihre Interessen dieselben, ihre Feinde dieselben sind, darum müssen sie auch zusammen kämpfen, darum müssen sie der Verbrüderung der Bourgeois aller Völker eine Verbrüderung der Arbeiter aller Völker entgegenstellen« (MEW, 4: 417f). Nicht nur, dass sich hier alles um einen einzigen Widerspruch dreht, auch die Politik, die nationalen Besonderheiten und die ideologischen Faktoren scheinen keine Rolle zu spielen.

Diese binäre Logik des sozialen Konflikts ist nicht auf Engels und auch nicht exklusiv auf die Frühphase beschränkt. Es reicht, auf einen berühmten Ausschnitt aus dem ersten Band des *Kapitals* hinzuweisen:

> Die Zentralisation der Produktionsmittel und die Vergesellschaftung der Arbeit erreichen einen Punkt, wo sie unverträglich werden mit ihrer kapitalistischen Hülle. Sie wird gesprengt. Die Stunde des kapitalistischen Privateigentums schlägt. Die Expropriateurs werden expropriiert (MEW, 23: 791).

Vier Jahre später, zog Marx in seiner Schlussfolgerung von *Der Bürgerkrieg in Frankreich* Bilanz: Dem »Jubelfest der kosmopolitischen Prellerei« im Zweiten Kaisertum entsprach bzw. setzte sich ein authentischer Internationalismus entgegen. Die Pariser Kommune war »als eine Arbeiterregierung, als der kühne Vorkämpfer der Befreiung der Arbeit, im vollen Sinn des Worts international«. Nicht umsonst ließ die Kommune »alle Fremden zu zu der Ehre, für eine unsterbliche Sache zu fallen« (MEW, 17: 346).

Die Sache wird umso klarer angesichts der vollzogenen Repression seitens der französischen Bourgeoisie in Komplizenschaft mit dem preußischen Heer und der Hetzjagd auf alle Aktivisten der Internationale, die in ganz Europa von der herrschenden Klasse entfesselt wurde:

> Während die europäischen Regierungen so, vor Paris, den internationalen Charakter der Klassenherrschaft bestätigen, schreien sie Zeter über die Internationale Arbeiterassoziation – die internationale Gegenorganisation der Arbeit gegen die weltbürgerliche Verschwörung des Kapitals – als Hauptquelle alles dieses Unheils (MEW, 17: 361).

Die These von der »weltbürgerlichen Verschwörung des Kapitals« hat den Fehler, die zwischen den verschiedenen Bourgeoisien bestehende Konkurrenz und die Konflikte zu unterschlagen, auf die indes schon das *Manifest* aufmerksam gemacht hatte. Zudem werden hier vorläufige Situationen von kurzer Dauer verabsolutiert. Der erste Band des *Kapitals* erinnert daran, dass »die Pariser Juni-Insurrektion und ihre blutige Erstickung, wie im kontinentalen Europa so in England, alle Fraktionen der herrschenden Klassen« vereinigt hatte (MEW, 23: 302). Diese Feststellung stammt aus dem Jahr 1867. Drei Jahre später begann der französisch-preußische Krieg, aus dem die Pariser Kommune hervorging, die wiederum niedergeschlagen wurde, weil die ehemaligen Feinde ein Bündnis eingingen. Dabei handelte es sich jedoch um ein Bündnis, das sehr schnell dem chauvinistischen Hass wich, dazu bestimmt, in einen »industriellen Vernichtungskrieg der Nationen untereinander«, besser gesagt in den Ersten Weltkrieg zu münden. Aus dem Kampf gegen dieses Gemetzel ging die erste Revolution, die sich auf Marx und Engels berief, hervor. Und auf der Woge dieser Revolution entwickelte sich weltweit eine antikolonialistische Bewegung, die sich gegen die »Ausbeutung der einen Nation durch eine andere« richtete, von der das *Manifest* und andere Texte jener Zeit sprachen. Davon ist 1871 infolge der Empörung über die deutsch-französische Kollaboration zur Niederschlagung der Pariser Kommune und die nahezu allgemeine Zustimmung der internationalen Bourgeoisie zum dabei verübten Massaker überhaupt keine Rede mehr.

Auch in anderen Kontexten tritt die Tendenz zutage, den revolutionären Prozess in der binären »Klasse gegen Klasse«-Logik zu lesen. Gegen Ende der 1850er Jahre, als in Russland der bäuerliche Kampf stärker wurde, der Zar Alexander II. wenig später veranlassen würde, die Leibeigenschaft abzuschaffen, verdichteten sich in den USA die Anzeichen, dass der Bürgerkrieg näher rückte. In der Nacht vom 16. auf den 17. Oktober 1859 drang John Brown, ein glühender Verfechter des Abolitionismus aus dem Norden, in Virginia ein und wurde zum Hauptakteur eines verzweifelten und katastrophalen Versuchs, die Sklaven des Südens zum Aufstand anzustacheln. Am 11. Januar des Folgejahres schrieb Marx an Engels:

> Nach meiner Ansicht ist das Größte, was jetzt in der Welt vorgeht, einerseits die amerikanische Sklavenbewegung, durch Browns Tod eröffnet, andrerseits die Sklavenbewegung in Russland. [...] Ich sehe eben aus der »Tribune«, dass in Missouri ein neuer Sklavenaufstand war, natürlich unterdrückt. Aber das Signal ist einmal gegeben. Wird die Sache by und by ernsthaft, was wird dann aus Manchester? (MEW, 30: 6f)

Hier wird ein revolutionäres Szenario in beinahe globalem Maßstab beschworen. Dessen maßgebliche Akteure würden die schwarzen Sklaven in den USA, die Leibeigenen in Russland und die Lohnsklaven bzw. die Arbeiter in England sein. Es handelte sich in allen drei Fällen um Revolutionen von unten und um Klassenkämpfe, die direkt ihren Ausbeutern und Unterdrückern entgegenträten.

Zwischen Erwartung und realer historischer Entwicklung bestand ein krasses Gefälle. Auch wenn die von der Union den Sklavenhalterstaaten auferlegte Handelsblockade in England eine schwere Krise vor allem in der Textilindustrie verursachte, ließen sich die Arbeiter, die dadurch in Massen zur Erwerbslosigkeit verdammt waren, nicht von Teilen der herrschenden Klasse dazu instrumentalisieren, auf den Plätzen gegen Lincoln (und zu Gunsten eines Krieges gegen die Union) zu demonstrieren. Marx anerkannte dieses Verdienst. Zur selben Zeit rief das Ausbleiben der Revolution bei ihm aber Enttäuschung, gar Verachtung hervor. In einem Brief an Engels vom 17. November 1862 verhöhnte er auf der einen Seite die »Bourgeois und Aristokraten« für »ihre Begeisterung für Sklaverei in its most direct form«, auf der anderen Seite die englischen Arbeiter für »ihre christliche Sklavennatur« (MEW, 30: 301).

Eine Revolution der Lohnsklaven, in Gang gesetzt durch die Revolution der schwarzen Sklaven auf der anderen Seite des Atlantiks trat nicht ein. In Wahrheit ereignete sich nicht einmal die letztgenannte. Der Mut und die Würde, mit denen Brown seinem Prozess und seiner Hinrichtung durch den Strick begegnete, erregte die Gemeinschaft der Weißen und stärkte die abolitionistische Partei, führte aber nicht zum

Aufstand der Sklaven in Virginia und im Süden, wie sich das Brown ganz ebenso erhofft hatte, wie die beiden Philosophen und Revolutionäre, die die Ereignisse von Europa aus mit Bange verfolgten. Nicht nur, dass die erhoffte Revolution von unten durch die schwarzen Sklaven ausblieb – auf lange Sicht hatte sie auch im von oben beförderten Konflikt keinen Platz. In diese Lücke fiel die Forderung, »die allgemeine Bewaffnung der Sklaven als Kriegsmaßregel« vorzunehmen, vorgebracht von den radikalsten (weißen) Heeresoffizieren des Nordens und von Marx zustimmend hervorgehoben (MEW, 15: 419). Zum starken Missfallen von Marx und Engels erwies sich der Bürgerkrieg in den USA in seinem weiteren Verlauf allerdings als ein gewöhnlicher zwischenstaatlicher Krieg, von der einen wie der anderen Seite mit traditionellen Armeen geführt. Erst gegen Ende ging die Union dazu über, die freien Schwarzen und die im Süden ihren Herren entflohenen Sklaven, die der vorrückenden Nordarmee entgegenkamen, zu rekrutieren. Insgesamt lässt sich sagen, dass der Sezessionskrieg in eine Art abolitionistische Revolution überging, die allerdings vorwiegend von oben, also von Weißen, von den Staatsmännern und Generälen des industrialisierten Nordens geführt wurde. Die beiden hatten also berechtigte Gründe, diese Entwicklung zu missbilligen. Die Revolution von oben erwies sich als unvollständig: Die Abschaffung der Sklaverei wurde nicht in eine reale Emanzipation der Schwarzen überführt, die – schlimmer noch – nach einem kurzen Intermezzo der interethnischen Demokratie einem Terrorregime der white supremacy unterworfen wurden. Bleibt festzuhalten, dass die Erwartung einer allgemeinen Revolte von unten, also von den schwarzen Sklaven, den Leibeigenen und den Lohnsklaven die Fähigkeit zur historischen Voraussicht getrübt hatte.

Diese Fähigkeit erlangt ihren Glanz wieder, sobald sie sich von der binären Lektüre des sozialen Konflikts emanzipiert. Einige Monate vor dem verzweifelten Versuch Browns, zu Beginn des Jahres 1859, veröffentlichte Marx einen Artikel über die Entwicklungen der Zustände in Russland, das kurz zuvor eine schwere Niederlage im Krimkrieg (gegen Frankreich und England) erlitten hatte und sich unter Alexander II. darauf vorbereitete, zwei Jahre später die Leibeigenschaft aufzuheben. Deshalb schwächten sich die sozialen Spannungen aber nicht ab. Es war im Gegenteil festzustellen, »dass die Erhebungen der Leibeigenen gegen ihre Gutsbesitzer und Gutsverwalter seit 1842 zu einer Epidemie geworden sind, dass die Leibeigenen sogar laut offizieller Statistik des Ministeriums des Innern jährlich ungefähr sechzig Adlige ermordet haben«. So sehr waren sie entschlossen, dass sie Gefallen an der Idee fanden, sich ein Vorrücken der franko-englischen Truppen zunutze zu machen, um eine Revolte auf großer Stufenleiter zu entfesseln. (MEW, 12: 681 f). Eher als eine allgemeine Erhebung der Armen gegen die Reichen war in diesem Fall eine Revolution zu erwarten, die aus der Verflechtung von internationalem Krieg und sozialem Konflikt in Russland hervorgeht: Das führt uns dazu, an den Oktober 1917 zu denken.

4. Binäre Logik und »Evidenz« der Ausbeutung

Der binären Deutung des revolutionären Prozesses und des sozialen Konflikts im Allgemeinen entspricht eine Theorie, die das revolutionäre Klassenbewusstsein schon aus der unmittelbaren sinnlichen Wahrnehmung entspringen zu lassen scheint. Die kapitalistische Gesellschaft, heißt es 1845/46 in der *Deutschen Ideologie* ruft eine Klasse hervor,

> welche aus der Gesellschaft herausgedrängt, in den entschiedensten Gegensatz zu allen andern Klassen forciert wird; eine Klasse, die die Majorität aller Gesellschaftsmitglieder bildet und von der das Bewusstsein über die Notwendigkeit einer gründlichen Revolution, das kommunistische Bewusstsein, ausgeht, das sich natürlich auch unter den andern Klassen vermöge der Anschauung der Stellung dieser Klasse bilden kann (MEW, 3: 69).

Die materiellen Lebensbedingungen, die dem Proletariat auferlegt werden, sind so unerträglich, dass es gar nicht anders kann, als sich zu erheben, und dass auch Zugehörige anderer Klassen, indem sie dessen »Anschauung« übernehmen, dazu bewegt werden können, die bestehende Ordnung in Frage zu stellen. In anderen Worten, die wahrnehmbare Evidenz ist so stark, dass die Entwicklung revolutionären Bewusstseins auf gewisse Weise vorhersehbar ist. Um es mit der *Heiligen Familie* zu sagen:

> Weil die Abstraktion von aller Menschlichkeit, selbst von dem Schein der Menschlichkeit, im ausgebildeten Proletariat praktisch vollendet ist, [...] weil der Mensch in ihm sich selbst verloren, aber zugleich nicht nur das theoretische Bewusstsein dieses Verlustes gewonnen hat, sondern auch unmittelbar durch die nicht mehr abzuweisende, nicht mehr zu beschönigende, absolut gebieterische Not – den praktischen Ausdruck der Notwendigkeit - zur Empörung gegen diese Unmenschlichkeit gezwungen ist, darum kann und muss das Proletariat sich selbst befreien. Es kann sich aber nicht selbst befreien, ohne seine eigenen Lebensbedingungen aufzuheben. Es kann seine eigenen Lebensbedingungen nicht aufheben, ohne alle unmenschlichen Lebensbedingungen der heutigen Gesellschaft, die sich in seiner Situation zusammenfassen, aufzuheben. [...] Es handelt sich nicht darum, was dieser oder jener Proletarier oder selbst das ganze Proletariat als Ziel sich einstweilen vorstellt. Es handelt sich darum, was es ist und was es diesem Sein gemäß geschichtlich zu tun gezwungen sein wird (MEW, 2: 38).

Die Kraft der sinnlichen Wahrnehmung bewirkt, dass das Proletariat gegenüber den ideologischen Einflüssen der herrschenden Klasse substantiell immun ist. In seiner Widmung der *Lage der arbeitenden Klasse in England* »an die arbeitenden Klassen Großbritanniens« schrieb Engels: »Mit dem größten Vergnügen sah ich euer Freisein von dem verderblichen Fluch der nationalen Beschränktheit und der nationalen Überheblichkeit«; und an anderer Stelle gar: »Die englische Nationalität ist im Arbeiter vernichtet« (MEW, 2: 229f u. 431).

In Wirklichkeit richtet dieser Text, wenn auch in widersprüchlicher Weise, die Aufmerksamkeit auf den Umstand, dass »der Lohn des englischen Arbeiters in allen Zweigen, in denen der Irländer mit ihm konkurrieren kann, immer tiefer und tiefer herabgedrückt wird«. Dass sich aufgrund dessen Klagen und Ressentiments entluden, lässt sich vorstellen. Carlyle jedenfalls (ein Schriftsteller, der zu dieser Zeit Sympathien für die Bewegung der Chartisten empfand) nimmt das zum Anlass, ein ziemlich negatives Bild von den Iren zu zeichnen (MEW, 2: 323 u. 321). Drei Jahre später und den Blick Zentral- und Osteuropa zugewandt, fasste Engels die Prinzipien zusammen, nach denen die herrschenden Klassen verfahren: »Die Völker aneinander zu hetzen, das eine zur Unterdrückung des andern zu benutzen und so für die

Fortdauer der absoluten Herrschermacht zu sorgen« (MEW, 5: 154). Das Proletariat ist nicht vor einer chauvinistischen Welle geschützt. Verschwindet die »Evidenz« der Ausbeutung und mit ihr die Geschlossenheit der ausgebeuteten Klasse, wird die binäre Deutung des sozialen Konflikts unhaltbar.

Das umso mehr, als auch die dem Proletariat antagonistisch gegenüberstehende Klasse alles andere als in sich geschlossen ist. Nachdem die Aufmerksamkeit auf die vielfältigen Konflikte gerichtet wurde, in die die Bourgeoisie jedes Landes im Inneren wie international verstrickt ist, wird im *Manifest* hinzugefügt, dass diese Konflikte »mannigfach den Entwicklungsgang des Proletariats« fördern. Das Auftreten und die Entwicklung revolutionären Bewusstseins haben eine Mannigfaltigkeit der Konflikte zu ihrer Grundlage und sind nicht ausschließlich aus dem Antagonismus zwischen Arbeiterklasse und Bourgeoisie ableitbar (MEW, 4: 471). Revolutionäres Bewusstsein erwächst nicht aus einer angeblichen empirischen Evidenz, es hat zu seiner Voraussetzung das Verständnis der politischen und sozialen Beziehungen, die weit über den Konflikt zwischen Bourgeoisie und Proletariat hinausgehen. Es entsteht als Produkt der direkten oder indirekten Aktion einer Vielfalt von Subjekten und sozialen Konflikten: die verschiedenen Bourgeoisiefraktionen im Kampf um die Macht in einem einzelnen Land; die Bourgeoisie an der Macht in den verschiedenen Ländern, die gegeneinander um Hegemonie ringen; das Proletariat, das sich ideologische und politische Autonomie erstreitet und dabei dem Einfluss und den Verlockungen nicht nur der neuen herrschenden Klasse widersteht, sondern auch des alten Landadels, der, wie wir wissen, mit dem Sirenengesang des »feudalen Sozialismus« zu betören versucht.

Sehr viel verschlungener ist der Prozess des Erwerbs von Klassenbewusstsein durch den Fakt, dass die Arbeiter, auch die der »Großindustrie«, in Abwesenheit fester und stabiler »Koalitionen« (die alles andere als leicht aufzubauen und aufrecht zu erhalten sind) »eine Menge einander unbekannter Leute«, »eine über das ganze Land zerstreute und durch die Konkurrenz zersplitterte Masse« bilden (MEW, 4: 180 u. 470). Dabei handelt es sich nicht nur um Konkurrenz und Konflikt zwischen einzelnen. Später notierte Engels, dass in England die einfachen Arbeiter von den Gewerkschaften der gelernten Arbeiter »mit Verachtung« betrachtet und behandelt wurden (MEW, 37: 261). Die Konkurrenz kann ziemliche raue Formen annehmen, etwa »buchstäbliche Schlachten«, die sich die Dockarbeiter in London »jeden Morgen« lieferten, die hofften, für eine befristete Arbeit angestellt zu werden (MEW, 37: 260 u. 266).

Man könnte sagen, dass der Protagonist solcher Schlachten eher das Subproletariat als das eigentliche Proletariat sei. Engels sprach von »armen Teufeln«, die an der »Grenze« zwischen diesen beiden Klassen dahinvegetierten (MEW, 36: 441). Dabei handelt es sich um eine reichlich durchlässige Grenze. Um genau zu sein, verweist die Kategorie »Subproletariat« bzw. »Lumpenproletariat« mehr auf eine wandelbare politische Funktion, denn auf einen gründlich definierten gesellschaftlichen Zustand.

Es kann sich je nach dem in den Dienst des herrschenden Blocks stellen oder, was aber seltener der Fall ist, von der revolutionären Bewegung mitreißen lassen. Die Weißen in den USA, die für die Sklavenhalteroligarchie Partei ergriffen, wurden von Marx in Briefen an Engels 1861/62 mal als »Mob«, mal als »White trash«, in letzter Konsequenz als »Subproletariat« abgestempelt (MEW, 30: 185f u. 287) – nicht jedoch ihrer sozialen Lage wegen (die zwar kümmerlich ist, aber sicherlich nicht am Rande der Subsistenz liegt), sondern aufgrund ihrer politischen Einstellung.

Später, 1870, erkannte Engels im »Lumpenproletariat der Städte« (zusammen mit den »Kleinbürgern«, den »kleinen Bauern« und den »Ackerbautagelöhnern«) einen der möglichen Bundesgenossen des Proletariats, das noch immer nicht die Mehrzahl der Gesamtbevölkerung bildete und das folglich die Eroberung der politischen Macht nur anstreben konnte, wenn es ihm gelang, in einer angemessenen politischen Aktion die herrschende Klasse zu isolieren (MEW, 16: 398). Daraus wird ersichtlich, dass ideologische und politische Reife sowie Bündnispolitik an die Stelle einer resoluten Haltung unmittelbar sinnlicher Gewissheit und einer binären Lesart des sozialen Konflikts und des revolutionären Prozess getreten sind.

5. »Klassenkämpfe« oder Kampf zwischen »Unterdrücker und Unterdrückten«?

Die Konfigurationen des sozialen Konflikts sind ausgesprochen vielfältig und seine Protagonisten können von sehr unterschiedlicher Natur sein. Gleichwohl heißt es im *Manifest der Kommunistischen Partei,* nachdem der »Klassenkampf« (in seinen vielfältigen Gestaltungen) zum Schlüssel für das Verständnis des historischen Prozesses erklärt wurde:

> Freier und Sklave, Patrizier und Plebejer, Baron und Leibeigener, Zunftbürger und Gesell, *kurz, Unterdrücker und Unterdrückte* standen in stetem Gegensatz zueinander, führten einen ununterbrochenen, bald versteckten, bald offenen Kampf, einen Kampf, der jedes Mal mit einer revolutionären Umgestaltung der ganzen Gesellschaft endete oder mit dem gemeinsamen Untergang der kämpfenden Klassen (MEW, 4: 462).

Die Kursivierung soll zum Ausdruck bringen, dass die »Klassenkämpfe« (Plural) dem Kampf (Singular) zwischen »Unterdrückern« und »Unterdrückten« entsprechen. Ist diese Synthese korrekt? Kann diese Formulierung wirklich die Auffassung, die die beiden Autoren des *Manifests* von der Geschichte, der Politik und von den »Klassenkämpfen« haben, zusammenfassen?

Zunächst ist darauf hinzuweisen, dass Konflikte zwischen den Ausbeuterklassen bei Marx und Engels die Regel und nicht die Ausnahme sind. Die Französische Revolution erklären sie in erster Linie aus dem Widerspruch zwischen Feudalaristokratie und Bourgeoisie. Letztere kann, wenn sie auch vor 1789 im strengen Sinne nicht dem herrschenden Block angehörte, nur schwerlich der Schar der »Unterdrückten« zugeordnet werden: Sie erfreute sich nicht nur eines wachsenden Reichtums und eines beginnenden Sozialprestiges, sondern übte in den Fabriken bereits die Macht über eine ausgebeutete und unterdrückte Klasse aus und zögerte nicht, in den Kolonien genozidale Praktiken anzuwenden. Befasst man sich mit der »bürgerlichen Revolution« auf der anderen Seite des Atlantiks, in Amerika, so wird man sehen, dass unter deren Protagonisten die Sklavenhalter eine entscheidende Rolle gespielt haben, vor allen Dingen diejenigen, die in Kollision mit London entschlossen waren, sich auch über die Appalachen hinaus auszudehnen, und darauf brannten, den Prozess der Enteignung, Deportation (und Dezimierung) der »Rothäute« zu beschleunigen. Die Protagonisten dieser Revolte waren – weit davon entfernt »Unterdrückte« zu sein – bisweilen grausamer als die von ihnen gestürzte herrschende Klasse. Der Klassenkampf, der, jedenfalls nach Auffassung von Marx und Engels, beide Revolutionen, von denen hier die Rede ist, antrieb, deckte sich nicht in jeder Hinsicht mit dem Kampf zwischen »Unterdrückern und Unterdrückten«. Analoge Beobachtungen lassen sich für den Zusammenbruch oder den Untergang des Ancien Régime in Italien und in Deutschland im 19. Jahrhundert machen.

Aber auch wenn die Aufmerksamkeit einzig auf die emanzipatorischen Klassenkämpfe gerichtet wird, ändert sich an der Sache nichts. Beutet die Bourgeoisie die Arbeiter einerseits aus und unterdrückt sie, so spielt sie doch zum Zeitpunkt, an dem sie die Führung der Revolution gegen das Ancien Régime übernimmt, eine essentielle Rolle im Kampf gegen die »Unterdrücker«, um deren Sturz es im jeweiligen Moment geht. An den Kämpfen für die Emanzipation einer Nation, oder der Frau nahmen auch solche gesellschaftlichen Schichten teil, die nicht eindeutig der Kategorie der »Unterdrückten« zugeordnet werden können. Der proletarische Klassenkampf konnte bisweilen auf die Unterstützung des Lumpenproletariats zählen, musste häufiger aber mit dessen Feindschaft rechnen. Es konnte also der Verbündete der Unterdrückten oder, häufiger, der Unterdrücker sein.

Die Ambivalenz verschwindet auch dann nicht, wenn wir die Aufmerksamkeit ausschließlich auf das Proletariat lenken: In der Fabrik ausgebeutet, konnte der Arbeiter (beispielsweise in England) gleichwohl gleichgültig sein oder sogar Sympathien haben für die Unterjochung Irlands oder Indiens und sich in dieser Hinsicht zum Komplizen der Unterdrücker machen. Der irische oder indische Arbeiter war demnach auf doppelte Weise unterdrückt, als Angehöriger einer ausgebeuteten Klasse und gleichzeitig einer unterdrückten Nation. Und dennoch ist er der »Bourgeois« innerhalb der Familie, in der die Frau das Proletariat verkörpert und der »häuslichen Sklaverei« unterworfen ist. Eine irische Arbeiterfrau ist demnach dreifach unterdrückt, innerhalb ihrer Familie, in der Fabrik und als Angehörige einer unterdrückten Nation. Und doch nimmt auch sie, wovon das *Manifest* spricht, innerhalb der patriarchalischen Familie an der »Ausbeutung der Kinder durch ihre Eltern« teil, die zu beenden den Kommunisten zukommt (MEW, 4: 478).

In anderen Worten, jedes Individuum (und sogar jede Gruppe) steht innerhalb eines widersprüchlichen Ensembles der gesellschaftlichen Beziehungen, von denen jede ihm eine von Mal zu Mal verschiedene Rolle zuweist. Das globale kapitalistische System basiert eben nicht nur auf einem »Zwangsverhältnis«, sondern ist die Verflechtung vielfältiger und in sich widersprüchlicher »Zwangsverhältnisse«. Um die letztendliche Stellung eines Individuums (oder einer Gruppe) im Lager der »Unterdrücker« oder der »Unterdrückten« bestimmen zu können, sind diese gesellschaftlichen Beziehungen einerseits entlang ihrer politischen und sozialen Bedeutung innerhalb einer bestimmten und konkreten Situation zu hierarchisieren. Andererseits kommt es auf die politische Entscheidung des einzelnen Individuums (oder der Gruppe) an.

6. Die Revolution exportieren?

Der mühevolle und unabgeschlossene Prozess der Überwindung der binären Lesart des sozialen Konflikts macht sich ex negativo auch auf anderer Ebene bemerkbar. Welche Aufgaben stellen sich dem Proletariat, wenn es einmal die Macht erobert hat? Im *Manifest* wird es dazu aufgefordert, die Produktivkraftentwicklung und die sozialistische Umwandlung des von ihm regierten Landes zu befördern. Etwa ein Vierteljahrhundert später schrieb Marx der Pariser Kommune das Verdienst zu, in Frankreich darum gerungen zu haben, »die ökonomischen Grundlagen umzustürzen, auf denen der Bestand der Klassen und damit der Klassenherrschaft ruht« (MEW, 17: 342). Manifestiert sich hier ein Klassenkampf von oben, dessen Protagonist das Proletariat an der Macht ist?

Dieses Bild steht im Kontrast zu dem Ausschnitt aus dem *Manifest*, demzufolge der Klassenkampf der Konfrontation zwischen »Unterdrückern und Unterdrückten« entspricht und, genauer gesagt, die Erhebung der letzteren gegen erstere bedeutet. So betrachtet, wird der Klassenkampf nach der Eroberung der politischen Macht undenkbar: seit jeher Antagonist der »Unterdrücker«, kann das siegreiche Proletariat als Inhaber der politischen Macht nun nicht mehr den »Unterdrückten« zugerechnet werden. Mit den Proletariern an der Macht als Protagonisten einer neuen Phase des Klassenkampfs hätten wir es aber auf der anderen Seite nicht nur mit einem von oben geführten Klassenkampf zu tun, sondern auch mit einem solchen, dessen Protagonisten nicht mehr wirklich zu den Unterdrückten zu zählen sind. Das wird dann der von Lenin verfolgte Weg werden, auf den auch Marx selbst zu setzen schien, als er von der »revolutionären Diktatur des Proletariats« sprach (MEW, 19: 28). Doch gibt es starke Bedenken. Womöglich auch wegen des Umstands, dass die Aussicht auf die Eroberung der Macht stets in weiter Ferne zu liegen schien und von den konkreten Entwicklungen regelmäßig enttäuscht wurde, verschwand die einseitige Auffassung vom Klassenkampf als Erhebung der Unterdrückten da unten gegen die Unterdrücker da oben nie zur Gänze.

Gegeben, der Klassenkampf kann vom Proletariat in einem einzelnen Land siegreich geführt werden, so wird er sich auch gegen die Herrschaft erheben, die die kapitalistische Bourgeoisie in allen anderen Ländern, letztlich weltweit, fortgesetzt ausübt. Es verwundert daher nicht, dass in *Die Klassenkämpfe in Frankreich* aus der Unterdrückung der Arbeiterrevolte des Juni 1848 durch die französische Bourgeoisie und aus den von den Großmächten Österreich und Russland niedergeschlagenen nationalen Erhebungen in Ungarn, Polen und Italien der Schluss gezogen wurde, dass die proletarische Revolution gezwungen sein wird, »sofort den nationalen Boden zu verlassen und das europäische Terrain zu erobern« (siehe Kap. I, § 6). Hier scheint es, als sei der Klassenkampf des siegreichen Proletariats ein Revolutionsexport. Das führt zu einem bereits zuvor angedeuteten ungelösten theoretischen Problem. Auf globaler Ebene betrachtet, bleiben die Proletarier auch dann die »Unterdrückten«, die dazu aufgerufen sind, dem weitaus mächtigeren Aufgebot der »Unterdrücker« entgegenzutreten, wenn sie in einem einzelnen (isolierten und eingekreisten) Land die Macht erobert haben. 1850, zu einem Zeitpunkt, als sie sich falsche Hoffnungen über das Nahen einer neuen revolutionären Welle machten, erklärten Marx und Engels die Aufgaben des Bundes der Kommunisten so:

> Während die demokratischen Kleinbürger die Revolution möglichst rasch und unter Durchführung höchstens der obigen Ansprüche zum Abschlusse bringen wollen, ist es unser Interesse und unsere Aufgabe, die Revolution permanent zu machen, so lange, bis alle mehr oder weniger besitzenden Klassen von der Herrschaft verdrängt sind, die Staatsgewalt vom Proletariat erobert und die Assoziation der Proletarier nicht nur in einem Lande, sondern in allen herrschenden Ländern der ganzen Welt so weit vorgeschritten ist, dass die Konkurrenz der Proletarier in diesen Ländern aufgehört hat und dass wenigstens die entscheidenden produktiven Kräfte in den Händen der Proletarier konzentriert sind (MEW, 7: 247f).

Einmal erfolgreich in einem Land, drängt der revolutionäre Klassenkampf dazu, die nationalstaatlichen Grenzen zu überschreiten. Man könnte sagen, dass der »anachronistische und widernatürliche ›Napoleonismus‹«, den Antonio Gramsci (1991ff, Bd. 7: 1693) Trotzki vorwarf, bereits bei Marx hervorlugte, zumal dieser mindestens in den Frühschriften dazu tendierte, die sozialistische Revolution in Analogie zur bürgerlichen zu denken. *Die deutsche Ideologie* schrieb der napoleonischen Besetzung Deutschlands das Verdienst zu, der Feudalordnung schwere Schläge zugefügt, »die Reinigung des deutschen Augiasstalles« besorgt zu haben (MEW, 3: 179). In empathischeren Worten wird das in der *Heiligen Familie* formuliert, die in Napoleon den letzten »Kampf des revolutionären Terrorismus« erblickt. Der »vollzog den [jakobinischen] Terrorismus, indem er an die Stelle der permanenten Revolution den permanenten Krieg setzte«: Wenn er auch eine neue Form angenommen hatte, setzten sich der antifeudale Klassenkampf und die Beseitigung des Ancien Régime fort und erhielten europäische Dimensionen (MEW, 2: 130). Hier wird auch die bürgerliche Revolution auf der Grundlage einer binären Logik gelesen, so als ob einzig der Widerspruch zwischen Bourgeoisie und Feudalaristokratie zur Geltung komme, so als ob der napoleonische Expansionismus nicht zugleich auch schwerwiegende nationale Widersprüche provoziert hätte. Und mindestens in den Frühschriften tendiert Marx dazu, auch die sozialistische Revolution in diesen Begriffen und nach dieser Logik zu denken. Gegen Ende des Jahres 1847 wandte er sich solcherart an die englischen Chartisten:

> Von allen Ländern ist England dasjenige, worin der Gegensatz zwischen Proletariat und Bourgeoisie am entwickeltsten ist. Der Sieg der englischen Proletarier über die englische Bourgeoisie ist daher entscheidend für den Sieg aller Unterdrückten gegen ihre Unterdrücker. Polen ist daher nicht in Polen, sondern in England zu befreien (MEW, 4: 417).

Die nationale Emanzipation der weniger entwickelten Länder Osteuropas stellt sich als das Resultat der Initiative des mit der Macht verbundenen Proletariats des fortschrittlichsten Landes dar. Der Revolutionsexport wurde auch deshalb nicht als Problem erachtet, weil er längst schon stattfand bzw. der Export der Konterrevolution auf der Tagesordnung stand. Dies galt für 1848 wie für 1871, als das siegreiche preußische Heer der französischen Bourgeoisie bei deren Niederschlagung der Pariser Kommune zur Seite eilte. Wie wir wissen, betrachtete Marx dieses Ereignis als Ausdruck einer quer entzwei gerissenen Welt, zwischen weltweit vereinter Bourgeoisie und einem Proletariat, das angehalten wurde, eine »Internationale Gegenorganisation der Arbeit« zu gründen. Die diversen Formen des Klassenkampfs werden hier im Wesentlichen auf eine einzige reduziert.

Kapitel V

Die Mannigfaltigkeit der Kämpfe um Anerkennung und Freiheitskonflikte

1. Die Hierarchisierung der Klassenkämpfe

In ihren besseren Momenten, in denen sie zuweilen die binäre Logik überwanden, die gleichwohl theoretische Prämisse blieb, sahen sich Marx und Engels gezwungen, dem hier angezeigten Problem zu begegnen. Eine bestimmte historische Situation zeichnet sich immer durch eine Mannigfaltigkeit der Konflikte aus und umgekehrt ist jeder Konflikt seinerseits gekennzeichnet durch die Anwesenheit einer Vielfalt gesellschaftlicher Subjekte, die ihre verschiedenen und einander entgegenstehenden Interessen und Ideen zum Ausdruck bringen. Zur Orientierung in dieser Art von Labyrinth ist es nicht nur notwendig, die interne Konfiguration irgendeines dieser Konflikte zu erforschen, sondern auch, auf welche Weise sie sich artikulieren und wie sie innerhalb einer konkreten Totalität strukturiert sind. Eine historische Krise zu meistern, ist eine Herausforderung auf theoretischer wie auf politischer Ebene.

Eine Herausforderung stellt die Verflechtung der politischen und sozialen, der nationalen und internationalen Konflikte dar, die in den Jahren 1848/49 in Mittel- und Osteuropa aufloderten. Die Habsburgermonarchie wurde von einer großen Revolution, die das Ancien Régime radikal in Frage stellte, in ihren Fundamenten erschüttert. Metternich gelang es, sie zu ersticken, indem er sich gekonnt die Bestrebungen einiger slawischer Minderheiten nach Autonomie und Selbstregierung zunutze machte. Diese konnten sich nämlich nicht mit der politischen Macht identifizieren, die sich da in Wien und Budapest erhoben hatte. Die endgültige Niederlage der Revolution besorgte das Eingreifen des zaristischen Russlands. In diesem Zusammenhang finden wir ein Ensemble verschiedener Forderungen und Rechte, die einzeln betrachtet, alle legitim, sogar unantastbar sind. Aber ihre wechselseitige Verflechtung bildet ein Problem und stellt vor Dilemmata. Befeuert von Metternich und Nikolaus I., lieferten bestimmte Völker mit ihren nationalen Bestrebungen nicht nur die Manövriermasse zur Niederschlagung der Revolution in Wien und Budapest, sondern stärkten auch den Expansionismus des zaristischen Russland, zur damaligen Zeit Europas reaktionäres Bollwerk.

Wie war nun dieser Situation zu begegnen? Anfang November 1848 verglich Marx die Tragödie, die sich da zum Schaden der demokratischen Bewegung in Mittel- und Osteuropa ereignete, mit der, die sich für das Pariser Proletariat wenige Monate zuvor abgespielt hatte: »Zu Paris Mobile, zu Wien ›Kroaten‹ – in beiden Lazzaronis, bewaffnetes und erkauftes Lumpenproletariat gegen das arbeitende und denkende Proletariat« (MEW, 5: 457). Die slawischen Nationen, die sich von der Habsburgermonarchie anheuern ließen, werden mit dem Lumpenproletariat verglichen, mit einer Klasse also, die, wenn sie sich auch allermeist in den Dienst der Reaktion stellt, gleichwohl für die revolutionäre Bewegung gewonnen werden kann. Das heißt, es handelt sich hierbei nicht um eine abstrakte Anerkennung des Rechts einer jeden Nation auf Selbstbestimmung. Das steht außerhalb der Diskussion. Das Problem ruht in dem Umstand, dass im Rahmen einer konkreten und bestimmten Situation das Recht einer jeder Nation auf Selbstbestimmung – auch aufgrund der Initiative und des politischen Vermögens einer imperialen Macht – in Konflikt geraten kann mit dem Recht anderer Nationen und mit dem damit zusammenhängenden Kampf gegen das Ancien Régime und gegen den Absolutismus bzw. für die Verwirklichung der Demokratie im Innern wie international. Damit ist die gewöhnliche binäre Logik aus dem Spiel.

Im Februar 1849 glaubte Engels, diese komplexe Situation dadurch theoretisch gemeistert zu haben, dass er die Slawen zu »Natiönchen«

abstempelte, weil sie »nie eine eigene Geschichte gehabt haben«, weil sie konterrevolutionäre Völker im Kampf gegen die »Allianz der revolutionären Völker« seien. Bisweilen erkennt man hier den zufälligen Charakter des Konflikts, der sich herauszubilden begann: »Wie schön wäre es, wenn Kroaten, Panduren und Kosaken das Vordertreffen der europäischen Demokratie bildeten«. Leider könne man darauf lange warten, zu lange. Gleichwohl handelt es sich dabei um ein Szenario, das nicht von Vornherein ausgeschlossen werden kann. An anderer Stelle jedoch befürwortet Engels den »entschiedensten Terrorismus« der Revolution gegen die Unabhängigkeits- oder Sezessionsbestrebungen dieser »konterrevolutionären« Völker und scheint diese ein für alle Male zu verdammen (MEW, 6: 271, 274f, 286).

Die zuweilen abstoßende Sprache darf jedoch nicht den Blick darauf verstellen, dass es sich hierbei um ein theoretisches und politisches Problem handelt, mit dem sich Engels bei anderen Gelegenheiten ausgereifter beschäftigte. Etwa in einem Beitrag von 1866. Die da zwei Jahre zuvor gegründete Internationale Arbeiterassoziation trat für die Unabhängigkeit Polens ein. Das aber lenke, wandten die Anhänger Proudhons ein, von der sozialen Frage ab, und außerdem klängen darin Momente der Propaganda Napoleons III. an. Der gab zwecks Beförderung seiner expansionistischen Interessen vor, ebenfalls den Kampf um die Befreiung einer unterdrückten »Nationalität« zu unterstützen. Im Bemühen, sich vom nationalen Nihilismus Proudhons auf der einen und von der probonapartistischen Agitation auf der anderen Seite abzugrenzen, antwortete Engels auf diesen Einwand, dass zwischen »Nationen« und »Nationalitäten« zu unterscheiden sei. Die Unterstützung des Unabhängigkeitskampfes von Nationen wie der polnischen oder der irischen sei notwendig. Allerdings sei andererseits zur Kenntnis zu nehmen, dass es keine Nationen gebe, in denen nicht noch Reste verschiedener »Nationalitäten« vorhanden seien. Zu denken sei da an die elsässischen Deutschen und an die »keltischen Bewohner der Bretagne« hinsichtlich Frankreichs sowie an die französischsprachigen Gruppen in Belgien und in der Schweiz. Folglich gebe es immer einen mehr oder weniger großen Raum für Manöver zur Destabilisierung und Zerstückelung, mit denen der Zarismus und der Bonapartismus ihren jeweiligen Expansionismus zu befördern und ihre jeweilige Hegemonie zu festigen trachteten (MEW, 16: 153-159). Um diesen Manövern zu begegnen, müsse man sich, wie er in einem Beitrag von 1852 schrieb, an eine Regel halten. Die Qualität, eine Nation zu sein, kann denjenigen Gruppen nicht zugeschrieben werden, die über keine eigene Sprache verfügten und »denen die ersten Bedingungen nationaler Existenz fehlen: größere Bevölkerung und Geschlossenheit des Gebiets« (MEW, 8: 81).

Zur Dichotomie zwischen Nationen mit reichhaltiger Geschichte und »Natiönchen« bar jeder Geschichte tritt nun die Dichotomie zwischen Nation und Nationalität hinzu. Damit wird der Kasus nicht unbedingt klarer, aber das Problem tritt deutlicher zutage: Die Bejahung des Prinzips der Selbstbestimmung hat nicht notwendig die Unterstützung für die Belange der »Natiönchen« oder der »Nationalitäten« zur Folge. Ausgerechnet die fragwürdigsten und bisweilen zur Gänze inakzeptablen Passagen bei Engels werfen ein Problem von großer Aktualität auf: Auf die separatistischen Bewegungen, die instrumentell von den großen Mächten gefördert und unterstützt werden, die ihrerseits in großem Maßstab Unterdrücker der Nationen sind, kann man nicht bauen (siehe Kapitel VI, § 3). Es kann sogar geschehen, dass die Anerkennung der Selbstbestimmung zugunsten eines Volkes den Hauptfeind der Bewegung zur Befreiung der unterdrückten Völker insgesamt stärkt: Die Auseinandersetzung um verschiedene Freiheiten, die stets auftreten kann, sollte man nie aus dem Blick verlieren. In anderen Worten heißt das, dass die Verstümmelung des Klassenkampfs zwar abgewehrt werden muss. Das bedeutet aber nicht, man dürfe ignorieren, dass sich historische Situationen (vor allem große Krisen) ergeben können, die mitunter eine Hierarchisierung der Klassenkämpfe erzwingen.

Engels ist vorzuwerfen, mitunter Formulierungen verwendet zu haben, die ein Abgleiten in die Naturgeschichte nahelegen. An der zugrunde liegenden Richtung bestehen jedoch wenig Zweifel. Zur Untermauerung der entscheidenden Bedeutung der Geschichte stellte er 1848 Polen die Provence gegenüber. Mit seiner Kultur und seiner »schönen Sprache« habe Südfrankreich lange Zeit eine vorwärtsweisende Rolle gespielt, die indes mit der »völligen Vernichtung seiner Nationalität« und seiner Assimilierung durch die Nordfranzosen endete. Auf historischer und gesellschaftlicher Ebene hat sich sogar eine Umkehrung ereignet. Die Provence wurde zum Sammelpunkt der »Opposition gegen die progressiven Klassen des ganzen Frankreichs«, zur »Stärke der Konterrevolution«. In entgegengesetzter Richtung schien das Schicksal Polens zu verlaufen, das für lange Zeit die Verkörperung des Ancien Régime bildete, und wo eine erprobte Unterdrückung einer bornierten Aristokratie zum Schaden der leibeigenen Massen vorwaltete. Dann aber entwickelte sich der Kampf gegen die nationale Unterdrückung, entstand eine »demokratisch-agrarische Revolution«, an der sich zumindest ein Teil des Adels freimütig beteiligte. Polen hätte die revolutionäre Avantgarde der slawischen Völker sein können. Dies zumal es den Antagonisten par excellence zu jenem reaktionären Bollwerk, dem zaristischen Russland, bildete (MEW, 5: 354f).

Aber dasselbe Russland blieb nicht unbeweglich in der Zeit stehen. 1875 setzte Engels große Hoffnung in die sich ausbreitende soziale Agitation in diesem riesigen Land und führte aus:

> Allerdings hat die Masse des russischen Volks, die Bauern, seit Jahrhunderten in einer Art geschichtsloser Versumpfung von Geschlecht zu Geschlecht dumpf dahingelebt; und die einzige Abwechslung, die diesen öden Zustand etwa unterbrach, bestand in einzelnen fruchtlosen Aufständen und in neuen Bedrückungen durch Adel und Regierung. Dieser Geschichtslosigkeit hat die russische Regierung selbst ein Ende gemacht (1861) durch die nicht länger mehr aufschiebbare Abschaffung der Leibeigenschaft und die Ablösung der Frondienste [...]. Die Zustände selbst also, in die der russische Bauer jetzt versetzt ist, treiben ihn in die Bewegung hinein (MEW, 18: 586).

Nachdem die »Geschichtslosigkeit« der bäuerlichen Massen und der großen Mehrheit der russischen Bevölkerung lange Zeit Bestand hatte, endete sie nicht nur, sondern schien sich in ihr Gegenteil zu verkehren. Im Vorwort zur zweiten russischen Ausgabe des *Manifests der Kommunistischen Partei* drückten Marx und Engels die Hoffnung aus, dass eine Revolution in Russland »das Signal einer proletarischen Revolution im Westen« sein könnte (MEW, 19: 296). Dieses große Land könne umso mehr eine Avantgardefunktion einnehmen, als es dort, wie Engels in einem Brief an Vera Sassulitsch, datiert vom 23. April 1885, notierte, »eine Partei gibt, die sich offen und ohne Umschweife zu den großen ökonomischen und historischen Theorien von Marx bekennt«, auf die dieser stolz gewesen wäre (MEW, 36: 303f). Das Bollwerk der Reaktion war drauf und dran, sich in ein Bollwerk der Revolution zu verwandeln. Das Volk, das lange als geschichtslos charakterisiert wurde, schickte sich an, zur »Lokomotive der Geschichte« zu werden (MEW, 7: 85). Die infolge bestimmter und besonders verwickelter Widersprüche und Auseinandersetzungen um verschiedene Freiheiten vorzunehmende Hierarchisierung der Klassenkämpfe hat rein gar nichts mit einer naturalistischen Hierarchisierung der Nationen zu tun.

2. Sklavenemanzipation und »despotische Regierung«

Auch der Sezessionskrieg brachte aus sich die Auseinandersetzung um verschiedene Freiheiten hervor. Als dieser Krieg ausbrach, referierte Marx die Argumente der Parteigänger des Südens auf beiden Seiten des Atlantiks: »Endlich, wenn selbst das Recht auf Seiten des Nordens, bleibt es nicht ein vergeblicher Versuch, 8 Millionen Angelsachsen gewaltsam unterjochen zu wollen« (MEW, 15: 329). Und an anderer Stelle: »Die Südstaaten haben dasselbe Recht, vom Norden zu sezedieren, das die Vereinigten Staaten hatten, von England abzufallen« (in: MEW, 15: 456). Ein schönes Beispiel der binären Logik! Hier konzentriert man sich ausschließlich auf den Zusammenprall der beiden Sektionen der weißen Community und sieht dabei vollständig vom Los der Afroamerikaner ab wie auch von der Außenpolitik beider kämpfenden Parteien. Hören wir die Antwort, die Marx gibt: James Buchanan, der Südstaatler, der vor Lincoln das Amt des Präsidenten inne hatte, verfolgte eine Politik, die eine Ausweitung bzw. die »bewaffnete Propaganda der Sklaverei über Mexiko, Zentral- und Südamerika zu ihrem Wahlspruch machen sollte«. In jenen Jahren war die »bewaffnete Propaganda der Sklaverei nach außen« das »eingestandene Ziel« Washingtons. Und das war nicht alles. Buchanan war entschlossen, Kuba zu annektieren, es gegebenenfalls von den Spaniern zu erwerben oder aber auf die Streitkräfte zurückzugreifen, in jedem Falle aber, ohne die lokale Bevölkerung zu fragen (MEW, 15: 338 u. 334). Und hinsichtlich der europäischen Anhänger des sklavenhalterischen Südens schrieb Marx: »Wunderbar schön, wie die ›Times‹ (die alle Coercionbills gegen

Irland mit so großem Feuereifer vertrat) darüber jammert, dass ›die Freiheit‹ verlorengehn müsse, falls der Norden den Süden tyrannisiere« (MEW, 30: 242f). Das heißt, auch wenn sie vom Los der Afroamerikaner absahen und mit einiger Glaubwürdigkeit die Fahne der Selbstregierung und der Selbstbestimmung hoch hielten, verstrickten sich die US-amerikanischen und europäischen Feinde Lincolns in Widersprüche.

Letztere machten weitere Argumente geltend: »Bei uns zu Hause hat die Regierung [des Nordens] seit drei Monaten keinem Menschen erlaubt, den Mund aufzutun. [...] Der Krieg hat viele Feinde im Norden, aber sie wagen nicht zu sprechen. Nicht weniger als zweihundert Zeitungen sind unterdrückt oder vom Pöbel zerstört worden« (MEW, 15: 456). Und erneut erkennen wir hier eine binäre Logik. Alle anderen Aspekte des Konflikts ignorierend und verdrängend, werden die politischen Regime des Südens und des Nordens einander gegenübergestellt, wobei letzteres als weniger liberal erscheint, insoweit es diejenigen zu neutralisieren bemüht ist, die eine Kapitulation gegenüber den Sezessionisten propagieren oder wenigstens einen Kompromiss mit diesen anstreben. In seiner Antwort macht Marx darauf aufmerksam, dass schon lange vor Beginn des Krieges in jeder Ecke des Landes ein Klima der Gewalt gegenüber den Abolitionisten so sehr wütete, dass ein Anführer wie Wendell Phillips »während dreißig Jahren« unter »Lebensgefahr« den Beleidigungen und Drohungen »bezahlter rowdies« ausgesetzt war (MEW, 15: 530). Selbst wenn sie sich ausschließlich auf die weiße Community beschränken, können die Sezessionisten nicht ernsthaft als Verfechter der Freiheit angesehen werden.

Die Abstraktion vom Los der Schwarzen, von der über sie verhängten Sklaverei, ist offensichtlich grob und willkürlich. Marx betrachtete weder die Selbstregierung noch die Pressefreiheit »formal« und »abstrakt«. Dem einen wie dem anderen Fall widmete er große Aufmerksamkeit. Es kann folglich geschehen, dass in einer konkreten und bestimmten Situation eine Wahl zu treffen ist: Fortgesetzte Versklavung der Schwarzen oder eine partielle Einschränkung der Selbstverwaltung und der Pressefreiheit? Beide Optionen sind schmerzhaft, allerdings nicht im gleichen Maße. Die Aufhebung der Sklaverei ist eindeutig das hervorragendere und vorrangige Ziel. Daher auch die entschiedene Unterstützung Lincolns, der sogar die Habeas-Corpus-Garantien suspendierte und die Wehrpflicht einführte und dabei mit eiserner Faust den Widerstand und die Auflehnung gegen diese Reglementierungen seitens der erwachsenen männlichen Bevölkerung unterdrückte.

Marx und Engels riefen die Union gar dazu auf, ihre jakobinische Standhaftigkeit unter Beweis zu stellen und »revolutionäre Methoden« im Krieg gegen die sezessionistischen Sklavenhalter anzuwenden (MEW, 30: 270). Unerbittlich daher ihre Verurteilung der Zögerlichkeit: »welche Feigheit in Regierung und Kongress. Man fürchtet sich vor Konskription, [...] vor allem, was dringend nötig ist« (MEW, 30: 255). Leider wuchs »die des Kriegs überdrüssige Partei« und hemmte die Lösung dieser »kolossalen Frage«; es »mehren sich die Zeichen moralischer Erschlaffung täglich, und die Unfähigkeit zu siegen wird täglich größer. Wo ist die Partei, deren Sieg und avènement gleichbedeutend wäre mit Verfolgung des Kriegs à outrance und mit jedem Mittel? (MEW, 30: 294 u. 328). In diesem Zusammenhang, schrieb Engels am 15. November 1862 an Marx, scheine die Union nicht in der Lage, dem »großen historischen Dilemma«, in dem sie sich befindet, zu begegnen (MEW, 30: 298).

Mehr und mehr geriet das Urteil über Lincoln ausgewogener, da dieser unerwartete Energie unter Beweis stellte. Nicht ohne Grund wurde ihm von seinen Gegnern, die zu einem Kompromiss mit dem Süden neigten, vorgeworfen, er habe zu jakobinischen Methoden gegriffen, eine »Militärregierung« errichtet und »Militärtribunale« abgehalten, den Buchstaben des Gesetzes als eine »Willensangelegenheit des Präsidenten« aufgefasst und die Habeas-Corpus-Garantien als die »Macht des Präsidenten« ausgelegt, »jedermann so lange einzusperren, wie es ihm gefällt« (in: Schlesinger jr. 1973: 915-921). In dieser konkreten Auseinandersetzung um verschiedene Freiheiten verkörperte allerdings Lincoln die Sache der Freiheit und ganz sicher nicht seine Gegner.

Marx war nicht der erste, der die binäre Lesart der gesellschaftlichen Auseinandersetzung zur Diskussion stellte und das Problem des Konflikts um die verschiedenen Freiheiten aufwarf. Gegen Ende des 18. Jahrhunderts hatte Adam Smith (1982: 452f u. 182) festgestellt, dass die Sklaverei leichter unter einer »despotischen Regierung« unterdrückt werden kann als unter einer »liberalen Regierung« mit ihren repräsentativen Organen, die allerdings den weißen Eigentümern vorbehalten blieben. Die Situation der schwarzen Sklaven war unter diesen Umständen desperat: »jedes Gesetz wird von ihren Herren gemacht, die niemals etwas zu ihrem Nachteil zuließen«. Und deshalb: »Die Freiheit des freien Mannes Ist die Ursache der großen Unterdrückung der Sklaven [...] Und wenn diese den größten Teil der Bevölkerung bilden, wird keine mit Menschlichkeit begabte Person die Freiheit in einem Lande wünschen, in den diese Institution existiert«. Auf analoge Weise argumentierte Hegel (1919/20: 918 u. 902f) in Bezug auf die Leibeigenschaft. Zu ihrer Abschaffung sei es nötig, »despotisch die Privatrechte« der Feudalherren zu brechen und die »Freiheit der Barone« zu verletzen, die zur »absoluten Knechtschaft« der »Nation« führe und die »*Befreiung der Hörigen*« verhindere. Dieser Denkrichtung lässt sich auch die Argumentation des *Manifests* zuordnen, in dem die Forderung »despotischer Eingriffe in das Eigentumsrecht und in die bürgerlichen Produktionsverhältnisse« erhoben wird, um mit dem Despotismus der Eigentümer und mit der Lohnsklaverei ein für alle Mal Schluss zu machen (MEW, 4: 481 u. 469).

Um genau zu sein, handelt es sich nicht um eine Wahl zwischen »Freiheit« und »Despotismus«, wie es einige Formulierungen bei Smith nahelegen, sondern darum, den Konflikt um die verschiedenen Freiheiten zu verstehen. In der von dem großen Ökonomen beschriebenen Situation nimmt der Kampf um die Freiheit die Form eines Kampfes auf Leben und Tod an, der gegen die Sklavenhalter und die von ihnen vereinnahmten »freien« Repräsentativorgane geführt wird.

3. Der Konflikt um die Freiheiten in den Kolonien

Die Frage nach den Lebensbedingungen der Afroamerikaner führt uns allgemein zu der nach den Bedingungen der Kolonialvölker und der Völker kolonialer Herkunft. Die Kategorie, die in der Kapitelüberschrift gegeben ist (Konflikt um die Freiheiten), erlaubt, sich in den Schwankungen und in den Entwicklungen, die bei Marx und Engels zu diesem Thema festzustellen sind, zu orientieren.

Von Beginn an richteten beide ihre Aufmerksamkeit auf die Tragödie der vom kolonialen Expansionismus überrollten Länder. Wichtig sind dabei nicht so sehr die Bezugnahmen auf die »Negersklaven«, die Protagonisten der Revolution in Haiti, von denen schon in der *Deutschen Ideologie* die Rede war, oder die im *Elend der Philosophie* erfolgte Hervorhebung des Umstands, dass der englische Kapitalismus auf dem Altar einer Wohlfahrt und eines in den Metropolen zu garantierenden sozialen Friedens das indische Volk in Massen geopfert hatte. Wichtiger ist eine andere Erwägung. Die bei den beiden Denkern zu findenden zentralen Kategorien in der Analyse des entwickelten Kapitalismus enthalten einen Verweis auf die koloniale Frage. Die für die Metropolen ermittelte und angeklagte maskierte und camouflierte Sklaverei ist der in der »Neuen Welt« errichteten nackten und offenen Sklaverei ausdrücklich gegenübergestellt (siehe oben Kap. I, §§ 1 u. 3). Trotz der eher vagen Ausführungen wird deutlich, dass der Terminus »Lohnsklaverei« sofort auch die antike und die koloniale Sklaverei sowie die Versklavung der Schwarzen in Erinnerung ruft.

Der koloniale Expansionismus ist alles andere als der Triumphmarsch der Zivilisation und des Fortschritts, von dem die seinerzeitige Kultur fabulierte. Erhellend dabei sind die Texte, die Marx in den 1850er Jahren zur Eroberung Asiens verfasste. Unter dem Druck »des englischen Dampfes und des englischen Freihandels« und nicht so sehr unter dem »des britischen Soldaten« und damit der direkten militärischen Gewalt gerieten »jene auf der Familie beruhenden Gemeinwesen«, die »ihre Grundlage im Hausgewerbe« hatten, unrettbar in die Krise. »Myriaden betriebsamer patriarchalischer und harmloser sozialer Organisationen« wurden »in ein Meer von Leiden« geworfen, wie zu gleicher Zeit ihre einzelnen Mitglieder ihrer alten Kulturformen und ihrer ererbten Existenzmittel verlustig« gingen (MEW, 9: 132). Es besteht kein Zweifel: »Die verheerenden Wirkungen der englischen Industrie auf Indien, ein Land von der Größe Europas, mit einer Fläche von 150 Millionen Acres, treten erschütternd zutage« (MEW, 9: 225). In Asien konnte man einem fürchterlichen Niedergang beiwohnen: »die Bevölkerung sank massenweise in den Pauperismus ab« (MEW, 7: 222). Immer deutlicher tritt zutage, was in unseren Tagen die »große Divergenz« genannt wird.

Die Tragödie der von der Kolonisierung betroffenen Völker geht weit über eine bloße Verschlechterung der materiellen Lebensbedingungen hinaus:

> Es kann jedoch keinem Zweifel unterliegen, dass das von den Briten über Hindustan gebrachte Elend wesentlich anders geartet und unendlich qualvoller ist als alles, was Hindustan vorher zu erdulden hatte. [...] England hat das ganze Gefüge der indischen Gesellschaft niedergerissen, ohne dass bisher auch nur die Spur eines Neuaufbaus sichtbar geworden wäre. Dieser Verlust seiner alten Welt, ohne dass eine neue gewonnen worden wäre, gibt dem heutigen Elend des Hindu eine besondere Note von Melancholie und zieht einen Trennungsstrich zwischen dem von England beherrschten Hindustan und den ehrwürdigen Überlieferungen seiner ganzen geschichtlichen Vergangenheit (MEW, 9: 128f).

Die hier skizzierten Folgen des Kolonialismus sind Mitleid erregend. Es fehlen allerdings auch nicht Darlegungen, die nachdenklich stimmen: »Kann die Menschheit ihr destiny beenden ohne eine grundlegende Revolution der gesellschaftlichen Verhältnisse in Asien?« Mag es auch aus egoistischen und niederträchtigen Motiven heraus geschehen sein, das Eingreifen der Engländer rief »die größte und, die Wahrheit zu sagen, einzige soziale Revolution« hervor, »die Asien je gesehen« (MEW, 9: 132; MEGA I, 12: 172f). Und folglich: »Indien konnte daher dem Schicksal, erobert zu werden, nicht entgehen« (MEW, 9: 220). Auf geschichtsphilosophischer Ebene erhalten die englische Eroberung und Herrschaft mithin eine gewisse Legitimation.

Diese Sichtweise lässt sich auf der Grundlage des Konflikts der verschiedenen Freiheiten verstehen. Bei Abwesenheit eines revolutionären Subjekts in einer Kolonie, deren Einwohner innerhalb eines starren Kastenwesens, das seine Einwohner permanent in rassistischer Manier auseinanderreißt und damit jede Formierung eines nationalen Bewusstseins und einer nationalen Identität und erst recht einer Idee von der Einheit der Gattung Mensch unterbindet, scheint der Stimulus zur Veränderung einer unerträglichen Situation nur von außen kommen zu können. Nach der einen Seite hin wird das Prinzip der Selbstverwaltung mit Füßen getreten und bringt schwerwiegende gesellschaftliche und humane Kosten mit sich, auf der anderen Seite stellt die Kolonialherrschaft objektiv das Kastenwesen in Frage, führt erste Elemente einer sozialen Mobilität ein und legt damit das Fundament für weitergehende und radikalere Umwandlungen. Allerdings ist es problematisch und zeugt von Befangenheit, die Rolle Englands zu legitimieren: »Die bürgerliche Periode der Geschichte hat die materielle Grundlage einer neuen Welt zu schaffen: einerseits den auf der gegenseitigen Abhängigkeit der Völker beruhenden Weltverkehr und die hierfür erforderlichen Verkehrsmittel, andererseits die Entwicklung der menschlichen Produktivkräfte«. Das sind die Bedingungen für eine »große soziale Revolution« (MEW, 9: 226; MEGA, I, 12: 248). Insofern die Kolonialherrschaft die Negation des Kastenwesens bedeutet, hat diese von außen kommende Negation ihre Rechtfertigung auf der Ebene der Geschichtsphilosophie, allerdings nur insofern sie der Stimulus zu einer Negation der Negation ist, mithin zur Überwindung der »historischen bürgerlichen Phase« (und der Kolonialherrschaft). Offen bleibt dabei, welche unterschiedliche Lösung im Konflikt der verschiedenen Freiheiten Marx dabei präferiert: eine proletarische Revolution in England oder die Herausbildung einer nationalen Befreiungsbewegung in Indien (MEW, 9: 224; MEGA, I, 12: 251).

Bezeichnenderweise schlägt Engels in einem in der *New York Daily Tribune* am 5. Juni 1857 veröffentlichten Artikel, der sich einem anderen großen asiatischen Land widmet, ganz andere Töne an. Darin wird der »Volkskrieg« der Chinesen gegen die »Piratenpolitik der britischen Regierung« vorbehaltlos unterstützt. Um die »tödliche Gefahr, die dem alten China droht«, zu vereiteln, kämpfe das Volk mit Fanatismus und ohne Beachtung bestimmter Regeln. Und »anstatt über die schrecklichen Grausamkeiten der Chinesen zu moralisieren, wie es die ritterliche englische Presse tut, täten wir besser daran, anzuerkennen, dass es sich hier um […] einen Volkskrieg zur Erhaltung der chinesischen Nation« handelt (MEW, 12: 213-215). Der Versuch der Briten, China zu unterwerfen, besitzt keinerlei Legitimation. Es könnte sich auch seinem »Schicksal, erobert zu werden«, ergeben, was zufolge den Einschätzungen einige Jahre zuvor Indien unausweichlich bevorzustehen schien. In China existierte der Druck des Kastenwesens nicht und so wurde die Entwicklung einer mächtigen Widerstandsbewegung zur nationalen Befreiung möglich.

In der Zwischenzeit war auch in Indien ein »Insurrektionskrieg« ausgebrochen. Die von den revoltierenden Sepoy begangenen Gewalttätigkeiten waren entsetzlich. Die Engländer jedoch haben mit noch grausameren Verbrechen geantwortet: Die Folter bildete »einen organischen Bestandteil ihrer Finanzpolitik«. In Indien wie in China waren »Schändung von Frauen, Aufspießen von Kindern, Abbrennen ganzer Dörfer [...] damals bloß zügellose Belustigungen« der »englischen Offiziere«, die für sich in Anspruch nahmen, gegenüber den Kolonialvölkern »die Macht über Leben und Tod zu besitzen« (MEW, 12: 285f).

Daraus hat Marx nun eine generelle Schlussfolgerung gezogen. Zwar ist die Kolonialmacht England das am meisten fortgeschrittene Land, aber im Lichte dieser neuen Situation geht der Konflikt um die verschiedenen Freiheiten schon nicht mehr zu seinen Gunsten aus. England müsse »durch den Druck der gesamten zivilisierten Welt gezwungen« werden, »den Zwangsanbau von Opium in Indien und dessen gewaltsame Verbreitung in China einzustellen« (MEW, 12: 549).

In den unmittelbar darauf folgenden Jahren setzte eine Krise ein und mündete in den Sezessionskrieg. Die Untersuchungen, die Marx nun anstellte, führten ihn zu Ergebnissen, die ein neues Licht auf die Geschichte des Kolonialismus insgesamt warfen. Während der Zeit bei der von Marx geführten *Neuen Rheinischen Zeitung* war am 15. Februar 1849 ein Artikel von Engels erschienen, in dem dieser den von den USA entfesselten Krieg gegen Mexiko interpretierte. Auch dank der »Tapferkeit der amerikanischen Freiwilligen« wurde das »herrliche Kalifornien den faulen Mexikanern entrissen [...], die nichts damit zu machen wussten«. Aus dieser gigantischen Eroberung zogen die »energischen Yankees« ihren Nutzen und gaben der Produktion und der Zirkulation des Reichtums, dem »Welthandel« und der Verbreitung der »Zivilisation« neue Impulse. Moralische oder rechtliche Einwände zitiert der Autor eher knapp. Sicher der Sieg über Mexiko sei eine Aggression gewesen, die gleichwohl eine positive »weltgeschichtliche Tatsache« von enormer Tragweite geschaffen habe (MEW, 6: 273f). Eine grob binäre Lesart: Engels beschränkte sich hier darauf, den unterschiedlichen Grad ökonomischer Entwicklung und der repräsentativen Regierungen in Mexiko und in den USA einander gegenüberzustellen, was dann darin endet, den Krieg der USA als Synonym des Zivilisationsexports und der antifeudalen Revolution zu feiern. Ignoriert wird hierbei der Umstand, dass die Sklaverei im geschlagenen, nicht aber im siegreichen Land bereits abgeschafft war. Berauscht vom militärischen Sieg hisste letzteres das (offen kolonialistische) Banner des »Manifest Destiny«, der Vorsehung, die die USA zur Herrschaft und zur Kontrolle über den ganzen amerikanischen Kontinent trieb. Die Untersuchungen, die Marx am Vorabend und im Verlauf des Sezessionskrieges anstellte, enthielten weitere Eigenheiten: Die Vereinigten Staaten hatten in Texas, nachdem es Mexiko entrissen worden war, die Sklaverei wieder eingeführt, und die Südstaaten der USA strebten die Errichtung einer Art Kolonial- und Sklavenhalterreich in Zentralamerika an.

Der erste Band des *Kapitals,* veröffentlicht wenige Monate nach Ende des Sezessionskrieges, steckt das Feld der Verbrechen der »ursprünglichen Akkumulation« und des kolonialen Expansionismus in denkwürdiger Weise ab. Es ist ein impliziter und erneuter Aufruf an die Arbeiterparteien, die Verlockungen eines »Imperialsozialismus« ein für alle Mal zurückzuweisen.

4. Der Internationalismus und seine Formen

War die binäre Lesart des Konflikts, die sich aus dem Internationalismus ergab, damit überwunden? Ihre nachhaltige Bedeutung wird deutlich, wenn man von der Hypothese einer »Internationalen Gegenorganisation der Arbeit« ausgeht, die sich einer »kosmopolitischen Verschwörung des Kapitals« entgegenstellt. Der Problemkomplex vervollständigt sich allerdings dann, wenn wir die Mannigfaltigkeit der Formen des Klassenkampfs in Rechnung stellen, insbesondere die nationale Frage. Es ist sehr viel schwieriger, internationalistische Solidarität dort zu befördern, wo die kämpfenden Subjekte einander sehr verschieden sind. Bisweilen ist es eine einzige gesellschaftliche Klasse (das Proletariat), ein anderes Mal ein Volk in seiner Gesamtheit, das gegen die »Ausbeutung einer Nation durch eine andere« kämpft.

Wie muss nun die internationalistische Losung (»Proletarier aller Länder, vereinigt Euch!«), mit der das *Manifest der Kommunistischen Par-*

tei endet, interpretiert werden? Soll damit zu einer Auseinandersetzung von binärem Charakter aufgerufen werden, zu einer Kampffront, die in uniformer Weise alle Länder entzwei reißt, so als stünden sich überall und einander mehr oder weniger ausschließend die gleichen Klassen, Proletariat und Bourgeoisie, gegenüber? Mit dieser Losung endet auch die *Inauguraladresse* der Internationalen Arbeiterassoziation, die die Arbeiter Englands (und anderer industriell fortgeschrittener Länder) explizit dazu auffordert, den Kampf um die »nationale Befreiung« zu unterstützen, deren Protagonisten Länder wie Irland und Polen waren. Die *Inauguraladresse* erklärt darüber hinaus feierlich: »Nicht die Weisheit der herrschenden Klassen, sondern der heroische Widerstand der englischen Arbeiterklasse gegen ihre verbrecherische Torheit bewahrte den Westen Europas vor einer transatlantischen Kreuzfahrt für die Verewigung und Propaganda der Sklaverei« (MEW, 16: 13). Der proletarische Internationalismus kann auch in der Unterstützung von nationalen Befreiungsbewegungen zum Ausdruck kommen, deren Kampffront zuweilen (wie im Falle Polens) so breit ist, dass sie sogar den Adel einschließt oder eine bürgerliche Regierung (jene Lincolns), die sich dafür einsetzt, die Sezession der Sklavenhalter mit militärischen Mitteln zu bezwingen.

Auf der anderen Seite trocknet der »irische Nationalkampf« die Hauptquelle des »materiellen Reichtums« und der »moralischen Macht« der herrschenden Klassen in England aus und ist damit ein wesentlicher internationalistischer Beitrag zur »Emanzipation der Arbeiterklasse« in England (MEW, 32: 667f). Wie der Klassenkampf nimmt auch der Internationalismus von Mal zu Mal unterschiedliche Formen an. Ein »Internationalismus«, der diese Verschiedenheit ignorierte, erwiese sich als arglos, gar als gefährlich. Am Vorabend der Revolution von 1848 spottete Engels diesbezüglich über Louis Blanc, der, dabei das napoleonische Kaiserreich und dessen koloniale und semikoloniale Praxis außer Acht lassend, sein Volk als die Verkörperung des Kosmopolitismus bezeichnete: Den »Demokraten der anderen Nationen« genügt »keineswegs die Versicherung der Franzosen, dass sie als Franzosen schon Kosmopoliten sind. Eine solche Versicherung läuft auf die Forderung hinaus, dass alle andern Franzosen werden sollen«. (MEW, 4: 428) Nicht ohne Grund wurde Blanc später dann als »démocrate imperial«, als kaiserlicher Demokrat, abgestempelt, der vergeblich die Posen eines Revolutionärs einzunehmen versuche (MEW, 31: 212f). Werden die nationale Frage und die wirklich internationalistische Pflicht zur Unterstützung der national Unterdrückten unterlaufen, schlägt der kosmopolitische Anspruch in einen unkritischen und exaltierten Chauvinismus um.

Das ist jedenfalls auch der Standpunkt von Marx, der, nachdem er sich zuvor schon einmal über den von Proudhon zur Schau gestellten »kretinartigen Zynismus« angesichts der Bestrebungen Polens, das Joch des russischen Imperiums abzuschütteln, lustig gemacht hatte, nunmehr die These, derzufolge »alle Nationalität und Nationen selbst ›des préjugés surannés‹ (veraltete Vorurteile)« seien, als »proudhonisierten Stirnerianismus« abfertigte. Das steht in einem Brief an Engels vom 20. Juni 1866. Es heißt darin weiterhin:

> Die Engländer lachten sehr, als ich meinen speech damit eröffnete, dass unser Freund Lafargue etc., der die Nationalitäten abgeschafft hat, uns »französisch«, i.e. in einer Sprache angeredet, die 9/10 des Auditoriums nicht verstand. Ich deutete weiter an, dass gänzlich unbewusst er unter Negation der Nationalitäten ihre Absorption in die französische Musternation zu verstehn scheine (MEW, 31: 228f).

Man ist geneigt, an die Ironie zu denken, mit der Engels fast 20 Jahre zuvor den kosmopolitischen und internationalistischen Ausführungen Blancs begegnete. Ersterer legte einen gewissen Reifungsprozess zurück. In einem Text aus dem Jahre 1866 kritisierte er die französischen Aufklärer dafür, dass sie sich von der Politik Katharinas II. und vom Zarismus generell haben hinters Licht führen lassen. In Polen erhob sich Russland zum Schutzbefohlenen der Orthodoxen. Diese waren vor allem Leibeigene. Und siehe da, die russische Regierung zögerte nicht, unter der Parole von der »religiösen Toleranz« wie auch unter der von der sozialen Revolution über Polen, das Objekt seiner Begierde, »im Namen des Rechts der Revolution« herzufallen, »indem sie die Leibeigenen gegen ihre Herren bewaffnete«: Ein »schönes Muster von Klassenkrieg« bzw. ein »Krieg Klasse gegen Klasse« (MEW, 16: 161f). Wie man sieht, kann sich, sofern die nationale Frage ignoriert oder ausgespart wird, die revolutionärste und am meisten internationalistische Losung, die sich auch schon Marx im *Elend der Philosophie* zu eigen gemacht hatte, in ein Instrument zur Legitimation des Chauvinismus und des Expansionismus wandeln. Die Analysen von Engels trafen ins Schwarze. Bleibt hinzufügen, dass sich Friedrich II. von Preußen ähnlich wie Katharina II. gebärdete, als er sich auf die Philosophen berief, um auf diese Weise seinen Feldzug gegen Polen zu rechtfertigen: »Die Herren übten dort die grausamste Tyrannei über die Knechte aus« (in: Diaz 1962: 493, Fn 1).

Die Feststellung, dass Engels sich weiter entwickelt habe, offenbart einen interessanten Umstand. War er für eine bestimmte Zeit der Theoretiker eines rüden Revolutionsexports gewesen, so wandelte er sich nun zu dessen radikalstem Kritiker. 1870 ließ Engels den Beginn der bürgerlichen Revolution in Preußen nicht erst mit der Ankunft der napoleonischen Truppen anheben, sondern im Gegenteil mit der Reformbewegung, die sich im Gefolge des nationalen Widerstands gegen Napoleon entwickelte (MEW, 7: 539). Dies ist eine Abkehr von den Positionen, die noch in den zusammen mit Marx verfassten Jugendschriften *Die heilige Familie* und *Die deutsche Ideologie* vertreten wurden.

Über die fragliche Thematik sann der späte Engels in aller Gründlichkeit nach. In einem Brief an Karl Kautsky vom 7. Februar 1882 heißt es: »Eine internationale Bewegung des Proletariats ist überhaupt nur möglich zwischen selbständigen Nationen«, »internationales Zusammenwirken« ist »nur unter Gleichen möglich« (MEW, 35: 270). Eine These, die er zehn Jahre später nachdrücklich bekräftigte: »Ein aufrichtiges internationales Zusammenwirken der europäischen Nationen ist nur möglich, wenn jede dieser Nationen im eignen Hause vollkommen autonom ist.« Indem es sich an die Spitze des nationalen Unabhängigkeitskampfes stellte, spielte das »polnische Proletariat« auch eine internationalistische Rolle, insofern es das Fundament für ein andernfalls unmögliches Zusammenwirken legte (MEW, 4: 588). Engels hielt zwei Jahre vor seinem Tod fest, dass »ohne Wiederherstellung der Unabhängigkeit und Einheit jeder europäischen Nation [...] die internationale Vereinigung des Proletariats« nicht möglich gewesen wäre (MEW, 4: 590).

Die chauvinistische Gefahr siedelt nicht in den Nationen, die hartnäckig für ihre Freiheit kämpfen:

> Ich bin also der Ansicht, daß zwei Nationen in Europa nicht nur das Recht, sondern die Pflicht haben, national zu sein, ehe sie international sind: Irländer und Polen. Sie sind eben am besten international, wenn sie recht national sind (MEW, 35: 271).

Vielmehr wird die chauvinistische Gefahr paradoxerweise durch einen angeblichen »republikanischen Internationalismus« repräsentiert, der beispielsweise mit Frankreich attribuiert ist, dem aufgrund seiner revolutionären Glorie ein »weltbefreiender Beruf« zugeschrieben wird. Bei genauerer Betrachtung erweist sich der »republikanische Internationalismus« als exaltierter »französischer Chauvinismus« (MEW, 35: 270). Es handelt sich um eine allgemeine Regel. Sobald die nationale Frage ignoriert wird, verwandelt sich der Internationalismus in sein Gegenteil. Die Verdrängung der nationalen Besonderheiten im Namen eines abstrakten »Internationalismus« gestaltet sich für eine bestimmte Nation, die sich als Verkörperung des Universellen präsentiert, sehr leicht, sie trägt aber gerade den Chauvinismus in sich.

5. Arbeiterbewegung und »Imperialsozialismus«

Die Aufmerksamkeit auf die nationale (und koloniale) Frage zu richten, ist auch deshalb dringend geboten, weil die kolonialistische Ideologie ganz erheblich in diejenigen Arbeiterparteien eindrang, die sich als unfähig erwiesen, Solidarität mit und Unterstützung für die Kolonialvölker zum Ausdruck zu bringen, die den Klassenkampf gegen die »Ausbeutung einer Nation durch eine andere« führten. Bereits 1858 stellte Engels mit Bitterkeit fest, dass »das englische Proletariat faktisch mehr und mehr verbürgert«, und fügte hinzu: »Bei einer Nation, die die ganze Welt exploitiert, ist das allerdings gewissermaßen gerechtfertigt« (MEW, 29: 358). Fünf Jahre später setzte er noch einen drauf: »alle revolutionäre Energie« ist »aus dem englischen Proletariat so gut wie vollständig verduftet«, und »der englische Proletarier« erklärt sich »mit der Herrschaft der Bourgeoisie vollständig einverstanden« (MEW, 30: 338).

Die zitierten Stellen sind zwei Briefen an Marx entnommen, der nun allerdings zu den gleichen Schlussfolgerungen gelangt: Weit davon entfernt, sich mit dem irischen Arbeiter zu solidarisieren, beobachtete Marx 1870, fühlt sich der »gewöhnliche englische Arbeiter« diesem gegenüber »als Glied der herrschenden Nation [...] Er verhält sich ungefähr zu ihm wie die poor whites zu den niggers in den ehemaligen Sklavenstaaten der amerikanischen Union« (MEW, 32: 668f). Hier ging eine ideologische Rückbildung vonstatten, die nicht nur ein Abgleiten in den Chauvinismus, sondern auch in den Rassismus mit sich brachte.

Zurecht wies Marx darauf hin, dass die Neigung des englischen Arbeiters, in seinem irischen Pendant eine Art »dreckigen Schwarzen«, einen »Nigger« zu sehen, »künstlich wachgehalten und gesteigert« wird »durch die Presse, die Kanzel, die Witzblätter, kurz, alle den herrschenden Klassen zu Gebot stehenden Mittel« (MEW, 32: 669). Bleibt der Umstand, dass diese Kampagne sowohl in England Erfolg hatte wie auch im Süden der USA, wo, wiederum nach Beobachtungen von Marx, die unter bescheidenen Bedingungen lebenden Weißen sich mit der Sache der Sklavenhalter vermählten und oftmals die Massenbasis für Versuche abgaben, die Sklaverei auch nach Zentralamerika zu exportieren. In jedem Falle ist es nicht mehr möglich, die Illusion zu hegen, die einer binären Lesart des Konflikt und des daran geknüpften Glaubens an eine unmittelbar wahrnehmbare Evidenz der Ausbeutung entsprang. An dieser Illusion hing insbesondere der junge Engels, demzufolge dem Proletariat die »nationalen Vorurteile« der herrschenden Klasse fremd blieben.

Entgegen den anfänglichen Hoffnungen schildert Engels die Lage in einem Brief an Kautsky vom 12. September 1882. Die Regierung in London und die herrschende Klasse neigten dazu, die weißen Siedler in Übersee zu kooptieren. »Meiner Ansicht nach werden die eigentlichen Kolonien, d.h. die von europäischer Bevölkerung besetzten Länder, Kanada, Kap, Australien, alle selbständig werden«; die »von Eingebornen bewohnten Länder« würden dagegen weiterhin unterdrückt und ausgebeutet werden. Und diese Politik finde leider die Zustimmung der englischen Arbeiter. Diese nämlich »zehren flott mit von dem Weltmarkts- und Kolonialmonopol Englands« und machten daher keine Anstalten, den Kolonialismus in Frage zu stellen. Folglich durften die farbigen Völker in ihrem Kampf Hilfe nur von einem Proletariat erwarten, das sich den Verlockungen eines kolonialen Expansionismus zu widersetzen wusste. Wie hatte es sich konkret zu verhalten?

> Indien macht vielleicht Revolution, sogar sehr wahrscheinlich, und da das sich befreiende Proletariat keine Kolonialkriege führen kann, würde man es gewähren lassen müssen, wobei es natürlich nicht ohne allerhand Zerstörung abgehn würde, aber dergleichen ist eben von allen Revolutionen unzertrennlich. Dasselbe könnte sich auch noch anderwärts abspielen, z. B. in Algier und Ägypten, und wäre für uns sicher das beste.

Es stimmt, gegenüber dem Westen befinden sich die Kolonien oder Ex-Kolonien auf einem rückständigen Entwicklungsniveau, sind »halbzivilisiert«, doch wäre es unsinnig, ihnen die Zivilisation zu bringen oder die Revolution zu exportieren:

> Das siegreiche Proletariat kann keinem fremden Volk irgendwelche Beglückung aufzwingen, ohne damit seinen eignen Sieg zu untergraben. Womit natürlich Verteidigungskriege verschiedner Art keineswegs ausgeschlossen sind (MEW, 35: 557f).

Eine Schutzmaßnahme, mit der es indes nicht gelang, das Eindringen eines »Imperialsozialismus« in die Reihen der Arbeiterklasse zu verhindern. Der aus dieser Verstümmelung des Klassenkampfes erwachsenden Herausforderung stellte sich Lenin und gab neue Antworten.

Kapitel VI

Übergang nach Süd-Ost: Nationale Frage und Klassenkampf

1. Lenin, Kritiker der Verstümmelungen des Klassenkampfs

Fünf Jahre nach Engels' Tod schrieb Bernstein (1900: 559) in den *Sozialistischen Monatsheften* zufrieden:

> Wenn im Gebiet der Vereinigten Staaten, Canadas, Südamericas, gewisser Theile Australiens etc. heute mehr Millionen Menschen ihre Existenz finden, als ehedem Hunderttausende, so ist dies dem colonisatorischen Vordringen der europäischen Civilisation geschuldet. Wenn heute in England und anderwärts viele nahrhafte und würzige Erzeugnisse der Tropen in den Kreis der Genussmittel des Volkes eingegangen sind, wenn die Weidegründe Americas und Australiens das Fleisch, die weiten Felder dieser Erdteile das Brot von Millionen und Abermillionen europäischer Arbeiter verbilligen helfen, so verdanken wir dies colonialen Unternehmungen. Ohne coloniales Vordringen unserer Wirtschaft würde das Elend, das wir heute in Europa noch vor uns sehen und auszurotten bestrebt sind, unendlich viel grösser, die Aussicht auf seine Ausrottung bedeutend geringer sein, als dies jetzt der Fall ist. Selbst gegen das Schuldconto der Colonialgreuel gehalten, fällt der Vorteil, den die Colonieen gebracht haben, immer noch sehr tief in die Wagschale.

Konzentrieren wir uns auf die zuletzt genannte Behauptung. Sie wird zu einem Zeitpunkt aufgestellt, an dem die Austilgung der »Rothäute« in den USA und die der »Aborigines« in Australien und Neuseeland an ihr Ende kommt. Es sind die Jahre, in denen die »christlichen Boers«

in Südafrika »die Hottentotten und Buschmänner«, um mit Ludwig Gumplowicz (1883: 249), dem Theoretiker und Apologeten des »Rassenkampfs«, zu sprechen, nicht als Menschen betrachteten, sondern als »›Geschöpfe‹, die man wie das Wild des Waldes ausrotten darf«.

Bleibt festzuhalten, dass für Bernstein die »Colonialgreuel« weniger ins Gewicht fallen als der »Vorteil«, der dank ihrer erreicht wurde. Während Lassalle den Klassenkampf dadurch auflöste, dass er einen rudimentären Sozialstaat ohne politische Demokratie anstrebte, erreichten zunächst die englischen Labourists und dann Bernstein das gleiche Ergebnis, als sie sich einer politischen Demokratie verschrieben, die zwar um mehr oder weniger bedeutende soziale Reformen rang, aber zugleich den Kolonialexpansionismus rechtfertigte und aus ihm sogar Profit zu ziehen beabsichtigte. Der »Imperialsozialismus« hielt auch in der angesehensten und einflussreichsten sozialistischen Partei jener Zeit Einzug.

Diesen historischen Hintergrund muss präsent haben, wer *Was tun?* verstehen will. Lenins Abhandlung erschien nicht zufällig zwei Jahre nach dem oben zitierten Artikel Bernsteins. Ebenfalls zwei Jahre waren nämlich seit der Niederschlagung des Boxeraufstands in China durch eine gemeinsame Aktion der Großmächte vergangen. Die Gewalt der Kolonialisten, schrieb Lenin im Dezember 1900, richtete sich auch gegen »unbewaffnete Chinesen, die man ertränkte oder totschlug, ohne haltzumachen vor der Ermordung von Kindern und Frauen, ganz zu schweigen von der Plünderung von Palästen, Häusern und Läden«. Die russischen Soldaten wie die Invasoren generell fielen »wie wilde Tiere« über China her, »indem sie ganze Dörfer niederbrannten, wehrlose Einwohner, Frauen und Kinder im Amur ertränkten, niederschossen und auf die Bajonette spießten«. Dennoch wurden diese Schandtaten von der herrschenden Klasse, den ihr »liebedienernden Zeitungen« und letztlich auch von breiten Teilen der öffentlichen Meinung als »zivilisatorische Mission« gefeiert (LW, 4: 371 u. 373). Diese Unternehmung bezweckte auch, »das politische Bewusstsein der Volksmassen zu korrumpieren«. Da aber »die Unzufriedenheit des Volkes durch nichts zu beseitigen ist«, musste man versuchen, »diese Unzufriedenheit von der Regierung auf jemand anders abzulenken«. Ein schwieriges Unterfangen:

> Man schürt z. B. die Feindschaft gegen die Juden: die Boulevardpresse hetzt gegen die Juden, als ob der jüdische Arbeiter nicht genauso unter dem Joch des Kapitals und des Polizeiregimes zu leiden hätte wie der russische Arbeiter. Augenblicklich führt die Presse einen Feldzug gegen die Chinesen, man schreit über die barbarische gelbe Rasse, ihre Feindschaft gegen die Zivilisation, spricht von kulturellen Aufgaben Russlands, von der Begeisterung, mit der die russischen Soldaten in die Schlacht ziehen usw. usw. Die vor der Regierung und dem Geldsack auf dem Bauche liegenden Journalisten schreiben sich die Finger wund, um Hass gegen China im Volk zu entfachen (LW, 4: 375).

Die Ergebnisse solch rasender Kampagnen blieben nicht aus: »In diesem Jubelchor fehlt nur die Stimme der klassenbewussten Arbeiter, dieser fortgeschrittenen Vertreter des viele Millionen zählenden arbeitenden Volkes« (LW, 4: 371). Doch gegen das sich verbreitende chauvinistische Virus blieb auch im Proletariat lediglich eine Minderheit immun.

Lenin konnte gar nicht mehr die Illusionen hegen, die noch Marx und Engels in ihrer Jugendzeit besaßen. In deren Augen war der Prozess, der das Proletariat dazu drängte, revolutionäres Bewusstsein zu entwickeln und eine zur Emanzipation nicht nur einer bestimmten Klasse, sondern der gesamten Menschheit bestimmte Revolution zu machen, unaufhaltsam. Die bürgerliche Revolution endete mit der Integration und der Verschmelzung von alter und neuer herrschender Klasse, sodass die Ausbeutungsverhältnisse substantiell intakt blieben. Zur Mitte des 19. Jahrhunderts war es dem Block an der Macht dagegen unmöglich, das Proletariat zu integrieren, zu unüberbrückbar war dessen Gegensatz zur Bourgeoisie. Die Emanzipation des Proletariats wäre folglich die Emanzipation der gesamten Menschheit gewesen und die Stellung des Proletariats als bewusstes revolutionäres Subjekt hätte die entscheidende Wende der Weltgeschichte (die sich bereits am Horizont abzeichnete) gebracht. Nun hingegen fand die tendenzielle Einbindung bestimmter Teile des englischen Proletariats oder anderer Länder in die koloniale Ausbeutung vor aller Augen statt.

Eine weitere Grundannahme, die Marx und Engels in ihrer Jugendzeit ausgearbeitet, dann gleichwohl wieder zurückgenommen und problematisiert hatten, fiel endgültig: Nämlich die, dass aufgrund seiner Lebensbedingungen »die Abstraktion von aller Menschlichkeit, selbst von dem Schein der Menschlichkeit, im ausgebildeten Proletariat praktisch vollendet ist«, und daher auch andere Individuen, die klassenmäßig nicht dazugehören, sich dank »Anschauung« dieser Klassenlage darüber empören und zu Teilnehmern am Kampf werden könnten (vgl. Kap. IV, § 4). Der Erfolg des »Imperialsozialismus« führte unbeabsichtigt dahin, dass sich der Schwerpunkt hin zu einem revolutionären Subjekt verlagerte, das aus den unterdrückten Kolonialvölkern hervorging, die gezwungen waren, den Preis für die von der Bourgeoisie verfolgte Integrationspolitik zu zahlen. Auf der anderen Seite geriet durch diesen Erfolg die naive sensualistische Erkenntnistheorie in die Krise, die das Erkennen einer Sache an sich einzig der unmittelbaren empirischen Wahrnehmung zuschrieb. Die neue Situation, die sich herausbildete, zwang zum Übergang zu einer rationalen Analyse, die die Totalität der politischen und gesellschaftlichen Verhältnisse auf nationaler wie internationaler Ebene erfasste und die zugleich die Bedingung der Bewusstseinsbildung wie der Einnahme revolutionärer Positionen im Klassenkampf sein musste.

In die gleiche Richtung drängten die zwischenimperialistischen Widersprüche über die Kolonialfrage hinaus. Bereits Engels hatte, wie er in einem Brief vom 15. Februar 1886 an August Bebel notierte, festgestellt, dass in England »die Masse der eigentlichen Arbeiter« dazu tendiere, für die »Kampfzöllner« Partei zu ergreifen, also für jene, die im Namen von »fair trade« und im Kampf gegen die anderen Ländern (in erster Linie Deutschland) vorgeworfene unfaire Konkurrenz die englische Industrie mittels Schutzzöllen abschirmen wollten (MEW, 36: 444f). Die immer schärfer ausgetragene Konkurrenz unter den kapitalistischen Großmächten band auch die Arbeiterklasse mehr und mehr ein. Die Situation spitzte sich in den Folgejahren weiter zu. In den Vorarbeiten zu seiner Imperialismus-Schrift entnahm Lenin dem Buch eines deutschen Historikers eine Notiz, die ihn erschütterte und verbitterte: »im August 1893 wurden italienische Arbeiter in Aigues Mortes von ihren französischen Wettbewerbern halb totgeschlagen« (LW, 39: 704). Dem Prozess der Herausbildung von Klassenbewusstsein traten immer größere Hindernisse entgegen. Der politischen Wende, die zu besonderer Aufmerksamkeit gegenüber den verheerenden Effekten des Imperialismus zwang, entsprach eine erkenntnistheoretische Wende: das Abrücken von sensualistischen Grundannahmen, die bei Marx und Engels in ihrer Jugendzeit möglicherweise das Resultat des Einflusses von Feuerbach waren. Somit lässt sich nun *Was tun?* verstehen:

> Das Bewusstsein der Arbeiterklasse kann kein wahrhaft politisches sein, wenn die Arbeiter nicht gelernt haben, auf *alle* und *jegliche* Fälle von Willkür und Unterdrückung, von Gewalt und Missbrauch zu reagieren, *welche Klassen* diese Fälle auch betreffen mögen, und eben vom sozialdemokratischen und nicht von irgendeinem anderen Standpunkt aus zu reagieren. Das Bewusstsein der Arbeitermassen kann kein wahrhaftes Klassenbewusstsein sein, wenn die Arbeiter es nicht an konkreten und dazu unbedingt an brennenden (aktuellen) politischen Tatsachen und Ereignissen lernen, *jede* andere Klasse der Gesellschaft in *allen* Erscheinungsformen des geistigen, moralischen und politischen Lebens dieser Klassen zu beobachten; wenn sie es nicht lernen, die materialistische Analyse und materialistische Beurteilung *aller* Seiten der Tätigkeit und des Lebens *aller* Klassen, Schichten und Gruppen der Bevölkerung in der Praxis anzuwenden. Wer die Aufmerksamkeit, die Beobachtungsgabe und das Bewusstsein der Arbeiterklasse ausschließlich oder auch nur vorwiegend auf sie selber lenkt, der ist kein Sozialdemokrat, denn die Selbsterkenntnis der Arbeiterklasse ist untrennbar verbunden mit der absoluten Klarheit nicht nur der theoretischen … sogar richtiger gesagt: nicht so sehr der theoretischen als vielmehr der durch die Erfahrung des politischen Lebens erarbeiteten Vorstellungen von den Wechselbeziehungen *aller* Klassen der modernen Gesellschaft. […] Das Gebiet, aus dem allein dieses Wissen [das politische Klassenbewusstsein] geschöpft werden kann, sind die Beziehungen aller Klassen und Schichten zum Staat und zur Regierung, sind die Wechselbeziehungen zwischen sämtlichen Klassen (LW, 5: 426 u. 436).

Die Aneignung von Klassenbewusstsein und die Teilnahme am revolutionären Klassenkampf hat das Verständnis der gesellschaftlichen *Totalität* in *all* ihren Aspekten zur Voraussetzung. Notwendig ist »eine Organisation von Revolutionären […], die fähig sind, den *gesamten* Befreiungskampf des Proletariats zu leiten« (LW, 5: 474). Hinsichtlich Russlands zeichnete sich die revolutionäre Partei dadurch aus, dass sie gegen die »autokratische Regierung« Forderungen »auf dem Boden *aller* Erscheinungen des sozialen und politischen Lebens« aufstellte (LW, 5: 418).

Zur politisch-sozialen Ordnung, die es niederzureißen galt, gehörte nicht nur die Ausbeutung des Arbeiters in der Fabrik. Die Unterdrückung der nationalen Minderheiten, insbesondere der Juden Russlands, durfte ebenso wenig aus dem Blick geraten, wie der imperialistische Expansionismus, der stets danach trachtete, weitere Völker zu unterwerfen. Die revolutionäre Partei musste sich »über die Innen- und Außenpolitik unserer Regierung, über Fragen der wirtschaftlichen Entwicklung Russlands und Europas« im Klaren sein und jede Gelegenheit ergreifen, »allen und jedermann die welthistorische Bedeutung des Befreiungskampfes des Proletariats klarzumachen«. Konstitutiver und essentieller Bestandteil dieses Befreiungskampfs war auch die Emanzipation der Frau sowie der Kolonialsklaven, die von der liberalen Bourgeoisie als außerhalb der Zivilisation stehende Barbaren rassifiziert wurden und deshalb der Unterdrückung durch den weißen, westlichen Übermenschen unterlagen. In diesem Sinne war der Revolutionär ein »Volkstribun« und nicht irgendein reformistischer »Sekretär einer Trade-Union« (LW, 5: 437), der in nicht seltenen Fällen, wie es in der Imperialismus Schrift heißt (dabei eine bereits bekannte Feststellung Engels zitierend), als Stütze der herrschenden Klasse agierte und zum unkritischen Vertreter einer »Nation, die die ganze Welt exploitiert« wurde (LW, 22: 288).

2. Le Bons »Psychologie der Massen« und Lenins »Was tun?«

Was tun? erschien zwei Jahre nach Bernsteins Stellungnahme zugunsten des Kolonialismus und dem Furor der »zivilisatorischen Mission« in China – sowie sieben Jahre nach Gustave Le Bons *Psychologie der Massen.* Das ist beileibe kein irrelevantes Detail. Der französische Autor rief die Bourgeoisie dazu auf, dass sie ihren Propagandaapparat zur Aufrechterhaltung ihrer Hegemonie reorganisieren möge. Es sei nötig, »die erstaunliche Wirkung der Anzeige« zur Kenntnis zu nehmen, und daher erforderlich, politische Persönlichkeiten und Positionen auf gleiche Weise zu bewerben wie einen jedermann bekannten Konsumartikel, z. B. »Schokolade«. Weniger bekannt sind weitergehende Ausführungen des Massenpsychologen. Die Massen seien per definitionem unfähig, logisch zu argumentieren. Doch dieser scheinbare Missstand schaffe in Wirklichkeit die Voraussetzung zur Lösung des Problems: »Das Urbild des Massenhelden wird stets Cäsarencharakter zeigen. Sein Helmbusch verführt sie, seine Macht flößt ihnen Achtung ein, und sein Schwert fürchten sie.« (Le Bon 1983/1911: 89 u. 34). Somit ließen sich die Massen kontrollieren, wenn propagandistisch auf die Verlockungstechniken der Werbung zurückgegriffen, inhaltlich aber Begeisterung für militärische und kriegerische Unternehmungen erzeugt werde.

Lenins Ansatz tritt demjenigen Le Bons auf beiden Ebenen entgegen. Im Kontrast zur Verdummungsmaschinerie, wie sie vom Massenpsychologen theoretisch ausgearbeitet wurde, appelliert *Was tun?* an die kritische Intelligenz der Arbeiteravantgarde, sich nicht von der »Schokolade« der herrschenden Klasse verführen zu lassen. Und der erste Beweis der Urteilsautonomie erweise sich darin, dass man nicht auf die Verlockungen des »Helmbuschs« des »Cäsaren« hereinfalle. Es sei dagegen erforderlich, sich den Kolonialabenteuern und den Kriegsgefahren zu widersetzen, die die kapitalistischen Metropolen selbst bedrohten: »Die europäischen Mächte, die über China hergefallen sind, beginnen schon, sich um die Aufteilung der Beute zu streiten, und niemand vermag zu sagen, wie dieser Streit ausgehen wird« (LW, 4: 375).

Die üblicherweise gegen Lenin vorgebrachte Kritik, er habe das politische Leben militarisiert, scheint daher unbegründet: Bei Le Bon hatte der »Säbel« des Cäsaren den Zweck, auch im Landesinnern »Autorität« herzustellen und Angst zu erzeugen. Demgegenüber wird in *Was tun?* gelegentlich der Zurückweisung ökonomistischer Standpunkte die Wichtigkeit des Kampfes um Demokratie hervorgehoben. Der Theoretiker einer Psychologie der Massen treibt das tief im Liberalismus wurzelnde Diktum von der »kindlichen Menge«, die einem »Cäsar« in kriegerische Abenteuer, wie sie sich am Horizont bereits abzeichneten, zu folgen habe, auf die Spitze. Mit Blick auf die kolonialen Unternehmungen und auf die Gefahr eines Krieges unter den Großmächten bezichtigt Lenin die Trade-Unionisten, denen zufolge die Volksmassen einzig an ökonomischen Forderungen ein Interesse hätten, die Arbeiter wie »Kinder« zu behandeln (LW, 5: 430).

Gewiss, die bolschewistische Partei vermochte auch deshalb, die Macht zu erobern, weil sie als einzige sozialistische Partei den Bedingungen des Ausnahmezustands unterlag, in dem sich das zaristische Russland befand, der sich aber nach Ausbruch des Ersten Weltkriegs auf europäischer, um nicht zu sagen globaler Ebene ausdehnte. Zweifellos haben wir es mit einer Partei zu tun, die in einer solchen Art und Weise organisiert war, um bei Bedarf den Schritt von der »Waffe der Kritik« zur »Kritik der Waffen« unternehmen zu können, wie es beim jungen Marx heißt (MEW, 1: 385). Viele derjenigen, die glauben, die leninistische Partei ließe sich ausschließlich als eine Maschine zur Organisation der Gewalt abtun, täten gut daran, die unfreiwillige Anerkennung zur Kenntnis zu nehmen, die ihr von ganz und gar unverdächtiger Seite zuteil wurde. Ernst Nolte, Exponent des Geschichtsrevisionismus, beschrieb, auf welche Weise die Truppen von Lawr G. Kornilow, im September 1917 Anführer eines vom liberalen Westen unterstützten Staatsstreichversuchs, mit den Bolschewiki konfrontiert waren:

> Sie warfen eine ganze Armee von Agitatoren den heranrückenden Truppen des Oberbefehlshabers entgegen, um diese zu überzeugen, dass sie gegen ihre eigenen Interessen handeln, den Krieg verlängern und einer Restauration des Zarismus den Weg bereiten würden, wenn sie den Befehlen ihrer Offiziere Folge leisteten. In der Tat erlagen die Truppen nicht nur auf den Aufmarschwegen nach Petrograd, sondern an vielen Stellen des Landes der Überzeugungskraft von Argumenten, die bloß ihre eigensten und noch halbverborgenen Wünsche und Ängste artikulierten. Keiner der betroffenen Offiziere würde je vergessen können, wie ihm seine Soldaten entglitten, nicht nur unter dem Feuer der Granaten, sondern im Sturm der Worte (Nolte 1987: 55).

Wie zu sehen war, wird in *Was tun?* der von authentischem Klassenbewusstsein freie Gewerkschaftsführer mit dem »Volkstribun«, als Anführer des revolutionären Klassenkampfs konfrontiert. Indem ersterer sich ausschließlich auf die Erhöhung der Löhne oder auf die Verbesserung der Arbeitsbedingungen konzentriert, schließt er die Augen vor der Unterdrückung der Kolonialvölker, teilt mit der Bourgeoisie der kapitalistischen Metropolen nicht selten deren chauvinistische Arroganz und kommt dahin, seine Unterwerfungsbereitschaft im Ringen der Großmächte um Hegemonie im imperialistischen Krieg unter Beweis zu stellen. Die äußerliche »Konkretheit« offenbart sich mithin als eine angsterfüllte Abstraktheit, die bisweilen das Leben der Volksmassen auf dem Altar der Interessen und Ziele der herrschenden Klasse zu opfern bereit ist.

Infolge seiner Kritik am Trade-Unionismus ist Lenin von seinen Widersachern wiederholt vorgeworfen worden, er verlasse »den Klassenstandpunkt, vertuscht die Klassengegensätze und stellt die gemeinsame Unzufriedenheit mit der Regierung in den Vordergrund« (LW, 5: 448f). Sein Insistieren auf die Kategorien »Nation« und »Volk« (oder »Bevölkerung«) wurde »unter dem Gesichtspunkt des Klassenkampfs« als etwas dem Marxismus Fremdes zurückgewiesen (LW, 20: 414). Doch für den russischen Revolutionär ließ sich das »Klassenziel« des Proletariats nicht erreichen, »ohne die Gleichheit der verschiedenen Nationen zu verfechten« (LW, 20: 416). Zur Bestimmung des Bewusstseins der revolutionären Klasse muss aber allen aus dem kapitalistischen und imperialistischen System hervorgehenden Zwangsverhältnissen Rechnung getragen werden.

3. Die »ungeheure Bedeutung der nationalen Frage«

Zu diesen Zwangsverhältnissen gehört die nationale Unterdrückung, und folglich ist der Kampf gegen sie eine wesentliche Ausdrucksform des Klassenkampfs. Ausgehend von dieser Annahme konnte Lenin mit erstaunlicher Klarheit die Hauptlinien des 20. Jahrhunderts skizzieren. Nicht nur, weil er sich im Klaren darüber war, dass die Phase einer relativ friedlichen Entwicklung zu Ende gehen würde. Er antizipierte auch die wesentlichen Züge der großen historischen Krise, des gewaltigen Sturms, der sich da näherte. Erhellend ist ein Text vom Dezember 1914 – da wütete der bis dahin beispiellose Weltenbrand bereits. Darin forderte Lenin die Umwandlung des imperialistischen Krieges in den revolutionären Bürgerkrieg und brachte all seine Verachtung gegenüber der hurrapatriotischen Rhetorik zum Ausdruck, der nicht wenige Sozialisten anheimfielen, um das laufende Gemetzel zu rechtfertigen. Das hielt den großen Revolutionär gleichwohl nicht davon ab, auf die »ungeheure Bedeutung der nationalen Frage« für das noch junge Jahrhundert hinzuweisen (LW, 21: 91 f). Schon vor Beginn des Krieges, aber auch während seiner Dauer benannte Lenin präzise die Epizentren des globalen Aufeinanderprallens in der nationalen Frage, das sich schon am Horizont abzeichnete: Das waren »Osteuropa« und »Asien« bzw. der »Osten Europas« auf der einen und die »Kolonien und Halbkolonien« auf der anderen Seite (LW, 20: 438; LW, 23: 52). Was das erste Epizentrum angeht, so wird man an die bald erfolgte Auflösung des Zarenreiches zu denken haben sowie an den Versuch Hitlers, im Osten eine Art »deutsches Indien« zu errichten, und letztlich auch an das Verschwinden der Sowjetunion. Das zweite Epizentrum ruft die nationalen Befreiungsbewegungen in China, Indien, in Vietnam etc. in Erinnerung.

Offensichtlich deckten die beiden Epizentren nicht die Krise in ihrer Gesamtheit ab. Im Oktober 1916, als die Truppen Wilhelms II. vor den Toren von Paris standen, insistierte Lenin zwar darauf, dass der Weltkrieg ein imperialistischer Konflikt sei, brachte aber die Möglichkeit seines Umschlags ins Spiel. »Wenn dieser Krieg mit Siegen in der Art der Siege Napolcons und mit der Versklavung einer Reihe lebensfähiger Nationalstaaten endete, [...] dann wäre ein großer nationaler Krieg in Europa möglich« (LW, 22: 315). Dieses Szenario verwirklichte sich zu einem guten Teil auf dem europäischen Kontinent zwischen 1939 und 1945: Der von Hitler vorläufig errungene Sieg nach Art Napoleons provozierte einen »großen nationalen Krieg« in Frankreich.

Lenin machte schließlich auf die nationale Unterdrückung aufmerksam, die schon zu Friedenszeiten in den kapitalistischen Metropolen statthaben kann. Zur Illustration der »ungeheuren Bedeutung der nationalen Frage« verwies er auch auf den »Schinder von Negern«, der in der demokratischen Republik in Nordamerika sein Unwesen trieb (LW, 21: 91). Im Verlauf des 20. Jahrhunderts würde die *white supremacy* der Dreh- und Angelpunkt harter Kämpfe in den USA, in Südafrika etc. sein.

Vor diesem Hintergrund erschien ein revolutionärer Ausweg aus der sich nähernden großen historischen Krise undenkbar, solange man sich nicht der nationalen Frage zuwandte. Im Juli 1916 spottete Lenin über diejenigen, die den Klassenkampf und den revolutionären Kampf in seiner reinen Form suchten.

> Denn zu glauben, dass die soziale Revolution denkbar ist ohne Aufstände kleiner Nationen in den Kolonien und in Europa, [...] heißt der sozialen Revolution entsagen. [...] Wer eine »reine« soziale Revolution erwartet, der wird sie niemals erleben. Der ist nur in Worten ein Revolutionär, der versteht nicht die wirkliche Revolution (LW, 22: 363f).

Selbstverständlich spielten nicht alle nationalen Bewegungen eine fortschrittliche Rolle und verdienten es, von der revolutionären Partei und dem »Volkstribun« unterstützt zu werden. In der Behandlung dieses Problems machte Lenin von zwei verschiedenen theoretischen Ansätzen Gebrauch. In den ersten Monaten des Jahres 1914 führte er eine polemische Auseinandersetzung mit Rosa Luxemburg und unterstrich dabei die Rolle der nationalen Frage. »Es unterlag für Marx keinem Zweifel, dass im Vergleich mit der ›Arbeiterfrage‹ die nationale Frage von untergeordneter Bedeutung ist. Aber von einer Ignorierung der nationalen Bewegungen ist seine Theorie himmelweit entfernt.« Die »nationalen Forderungen« bleiben präsent, aber für das Proletariat »sind sie den Interessen des Klassenkampfs untergeordnet« (LW, 20: 441 u. 413). Diese Formulierung ist nicht ganz befriedigend. Sie scheint von der Voraussetzung auszugehen, dass zwischen »nationaler Frage« und »Arbeiterfrage«, zwischen nationalem und Klassenkampf ein deutlicher Unterschied bestünde. Das ist einigermaßen weit weg vom Standpunkt Marx', für den (etwa in einer Kolonie, wie Irland es war) die »soziale Frage« in Gestalt der »nationalen Frage« auftreten konnte und der Klassenkampf wenigstens in seiner ersten Phase die Form des nationalen Kampfes annahm. Auf der anderen Seite haben wir gesehen, dass Marx die Rolle, die die Kroaten 1848/49 spielten, mit der von »Lazzaroni«, also Lumpenproletariern, verglich (vgl. Kap. 5, § 1). Wie die Völker unter subalternen Bedingungen, so können auch die subalternen Klassen eine reaktionäre Rolle spielen. Die Notwendigkeit, von Bewegung zu Bewegung zu unterscheiden, bleibt ein generelles Problem.

Reifer ist da schon eine zweite Formulierung Lenins. Zunächst erinnerte er (im Juli 1916) an die Unterstützung, die Iren und Polen, aber nicht »Tschechen« und »Südslawen« (also auch Kroaten) als »Vorposten« des Zarismus, durch Marx und Engels erfahren hatten, und fährt dann fort:

> Die einzelnen Forderungen der Demokratie, darunter das Selbstbestimmungsrecht, sind nichts Absolutes, sondern ein kleiner Teil der allgemein-demokratischen (jetzt: allgemein-sozialistischen) Weltbewegung. Es ist möglich, dass in einzelnen konkreten Fällen der Teil dem Ganzen widerspricht, dann muss man den Teil verwerfen. Es ist möglich, daß die republikanische Bewegung in einem Lande nur das Werkzeug einer klerikalen oder einer finanzkapitalistisch-monarchistischen Intrige anderer Länder ist – dann dürfen wir diese gegebene, konkrete Bewegung nicht unterstützen; es wäre aber lächerlich, aus diesem Grunde die Losung der Republik aus dem Programm der internationalen Sozialdemokratie hinauswerfen zu wollen (LW, 22: 348f).

In diesem Fall stehen sich nicht »nationale Frage« und »Arbeiterfrage« gegenüber, sondern der »Teil« dem Ganzen. Weil die nationalen Bestrebungen der Tschechen (und der Kroaten) der Instrumentalisierung und der Kontrolle des Zarismus unterlagen, erwiesen sie sich selbst unter ausschließlicher Betrachtung der nationalen Frage als frei von Legitimität: Sie waren ein »Teil«, der mit der Gesamtheit der nationalen Emanzipationsbewegung, für die das zaristische Russland der Hauptfeind war, in Widerspruch geriet. Dass das Ganze, um in der Sprache Lenins zu bleiben, von der »allgemein-demokratischen« oder von der »allgemein-sozialistischen Weltbewegung« repräsentiert wird, umgeht in keinem einzigen Fall das Problem der Unterordnung des »Teils« unter das Ganze. Die Lösung dieses Problems ist nicht eindeutig und nicht frei von Widersprüchen. Das galt nicht nur für die revolutionäre Welle von 1848/49. Wir haben gesehen, dass Adam Smith das »despotische Regime« gegen die Sklaveneigentümer anrief. Die von diesen beherrschten Repräsentativorgane waren ein »Teil«, der in Widerspruch mit dem Ganzen geriet. Die gleiche Überlegung lässt sich mit Blick auf die von Lincoln und dem Unionsheer beseitigte Selbstregierung der Sklavenhalterstaaten anstellen.

Lenin hob hervor, dass sowohl »der Bonapartismus als auch der Zarismus« – oder, wie sich hinzufügen lässt, der Imperialismus – die »kleinen nationalen Bewegungen zu ihren Gunsten, gegen die europäische Demokratie« ausnutzten können (LW, 22: 349). Die Geschichte des 20. Jahrhunderts beweist das ausführlich. Zu Beginn des Jahrhunderts hatte Kolumbien gezögert, den USA jenen Streifen Land abzutreten, der für den Bau jenes Kanals benötigt wurde, der Atlantik und Pazifik miteinander verband und der den Vereinigten Staaten zum Aufstieg zur Imperialmacht verhelfen sollte. Doch die ließen sich davon nicht beeinträchtigen. Aus dem Nichts wurde ein neues Land geschaffen. Nachdem Panama seine »Unabhängigkeit« erlangt hatte, erfüllte es prompt alle Forderungen Washingtons. Auf die Unabhängigkeit des Kongo folgte mit Unterstützung der ehemaligen Kolonialmacht Belgien und des Westens insgesamt der Versuch der Abspaltung Katangas (einer an Rohstoffen reichen Region). Einige Jahre später unterstützten und ermutigten die USA mit terroristischen Bombardements auf Vietnam und Laos diese oder jene separatistische, diese oder jene »kleine nationale Bewegung«. Mit der Aufzählung solcher Beispiele ließe sich bis in unsere Tage hin fortfahren.

Während Lenin zwischen 1914 und 1918 dazu aufrief, den imperialistischen Krieg in den revolutionären Bürgerkrieg umzuwandeln, warnte er zugleich vor der möglichen Rückkehr des nationalen Krieges in die kapitalistischen Zentren eines nationalen Krieges, dessen Protagonist das kapitalistische und kolonialistische Frankreich sein könnte. In einem Beitrag von 1920 fasste Lenin zusammen, welche Haltung den revolutionären Klassenkampf leiten sollte: »die konkrete Analyse einer konkreten Situation« – darin bestehe »die lebendige Seele des Marxismus« (LW, 31: 154). Nichts könnte deutlicher mit dem Glauben an die unmittelbare Evidenz von Ausbeutung und Unterdrückung brechen! Das Bewusstsein von der (von Mal zu Mal stets verschiedenen) Verschränkung der Widersprüche und des Klassenkampfs auf nationaler wie auf internationaler Ebene hat jedes Überbleibsel von Unmittelbarkeit beseitigt.

Dennoch wurde die irrige These aufgestellt, dass die »verarmte monolithische Gestalt des ›Marxismus-Leninismus‹« »Vielfalt« und »Reichtum der marxistischen Diskursivität aus der Zeit der Zweiten Internationale« vernichtet habe (Laclau/Mouffe 2012: 35). Die Flucht aus der fürchterlichen Geschichte des 20. Jahrhunderts scheint einen Sündenbock zu benötigen. So oder so, Lenin kommt das Verdienst zu, die binäre Lesart des Klassenkampfs überwunden und mit der sensualistischen Erkenntnistheorie der Frühschriften von Marx und Engels gebrochen zu haben. Gerade deshalb war er in der Lage, mit erstaunlicher

Klarheit die Entwicklungen jenes Jahrhunderts vorwegzunehmen, das sich ohne die zunächst erkenntnistheoretischen und dann politischen Lehren dieses großen russischen Revolutionärs eben nicht verstehen lässt. Dabei ist ein weiterer Aspekt hervorzuheben. Vage nur angedeutet bei den Autoren des *Manifests,* wird nun die tragische Einsicht in den Gang der Geschichte und des Klassenkampfs deutlich. Die Tragödie (im philosophischen Wortsinne) ereignet sich nicht dann, wenn Recht und Unrecht, sondern wenn zwei verschiedene Arten von Recht aufeinander treffen, mögen sie auch noch so ungleich sein. Die nationalen Forderungen der Tschechen oder anderer Nationalitäten können ihre Berechtigung verlieren; nicht deshalb, weil sie ohne Grundlage wären, sondern weil sie von einer Wirklichkeit aufgesogen werden, die stärker ist und die eine schwerwiegende Bedrohung für die Freiheit und die Emanzipation der Nationen darstellt.

All dem trug der »Volkstribun« Rechnung und wurde so der Protagonist eines Klassenkampfs, dessen Formen sich pausenlos änderten. Die Verfolgung des universellen Ziels (die Errichtung einer Gesellschaft, die endlich frei sein würde von jeder Form der Ausbeutung und der Herrschaft) konkretisierte sich noch stets in einem bestimmten Engagement gegen den Krieg, den Faschismus, den kolonialen Expansionismus und die nationale Unterdrückung.

4. Der kurze Sommer des »internationalen Bürgerkriegs«

Der gewaltige Krieg, der 1914 vom Zaun gebrochen und von Le Bon indirekt, von Pareto (und der herrschenden Klasse) explizit und erklärtermaßen beschworen und herbeigerufen wurde, sollte das Mittel sein, die Arbeiterbewegung um Jahrzehnte zurückzuwerfen (vgl. Kap. I, § 13). Obgleich der chauvinistische Furor auch die sozialistischen Parteien erfasste, konnte Lenin relativ leicht die Parole von der Umwandlung des imperialistischen Krieges (geführt im Namen der »Verteidigung des Vaterlands«) in den revolutionären Bürgerkrieg (zum Sturz der kapitalistischen Bourgeoisie jedes Landes, die verantwortlich für diese schreckliche Metzelei war) ausrufen. Aber in dem Moment, in dem der bolschewistische Oktober zur Hoffnung zu berechtigen schien, eine revolutionäre Welle könnte ganz Europa erfassen, drohte eben jene Parole jedwede historische Bestimmtheit zu verlieren und als Beginn einer neuen Ära verstanden zu werden, in der staatliche und nationale Grenzen nichts mehr gelten, in der gemeinhin die nationale Idee als obsolet, gar als regressiv zu betrachten gewesen wäre.

Auf ihrem ersten Kongress bestimmte die Dritte (Kommunistische) Internationale in ihren *Richtlinien* vom 6. März 1919, dass sie »den Interessen der internationalen Revolution die *sogenannten* nationalen Interessen unterordnet« (Institut für Marxismus-Leninismus 1959: 80). Bemerkenswert ist das hier kursiv gesetzte Wort: demnach gibt es keine realen nationalen Interessen. Das *Manifest der Kommunistischen Internationale an das Proletariat der ganzen Welt* vom 6. März 1919, nicht zufällig aus der Feder Trotzkis, steckt ein vielsagendes Feld ab: Die Menschheit laufe Gefahr, Sklave einer »Weltclique« zu werden, die vermöge eines »›internationalen‹ Heeres und einer ›internationalen‹ Flotte« in der Lage sei, den gesamten Planeten zu kontrollieren. Dem stehe eine ebenso kompakte internationale Front gegenüber, eine »proletarische Revolution, welche die produktiven Kräfte aller Länder aus der Enge der Nationalstaaten befreit«. »Der nationale Staat, der der kapitalistischen Entwicklung einen mächtigen Impuls gegeben hat, ist für die Fortentwicklung der Produktivkräfte zu eng geworden. Umso unhaltbarer wurde die Lage der unter den Großmächten Europas und anderer Weltteile verstreuten kleinen Staaten«, die nur dank des Gegensatzes »zwischen den beiden imperialistischen Lagern« überleben konnten. Mit dem Triumph der Entente war dieser Gegensatz verschwunden, und das imperialistische Lager wurde geeint, wie sich auf der anderen Seite das proletarische Lager herausbildete (Institut für Marxismus-Leninismus 1959: 86f). Hier liegt einmal mehr eine binäre Lesart des gesellschaftlichen Konflikts, diesmal auf planetarischer Ebene, vor, wie wir sie bereits anhand einiger Stellen von Marx und Engels kennengelernt haben.

So lassen sich auch die Vorschläge verstehen, die Tuchatschewski, Kommandant der Roten Armee, Sinowjew in einem Brief am Vorabend des II. Kongress der Kommunistischen Internationale unterbreitete. Es komme darauf an, sich »auf den kommenden Bürgerkrieg, auf den Moment eines weltweiten Angriffs aller bewaffneten Kräfte des Proletariats gegen die bewaffnete kapitalistische Welt« vorzubereiten. Angesichts der »Unvermeidbarkeit eines weltweiten Bürgerkriegs in der nächsten Zukunft« sei es nötig, einen breit zusammengesetzten Generalstab mit Zuständigkeiten einzurichten, die weit über den nationalen russischen Bereich hinausgingen. Der italienische Maximalist Giacinto Menotti Serrati bewegte sich im Kielwasser dieses Vorschlags, als er den Tag kommen sah, an dem »die proletarische Rote Armee nicht mehr nur aus russischen Proleten zusammengesetzt sein wird, sondern aus Proleten der ganzen Welt« (Carr 1964: 995). Das letzte zu verfolgende Ziel sie die Schaffung einer internationalen Sowjetrepublik. In einer auf dem II. Kongress verabschiedeten Resolution heißt es: »Die kommunistische Internationale erklärt die Sache Sowjetrusslands zu ihrer eigenen. Das internationale Proletariat wird das Schwert so lange nicht niederlegen, bis dass Sowjetrussland zu einem Glied in einer Föderation der Sowjetrepubliken der ganzen Welt geworden ist« (Carr 1964: 975).

Dies wurde zu einem Zeitpunkt ausgesprochen, an dem alle Blicke auf den laufenden Krieg in Polen gerichtet waren: »Im Kongresssaal hing eine große Landkarte, auf der jeden Tag die Bewegungen unserer Armeen aufgezeichnet wurden. Und jeden Morgen standen die Delegierten mit atemlosem Interesse vor dieser Karte«, erinnerte sich Sinowjew, damals Vorsitzender des Kongresses (Carr 1964: 973). Die Delegierten hatten den Eindruck, den verheißenen Entwicklungen beizuwohnen, einem Weltbürgerkrieg, einem Kräfteringen zweier einander gegenübergestellter Klassen, die staatliche und nationale Grenzen nicht mehr länger kannten. Schnell jedoch machte sich die Beharrlichkeit und Lebendigkeit dieser Grenzen bemerkbar: Die Rote Armee schritt in einem Krieg auf Warschau vor, der zwar ohne Zweifel von der reaktionären Regierung Jozef Piłsudskis provoziert worden war, allerdings von sowjetischer Seite von einem nationalen Verteidigungskrieg in einen revolutionären Krieg zur Niederschlagung der Kapitalismus auch in Polen umgewandelt wurde. Der Vormarsch wurde gestoppt und geriet sogar zu einem überstürzten Rückzug, nicht zuletzt deshalb, weil sich die polnischen Arbeiter von der patriotischen Aufwallung hatten mitreißen lassen und sich aktiv an der Schlacht beteiligten.

In Budapest allerdings trug die Revolution nach der Niederlage vor Warschau den Sieg davon. Man tut daher gut daran, zu untersuchen, was in Ungarn geschah. Im März 1919 wurde Béla Kun auf der Welle eines breiten nationalen Konsenses, die auch die Bourgeoisie erfasste, an die Macht getragen. Die Kommunisten wurden als die einzige Kraft angesehen, die in der Lage war, die territoriale Integrität des Landes vor der von der Entente ausgehenden Bedrohung zu bewahren. Diese schickte sich an, um Sowjetrussland herum einen Cordon sanitaire zu errichten und den annexionistischen Bestrebungen der Tschechoslowakei und Rumäniens ihren Segen zu erteilen (Kolko 1994: 159). Zurecht wurde eingeschätzt, dass »diese friedliche Revolution das Ergebnis eines gekränkten nationalen Stolzes war« (Mayer 1967: 554). Am Vorabend der Machtübernahme durch Béla Kun erklärte Alexander Garbai, einer der Führer der Sozialistischen Partei: »In Paris hat man sich zu einem imperialistischen Frieden verpflichtet [...]. Vom Westen lässt sich nichts erwarten als ein Diktatfriede [...] Die Entente hat uns einen neuen Kurs aufgezwungen, der uns dank des Ostens zusichert, was der Westen uns verweigern wollte.« Eben jener Béla Kun sah eine »nationale Phase« der ungarischen Revolution, die der eigentlichen »sozialen Revolution« vorausgehe (in: Mayer 1967: 551f u. 540). Sieg und Niederlage der Weltrevolution, zu der die Kommunistische Internationale aufrief, lassen sich folglich nicht verstehen, ohne die Rolle zu berücksichtigen, die die nationale Frage dabei spielte.

Die nationale Frage hatte sich sogar während der Oktoberrevolution bemerkbar gemacht, einer Revolution, die sich am Kampf gegen den Chauvinismus und den Hurrapatriotismus entzündete, mit dem Ziel, den imperialistischen Krieg in den revolutionären Bürgerkrieg umzuwandeln. Für Stalin (Stalin, Werke, Bd. 3: 127, 269) stellte sich zwischen Februar und Oktober 1917 die Revolution, so wie er sie deutete, nicht nur als notwendiger Eingriff zur Errichtung einer neuen gesellschaftlichen Ordnung dar, sondern auch zur Wiedererlangung der nationalen Unabhängigkeit Russlands. Die Entente versuchte mit allen Mitteln, das Land zur Fortführung des Krieges zu drängen. Es sollte ausbluten und auf bestimmte Weise in »eine Kolonie Englands, Amerikas und Frankreichs« verwandelt werden. Schlimmer noch, man führte sich in Russland so auf, als befände man sich in »Zentralafrika«. Die Menschewisten, die sich dem imperialistischen Diktat beugten, machten sich anfällig für den »allmählichen Ausverkauf Russlands an ausländische Kapitalisten«, lieferten das Land dem »Ruin« aus und erwiesen sich damit als die wahren »Verräter« der Nation. Im Gegensatz dazu befördere die zu vollendende proletarische Revolution nicht nur die Emanzipation der Volksklassen, sondern bahne »den Weg für die wirkliche Befreiung Russlands« (Stalin, Werke, Bd. 3: 197, 277, 177, 127). Die Konterrevolution, entfesselt von den Weißen, unterstützt und aufgehetzt von der Entente, wurde später niedergeschlagen – nicht zuletzt dank des Appells der Bolschewiki (Karl Radek tat sich hier besonders hervor) an das russische Volk, sich in einen »Kampf um die nationale Befreiung gegen die Invasion der Ausländer« einzubringen, gegen die imperialistischen Kräfte zu kämpfen, die entschlossen waren, Russland in eine Kolonie des Westens zu verwandeln. Auf dieser Grundlage unterstützte Aleksej A. Brusilow die neue revolutionäre Macht. Der herausragende adlige General war der einzige, zumindest einer unter wenigen, der sich im Ersten Weltkrieg bewährt hatte. Seine Entscheidung begründete er so: »Mein Pflichtgefühl gegenüber der Nation hat mich oft dazu gebracht, meine natürlichen gesellschaftlichen Neigungen außer Acht zu lassen« (Figes 2000: 840 u. 837).

Mit der Verwirklichung und der Verteidigung der Oktoberrevolution bewahrten die Bolschewiki die russische Nation vor Auflösung und Balkanisierung, die sich als Folge der Kriegsniederlage und des Zusammenbruchs des Ancien Régime abzeichneten. All das entging Gramsci nicht (1987: 56-58 u. 60): Am 7. Juni 1919 würdigte er Lenin als den »größten Staatsmann des zeitgenössischen Europas« und die Bolschewisten als einen »Adel von Staatsleuten, wie ihn keine andere Nation besitzt«. Denn ihnen komme das Verdienst zu, den »finsteren Abgrund des Elends, der Barbarei, der Anarchie, der Auflösung«, der »von einem langwierigen und desaströsen Krieg« aufgerissen wurde, wieder zugeschüttet zu haben. Sie hätten die Nation, das »riesige russische Volk«, gerettet und seien so fähig gewesen, »die kommunistische Doktrin mit dem kollektiven Bewusstsein des russischen Volkes zu vereinen«. Das lässt sich in ein Diskontinuitäts-, aber eben auch in ein Kontinuitätsverhältnis mit der russischen Geschichte stellen. Die Bolschewiki verkörperten »Klassenbewusstsein«, aber zur selben Zeit waren sie in der Lage, »für den neuen Staat eine loyale Mehrheit des russischen Volkes zu gewinnen«, einen »Staat für das ganze russische

Volk«. Aufgeben wollte der Imperialismus dadurch noch lange nicht; er setzte seine Aggressionspolitik fort. Gleichwohl: »Das russische Volk hat sich erhoben [...]. Es hat sich für sein Valmy bewaffnet«. Die Kommunistische Partei, von »Klassenbewusstsein« angetrieben, war nun de facto angehalten, den Kampf für die Unabhängigkeit der Nation nach dem Beispiel der Jakobiner zu führen.

5. »Proletarier aller Länder und unterdrückte Völker vereinigt euch!«

Der Klassenkampf tritt also nie (oder jedenfalls fast nie) in reiner Form auf. Kehren wir für einen Moment ins 19. Jahrhundert zurück. Während in England Bourgeoisie und Aristokratie ihre Herrschaft durch die Unterjochung Irlands (wo sich infolge der systematischen Enteignung der Inselbewohner die »soziale Frage« als »nationale Frage« darstellte) konsolidieren konnten, wurden, wie der *Neuen Rheinischen Zeitung* zu entnehmen ist, »die Klassenkollisionen« in den USA »jedes Mal vertuscht durch den Abzug der proletarischen Überbevölkerung nach dem Westen« (vgl. Kap. I, § 9), und folglich vermöge der Enteignung und Deportation der »Rothäute«. Später dann, im Laufe des Sezessionskrieges, beobachtete Marx:

> Nur durch Erwerb und Aussicht auf Erwerb von neuen Territorien sowie durch Flibustierzüge [etwa jener William Walkers, der um die Mitte des 19. Jahrhunderts Nicaragua eroberte und dort die Sklaverei wieder einführte] gelingt es, das Interesse dieser »armen Weißen« mit dem der Sklavenhalter auszugleichen, ihrem unruhigen Tatendrang eine gefahrlose Richtung zu geben, und sie mit der Aussicht, einst selbst Sklavenhalter zu werden, zu kirren (MEW, 15: 337).

Mehr noch als die Enteignung und die Verschleppung der native americans entschärft diese Aussicht den Klassenkampf innerhalb der Gemeinschaft der Weißen mittels der Versklavung der Afroamerikaner (und anderer als barbarisch betrachteter Bevölkerungen Zentralamerikas).

In gewisser Weise handelt es sich hierbei noch um »spontane« Prozesse. Mit der Zuspitzung des gesellschaftlichen Konflikts in Europa wohnen wir dem Aufkommen von Theorien bei, in denen in expliziter Manier die Annexion des Bodens in den Kolonien gefordert wird, um diesen den Mittellosen in den kapitalistischen Metropolen zuzuweisen. Im Jahr 1868 beklagte Ernest Renan in Frankreich, wo ein langer revolutionärer Zyklus letztlich eine sozialistische Bewegung hervorgebracht hatte, die Französische Revolution habe »die Entwicklung der Kolonien« blockiert und somit »den einzigen Ausweg versperrt, der den Staaten die Flucht vor den Problemen des Sozialismus ermöglicht«. Diese These bekräftige er in den Monaten nach der Pariser Kommune: »Die Kolonisierung in großem Maßstab ist eine politische Notwendigkeit ersten Ranges. Eine Nation, die nicht kolonisiert, ist unwiderruflich zum Sozialismus, zum Krieg zwischen Armen und Reichen verdammt.« Die Völker von »minderwertiger Rasse« müssten »zum Vorteil der erobernden Rasse« zum Arbeiten gebracht werden. Klar sei: »Die Europäer sind eine Rasse der Herren und der Soldaten. Erniedrigt diese Rasse zur Arbeit im Zuchthaus wie die Neger und die Chinesen und sie werden revoltieren« (Renan, Bd. 1: 12 u. 390).

Zwei Jahrzehnte später empfahl Theodor Herzl die Kolonisierung Palästinas und den Zionismus als Antidot zur revolutionären Bewegung, die in den kapitalistischen Metropolen ihr Haupt erhob: Es sei notwendig, »ein schreckliches Proletariat« auf ein Land umzuleiten, das »schreit nach Menschen, die es bebauen sollen«. Befreit von einem »surplus von Proletariern und Verzweifelten« könne die europäische Metropole gleichzeitig die Zivilisation in die koloniale Welt tragen:

> Mit dieser Vermehrung von Cultur u. Ordnung aber ginge Hand in Hand die Schwächung der Umsturzparteien. Darauf ist besonders nachdrücklich hinzuweisen, dass wir überall mit den Umstürzlern im Kampfe liegen u. thatsächlich die jungen studierenden Leute sowol wie die jüdischen Arbeiter vom Socialismus u. Nihilismus abwenden, indem wir vor ihnen ein reineres Volksideal entfalten (Herzl 1984/85: Bd. 2: 657 u. 713).

Einmal von der vorangegangen revolutionären Militanz ablassend, würden sich die Sozialisten und Anarchisten in Russland dem Zionismus zuwenden. Nicht ohne Grund versuchte der Führer der zionistischen Bewegung den Kontakt zu Cecil Rhodes, der Verkörperung des englischen Imperialismus (Herzl 1984/85, Bd. 2: 605; Bd. 3: 327).

Rhodes ist in Lenins Imperialismusschrift gegenwärtig und wird ausführlich rezitiert: Wie gelingt die »Lösung des sozialen Problems«, wie lässt sich ein »mörderischer Bürgerkrieg«, das heißt die antikapitalistische Revolution, verhindern? Man muss »neue Ländereien erschließen«. »Wenn Sie den Bürgerkrieg nicht wollen, müssen Sie Imperialisten werden« (zit. nach LW, 22: 261). Rhodes gelangte zu diesem Schluss, nachdem er das East End, das Arbeiterviertel Londons, besucht hatte, von dem Engels 1889 geschrieben hatte, dass es sich von einem Ort »passiver Elendsversumpfung« in einen Vorposten des Klassenkampfs verwandelt habe (vgl. Kap. III, § 7). Und genau das ängstigte den englischen Imperialisten. Die Wiederbelebung des kolonialen Expansionismus schien ihm die einzig gültige Antwort auf die Zuspitzung der sozialen Frage und auf das Anwachsen der sozialistischen Bewegung.

Dieses politische Programm machte über England hinaus Schule, wie etwa auch bei Herzl zu sehen war. Am Vorabend des Ersten Weltkriegs rief der Führer der italienischen Nationalisten, Enrico Corradini, die Sozialisten dazu auf, die koloniale Expansion des eigenen Landes zu unterstützen, womit er beherzigte, was sich zumindest zum Teil in England bewahrheitet hatte:

> Der englische Arbeiter weiß, dass sich jede alltägliche Handlung, die sich im grenzenlosen englischen Empire der fünf Kontinente ereignet, dessen Teil er ist, nicht unerheblich auf seine eigene häusliche Bilanz auswirkt: Der enorme englische Handel ist vollständig abhängig vom englischen Imperialismus. Der Arbeiter in London weiß, dass Ägypten, das Kap, Indien, Kanada und Australien zur Mehrung seines eigenen Wohlstands und der Mehrheit der englischen Bürger beitragen (Corradini 1980: 243).

Von einer »Schmutzschrift« (LW, 39: 777) sprach Lenin angesichts dieser Behauptungen in seinen Vorarbeiten zur Imperialismusstudie, in denen er auch Ausschnitte eines deutschen Historikers exzerpierte, in denen vom Kolonialkrieg gegen die Herero die Rede ist, die vernichtend geschlagen wurden, nachdem man sie zuvor ihres Bodens beraubt hatte. Auf diesem Grund siedelten immer zahlreicher Soldaten, die auf diesem Wege zu »Bauern und Viehzüchtern« wurden. Lenins Kommentar: »Land rauben und Gutsbesitzer werden!« So also lautete der Vorschlag der imperialistischen Mächte zur Lösung der sozialen Frage (LW, 39: 704).

Die kapitalistische Bourgeoisie war bestrebt, den Konflikt in den Metropolen vermittels der systematischen Enteignung der Kolonialvölker zu entschärfen, so dass sich, wie in Irland (von Marx untersucht), die »soziale Frage« regelmäßig als »nationale Frage« stellte. Gleichzeitig sickerte in den kapitalistischen Metropolen der »Imperialsozialismus« in die Reihen der Arbeiterbewegung ein. So wie die koloniale Expansion im Osten (generell mehr im Südosten) die Revolution anspornte, so stärkte sie zumindest kurzfristig die herrschende Macht im Westen. Den Untersuchungen Lenins zufolge, der sich dabei auch auf die Lehren von Marx und Engels berief, musste es darum gehen, im Westen dem »Sozialimperialismus« grundsätzlich entgegenzutreten und im Osten die antikoloniale Revolution ohne Zaudern zu unterstützen.

Im Sommer 1920 erweiterte der Kongress der Völker des Ostens, der direkt nach dem Kongress der Kommunistischen Internationale in Baku stattfand, die Losung, mit der das *Manifest der Kommunistischen Partei* und die *Inauguraladresse* der Internationalen Arbeiterassoziation endeten. Die Parole lautete nunmehr: »Proletarier aller Länder und unterdrückte Völker vereinigt Euch!« Neben den »Proletariern« waren jetzt auch die »unterdrückten Völker« als revolutionäres Subjekt anerkannt. Diese Formulierung, die gegenüber jener von Marx und Engels zweifelsohne eine Neuheit darstellte, zeigte nicht etwa die Abkehr vom Klassenkampf und vom Internationalismus an, sondern den Anspruch, die je eigentümliche und bestimmte Beschaffenheit des jeweils anderen zu erfassen.

6. Der Osten und der doppelte Kampf um Anerkennung

Es lässt sich nun besser verstehen, warum sich die vom *Manifest* beschworene Revolution eher in Russland und dann in den Kolonien ereignete. Seit langem schon wird nach den Gründen für diese Verschiebung des Klassenkampfs und der Revolution in Richtung Südost gefragt. Zur Beantwortung dieser Frage mag man besonders an Lenins These vom schwächsten Kettenglied denken: Anstatt in den fortgeschrittenen Industriestaaten auszubrechen, trägt sich die Revolution dort zu, wo sich die verschiedensten Widersprüche zu einem Knoten schürzen und sich das kapitalistische und imperialistische System als fragil erweist. Diese zugespitzte Erklärung bricht mit der binären Lesart des revolutionären Prozesses. Wenn wir tiefer bohren, stoßen wir allerdings auf ein noch grundlegenderes Faktum: Im Osten ist das Bedürfnis nach und der Anspruch auf Anerkennung besonders ausgeprägt. Dort findet sich demnach nicht nur eine Verflechtung der politischen und sozialen Widersprüche, sondern auch der Kampf um Anerkennung.

Schauen wir genauer hin, was sich in Russland bereits in der Februarrevolution, unmittelbar nach dem Sturz des Zarismus, ereignet hat. Unterdrückung, Ausbeutung und Erniedrigung einer riesenhaften Masse an Bauern, einer beschränkten aristokratischen Elite zu Diensten, die sich dem eigenen Volk gegenüber als fremd betrachtete (es zu einer andersartigen und minderwertigen Rasse degradierte), kündeten von einer Katastrophe unbekannten Ausmaßes. Zu diesem Fehlen der Anerkennung hat Dostojewski (2000: 234) uns erinnerungswürdige und fürchterliche Passagen hinterlassen. Zu Beginn des 19. Jahrhunderts bestraft »ein General mit mächtigen Verbindungen, ein reicher Gutsbesitzer« einen Jungen von acht Jahren, der beim Spiel den Lieblingshund des Herren mit einem Stein an der Pfote traf: Der Junge wird gezwungen, sich zu entblößen und dann fort zu rennen, gehetzt von den Jagdhunden, die ihn fassen und zerfleischen. »Rund umher sind die Hofleute versammelt, zur Erbauung vor allen, steht ganz vorn die Mutter des schuldigen Knaben«. Die mangelnde Anerkennung lässt sich weiterhin aufzeigen, wenn die Vorkommnisse des Ersten Weltkriegs hinzugezogen werden, in dessen Verlauf die adligen Offiziere de facto Tag für Tag die Macht über Leben und Tod über ihre leibeigenen Soldaten ausübten. Der Sturz des Ancien Régime war der Moment der seit Jahrhunderten ersehnten Revanche. Georgi Jewgenjewitsch Lwow, von März bis Juli 1917 Ministerpräsident der provisorischen bürgerlichen Regierung, anerkannte diesen Grundsatz mit bemerkenswerter Selbstkritik: »Die Rache der Leibeigenen« ist die Abrechnung mit denen, die sich jahrhundertelang weigerten, »die Bauern als Menschen und nicht wie Hunde« zu behandeln« (zit. n. Figes 2000: 448) oder gar wie Freiwild, wie in Dostojewskis Schilderung.

Dabei handelte es sich im Übrigen nicht um ein Problem, das nur auf dem Lande anzutreffen gewesen wäre. Schon 1895 betrieb Lenin

Agitation unter Verweis auf vergleichbare Zustände in den russischen Fabriken: »Die Arbeiter müssen zeigen, dass sie sich für ebensolche Menschen wie die Fabrikanten halten und dass sie nicht gewillt sind, sich wie hilfloses Vieh behandeln zu lassen« (LW, 2: 40). Renommierte Historiker unserer Tage bestätigen de facto die Berechtigung dieses Ansatzes:

> [Im zaristischen Russland] verlangten die Abhängigen von den Gutsherren eine respektvollere Behandlung und bestanden darauf, mit »Sie« anstatt mit »Du« angesprochen zu werden, denn sie erblickten darin ein Residuum der Leibeigenschaft. Sie wollten als »Bauern« behandelt werden. Und oft war es tatsächlich eher die Frage nach der Achtung der menschlichen Würde als die Forderung nach höheren Löhnen, die Arbeitskämpfe und Demonstrationen geschürt hat (Figes 2000: 156).

Mit diesem Kampf ist ein anderer Kampf um Anerkennung verbunden. Die unterdrückten Nationen waren bestrebt, das Joch der Autokratie abzuschütteln, und schufen im Fall Polens und Finnlands eigene Nationalstaaten. Aber nicht nur die unterdrückten Nationen setzten sich in Bewegung und beanspruchten Anerkennung. Wir kennen bereits die Anschuldigungen, die Stalin im Zeitraum zwischen Februar und Oktober 1917 gegenüber der Entente erhob: Diese wolle Russland zwingen, Kanonenfutter für die imperialistischen Absichten Londons und Paris' zu liefern, und es wie eine Kolonie in »Zentralafrika« behandeln. Diese Argumentationsweise war die Antwort auf ein geschicktes politisches Kalkül, griff aber zugleich einen weiteren Aspekt auf. Mit der offenen Krise infolge der Katastrophe des Ersten Weltkriegs und des Zusammenbruchs der Ancien Régime geriet die Unabhängigkeit des Landes in Gefahr, das aus dem Reich der Zivilisation ausgeschlossen werden sollte. Das ergab eine Verschärfung des Problems der Anerkennung. Ohne den Doppelkampf um Anerkennung lassen sich die Oktoberrevolution und die Formen, die sie annahm, nicht verstehen:

> Dieser Drang großer Massen, sich dasjenige zu eigen zu machen, was ihnen bisher vorenthalten worden war – Selbstachtung, Mitwirkung, Bildung – nahm die mannigfaltigsten Formen an, und selbst wenn Lenin es gewollt hätte, hätte er schwerlich verhindern können, dass bald auch die Arbeiter die Fabriken ihrer Kontrolle unterstellten und dass mehr und mehr vom *Sozialismus* die Rede war, der durch die Nationalisierung der

> Industrie herbeigeführt werden müsse und der sich bald siegreich über die ganze Welt ausdehnen werde. Rasch verbreitete sich die Vorstellung, in dieser Revolution vollziehe sich der große Aufstand aller Sklaven gegen alle Herren« (Nolte 1987: 58).

Außerhalb Russlands verwirklichte sich die sozialistisch oder marxistisch inspirierte Revolution vor allem in Ländern unter kolonialen oder halbkolonialen Bedingungen und in Situationen, in denen die Klassenunterschiede sich eher als Kastenunterschiede darstellten, wodurch das Anerkennungsproblem bereits im Inneren zu einer Lösung drängte. Sobald die höheren Klassen oder Kasten dazu übergingen, in untergeordneter Funktion gemeinsame Sache mit den Kolonialherren zu machen, verschränkte sich die interne Ebene mit der internationalen, wobei letztere die bedeutsamere war.

Die Forderung nach Anerkennung spielte in der gesamten antikolonialistischen Bewegung eine essentielle Rolle. Lenin hat das immer wieder herausgestrichen. Unter den verschiedenen Definitionen des Imperialismus, die er gab, gehört sicherlich jene zu den wichtigsten, in der dieser als die Anmaßung von »einigen wenigen auserwählten Nationen« charakterisiert wird, den eigenen »Wohlstand« und die eigene Vorrangstellung auf die Ausplünderung und die Beherrschung des Rests der Menschheit zu gründen (LW, 26: 425). Sie sähen »in der ›eigenen‹ Nation die ›Musternation‹« und schrieben sich »das ausschließliche Privileg auf staatliche Konstituierung« zu (LW, 20: 442). Die »Europäer vergessen häufig, dass die Kolonialvölker auch Nationen sind« (LW, 23: 57).

Diese diskriminierende und oft offen rassistische Haltung manifestierte sich mit besonderer Klarheit und Virulenz während der Kolonialkriege. Kriege, bei denen »wenig Europäer, dafür aber Hunderttausende aus jenen Völkern umkamen, die sie versklavten«. Und Lenin fährt fort: »Sind denn das Kriege? Das sind doch eigentlich gar keine Kriege, das kann man der Vergessenheit anheimfallen lassen.« Die Kolonialkriege wurden nicht als eigentliche Kriege angesehen, aus einem einfachen Grund: Die Leidtragenden sind Barbaren, die »nicht einmal als Völker angesehen werden (irgendwelche Asiaten, Afrikaner – sind das etwa Völker?)« und in letzter Konsequenz aus der Gemeinschaft der Menschen ausgeschlossen werden (LW, 24: 404). Man versteht nun, warum die Oktoberrevolution der antikolonialistischen Bewegung einen solch mächtigen Impuls gab: Die Bewohner Asiens und Afrikas, »Hunderte Millionen *Menschen*«, begehrten gegen das ihnen von den kapitalistischen Metropolen auferlegte Joch auf, machten ihren Anspruch geltend, »*Mensch* und nicht Sklave zu sein« (LW, 33: 335 u. 337).

Wir haben es mit einer Revolution zu tun, die sich auf dem gesamten Planeten für eine lange Dauer ausbreitete. Interessant ist es zu sehen, auf welche Weise die Soldaten der Roten Armee in den befreiten Zonen Chinas Edgar Snow antworteten, der sie befragte, was sie bewogen hatte, sich den von der Kommunistischen Partei geführten Streitkräften anzuschließen, die zunächst gegen die lokalen Herrschaften kämpften, dann aber gegen die japanischen Invasoren:

> Die Rote Armee hat mir Lesen und Schreiben beigebracht. In der Armee habe ich gelernt zu funken und mit dem Gewehr zu zielen. Die Rote Armee hilft den Armen [ ]. Hier sind alle gleich. Es ist hier ganz und gar nicht so wie im Gebiet der Weißen, wo die Armen die Sklaven der Grundeigentümer und der Kuomintang sind (Snow 1967: 74).

Noch während die Kommunistische Partei gegen ihre Feinde kämpfte, die Anerkennung behinderten oder blockierten, gab sie Anreize zur sozialen Mobilität und ermöglichte die Erlangung der Anerkennung bereits in ihrem Innern und im Innern des von ihr geführten Heeres.

7. Mao und »die Identität des nationalen Kampfes und des Klassenkampfes«

Der Doppelkampf um Anerkennung nimmt in einem Land mit einer jahrtausendealten Zivilisation, wie China, eine besondere Rolle ein. Ausgangspunkt sind die Opiumkriege, mit denen China gezwungen wurde, eine Demütigung nach der anderen hinzunehmen, wie etwa eine auf einem Aushang verkündete behördliche Bestimmung der Franzosen in Schanghai gegen Ende des 19. Jahrhunderts bezeugt: »Zutritt für Hunde und Chinesen verboten«. Doch die tragischste Phase der nationalen Unterdrückung ereignete sich im 20. Jahrhundert mit der Verflechtung von Bürgerkrieg und imperialistischer Invasion.

In Reaktion auf das Massaker von Schanghai im April 1927, als Tschiang Kai-Schek die chinesische Arbeiterklasse niedermetzelte und der Kommunistischen Partei verheerende Verluste zufügte, wichen Mao Tsetung und die Seinen aufs Land zurück, wo sie eine »Sowjetmacht« zu errichten und zu verteidigen suchten, die von der Kuomintang belagert und pausenlos attackiert wurde. Mit der Ausdehnung der japanischen Invasion begann eine neue Phase. Gehetzt vom nunmehr fünften von Tschiang Kai-Schek ausgelösten Feldzug zur »Umzingelung und Vernichtung«, begann die Rote Armee im Oktober 1934 ihren »Langen Marsch« über Tausende von Kilometern – um so zu fliehen vor den entschiedensten Verfolgern, die entschlossen waren, sie vollständig und ein für alle Male auszulöschen, aber auch, um im Nordosten den Widerstand gegen die Aggressoren aus dem Reich der aufgehenden Sonne zu befördern und zu organisieren.

Ohne Zweifel ein episches Unterfangen – aber es gibt dabei einen Aspekt, der in all seiner Größe möglicherweise noch nicht gebührend hervorgehoben worden ist. Während also die Rote Armee ihren Verfolgern zu entkommen suchte, dachten ihre Führer darüber nach, wie man sich mit diesen wenigstens bedingt über die Bildung einer breiten Einheitsfront verständigen könnte: Dem neu hinzugekommenen Feind, der sich immer deutlicher als der Hauptfeind herausstellte, musste begegnet werden. In einer im Dezember 1935 veröffentlichten Schrift schrieb Mao: Als »die Krise der Nation ihren kritischen Punkt erreicht hat« und diese Gefahr lief, vom japanischen Imperialismus versklavt zu werden, war es notwendig den Eindringling und seine Kollaborateure ins Visier zu nehmen, den Schritt von der »Agrarrevolution« zur »nationalen Revolution« zu machen und »die Arbeiter- und Bauernrepublik in eine Volksrepublik« umzuwandeln. Die Regierung der von der Kommunistischen Partei Chinas kontrollierten Zone »repräsentiert nicht nur die Arbeiter und die Bauern, sondern die ganze Nation«. Und dieselbe Partei »vertritt nicht allein die Interessen der Arbeiter und Bauern, sondern auch die der ganzen Nation« (Mao, Ausgewählte Werke [AW], Bd. 1: 193 ff). Auf dieser Grundlage, warb die Kommunistische Partei für die »Bewegung des 9. Dezember 1935«. Deren Losung lautete: »Schluss mit dem Bürgerkrieg, gemeinsam im Widerstand gegen die ausländische Aggression!« Aber war das nicht eine Absage an den Klassenkampf und eine Abkehr von der Leitparole der Oktoberrevolution und der Kommunistischen Internationale bei deren Gründung (Umwandlung des imperialistischen Krieges in den revolutionären Bürgerkrieg)? Es hatte sich eine radikale Wende zugetragen – der revolutionäre Klassenkampf bestand nun im Widerstand gegen den Versuch des japanischen Imperialismus, die gesamte chinesische Nation zu versklaven. Diejenigen, die im ersten Weltkrieg in Russland Verfechter der Revolution waren, wandelten sich nun, sofern sie den Bürgerkrieg im zweiten Weltkrieg befürworteten, zu Verfechtern der Reaktion und des Imperialismus. Folglich: »unsere Losung lautet: Kampf zur Verteidigung des Vaterlands gegen die Aggressoren! Für uns ist Defätismus ein Verbrechen« (Mao, AW, Bd. 2: 230f).

Das politische Programm ist klar umrissen. Aber auf theoretischer Ebene mangelte es nicht an Schwankungen. Innerhalb ein und desselben Beitrags (vom 5. November 1938) wird auf der einen Seite dazu aufgerufen, »den Klassenkampf dem heute geführten nationalen Kampf zum Widerstand gegen die japanische Aggression unterzuordnen«, und auf der anderen Seite heißt es: »Wird ein nationaler Kampf geführt, dann kommt der Klassenkampf in der Form des nationalen Kampfes zum Ausdruck; darin äußert sich eben die Identität der beiden« (Mao, AW, Bd. 2: 251). Diese zweite Formulierung ist rigoroser. »Im Stadium der demokratischen Revolution«, hatte Mao geschrieben, »hat der Kampf zwischen Arbeit und Kapital seine Grenzen« (Mao, AW, Bd. 1: 197). Jetzt aber, unter den Bedingungen der Unterdrückung durch den japanischen Imperialismus, gibt es weder Klassenunterschiede noch solche des Geschlechts. Denn dieser zielte darauf ab, die gesamte chinesische Nation (und eben nicht nur das Proletariat) in die Sklaverei und Halbsklaverei zu zwingen. Auch die Frauen waren davon nicht ausgenommen: Man zwang sie, sich für die japanischen Militärs, die des »Trostes« bedürftig waren, zu prostituieren, man machte sie zu »Komfortdamen«, zu Sexsklavinnen. Unter diesen Bedingungen und in dieser bestimmten Situation war der Kampf gegen den Imperialismus des Reichs der aufgehenden Sonne die konkrete Form, in der sich der Kampf zwischen Arbeit und Kapital manifestierte und entbrannte.

Damit sind wir auf die von Marx ausgearbeiteten Analysen bezüglich Irlands zurückverwiesen: Die Aneignung von Land seitens der englischen Siedler und die daraus folgende Verdammung des irischen Volkes zu Vertreibung und Hunger sorgten dafür, dass die »Landfrage« und folglich die »nationale Frage« sich als die »ausschließliche Form der sozialen Frage« darstellten. Natürlich ist die Identität von »sozialer Frage« und »nationaler Frage«, wie auch die »Identität des nationalen Kampfes und des Klassenkampfes« nur partiell, und das nicht nur, weil sie zeitlich begrenzt ist. Es ist Mao, der die Aufmerksamkeit auf die bestehenden Spannungen zwischen den verschiedenen Klassen und Parteien richtet, welche die antijapanische Einheitsfront bilden. Gleichwohl fielen Klassenkampf und nationaler Widerstand nach dem Einfall der Japaner in China tendenziell in eins.

Bedeutete nun aber die Konzentration auf die nationale Aufgabe eine Abkehr vom Internationalismus? Alles andere als das. Den japanischen Imperialismus zu bekämpfen und zu besiegen war der konkrete Beitrag der chinesischen Revolutionäre zur Sache der weltweiten Revolution und Emanzipation.

> Deshalb ist der Patriotismus die Verwirklichung des Internationalismus im nationalen Befreiungskrieg. [...] Alle diese patriotischen Handlungen sind richtig und stellen, weit davon entfernt, dem Internationalismus auch nur im mindesten zuwiderzulaufen, gerade seine Verwirklichung in China dar. [...] Den internationalistischen Inhalt von der nationalen Form loslösen können nur Leute, die nichts vom Internationalismus verstehen. (Mao, AW, Bd. 2: 231 u. 246).

Das führt uns zu den vor allen Dingen von Engels angestellten Überlegungen zurück: Innerhalb ihrer unterdrückten Nation waren die Iren und die Polen dann wirklich »international, wenn sie recht national« waren.

8. »Kampf der Rassen« und Klassenkampf in Stalingrad

Die nationale und koloniale Frage wird dann ausgerechnet in Europa selbst (nämlich im zentralen und östlichen Teil) brutalste Gestalt annehmen. Wir kennen bereits die Denktradition, die schon im 19. Jahrhundert im Kolonialexpansionismus die Lösung der sozialen Frage erblickte. An diese Tradition knüpfte Hitler an, der sich vornahm, in Osteuropa ein kontinentales Kolonialreich zu schaffen. Insbesondere für die enormen asiatischen Weiten Russlands, wo nach Auffassung beinahe der gesamten westlichen Elite im Zuge der bolschewistischen Revolution die Barbarei zurückgekehrt sei, sah sich Deutschland berufen, die Zivilisation per energischer und erbarmungsloser Kolonisierung dorthin zurückzubringen.

Die Kontinuität der Positionen von Rhodes springt ins Auge. In *Mein Kampf* lesen wir: Die Eroberung neuer Märkte könne in keiner Weise die koloniale Expansion ersetzen. Einzig letztere vermöge »einer ebenso schrankenlosen wie schädlichen Industrialisierung« entgegenzuwirken, die eine »Schwächung des Bauernstandes«, das Anwachsen der »Masse des großstädtischen Proletariats« und eine »politische Klassenspaltung« hervorgerufen habe. Auch bei größter »wirtschaftlicher Blüte« seien die vorrangigen Ziele ohne »die Gewinnung neuen Bodens« nicht zu erreichen, die darin bestünden, den gesellschaftlichen Konflikt und den Klassenkampf im Vaterland und in den kapitalistischen Metropolen zu entschärfen. »Auf dem Lande konnte es eine soziale Frage nicht geben«, solange sich die »Trennung des Arbeitnehmers vom Arbeitgeber« noch nicht vollzogen hatte (Hitler 1939: 255 u. 348). Diese Trennung aufzuheben, sei nur möglich vermöge der kolonialen und territorialen Ausdehnung, die zugleich eine Umwandlung der Proletarier in Bauern und Landeigentümer beinhalte. Es gelte zu wählen: »entweder Boden- oder Kolonial- und Handelspolitik«. Wenn das Wohl des gesellschaftlichen Organismus wiedererlangt werden solle, sei es notwendig, das Gewicht von »Industrie und Handel« zu verringern. Das nordamerikanische Modell vor Augen bestehe »für Deutschland« die »einzige Möglichkeit zur Durchführung einer gesunden Bodenpolitik nur in der Erwerbung von neuem Lande in Europa selber« (Hitler 1939: 151 ff).

Noch vor der Machtübernahme verbreiteten die Nazis die These, dass eine Ostausdehnung Deutschlands auch den Zweck einer »Entproletarisierung« des deutschen Volkes habe (vgl. Hildebrand 1969: 164). Nachdem der Krieg gegen die Sowjetunion vom Zaun gebrochen war, theoretisierte Heinrich Himmler über einen »Sozialismus des guten Blutes«, der den deutschen bzw. arischen Siedlern dank Dezimierung und Versklavung der »Einheimischen« Grund und Boden und damit soziale Sicherheit garantiere (vgl. Aly 2005: 28 f). Der Sozialimperialismus, der das erste Mal bei Disraeli in aller Deutlichkeit aufschien und danach mit großer Schlagkraft von Rhodes artikuliert wurde, hatte seinen Höhepunkt erreicht.

Damit lässt sich die Bedeutung des »Dritten Reichs« ermessen. Die Kommunistische Internationale bewies 1935, dass sie diese erkannt hatte: Der Faschismus (des Dritten Reichs und des Reichs der aufgehenden Sonne) beabsichtige die »Versklavung der schwachen Völker«, den »imperialistischen Raubkrieg« gegen die Sowjetunion, und »China zu versklaven und aufzuteilen« (Dimitroff 1958, Ausgewählte Schriften, Bd. 2: 523). In unseren Tagen wurde zurecht bemerkt, dass »Hitlers Krieg für Lebensraum der größte Kolonialkrieg der Geschichte« war (Olusoga/Erichsen 2011: 327). Es war ein Krieg, der darauf abzielte, ganze Völkerschaften zu Sklaven oder Halbsklaven im Dienste einer vorgeblichen Herrenrasse herabzusetzen. Am 26. Januar 1932 wandte sich Hitler in einer Rede in Düsseldorf an die deutschen Industriellen, deren Unterstützung zur Machtübernahme er erhielt. Dort legte er ihnen seine Sicht auf Geschichte und Politik dar. Während des gesamten 19. Jahrhunderts hätten sich die »weißen Völker«, beginnend mit der Eroberung Amerikas und ausgestattet mit einem »absoluten, angeborenen Herrengefühl der weißen Rasse«, eine unangefochtene Stellung erobert. Allerdings habe der Bolschewismus das Kolonialsystem in Frage gestellt und eine »Verwirrung des europäischen weißen Denkens« bewirkt. Damit stelle er eine tödliche Gefahr für die Zivilisation dar. Um dieser Bedrohung zu begegnen, komme es darauf an, auf der »Überzeugung von der Überlegenheit und damit vom Recht der weißen Rasse« zu beharren und die »Herrenstellung der weißen Rasse der übrigen Welt gegenüber« zu verteidigen. Hier ist klar und deutlich das Programm einer kolonialistischen und sklavenhalterischen Konterrevolution ausgesprochen. Zur Aufrechterhaltung der globalen Herrschaft der weißen Rasse seien die Lektionen des Kolonialismus im 19. Jahrhundert zu beherzigen. Man dürfe sich vor der »brutalsten Rücksichtslosigkeit« und der »Ausübung eines außerordentlich brutalen Herrenrechtes« nicht scheuen (Hitler 1973: 75). Was soll dieses »außerordentlich brutale Herrenrecht« anderes sein, als bloße Sklaverei? Im Juli 1942 erließ Hitler eine Direktive zur Kolonisierung der Sowjetunion und Osteuropas (wiedergegeben in den Worten des Leiters der Partei-Kanzlei der NSDAP, Martin Bormann):

> Die Slawen sollen für uns arbeiten. Soweit wir sie nicht brauchen, mögen sie sterben. Bildung ist gefährlich. Es genügt, wenn sie bis 100 zählen können. Höchstens die Bildung, die uns brauchbare Handlanger schafft, ist zulässig. Jeder Gebildete ist ein künftiger Feind. Die Religion lassen wir ihnen als Ablenkungsmittel. An Verpflegung bekommen sie nur das Notwendige. Wir sind die Herren, wir kommen zuerst (in: Piper, 529).

In seinen nicht zur Veröffentlichung vorgesehenen Reden spricht Himmler (1974: 156 u. 159) explizit von Sklaverei: Es bestehe ein absolutes Bedürfnis nach »fremdländischen Sklaven«, denen gegenüber die »Herrenrasse« niemals ihr »Herrentum« verlieren und sich niemals mit ihnen vermischen dürfe. »Wenn wir nicht unsere Lager mit Sklaven vollfüllen – in diesem Raum sage ich die Dinge sehr deutlich und sehr klar –, mit Arbeitssklaven, die ohne Rücksicht auf irgendeinen Verlust unsere Städte, unsere Dörfer, unsere Bauernhöfe bauen«, könne das Programm der Kolonisierung und Germanisierung der eroberten Gebiete in Osteuropa nicht realisiert werden. Das »Dritte Reich« wurde so zum Protagonisten eines Sklavenhandels, der weitaus brutaler war als der eigentlich so bezeichnete (Mazower 2009: 309 u. 299).

Diesem Vorhaben, das vorsah, nicht nur das Proletariat, sondern ganze Nationen in den Zustand der Sklaverei oder Halbsklaverei zu pressen, war die Sowjetmacht entgegenzutreten gezwungen. Schon da zeichnete sich der »Große Vaterländische Krieg« am Horizont ab, dessen entscheidender und epischer Moment die Schlacht um Stalingrad war. Der Kampf eines ganzen Volkes gegen seine Bestimmung, zur Versklavung verdammt zu sein, kann nicht anders denn als Klassenkampf definiert werden. Aber es handelte sich um einen Klassenkampf, der die Form eines nationalen und antikolonialen Widerstandskrieges angenommen hatte.

Das gilt auch für ein Land wie Polen. Wie in der Sowjetunion hatte sich das »Dritte Reich« daran gemacht, en bloc die Intelligenz zu liquidieren, jene gesellschaftliche Schicht, die in der Lage war, das gesellschaftliche und politische Leben zu organisieren, das nationale Bewusstsein wach und die Kontinuität der Geschichte der Nation am Leben zu halten. Das hatte zur Folge, dass die unterworfenen Länder, die neuen Kolonien, Zwangsarbeiter in hoher Zahl lieferten, ohne dass irgendjemand diesen Vorgang gestört hätte. In der UdSSR waren die Kommunisten die zu vernichtende Intelligenz, während in Polen vor allem der katholische Klerus diese Rolle einnahm. Beide Länder hatten gemein, dass in ihnen viele Juden lebten, die nach Auffassung Hitlers unheilbar subversive Intellektuelle waren, für die es nur die »Endlösung« gab. Das waren die Voraussetzungen zur Errichtung eines deutschen Indien in Mittel- und Osteuropa, das dazu berufen sein sollte, eine unerschöpfliche Reserve an Rohstoffen und Sklaven zu Diensten der Herrenrasse zur Verfügung zu stellen. Der Kampf gegen dieses Reich, gegründet auf einer internationalen Arbeitsteilung, die eine Rückkehr der Sklaverei in kaum kaschierter Gestalt vorsah, der Kampf gegen diese kolonialistische und sklavenhalterische Konterrevolution, war Klassenkampf par excellence.

Deutlich davon unterschieden argumentiert ein englischer Historiker, den wir bereits kennengelernt haben und der Marx widerlegt haben will: Das 20. Jahrhundert sei beileibe nicht »das Jahrhundert des Klassenkampfs« gewesen. Das »Dritte Reich hat den Krieg im Osten (um eine Wendung Himmlers zu gebrauchen) als »großen Rassenkrieg« geführt, und folglich habe sich die »Aufsplitterung in Ethnien« als »wichtiger« erwiesen als »die angebliche Feindschaft zwischen Proletariat und Bourgeoisie« (Ferguson 2006: xxxvii u. xlii). Kein Zweifel, auch Himmler (1974: 201) beschrieb und feierte den Feldzug gegen die UdSSR als einen »primitiven, ursprünglichen, natürlichen Rassenkampf«. Hitler seinerseits maßte sich an, der Vorkämpfer der weißen Rasse zu sein, wenngleich er sich mit den »gelben« Japanern verbündete. Und mit Francos Eroberung sei Spanien endlich wieder »in weißer Hand«, ungeachtet des Umstands, dass zu dessen Sieg marokkanische Kolonialtruppen in erheblichem Maße beigetragen hatten (Hitler 1965: 753). Aber wenn diese Lesart Gültigkeit besitzen soll, dann müsste jeder internationale Konflikt – von den Kolonialkriegen zu den Weltkriegen, vom Unabhängigkeitskrieg zum Risorgimento in Italien – ausschließlich unter ethnischen Gesichtspunkten betrachtet werden. 1883 veröffentlichte Gumplowicz den *Rassenkampf*, mit dem er sich gegen Marx positionierte. Einer der angesehensten Historiker unserer Tage argumentiert in vergleichbarer Weise.

9. Klassenkampf – unauffindbar und doch omnipräsent

Wahr ist, dass, während sich das zuvor Beschriebene ereignete, auch unter den Linksradikalen nicht wenige waren, die Schwierigkeiten hatten, die ganze Sache im Lichte der marxistischen Theorie des Klassenkampfs zu interpretieren. Das unerwartete Verschwinden des »Weltbürgerkriegs« verfehlte nicht seine desorientierende Wirkung. Die Politik der Einheitsfront, 1935 von der Kommunistischen Internationale beschlossen, versuchte jene imperialistischen Mächte in der Offensive zu isolieren, die bei der kolonialen Aufteilung der Welt zu spät gekommen und bestrebt waren, diese Verspätung unter Anwendung brutalster Mittel und mit der Unterwerfung, gar Versklavung auch solcher Völker mit ältester Zivilisation wettzumachen. Diese Einheitsfrontpolitik, die weder Kapitalismus noch Imperialismus als solche in Frage zu stellen schien, mutete Trotzki als »Abwürgung des Klassenkampfs« an (Trotzki 1988: 903). Analog argumentierten seine Anhänger in China, die Mao und den chinesischen Kommunisten vorwarfen, »ihren Klassenstandpunkt aufgegeben« zu haben. Der Vorwurf ist in einem an den großen und allseits respektierten Schriftsteller Lu Xun gerichteten Brief enthalten (2007: 193 u. 196). Der indes antwortete grimmig, er wolle weiterhin auf der Seite derer bleiben, die »kämpften und ihr Blut für die Chinesen von heute hergeben«. Eine Haltung, die später durch die Formulierung Maos ihre Weihen erhielt, wonach im China der damaligen Zeit, nationaler und Klassenkampf identisch seien.

Diese Debatte hält bis in unsere Tage an. Sie wird erhellt durch die Worte, mit denen der einflussreichste Trotzki-Biograph die Gründung der Vierten Internationale beschrieb und kommentierte, die ein Jahr vor Beginn des Zweiten Weltkriegs das Licht der Welt erblickte:

Am 18. Oktober 1938 sollte Trotzki in einer für seine amerikanischen Genossen aufgezeichneten Rede behaupten:

> Gestattet mir, mit einer Voraussage zu schließen. In den nächsten zehn Jahren wird das Programm der IV. Internationale zum Führer von Millionen, und diese revolutionären Millionen wissen, wie sie Himmel und Erde zu erstürmen haben.

Unmöglich, nicht zu erkennen, dass diese Vorhersage auf grausame Weise widerlegt wurde und dass er zumindest durch ein Übermaß an Optimismus sündigte (Broué 2003: 908f).

Entbehrten die Prognosen Trotzkis tatsächlich jeder Grundlage? Nach dem Debakel von Stalingrad und dem damit verbundenen Scheitern des nazifaschistischen Projekts (analog dazu auch die entsprechenden Vorhaben Japans in Asien), die kolonialen Traditionen aufzugreifen, zu radikalisieren und auszuweiten, entstand eine gewaltige Welle antikolonialer Revolutionen, die das Antlitz des Planeten drastisch veränderten. Doch Trotzki betrachtete den Zweiten Weltkrieg, wie sein Biograph bemerkte, »in Analogie zum Ersten Weltkrieg«, und die Erschütterungen, die auf den neuerlichen Kriegsausbruch folgten, nach Maßgabe des Oktober 1917 (Broué 2003: 909). Damit ist ein zentraler Punkt berührt: Die von Trotzki vorhergesagten revolutionären Erschütterungen traten sehr wohl ein, allerdings nicht in der Weise, wie er sich das vorgestellt hatte. Der Klassenkampf flammte auf, aber nicht in der Form, die er in den Jahrzehnten zuvor angenommen hatte.

Es hatte sich ein wahrhaftiger Umschwung ereignet. Im Oktober 1917 eroberten die Bolschewiki die Macht, nachdem sie zuvor die Parole ausgegeben hatten, den imperialistischen Krieg in den revolutionären Bürgerkrieg zu transformieren. In den darauf folgenden Jahrzehnten gelang es ihnen, diese Macht dadurch zu bewahren, dass sie zunächst die industrielle und militärische Stärkung des Landes voranbrachten und dann den nationalen Verteidigungskrieg dirigierten. In Ländern wie Jugoslawien, Albanien und China (und später in Vietnam, Kuba und anderen) erlangten die kommunistischen Parteien die Macht, indem sie sich an die Spitze des Widerstands und des Kampfes um nationale Befreiung stellten. In Indien verband sich die Revolution von unten mit der von oben. Die dortige Kolonialmacht, einigermaßen geschwächt durch die neue internationale Konstellation, wurde zum Verzicht genötigt, auch deshalb, weil eine noch radikalere Revolution von unten vermieden werden sollte. Diese Erschütterungen wirkten sich auch auf die USA aus. Der Sturz des Ancien Régime, gegründet auf der Rassenhierarchie und der *white supremacy* kann nicht ohne die Welle erklärt werden, die die Kolonialvölker ausgelöst hatten und von der auch die Afroamerikaner ergriffen wurden.

Auch in einigen mehr oder weniger entwickelten kapitalistischen Ländern wie in Frankreich und in Griechenland nahm die Revolution die Gestalt eines mit Massenbeteiligung geführten nationalen Befreiungskrieges an, der in letzterem Fall von der Kommunistischen Partei angeführt wurde, die der Machteroberung nahe zu sein schien, um damit eine sozialistische Wende einzuleiten.

In den Ländern der Achse behielt die Losung von der Umwandlung des imperialistischen Kriegs in den revolutionären Bürgerkrieg ihre Gültigkeit. Allerdings nur in dem Maß, in dem die fortschrittlichsten Kräfte beispielsweise in Deutschland und in Italien für die Bewegungen des Widerstands und der nationalen Befreiung in der Sowjetunion, in Jugoslawien, Albanien, Griechenland etc. Partei ergriffen. In radikaler Verkehrung gegenüber der Ausgangslage des Ersten Weltkriegs führten das revolutionäre Engagement und der revolutionäre Klassenkampf im Zweiten Weltkrieg auf die eine oder andere Weise zur Unterstützung der Bewegungen des Widerstands und der nationalen Befreiung.

Von besonderem Interesse ist der italienische Fall. Nachdem Italien mit explizit imperialistischen Parolen (die Eroberung eines Platzes an der Sonne, die Rückkehr des Imperiums zu den »Schicksalshügeln Roms« etc.) in den Krieg eingetreten war, hinterließ Mussolini nach seinem Sturz ein entkräftetes und geschlagenes Land, das zu großen Teilen von einer Besatzungsarmee kontrolliert wurde, die den ehemaligen Verbündeten wie ein Kolonialvolk behandelte. Entlarvend ist Goebbels Tagebucheintrag vom 11. September 1943 (1992: 1951f): »Die Italiener haben durch ihre Treulosigkeit und ihren Verrat jedes Anrecht auf einen Nationalstaat moderner Prägung verloren. Sie müssen, wie es das Gesetz der Geschichte verlangt, dafür auf das härteste bestraft werden.« Nach Auffassung einiger Naziführer gab es bei den Italienern »negroide Infiltrationen«, sie gefährdeten »die Reinerhaltung des deutschen Blutes«, nach »Erledigung der russischen Frage« wolle man mit dem »›lendenlahmen Bundesgenossen reinen Tisch‹« machen (Schreiber 1996: 24ff).

Und so hatte auch der ehemalige Verbündete gegen die vom »Dritten Reich« ausgehende Gefahr einer kolonialen Unterjochung zu kämpfen. Nachdem sie sich an die Spitze des nationalen Befreiungskampfes gestellt hatte, erreichte die Kommunistische Partei wesentliche politische und soziale Veränderungen, vermochte sich flächendeckend auszubreiten und erlangte einen so breiten Zuspruch, dass man weltweit annehmen konnte, sie habe tatsächlich Gramscis Lektion vom Kampf um die Eroberung der Hegemonie verkörpert.

Zusammengefasst: Trotzkis Vorhersage von 1938 ging überhaupt nicht fehl, sie wurde in überwältigender Weise bestätigt. Die darauf folgenden Jahrzehnte waren die an Revolutionen und Klassenkämpfen reichste Zeit der Weltgeschichte. Aber die Klassenkämpfe und Revolutionen hatten solch ungeahnte Formen angenommen, dass viele sie gar nicht als solche wahrgenommen haben. Manchmal sieht man den Wald vor lauter Bäumen nicht.

10. Von der bolschewistischen Weltpartei zur Auflösung der Kommunistischen Internationale

Dass der Charakter des revolutionären Prozesses im Laufe des 20. Jahrhunderts noch immer nationale Vorzeichen besaß, war ein äußerst mühevoller und widersprüchlicher Erkenntnisprozess. Nach der Oktoberrevolution und der Gründung der Dritten Internationale herrschte die binäre Lesart des weltweiten Konflikts vor. Beredter Ausdruck dieser Sichtweise sind die am 4. August vom II. Weltkongress angenommenen Statuten. Ausgehend von der Annahme, dass »die Emanzipation der Arbeiterklasse weder eine lokale noch eine nationale, sondern eine soziale Aufgabe ist, welche alle Länder umfasst«, und dass das Ziel »eine internationalen Sowjetrepublik« sei, war in den Statuten festgehalten, dass die Organisation »straff zentralisiert« sein müsse: »Die Kommunistische Partei muss wirklich und in der Tat eine einheitliche kommunistische Partei der ganzen Welt darstellen. Die Parteien, die in jedem Land arbeiten, erscheinen nur als ihre einzelnen Sektionen.« (Institut für Marxismus-Leninismus 1959: 212). Diese Auffassung kommt vier Jahre später beim V. Weltkongress zu ihrem Abschluss, als dort zur Schaffung »einer einheitlichen, von den Ideen des Leninismus durchdrungenen bolschewistischen Weltpartei« aufgerufen wurde. Das Exekutivkomitee betonte etwas später:

> Die Weltpartei des Leninismus muss fest zusammengeschweißt sein, nicht durch mechanische Disziplin, sondern durch die Einheit des Willens und der Aktion der Partei. [...] Jede der Parteien der Komintern hat für die Sache der internationalen Führung ihre besten Kräfte herzugeben. Den breitesten Massen muss zu Bewusstsein gebracht werden, dass in der gegenwärtigen Epoche ernste wirtschaftliche und politische Schlachten der Arbeiterklasse nur gewonnen werden können, wenn sie in allen Entscheidungen von einem Zentrum aus in internationalem Maßstabe geleitet werden (Institut für Marxismus-Leninismus 1986: 165 u. 226).

Es geschah indes, dass die konkreten Erfordernisse des politischen Kampfes eine Praxis hervorriefen, die in krassen Gegensatz zur Theorie geriet. Anfangs folgte beinahe im Jahresrhythmus ein Kongress der Internationale auf den nächsten: 1919 der erste, 1920 der zweite, der dritte 1921, der vierte 1922, 1924 der fünfte. Dann wurde das Intervall größer: Der sechste fand 1928 statt und erst 1935 der siebte, der zugleich der letzte war. In dessen Zentrum stand die nationale Frage, die Dimitroff in seinem Bericht mit aller Kraft aufgeworfen hatte. Er forderte, dass sich der »proletarische Internationalismus« »in jedem Lande sozusagen ›akklimatisieren‹« müsse, »um auf heimatlichem Boden tiefe Wurzeln zu fassen«, weil er ansonsten in einen »nationalen Nihilismus« münde und damit verhindere, sich an die Spitze des Kampfes zur »Rettung der Nation« zu stellen (Dimitroff 1958, Ausgewählte Schriften, Bd. 2: 607ff). Es war kein Zufall, dass der VII. Weltkongress zur gleichen Zeit stattfand, als die Kommunistische Partei in China dazu aufrief, den Bürgerkrieg zugunsten der nationalen Einheit zu überwinden, und sich mit dem Aufstieg Hitlers die kommende Bedeutung der nationalen Frage auch für Europa absehen ließ.

Damit wurde deutlich, dass der gesellschaftliche Konflikt in den unterschiedlichen Situationen der jeweiligen Nation die unterschiedlichste Gestalt annehmen kann und ein ums andere Mal eine je eigentümliche Verschränkung vielfältiger Widersprüche stattfindet, die die verschiedensten gesellschaftlichen Subjekte auf den Plan ruft. Daraus ergab sich, dass sich die traditionelle Organisationsform (die Internationale), mit der sich die Arbeiterbewegung lange Zeit identifiziert hatte, als immer unangemessener erwies. Das ideelle Fundament dieser Tradition war eine mal mehr, mal weniger wirksame Sichtweise, die wir bereits kennen: Die sozialistische Revolution schien aus einem einzigen Widerspruch hervorzugehen, nämlich jenem, bei dem auf globaler Ebene zwei homogene Blöcke einander gegenüberstehen – Bourgeoisie und Proletariat. Diese Sichtweise erhielt in der Dritten Internationale, die sich als »bolschewistische Weltpartei« verstand – über alle nationalen und staatlichen Grenzen hinweg straff organisiert und zentralisiert –, ihren konzentrierten Ausdruck. Als man diese Haltung überwunden hatte, war die Auflösung der Dritten Internationale eine zwingende Folge. Sie gab auch keine Antwort auf ein politisches Kalkül: Die Aufgabe, die antifaschistische Koalition zu festigen und Volksfronten unter Einschluss der kommunistischen Parteien zu bilden, wäre nicht gerade leichter geworden, wenn man unter Verdacht stand, bloß Moskaus Spielfiguren zu sein. Wichtiger ist aber die Bewusstwerdung der konkreten Dialektik des revolutionären Prozesses.

Fest steht: Keine Internationale hat je eine Revolution verwirklicht. Das gilt auch für die von Marx 1864 gegründete Internationale Arbeiterassoziation. Sechs Jahre später, zur Zeit des deutsch-französischen Krieges, ermahnte er die »französischen Arbeiter«, sich revolutionären Illusionen nicht hinzugeben und den wirklichen Kräfteverhältnissen Rechnung zu tragen; vor allem aber dürften sie sich »nicht beherrschen lassen durch die nationalen Erinnerungen von 1792« (MEW, 17: 277). Im Lichte der nachfolgenden Entwicklungen schien dieses Warnung begründet zu sein. Gleichwohl entwickelte sich die Bewegung, die in der Pariser Kommune gipfelte, aus einer autonomen Dialektik heraus, ausgehend von der Verschränkung des Widerspruchs zwischen Bourgeoisie und Proletariat, der vom preußischen Expansionismus provozierten Krise und des Unvermögens der französischen Bourgeoisie, dem Vormarsch der Deutschen zu begegnen.

Die Oktoberrevolution ereignete sich auch vor dem Hintergrund des »Verrats« der Zweiten Internationale. Drei Jahre später zog Lenin historische und theoretische Bilanz und hob dabei einen wesentlichen Punkt hervor: Eine revolutionäre Situation setzt so vielgestaltige und akute Widersprüche voraus, anders gesagt, sie »ist unmöglich ohne eine gesamtnationale (Ausgebeutete wie Ausbeuter erfassende) Krise« (LW, 31: 71). Die Bolschewisten setzten sich letztlich durch, weil sie sich als die einzige Kraft erwiesen, die in der Lage war, auf den vom Krieg provozierten ökonomischen, politischen und gesellschaftlichen Zusammenbruch und den Sturz des Ancien Régime eine Antwort zu geben.

1919 zu dem Zweck gegründet, die russische Revolution auch im Westen zu verbreiten, gelang es der Dritten Internationale in keinem einzigen Fall, sich auf der Höhe ihres eigenen Programms zu bewegen. Eine gigantische revolutionäre Woge entlud sich aber, nachdem Hitler und seinem Projekt eines »deutschen Indiens« eine Niederlage zugefügt worden war, und sie erfasste den gesamten Planeten bis hin zur Auflösung des Kolonialsystems. Aber diese Erschütterungen ereigneten sich, nachdem Stalin 1943 die Auflösung der Internationale dekretiert und jene Revolutionen unterstützt hatte, bei denen entgegen den Erwartungen von 1919 gesellschaftlicher und nationaler Konflikt unauflöslich miteinander verschmolzen.

Letztlich ist es kaum der Rede wert zu sagen, dass sich die Vierte Internationale als possenhafte Wiederholung der Tragödie der Dritten erwies.

An dieser Stelle lohnt es sich, an eine Formulierung des reiferen Marx zu erinnern, derzufolge aus der Zuspitzung des Widerspruchs zwischen Produktivkraft und Produktionsverhältnissen nicht bloß eine einzelne Revolution hervorgeht, sondern »eine Epoche sozialer Revolution« eintritt (MEW, 13: 9). Innerhalb dieser Epoche entwickeln sich verschiedenerlei eigentümliche revolutionäre Prozesse, die jeweils nur aus ihrer spezifischen nationalen Konstellation und aus jedes Mal verschiedenartigen Widerspruchsgeflechten heraus erklärt werden können. Das gilt auch für die bürgerliche Revolution. Dem *Manifest* zufolge brach sie aus, als die »feudalen Eigentumsverhältnisse« mit den »schon entwickelten Produktivkräften« in Widerspruch gerieten (MEW, 4: 467). Wenn man dieses historische Gesetz Land für Land überprüft, wird man sehen, dass man in keinem einzigen Fall auf eine bürgerliche Revolution in »reiner« Form stößt. In Frankreich, wo der Kapitalismus noch wenig entwickelt war und wo selbst noch im Jahr 1850, wie eben auch Marx festhielt, die Landwirtschaft dominierte, ging der Revolte des Dritten Stands von 1789 eine antiabsolutistische und profeudale Fronde der Parlamente (eine für das Ancien Régime typische Einrichtung) voraus und ihr folgte ein gewaltiger Auftritt der Volksmassen auf der politischen Bühne, die ziemlich fortschrittliche Ziele verfolgten (etwa die Abschaffung der Sklaverei in Santo Domingo, die Einführung der Schulpflicht in der Metropole etc.) und dabei mit dem Bürgertum ziemlich heftig aneinandergerieten. In verschiedenen Ländern erfolgte die Beseitigung des Ancien Régime über den Weg einer nationalen Revolution. Man denke da an das italienische Risorgimento oder an Deutschland wo, wie auch schon von Engels gesehen, die bürgerliche Revolution anfing, sich in den Jahren 1808 bis 1813 durchzusetzen, also beginnend mit dem Kampf gegen die napoleonische Besatzung, verhängt von einem Land, das gerade die Revolution hinter sich gebracht hatte. Nicht weniger unrein trug sich die bürgerliche Revolution in den beiden Ländern mit klassischer liberaler Tradition zu. Es steht mithin nicht zu erwarten, dass sich eine antikapitalistische Revolution durch größte Reinheit auszeichnen wird.

Letztlich hat sich das Organisationsmodell der Internationale deshalb als inadäquat erwiesen, weil sie oftmals von einem Klassenkampf in seiner reinen Form ausging, der sich doch ziemlich selten so zutrug, und weil sie eine sozialistische Revolution in ebenfalls reiner Form erwartete, wie sie indes niemals eingetreten ist und auch niemals eintreten wird. Das bedeutet nicht, dass auf die internationalistische Solidarität unter jenen nichts mehr zu geben wäre, die einem auf Ausbeutung, Unterdrückung und dem Recht des Stärkeren gegründeten System unterworfen sind. Es bleibt allerdings die jeweilige Form zu ergründen, die eine solche Solidarität konkret annehmen kann.

Kapitel VII

Lenin 1919: »Der Klassenkampf hat seine Form geändert«

1. Lenin, der belgische Arbeiter und der französische Katholik

Wie zu sehen war, verlagerte sich die Revolution im Laufe des 20. Jahrhunderts von West nach Ost und Süd-Ost. Was geschah in den Ländern, die – sich dabei auf das *Manifest* und die Theorie des Klassenkampfs berufend – die alte kapitalistische oder sich kapitalistisch entwickelnde Ordnung stürzten? Zu Beginn der 20er Jahre ereignete sich in Sowjetrussland eine symptomatische Episode. Die Krise hielt mit unverminderter Schwere an – wie sollte ihr begegnet werden? Die französische Ärztin Madeleine Pelletier gehörte zu den Sympathisanten der bolschewistischen Revolution, die sich zu jener Zeit in Moskau aufhielten. Sie machte sich ein gründliches Bild von der Stadt und zeigte sich betroffen von der dürftigen Verbundenheit der Arbeiter mit ihrer eigenen Tätigkeit (Flores 1990: 29). Diesen Eindruck bestätigte Walter Benjamin 1927:

> Gefühl für einen Wert der Zeit begegnet, aller »Rationalisierung« ungeachtet, nicht einmal in der Hauptstadt Russlands selbst. »Trud«, das gewerkschaftliche Institut für Arbeitswissenschaft, hat […] mit Plakaten eine Kampagne für die Pünktlichkeit geführt. […] »Zeit ist Geld« – für diesen erstaunlichen Satz wird auf Anschlägen Lenins Autorität beansprucht; so fremd ist das Gefühl dafür den Russen. Sie verspielen sich über allem […]. Wenn auf der Straße eine Szene für den Film gekurbelt wird, vergessen sie, warum, wohin sie unterwegs sind, laufen stunden-

> lang mit und kommen verstört ins Amt. Im Zeitgebrauche wird daher der Russe am allerlängsten »asiatisch« bleiben (Benjamin, Gesammelte Schriften, Bd. 10: 329).

Die Maßnahmen, die die Sowjetmacht zur Verbesserung der Arbeitseffizienz inzwischen ergriffen hatte, zeitigten keine großen Ergebnisse. Von Anfang wurden sie von einem belgischen Arbeiter beanstandet, auch er ein Sympathisant der Revolution, der sich zu jener Zeit in der russischen Hauptstadt aufhielt. N. Lazarevic beklagte die Arbeitsintensivierung bei gleichem Lohn, die nicht anders denn als Ausbeutung zu bezeichnen sei. Und er rief daher zu Klassenkampf und Streik auf, was darin endete, dass er des Landes verwiesen wurde (Flores 1990: 42).

Für den Arbeiter aus dem Westen, mit Sowjetrussland in dessen Bestreben verbunden, am Aufbau einer neuen Gesellschaft mitzuwirken, brachte die erlangte politische Macht der Bolschewiki (unter der der Einfluss der Arbeiterklasse zweifelsohne stark war) keinerlei Veränderung in den Modalitäten des Klassenkampfs mit sich. Lenin dagegen nahm einen gänzlich anderen Standpunkt ein. Im Oktober 1920 hielt er fest: »Der Klassenkampf geht weiter; er hat nur seine Formen geändert« (LW, 31: 282). »Der wesentliche Unterschied zwischen dem Klassenkampf des Proletariats in einem [kapitalistisch verfassten] Staat [...] und dem ökonomischen Kampf des Proletariats in einem Staat, der das Privateigentum am Grund und Boden und an den meisten Großbetrieben nicht anerkennt, in einem Staat, wo sich die politische Macht in Händen des Proletariats befindet«, dürfe nicht außer Acht gelassen werden (LW, 33: 171).

Lazarevic stand mit seiner Auffassung nicht allein da. Ideologische Gemeinsamkeiten und freundschaftliche Beziehungen bestanden zu einem glühenden französischen Katholiken. Pierre Pascal begrüßte die bolschewistische Revolution auf seine Weise:

> Ein einzigartiges und berauschendes Spektakel: die Zerstörung einer Gesellschaft. Es verwirklicht sich der vierte Psalm der Vesper und das Magnificat: die Mächtigen vom Throne gestürzt und der Arme vom Elend erlöst [...]. Die Reichen sind nicht mehr: einzig die Armen und die Ärmsten. Das Wissen erheischt weder Privilegien noch Respekt. Der ehemalige Arbeiter, zum Direktor befördert, erteilt den Ingenieuren Anweisungen. Hohe und niedrige Löhne nähern einander an. Das Eigen-

> tumsrecht reduziert sich auf die persönliche Habe. Der Richter ist nicht länger gehalten, das Gesetz anzuwenden, wenn der proletarische Sinn für Gerechtigkeit ihm widerspricht (in: Furet 1995: 129).

Sofort springt ins Auge, dass hier das verallgemeinerte Elend weniger als ein schmerzlicher Notstand, sondern vielmehr als die Bedingung spiritueller Erfüllung angesehen wird. Nachvollziehbar, dass Pascal keinerlei Notwendigkeit sah, die Produktion anzukurbeln. Versuche, in den Fabriken wieder Ordnung einzuführen, schienen ihm gar verdächtig, und er verurteilte jene, die »Verehrung der Führer, Gehorsam, Disziplin« predigten, »alles Tugenden, die im Volk weit verbreitet und die das größte Hindernis der Revolution sind« (Flores 1990: 42f). Die Orientierung, die Lenin im Oktober 1920 gab, stand dieser Haltung entgegen: »Wir wollen aus dem armen und kümmerlichen Russland ein reiches Land machen.« Daher müsse man sich zwecks Aneignung und Anwendung der »neuesten Errungenschaften der Technik« zur »bewussten und disziplinierten Arbeit« erziehen (LW, 31: 288f). Aufgabe des Klassenkampfs in seiner neuen Gestalt war die Beseitigung des Elends und der Verheerungen bzw. umgekehrt die Verbesserung der Lebensbedingungen und die Festigung des gesellschaftlichen Konsenses gegenüber der Sowjetmacht, die der ökonomischen und militärischen Bedrohung seitens des Imperialismus nicht schutzlos ausgeliefert sein sollte.

2. »Allgemeiner Asketismus« und »rohe Gleichmacherei«

Wie ist der Gegensatz dieser beiden Sichtweisen zu bestimmen? Steht die drängende Sorge um die Produktion und die Schaffung materiellen Reichtums der Verfolgung eher geistiger Werte bzw. einer in spiritueller Hinsicht reicheren weil harmonischeren Gemeinschaft entgegen? Im gleichen Beitrag vom Oktober 1920, in dem er dazu aufrief, aus Russland ein reiches Land zu machen, unterstrich Lenin die Notwendigkeit, jene gesellschaftlichen Zustände zu beenden, in denen jeder »nur für sich« arbeitete und sich niemand darum kümmerte, »ob es Alte oder Kranke gab oder ob die ganze Wirtschaft auf den Schultern der Frau lastete, die daher in einem Zustand der Unterdrückung und Versklavung lebte« (LW, 31: 288f). Die Dringlichkeit der Etablierung reicherer intersubjektiver Beziehungen war dem Sowjetführer durchaus bewusst. Er hielt aber dafür, dass dieses Problem nicht ohne die Entwicklung der Produktivkräfte angemessen würde gelöst werden können. 15 Jahre später schrieb Trotzki unter Rückgriff auf seine Regierungserfahrung: »Eine wirkliche Befreiung der Frau ist auf der Basis des ›verallgemeinerten Mangels‹ nicht zu verwirklichen« (Trotzki 1988: 838). Der Klassenkampf zur Neuordnung und Ankurbelung des Produktionsapparates war auch ein Kampf zur Emanzipation der Frau (und für das Lebensrecht der »Alten und Kranken«). Um es mit dem *Kapital* zu sagen: Das »Reich der Notwendigkeit« ist umso gebieterischer und zwingender und lastet umso schwerer auf dem Leben (auch dem geistigen) der Männer und Frauen, je weniger die Produktivkräfte entwickelt und je geringer der gesellschaftliche Reichtum ist (MEW, 35: 828). Dem steht die Auffassung Pascals entgegen, der ein glühender Christ war und in dessen Augen der Kampf der revolutionären Klasse ein Aufstand der Gedemütigten und Ausgestoßenen war. Dies war auch die Sicht des belgischen Arbeiters Lazarevic und tatsächlich auch nicht weniger Anhänger und Sympathisanten des Bolschewismus, die mit dem Christentum wenig zu schaffen hatten und sich dennoch nur mühevoll mit den Maßnahmen identifizieren konnten, mit denen die neue Macht den Industrieapparat zu reorganisieren bestrebt war. Es handelt sich hierbei mitnichten um einen Gegensatz zwischen Verehrern und Feinden eines Reichtumsfetischs, zwischen jenen, die für geistige Werte unempfänglich sind, und solchen, die es sind, und es geht auch nicht um einen Gegensatz zwischen Atheisten und Christen. Nein, hier stehen in letzter Konsequenz Marxisten und Populisten einander gegenüber. Letztere neigen zu einer Verurteilung des Reichtums und des »Luxus« als eines Lebensstils einer Klasse, die an Verschwendung und Ausschweifung gewohnt war.

Und deshalb konzentrierten sie sich ausschließlich auf das Problem der Reichtumsverteilung und vernachlässigten dabei komplett das (für Marx und Engels wesentliche) Ziel der Entwicklung der Produktivkräfte: Klassenkampf hieß ihnen Verwirklichung der Gleichheit und war dürftiges Räsonnement darüber, wie Wohlfahrt zu erreichen sei. In dieser Gestalt übte der Populismus eine Anziehungskraft aus, die weit über die christlichen Kreise hinausging. Dem *Manifest* zufolge ist »nichts leichter, als dem christlichen Asketismus einen sozialistischen Anstrich zu geben«. Nicht ohne Grund waren die »ersten Bewegungen des Proletariats« von einer Literatur begleitet gewesen, die »einen allgemeinen Asketismus und eine rohe Gleichmacherei« lehrte (MEW, 4: 484 u. 489). In Wahrheit ist das Phänomen, von dem hier die Rede ist, räumlich und zeitlich weit ausgedehnter als Marx und Engels annahmen. Die großen Volksrevolutionen, die Massenerhebungen der subalternen Klassen hatten immer die Tendenz, einen spontanen und einfältigen Populismus hervorzubringen, der den Aufstand derer ersehnte bzw. feierte, die sich auf der untersten Stufe der gesellschaftlichen Hierarchie befanden – den Aufstand der Armen und der »Armen im Geiste«. Noch vor dem Sturm auf die Bastille, schon zum Zeitpunkt der Einberufung der Generalstände und der Erregung des Dritten Standes war im Frankreich des Jahres 1789 in der »Volksseele« jener »alte Millenarismus« erwacht, jene »bange Erwartung einer Rache der Armen und der Glückseligkeit der Gedemütigten: Die revolutionäre Mentalität war davon gründlich durchdrungen« (Furet/Richet 1980: 85). Im Russland des Februars 1917 traten christliche Zirkel auf, die den Sturz des Zarismus als Niederlage des »Schlechten« und der »Sünde« begrüßten, weil er »das Volk in Reiche und Arme gespalten« habe. Die neue Gesellschaft würde »auf der Basis einer christlicheren Gesinnung« reorganisiert werden. Sie wäre nach Art »einer neuen geistigen Gemeinschaft, die über jeder Klassen- oder Parteiendistinktion« stünde, eine Gemeinschaft, in der jede Manifestation früherer lasterhafter und ausschweifender Opulenz verschwunden oder beseitigt wäre. Unter anderem wäre für Alkohol kein Platz mehr gewesen (Figes 2000: 434). Dort verbindet sich die »rohe Gleichmacherei« mit dem aufgezwungenen »allgemeinen Asketismus«. Das unterscheidet sich nicht allzu sehr von den Hoffnungen, die Pascal in die Oktoberrevolution setzte.

Die Bolschewiki waren gegenüber einer solchen Weltanschauung oder einer solchen Geisteshaltung nicht immun. Die vom Weltkrieg und dann infolge des Bürgerkriegs verursachte Katastrophe brachte auch eine finanzielle Krise erschreckenden Ausmaßes mit sich. In der Praxis hörte das Geld auf, ein Element der sowjetischen Ökonomie zu sein. Unterkunft, Transport, Bildung und Betriebsmahlzeit waren kostenlos, die Löhne wurden in Naturalien ausgezahlt, das alles selbstredend auf einem ziemlich niedrigen Niveau, das günstigstenfalls ein Leben in Not, aber nicht ohne Würde ermöglichte. Aber obwohl man diese Situation in Angst und Schrecken erlebte, wurde sie späterhin verklärt: sie war das ersehnte Verschwinden des Geldes (als Symbol der gesellschaftlichen Polarisierung und des verschwenderischen Reichtums), der Untergang der »auri sacra fames«, der Anbruch des Kommunismus, und sei es auch ein »Kriegskommunismus« mit allen Beschränkungen, die die Umstände ihm auferlegten (Carr 1964: 668-670).

Zwischen 1936 und 1937 erinnerte sich Trotzki (1988: 854) keineswegs zustimmend an »die asketischen Tendenzen in der Zeit der Bürgerkriegsepoche«, die unter den Kommunisten verbreitet waren. Aber es sollte einem Basisaktivisten vorbehalten sein, in den 40er Jahren das vorherrschende geistige Klima jener Phase zu beschreiben, die unmittelbar auf die Oktoberrevolution folgte. Dieses Klima entstand durch den vom Krieg erregten Schrecken, der als imperialistischer Wettstreit zur Ausplünderung der Kolonien geführt wurde, zur Eroberung der Märkte und der Rohstoffe, für die kapitalistische Jagd auf Profit und Extraprofit:

> Wir jungen Kommunisten waren alle in der Überzeugung herangewachsen, dass das Geld sich ein für alle Mal erledigt haben werde [...]. Würden, wenn das Geld wiederkehrte, nicht auch die Reichen wiederkehren? Befanden wir uns nicht auf einem rutschigen Abhang, der uns zum Kapitalismus zurückführte? (in: Figes 2000: 926)

Unter dieser Voraussetzung bedeutete der Beginn des Tauschhandels einen Fortschritt, wenigstens auf ideeller Ebene. Diese Haltung verschwand nicht unmittelbar mit dem Kriegskommunismus. Das bezeugt ein bemerkenswerter Text Lenins vom 6./7. November 1921:

> Wenn wir dereinst im Weltmaßstab gesiegt haben, dann werden wir, glaube ich, in den Straßen einiger der größten Städte der Welt öffentliche Bedürfnisanstalten aus Gold bauen. Das wäre die »gerechteste« und beste anschaulich-belehrende Verwendung des Goldes für die Generationen, die nicht vergessen haben, wie man des Goldes wegen zehn Millionen Menschen niedergemetzelt und dreißig Millionen zu Krüppeln gemacht hat in dem »großen Befreiungs«krieg 1914-1918, [...] und wie man sich desselben Goldes wegen anschickt, mit Sicherheit zwanzig Millionen Menschen niederzumetzeln und sechzig Millionen zu Krüppeln

> zu machen in einem Krieg [der bevorstehe]. Aber wie »gerecht«, wie nützlich, wie human die besagte Verwendung des Goldes auch wäre, [...] muss man in der RSFSR [Russischen Sozialistischen Föderativen Sowjetrepublik] mit dem Gold sparsam umgehen, muss es möglichst teuer verkaufen und möglichst billig dafür Waren einkaufen. Mit den Wölfen muß man heulen (LW, 33: 94f).

Zu diesem Zeitpunkt hatte man bereits den Weg der Neuen Ökonomischen Politik (NÖP; russisch: Nowaja Ekonomitscheskaja Politika, NEP) eingeschlagen, und dennoch wurden Marktwirtschaft, das Gold und das Geld argwöhnisch betrachtet, durchtränkt vom Kot und Blut der Schützengräben des Ersten Weltkriegs. Das lässt an die Selbstkritik denken, mit der Lenin am 17. Oktober 1921 die Notwendigkeit begründete, den Kriegskommunismus hinter sich zu lassen.

> Zum Teil unter dem Einfluss der auf uns einstürmenden militärischen Aufgaben und der, wie es schien, verzweifelten Lage, in der sich die Republik damals, im Augenblick der Beendigung des imperialistischen Krieges, befand, unter dem Einfluss dieser und einer Reihe anderer Umstände begingen wir den Fehler, dass wir beschlossen, den unmittelbaren Übergang zur *kommunistischen Produktion und Verteilung* zu vollziehen. Wir waren der Meinung, dass uns die Bauern auf Grund der Ablieferungspflicht die notwendige Menge Getreide liefern und wir es auf die Fabriken und Werke verteilen werden und dass wir damit *eine kommunistische Produktion und Verteilung* haben werden (LW, 33: 42).

Kursiv gesetzt ist hier eine mehrmalige Behauptung, die sich zu diskutieren lohnt. Bei anderen Gelegenheiten hatte Lenin keine Schwierigkeit damit, die Bedeutung der Ablieferungs- und Beschlagnahmungspraxis in aller Rohheit zu beschreiben. »Der eigenartige ›Kriegskommunismus‹ bestand darin, dass wir faktisch von den Bauern alle Überschüsse, ja mitunter nicht nur die Überschüsse, sondern einen Teil der für den Bauern notwendigen Lebensmittel einzogen, um den Bedarf der Armee und den Unterhalt der Arbeiter zu decken. Wir nahmen sie größtenteils auf Kredit, gegen Papiergeld« (LW, 32: 355). Diese Praxis musste auf den mal stummen, mal erbitterten und gewaltsamen Widerstand der Bauern stoßen. Sicher, auch vor der Machteroberung der Bolschewisten befand sich der Austausch zwischen Stadt und Land in einer schweren Krise. Aber mit dem Rückgang der landwirtschaftlichen

Produktion und dem Hamstern der wenigen verfügbaren Lebensmittel wurden für das Überleben der Städtebewohner und der Soldaten ziemlich radikale Maßnahmen notwendig, deren Berechtigung selbst von einander im Hader befindlichen Parteien weithin anerkannt wurden, sogar von solchen, die der liberalen Ideologie anhingen (Losurdo 2012: 98). Aber was ist kommunistisch an einer verallgemeinerten und verzweifelten Notlage und an den Beschlagnahmungen, die mit indirekter oder auch direkter (Waffen-)Gewalt durchgeführt wurden? Es stimmt, persönliches Interesse und Marktkalkül traten zurück. Aber reicht das, um eine Maßnahme als kommunistisch zu bestimmen, die eindeutig vom Krieg diktiert wurde und zu der zu greifen auch Länder mit ganz anderer ideologischer und politischer Ausrichtung neigten? Oder lugt hier vielleicht bei Lenin selbst die populistische Verklärung des »allgemeinen Asketismus« und der »rohen Gleichmacherei« hervor?

3. »Kollektivismus des Elends und des Leidens«

Dies war eine internationale Debatte, an der sich auch Gramsci beteiligte. Seine Stellungnahme ist in einem Artikel enthalten, in dem er den bolschewistischen Oktober als »Revolution gegen das ›Kapital‹« begrüßte, also verstanden als Revolution gegen das Werk von Marx in seiner positivistischen und deterministischen Lesart durch die Reformisten, das dazu herhalten musste, jedem sozialistischen Umsturz seine Berechtigung abzusprechen, sofern er sich nicht in den am meisten fortgeschrittenen kapitalistischen Ländern ereigne. Für diese Positionierung ist der Artikel berühmt geworden, er verdient es allerdings auch in Bezug auf das hier zu diskutierende Problem gewürdigt zu werden. Gramsci (1982: 516) bewertete Ende November 1917 die durch den Sieg der Bolschewiki bewirkte Wende in einem relativ zurückgeblieben Land, das zudem kriegsermattet war, folgendermaßen:

> Es wird im Prinzip ein Kollektivismus des Elends und des Leidens sein. Doch sind diese Bedingungen des Elends und des Leidens von einem bürgerlichen Regime ererbt. Der Kapitalismus könnte unmittelbar in Russland nicht mehr tun, als der Kollektivismus vermag. Er könnte heute weniger ausrichten, weil er sofort ein unzufriedenes, aufgebrachtes

> Proletariat gegen sich hätte, das nunmehr nicht bereit wäre, weitere Jahre die Qualen und Widerwärtigkeiten zu erleiden, die die ökonomische Unzulänglichkeit mit sich bringt. […] Die Leiden, die dem Frieden folgen werden, können nur in dem Maße ertragen werden, wie die Proletarier begreifen werden, dass es von ihrem Wollen, von ihrem Arbeitseifer abhängt, in der kürzestmöglichen Zeit die Leiden zu überwinden.

In diesem Text wurde der Kriegskommunismus, der sich in Russland durchzusetzen begann, gleichzeitig taktisch gerechtfertigt wie strategisch verworfen; er erhielt seine Berechtigung als unmittelbare und vorläufige Maßnahme, verfiel aber der Ablehnung mit Blick auf die Zukunft. Der »Kollektivismus des Elends und des Leidens« war aufgrund der konkreten Bedingungen im Russland jener Zeit gerechtfertigt. Der Kapitalismus wäre nicht in der Lage gewesen, auch nur irgendetwas besser zu machen. Keineswegs als geistige Erfüllung und moralische Strenge verstanden, musste dieser »Kollektivismus des Elends und des Leidens« in der »kürzestmöglichen Zeit« überwunden werden. Es erstaunt daher nicht, dass sich Gramsci, wie zu sehen sein wird, darum bemühte, den Übergang zur NÖP politisch und theoretisch zu verteidigen.

Gleichwohl waren für breite Teile der kommunistischen Bewegung in Russland wie im Westen Kriegskommunismus bzw. »Kollektivismus des Elends und des Leidens« sowie »vergesellschaftetes Elend«, wovon Gramsci und Trotzki sprachen, Synonyme geistiger Erfüllung und moralischer Strenge. Die Folge war, dass die Erlangung und die Verteidigung jenes Zustands der »rohen Gleichmacherei« und des »allgemeinen Asketismus«, vor dem das *Manifest* gewarnt hatte, als Ausdruck des proletarischen Klassenkampfs verstanden wurden. Doch diese geistige Atmosphäre herrschte nicht nur in Sowjetrussland. Unter den Intellektuellen und Aktivisten des Westens wurde diese Haltung noch viel emphatischer artikuliert. Enttäuscht über die Einführung der NÖP gab Pascal 1921 sein Mitgliedsbuch der Kommunistischen Partei zurück und seinen Wohnsitz in Moskau auf. Ein hochrangiger kommunistischer Kader aus Frankreich fand sich zwar mit der Wende ab, fügte aber in einem Artikel in der *Humanité* hinzu: »Die NÖP bringt ein bisschen von der kapitalistischen Verrottung mit sich, die zur Zeit des Kriegskommunismus vollständig verschwunden war«.

Und auch Persönlichkeiten, die der kommunistischen Bewegung eher fern standen, fürchteten, dass das Land, das aus der Oktoberrevolution hervorgegangen war, seine Ideale verlieren könne. So etwa der große österreichische Schriftsteller Joseph Roth, der das Land der Sowjets zwischen September 1926 und Januar 1927 bereiste und dabei eine im Gang befindliche »Amerikanisierung« beklagte. »Man verachtet Amerika, das heißt den seelenlosen großen Kapitalismus, das Land, in dem Gold Gott ist. Aber man bewundert ›Amerika‹, das heißt den Fortschritt, das elektrische Bügeleisen, die Hygiene und die Wasserleitung. Man will die vollkommene Produktionstechnik. Aber die unmittelbare Folge dieser Bestrebungen ist eine unbewusste Anpassung an das geistige Amerika. Und das ist die geistige Leere.« (Roth 1995: 179)

Nachdem Lenin die ersten Unsicherheiten und Schwankungen überwunden hatte, begann er, die Verklärung des »Kollektivismus des Elends und des Leidens« auf das Schärfste zu kritisieren. Die auf Tauschhandel gegründete Wirtschaft, die den Kriegskommunismus charakterisiert hatte, wurde nun nicht nur in ökonomischer, sondern auch in ideeller Hinsicht zum Synonym der Rückständigkeit. Der weiterhin »mangelnde Umsatz zwischen Landwirtschaft und Industrie, das Fehlen einer Verbindung und Wechselwirkung zwischen ihnen« bedeutete auch, die unermesslichen Landstriche Russlands »von der materiellen Verbindung mit der Kultur, mit dem Kapitalismus, mit der Großindustrie, mit der großen Stadt« zu trennen, bedeutete, dort herrschende »patriarchalische Zustände, Halbbarbarei und ausgesprochene Barbarei« zu verewigen. »Der Kapitalismus ist ein Übel gegenüber dem Sozialismus. Der Kapitalismus ist ein Segen gegenüber dem Mittelalter, gegenüber der Kleinproduktion, gegenüber dem mit der Zersplitterung der Kleinproduzenten zusammenhängenden Bürokratismus« (LW, 32: 363 ff). Gegenüber einer vormodernen und halbfeudalen Gesellschaft ist der Kapitalismus auch auf ideeller Ebene ein Fortschritt. Auch wenn es nicht explizit gesagt wird, erscheint der Kriegskommunismus an dieser Stelle – anstatt als, wenngleich voreiliger, Versuch des Aufbaus einer postkapitalistischen Gesellschaft verstanden und kritisiert zu werden – nunmehr als objektiver Rückfall in einen vorkapitalistischen Zustand. Dieser Rückfall war in erster Linie durch den Weltkrieg und den darauf folgenden Bürgerkrieg erzwungen worden, wie Lenin mehrfach wiederholte. Dennoch wurde dieser Rückfall verklärt, und das nicht nur von Leuten, die die Oktoberrevolution von der Warte eines christlichen Pauperismus begrüßt hatten.

Das war ein Vorgang bzw. eine optische Täuschung, nicht unähnlich derjenigen, die im Westen zu beobachten war. Dort hatten die totale Mobilmachung der Bevölkerung und der Einsatz aller ökonomischen Mittel zum Zwecke einer zentralisierten Kriegsführung einige hervorragende Intellektuelle dazu verleitet, die rettende Ankunft eines »Kriegssozialismus« (oder in der Definition Croces eines »Sozialismus des Staates und der Nation«) zu feiern, der ein für alle Mal die soziale Frage in geordneter und organischer Weise gelöst habe (Losurdo 1995, Kap. 1, § 1). Genauer besehen entpuppt sich diese vorgeblich neue soziale Ordnung als der alte Kapitalismus, dem Reglementierung und terroristische Kriegsdisziplin beigebracht wurden. Der optischen Täuschung eines »Kriegskommunismus« in Russland entsprach im Westen das Trugbild (und die ideologische Manipulation) eines »Kriegs-« bzw. »Staats- und nationalen Sozialismus«.

Sobald der Weg der NÖP eingeschlagen war, rechnete Lenin mit dem Populismus ab: »Es gilt, auf jede Art und um jeden Preis den Umsatz zu entfalten, ohne Furcht vor dem Kapitalismus. […] alle Hebel müssen in Bewegung gesetzt werden, um den Umsatz der Industrie und der Landwirtschaft zu beleben, koste es, was es wolle« (LW, 32: 366 u. 368). So wie der »Kriegskommunismus« wenig mit dem Aufbau einer postkapitalistischen Gesellschaft zu tun hatte, so sehr verweist die Verachtung der Marktwirtschaft weniger auf Sozialismus und Marxismus als vielmehr auf den Zustand einer »altrussischen, halb herrschaftlichen, halb bäuerlichen, patriarchalischen Stimmung«, der »eine instinktive Geringschätzung des Handels eigen ist« (LW, 33: 96). Und dennoch starb der Populismus in Russland, der immer wieder neue Gestalt annahm, nur langsam. Bucharin kritisierte 1925 das merkwürdige Verständnis von Klassenkampf, das von der Produktivkraftentwicklung nichts wissen wollte und dem der Reichtum, ja der Wohlstand als solcher, verdächtig war:

> Heute haben die wohlhabenden Bauern und die mittleren, die danach streben, wohlhabend zu werden, Angst davor zu akkumulieren. In dieser Situation hat der Bauer Angst, sich ein Blechdach zuzulegen, weil er fürchtet, zum Kulaken erklärt zu werden. Legt er sich eine Maschine zu,

> tut er es auf eine Weise, dass die Kommunisten nichts bemerken. Die fortgeschrittene Technik ist klandestin geworden (Bucharin 1969b: 167).

Mit dieser Politik müsse ein für allemal Schluss gemacht werden:

> Überhaupt allen Bauern, allen bäuerlichen Schichten muss gesagt werden: Bereichert euch, akkumuliert und entwickelt euren Betrieb. Nur Idioten können sagen, dass es bei uns immerzu Armut geben wird. Heute müssen wir eine Politik betreiben, vermöge derer die Armut verschwindet (Bucharin 1969b: 168).

Der Aufruf zur Bereicherung richtete sich »an alle Bauern«, aber es war ziemlich unwahrscheinlich, dass *alle* den Wohlstand in gleichem Tempo hätten erreichen können. Soweit sie ihren Blick einzig auf die Ungleichheit und auf die Widersprüche richteten, die zumindest für eine gewisse Zeit diesem Prozess unvermeidlich erwuchsen, hatten die »Idioten« bzw. die Populisten, gegen die sich Bucharin hier wandte, einen Grund mehr, auf die moralische Überlegenheit gesellschaftlicher Zustände zu pochen, die durch eine verordnete und gleichmäßige Verteilung des Elends gekennzeichnet war.

Einige Jahre später erhoben sie erneut ihre Stimme. »Wenn alle wohlhabend werden [...] und es keine Armen mehr gibt, auf wen werden wir Bolschewiki uns in unserer Arbeit stützen, wie werden wir ohne die armen Volksschichten arbeiten?« (Stalin, Werke, Bd. 13: 317). Stalin zufolge war das die Auffassung »unserer ultralinken Toren«, die »die Armut als ewige Stütze des Bolschewismus unter allen und jeglichen Umständen idealisieren« (ebd.: 319). Einmal mehr macht sich hier das Gewicht einer in letzter Konsequenz religiösen Tradition bemerkbar. Man ist geneigt, an die kritischen Beobachtungen zu denken, die Hegel gegenüber dem Gebot der Evangelien angestellt hat, den Armen zu helfen. Soweit ihnen der Umstand aus dem Blick gerät, dass es sich dabei um einen bloß »bedingtes« Gebot handelt, und soweit dieser verabsolutiert wird, enden die Christen darin, auch die Armut absolut zu setzen. Nur dann erhält die Norm, den Armen zu helfen, einen Sinn. Der Fortbestand des Elends ist den Christen, zumindest einigen von ihnen, die Voraussetzung dafür, sich an ihrer moralischen Vollkommenheit zu erfreuen, die sich in der Hilfe zugunsten der Armen bewährt. Doch die Beflissenheit, mit der den Armen geholfen wird, beschränkt jene dabei, zur Überwindung der Armut als solcher beizutragen (Losurdo 2000, Kap. X, §2).

Auch Kommunisten können das Wissen um den bloß »bedingten« Charakter des revolutionären Leitsatzes verlieren, demzufolge den Ausgebeuteten und Armen eine Stimme zu geben sei. Auch Kommunisten können sich für eine Idealisierung des Elends und des Mangels anfällig zeigen, die sie als notwendige Voraussetzung ihrer revolutionären Strenge betrachten. Stalin sah sich gezwungen einen zentralen Punkt hervorzuheben: »Es wäre eine Dummheit anzunehmen, dass der Sozialismus auf der Basis des Elends und der Entbehrungen, auf der Basis der Einschränkung der persönlichen Bedürfnisse und der Senkung der Lebenshaltung der Menschen auf die Lebenshaltung von Armen errichtet werden könnte«. Im Gegenteil: »Der Sozialismus kann nur auf der Basis eines stürmischen Wachstums der Produktivkräfte der Gesellschaft, [...] auf der Basis eines Lebens der Werktätigen in Wohlstand«, »eines wohlhabenden und kulturvollen Lebens für alle Mitglieder der Gesellschaft« errichtet werden (Stalin, Werke, Bd. 13: 319 u. 317). Zumindest in diesem Punkt bestand mit Trotzki vollständige Übereinstimmung. Der insistierte unter Bezugnahme auf Marx mit noch größerer Emphase auf die Pflicht zur Entwicklung des materiellen Reichtums: »Auf der Grundlage der ›verallgemeinerten Not‹ droht der Kampf um die notwendigen Existenzmittel die ›ganze alte Leier‹ wiederzubeleben – und genau das geschieht Zug um Zug.« (Trotzki 1988: 817).

Das Aufkommen von je verschiedenen Formen des Populismus war kein auf Sowjetrussland beschränktes Phänomen, wie etwa der chinesische Fall zeigt. Der große Sprung nach vorn von 1958/59 und die Kulturrevolution von 1966 sollten mithilfe einer beispiellosen Massenmobilisierung eine wundersame Beschleunigung der ökonomischen Entwicklung bewirken, um aus China in Rekordzeit eine fortgeschrittene Industrienation zu machen. Wenngleich sich diese Vorhaben im Widerspruch zum Populismus befanden, wirkte dieser doch im Hintergrund. Vor allem während des Großen Sprungs nach vorn sollte die Verklärung einer Moral der würdevollen und verallgemeinerten Armut die militärische und »egalitäre« Mobilisierung der Bevölkerung begünstigen, sollte eine Arbeitsheer geschaffen werden, das aufgerufen war, Wunder zu vollbringen. Auf das Scheitern dieses extrem ambitionierten (und letztlich verstörenden) Versuchs, den Rückstand gegenüber dem Westen in allerkürzester Zeit aufzuholen, reagierte man mit einer (populistischen) Propagierung eines Sozialismus, der als ein »Kollektivismus des Elends und des Leidens« zu verstehen war. Damit war das große Thema des Marxismus, wonach die kapitalistischen Produktionsverhältnisse historisch dazu verdammt seien, zu einer Fessel der Produktivkraftentwicklung zu werden, verdrängt worden.

Klarer und deutlicher trat dieser Populismus im Zusammenhang mit dem Streit zutage, den die Kommunistische Partei Chinas vor allem mit dem sowjetischen Parteichef Chruschtschow ausfocht. Man warf ihm vor, er wolle einen »Gulaschkommunismus« einführen – was als Insignum materiellen Wohlstands und einer »verbürgerlichten Lebensweise« gewertet wurde – und vergesse darüber das eigentliche Ziel und Ideal einer revolutionären Umwandlung der Welt (Die Polemik, o.J.: 517f).

4. Neuer Klassenkampf von oben

Wenn nun, anders als die Populisten zu glauben schienen, im Russland bzw. im China nach dem Sturz des Ancien Régime der Klassenkampf eben nicht darauf abzielte, einen »Kollektivismus des Elends und des Leidens« zu realisieren, blieb die Frage: Was war dann das Ziel? Das Problem ist bereits im *Manifest* aufgegriffen worden, demzufolge das Proletariat zwar »seine politische Herrschaft dazu benutzen« werde, eine sozialistische Umwandlung der Gesellschaft in die Wege zu leiten aber eben auch dazu, »die Masse der Produktionskräfte möglichst rasch zu vermehren« (MEW, 4: 481).

Schauen wir uns an, mit welchen Begriffen die Debatte in Sowjetrussland geführt wurde. Lenin rief dazu auf, der häuslichen Versklavung der Frauen, die in der neuen Gesellschaft auch drei Jahre nach der Revolution fortbestand, ein für alle Mal ein Ende zu bereiten. Schon auf dieser Ebene fällt etwas grundlegend Neues auf: Die Regungen an der Basis konnten, was freilich auch angeraten war, auf die Unterstützung der neuen politischen Macht zählen. Und in diesem Sinn verschränkte sich der Klassenkampf von unten mit jenem von oben. Gleichwohl bleibt eine entscheidende Frage zu beantworten: Wie äußerte sich der

Klassenkampf in den Fabriken und an den Arbeitsplätzen der Stadt, also dort, wo sich die sozialistische Umwandlung der Eigentumsverhältnisse bereits vollzogen hatte?

Zum Zeitpunkt, an dem der Bürgerkrieg und die konterrevolutionäre Intervention begannen, herrschte breiter Konsens darüber, dass die Teilnahme am revolutionären Klassenkampf einerseits in der bewaffneten Verteidigung Sowjetrusslands bestand und andererseits in der Tätigkeit in der Produktion zur Unterstützung der bewaffneten Verteidigung. Um es mit Lenin zu sagen: Die Kommunisten hatten sich an die Spitze des revolutionären Klassenkampfs zu setzen und »nicht nur an den Fronten, sondern auch im Hinterland« »Heldenmut« und »Opferbereitschaft« unter Beweis zu stellen (LW, 30: 188).

Im Augenblick der Niederlage der von der Entente unterstützten konterrevolutionären Heere hieß es, mit Hingabe am ökonomischen Aufbau zu arbeiten, der großer Ausdauer bedurfte und andere Anforderungen stellte als Krieg und militärische Rettung der Revolution. Was jetzt dem Bestand Sowjetrusslands schadete, waren eben nicht mehr die konterrevolutionären Heere, sondern die Schwierigkeit, die grundlegenden und alltäglichen Bedürfnisse einer ermatteten Bevölkerung zu garantieren. In den Augen der sowjetischen Führer hätte es offensichtlich sein müssen, dass das Unterfangen, diese Bedürfnisse zu befriedigen – nicht zuletzt, um dem neuen Regime eine breite gesellschaftliche Basis zu geben –, gleichbedeutend war mit einer konkreten Beteiligung am revolutionären Klassenkampf. Aber der Übergang von der Poesie zur Prosa, von der Herausforderung, auf dem Schlachtfeld zu sterben (und von der aktiven Solidarität mit dem Helden an der Front), zu den Mühen und zur Monotonie des Alltags erwies sich alles andere als leicht und rief sogar Unwillen und Ernüchterung hervor.

Lenin hatte sich in eine Schlacht zu werfen, die zu gleichen Teilen politisch und pädagogisch war. Er hatte seine Mitstreiter und Genossen, insonders die Jugend, von der Notwendigkeit zu überzeugen, sich von einer revolutionären Romantik ab- und einer weniger exaltierten, konkreteren Auffassung vom Klassenkampf zuzuwenden. Im Oktober 1920 schrieb er: »Das Volk hungert, in den Fabriken und Werken herrscht Hunger.« Es musste Abhilfe geschaffen werden (LW, 31: 287). Am 8. März 1921: Das Problem »der Verschlechterung der Produktionsmittel, sowohl der Verminderung der Ertragsfähigkeit als auch des Mangels an Arbeitskräften usw.« verlangte größte Aufmerksamkeit (LW, 32: 174). Ende Oktober 1921: »Eine Belebung des Wirtschaftslebens«, »eine Steigerung der Produktivität« – das »brauchen wir um jeden Preis« (LW, 33: 76).

Zur Verfolgung dieser Ziele solle man nicht zögern, von den fortgeschrittenen Ländern des kapitalistischen Westens neben der Wissenschaft das zu lernen, was heute Management genannt wird. Ja, auch den Taylorismus solle man sich kritisch aneignen. Der war zwar ein Jahr vor Beginn des Ersten Weltkriegs als ein »›wissenschaftliches‹ System zur Schweißauspressung« kritisiert worden (LW, 18: 588). Aber in dieser Phase ging es Lenin darum, eine zweckmäßige Unterscheidung zu treffen: Die kapitalistische »Konkurrenz [...] zwingt dazu, stets neue Mittel zur Verbilligung der Produktion zu erfinden. Die Herrschaft des Kapitals aber verwandelt alle diese Mittel in Werkzeuge zur weiteren Knechtung des Arbeiters. Das Taylorsystem ist eins dieser Mittel« (LW, 20: 145). In den darauf folgenden Jahren allerdings, nämlich ab dem Zeitpunkt, an dem es darauf ankam, eine neue Gesellschaft aufzubauen, wurde zwischen Wissenschaft und ihrer kapitalistischen Anwendung klarer und deutlicher unterschieden, auch in Bezug auf den Taylorismus:

> Der russische Mensch ist ein schlechter Arbeiter im Vergleich mit den fortgeschrittenen Nationen. [...] Arbeiten lernen – diese Aufgabe muss die Sowjetmacht dem Volk in ihrem ganzen Umfang stellen. Das letzte Wort des Kapitalismus in dieser Hinsicht, das Taylorsystem, vereinigt in sich – wie alle Fortschritte des Kapitalismus – die raffinierte Bestialität der bürgerlichen Ausbeutung und eine Reihe wertvollster wissenschaftlicher Errungenschaften in der Analyse der mechanischen Bewegungen bei der Arbeit, der Ausschaltung überflüssiger und ungeschickter Bewegungen, der Ausarbeitung der richtigsten Arbeitsmethoden, der Einführung der besten Systeme der Rechnungsführung und Kontrolle usw. Die Sowjetrepublik muss um jeden Preis alles Wertvolle übernehmen, was Wissenschaft und Technik auf diesem Gebiet errungen haben. Die Realisierbarkeit des Sozialismus hängt ab eben von unseren Erfolgen bei der Verbindung der Sowjetmacht und der sowjetischen Verwaltungsorganisation mit dem neuesten Fortschritt (LW, 27: 249).

Offensichtlich mangelte es nicht solcher Bolschewiki, die Skandal schrien, weil die Einführung der Arbeitsdisziplin »die Arbeiterklasse zu versklaven« drohe und damit eine Rückkehr zum Kapitalismus angebahnt werde. Lenins Antwort war nicht minder hart; er sah darin etwas »unerhört Reaktionäres«, eine »Gefahr für die Revolution« (LW, 27, 289f). »Nur diejenigen sind würdig, sich Kommunisten zu nennen, die verstehen, dass es unmöglich ist, den Sozialismus aufzubauen oder einzuführen, ohne bei den Organisatoren der Trusts zu lernen.« Sozialismus bedeutet, »dass die proletarische Vorhut, die die Macht erobert hat, das, was die Trusts geschaffen haben, sich zu eigen macht und anwendet« (LW, 27: 343).

Mit der Einführung der NÖP wuchsen Unbehagen und Ernüchterung. Lenin setzte verstärkte Anstrengungen darin, zu klären, dass der Klassenkampf in seiner neuen Gestalt eine neue Dimension erreicht habe: Es ging nun nicht mehr nur darum, für das allgemeine Wachstum der Produktion zu sorgen, sondern auch darum, die Überlegenheit des öffentlichen Sektors gegenüber dem privaten unter Beweis zu stellen. Seinen Anhängern zugewandt, führte er am 27. März 1922 diesbezüglich aus:

> Du musst praktisch beweisen, dass du nicht schlechter arbeitest als die Kapitalisten [...] betrachte die Dinge nüchterner, lege den Flitter, das kommunistische Festgewand ab, lerne ganz einfach eine einfache Sache, und dann werden wir den Privatkapitalisten schlagen (LW, 33: 272).

Dieses Motiv systematisierte und radikalisierte Bucharin 1925 (1969a: 113f): Einmal an die Macht gelangt, habe das Proletariat ein Interesse an, »der Stabilisierung der gesellschaftlichen Einheit«, an einem »zivilen Frieden«. Das aber bedeute »beileibe nicht, dass der Klassenkampf damit aufhört«, er nehme nur »eine andere Form« an.

> Auf welche Weise beseitigen wir die direkten Gegner, die Privatkapitalisten? Mit Hilfe der Konkurrenz, mit einem ökonomischen Kampf: Verkaufen sie zu einem niedrigen Preis, müssen wir uns die Lage versetzen, zu einem noch niedrigeren Preis zu verkaufen. Darin besteht im Übrigen der Klassenkampf in der aktuellen Situation (Bucharin 1969b: 160).

Diese beiden Ziele des neuen Klassenkampfs (allgemeine Entwicklung der Produktivität und Demonstration der Überlegenheit der staatlichen und öffentlichen Ökonomie) ließen sich nur unter einer Bedingung verfolgen. An die »neue Generation« richtete Lenin einen Appell: »Ihr steht vor der Aufgabe des Aufbaus, und ihr könnt diese Aufgabe nur lösen, wenn ihr euch das ganze heutige Wissen angeeignet habt« (LW, 31: 280).

Gewohnt luzide und eindringlich hatte Benjamin 1927 beobachtet (Gesammelte Schriften, Bd. 10: 348): »Jetzt macht man jedem Kommunisten klar, die revolutionäre Arbeit dieser Stunde sei nicht der Kampf, sei nicht der Bürgerkrieg, sondern Kanalbau, Elektrifizierung und Fabrikbau. Das revolutionäre Wesen echter Technik wird immer deutlicher herausgestellt«.

Vier Jahre später – die NÖP war inzwischen der Kollektivierung der Landwirtschaft und einer forcierten Industrialisierung gewichen – bekräftigte Stalin: »Die Technik entscheidet in der Rekonstruktionsperiode alles.« Daher komme es darauf an, die Technik zu studieren und sie zu beherrschen. Das alles mag prosaisch und banal erscheinen. In Wirklichkeit erwies sich das als genauso schwierig wie der Sturm auf das Winterpalais: »Die Bolschewiki müssen die Technik meistern« und »selbst zu Spezialisten werden«. Sicher, kein leichtes Unterfangen, aber: »Es gibt keine Festungen, die die Bolschewiki nicht nehmen könnten« (Stalin, Werke, Bd. 13: 38). Auch der Klassenkampf zur Entwicklung der Produktivkräfte kann ein berauschendes und denkwürdiges Unternehmen sein; auch er kann oder sollte einen revolutionären Enthusiasmus entfachen.

Simone Weil sah das ganz anders. 1932 gelangte sie zu dem Schluss, Russland habe zum Vorbild Amerika, die Effizienz, den »Produktionismus«, den Taylorismus, die Unterwerfung des Arbeiters unter die Produktion; der Klassenkampf sei vergessen:

> Die Tatsache, dass Stalin in dieser Frage, die den Kern des Konflikts zwischen Kapital und Arbeit ausmacht, den Standpunkt Marx' verlassen hat und sich vom kapitalistischen System in dessen vollendetster Form hat verführen lassen, beweist, dass die UdSSR schon lange keine Arbeiterkultur mehr besitzt (Weil 1989-91, Bd. 1: 106f).

Das Problem, das wir hier bezüglich Sowjetrusslands kennengelernt haben, stellte sich auch im Falle anderer Revolutionen. Im Sommer 1933 forderte Mao, die Wirtschaft in den von den Kommunisten regierten Gebieten »von Tag zu Tag weiter [zu] entwickeln«: »Das ist eine große Aufgabe, ein großer Klassenkampf« (Mao, AW, Bd. 1: 151).

Ende des Jahres 1964 wandte sich Ernesto Che Guevara (1969: 1418f) unter Berufung auf Algerien wie auf Kuba an die algerische Jugend:

> Die Phase des Aufbaus ist sehr viel schwieriger und offensichtlich weniger heroisch, aber sie erfordert die gesamte Konzentration der Nation [...]. Es ist notwendig zu arbeiten, weil dies in Zeiten wie diesen die beste Weise zu kämpfen ist [...]. Patria o muerte.

Nach dem militärischen Sieg einer Revolution wird die »Arbeit der Kämpfer an der Produktionsfront« zur zentralen Frage. Dabei geht es darum, dem »großen Produktionsmechanismus« mehr Effizienz zu verleihen. Auf der Tagesordnung steht, »mehr Reichtum, mehr Güter zu schaffen, weil unser Volk immer mehr benötigt, um sich als sozialistisches Land zu bestimmen« (Guevara 1969: 1345, 1375 u. 1373).

5. Klassenkampf und Ungleichheiten

Was bezweckt die Entwicklung der Produktion und der Produktivität? In der Hoffnung enttäuscht, dass sich die antikapitalistische Revolution auch im Westen verbreitete, sahen sich die Bolschewiki mit gleich zwei Formen der Ungleichheit konfrontiert, eben nicht nur mit der Ungleichheit, die ein einzelnes Land zerriss. Wollten die Oktoberrevolution und andere von Marxisten und Kommunisten getragene Revolutionen an der Peripherie bzw. außerhalb der entwickelten Welt siegreich sein, war dem Problem des »Übergewichts an Macht« auf Seiten des Westens zu begegnen (Arrighi 2008: 11). Alle hatten mit dem Moment ihrer Machterlangung dem Umstand Rechnung zu tragen, dass ein Prozess zum Abschluss gekommen war, durch den »die Ungleichheit zwischen den Nationen« mindestens so groß geworden war wie »die Ungleichheit zwischen den Klassen«, so dass sich die Menschheit als »unwiderruflich geteilt« erwies (Davis 2004: 25). Zu berücksichtigen war zudem, dass die »große Divergenz« nicht nur einen Abgrund zwischen den Nationen gerissen, sondern auch »eine polyzentrische Welt ohne dominantes Zentrum« hinweggefegt hatte, um an deren Stelle »ein Weltsystem« zu setzen, in dessen Mitte »Europa« ruhte (Pomeranz 2004: 19). Um es mit Lenin (Januar 1920) zu sagen:

> [Auch] dürfen die Werktätigen nicht vergessen, dass der Kapitalismus eine Teilung der Nationen in eine kleine Anzahl unterdrückender, vollberechtigter, privilegierter (imperialistischer) Großmachtnationen und die große Mehrheit der unterdrückten, abhängigen und halbabhängigen, nicht gleichberechtigten Nationen vorgenommen hat (LW, 30: 283).

Sowjetrussland drohte in diese zweite Gruppe der Nationen gedrängt zu werden, nachdem es erhebliche Gebietsabtretungen an das Deutsche Reich unter Wilhelm II. hinzunehmen hatte und kurze Zeit darauf mit dem Eingreifen der Entente konfrontiert war. Wenn es den Bolschewiki auch gelang, ihre Macht zu konsolidieren und die Situation im ganzen Land zu stabilisieren, so beruhigte sich die internationale Lage keineswegs. Der Versailler Vertrag beendete zwar völkerrechtlich den Ersten Weltkrieg, brachte aber keineswegs Stimmen aus den verschiedensten Richtungen zum Schweigen, die die Gefahr eines erneuten Kriegsausbruchs, nicht minder verheerend als der erste, beschworen. Lenin warnte wiederholt vor dieser Gefahr. Das war ein Grund mehr, gegen diesen ersten Typ der Ungleichheit, den krassen ökonomischen und technologischen Rückstand Russlands gegenüber den weiter fortgeschrittenen Ländern, anzukämpfen. Denn bedauerlicherweise hatte die Revolution dort nicht gesiegt:

> Wir müssen stets daran denken, dass ihre ganze hochentwickelte Technik, ihre ganze hochentwickelte Industrie heute den Kapitalisten gehört, die gegen uns arbeiten.
>
> Wir dürfen nicht vergessen, dass wir entweder unsere Kräfte in der täglichen Arbeit aufs äußerste anspannen müssen oder dass uns der unausbleibliche Untergang droht.
>
> Die ganze Welt entwickelt sich kraft der gegebenen Lage der Dinge schneller als wir. Die kapitalistische Welt, die sich entwickelt, richtet alle Kräfte gegen uns. So steht die Frage! Und deshalb muss man diesem Kampf besondere Aufmerksamkeit zuwenden (LW, 33: 53).

Der erste Typ der Ungleichheit drohte sich also zu verschärfen und hätte katastrophale Konsequenzen für Sowjetrussland haben und letztlich den Kampf gegen den zweiten Typ der Ungleichheit unmöglich machen können. Davon ausgehend wurde Lenin nicht müde, auf der Notwendigkeit der wissenschaftlichen und technologischen Entwicklung zu insistieren und sich die Hervorbringungen des Westens anzueignen. Eine analoge Sorge äußerte Bucharin 1925 (1969b: 155), der mit Blick auf die am weitesten fortgeschrittenen kapitalistischen Länder festhielt: »Wir schreiten fort, sie schreiten fort.« Der Abstand und die damit verbundenen Risiken blieben. Unter diesen Umständen kam der »Frage des Entwicklungstempos eine herausragende Bedeutung« zu. »Unsere wirtschaftliche Entwicklung muss sich beschleunigen«. Dieses Problem wurde zur Leitfrage in den Ausführungen Stalins.

Zu den drängendsten Aufgaben gehörte die Elektrifizierung des riesigen eurasischen Landes. Arendt (1963: 82) mochte über die »bemerkenswerte Formel« spotten (»Elektrifizierung plus Sowjetmacht«), zu der Lenin »Wesen und Zwecke der Oktoberrevolution« verdichtet hatte: Es handele sich um eine Losung, die sich über den »Aufbau des Sozialismus« ausschweige und aus der eine »durchaus unmarxistische Trennung von Wirtschaft und Politik« spreche. Kein seriöser und verantwortungsvoller Staatsmann hätte diese doktrinäre Scholastik ernstnehmen können. Und ganz sicher nicht Lenin und die Bolschewiki. Sie sahen sich mit der Invasion konterrevolutionärer Kräfte konfrontiert, auch nachdem diese bezwungen waren, wussten sie nur allzu gut, dass die Gefahr keineswegs ein für alle Mal abgewendet worden war. Die Elektrifizierung war eine Frage von Leben und Tod.

Im Übrigen handelte es sich dabei um ein Problem, das in verschiedener Ausprägung in Ländern auftrat, in denen revolutionäre Umwälzungen vonstatten gingen, und die sich außerhalb oder am Rande des Westens befinden. In den 60er Jahren hielt Che Guevara (1969: 1420) in Kuba fest:

> Seit die Monopolkapitalisten die Herren der Welt sind, haben sie die Mehrheit der Menschheit in Armut gehalten, die der Bereicherung der stärksten Länder diente. Der Lebensstandard dieser Länder gründet auf dem Elend unserer Länder.

Es bedürfe folglich eines »großen technischen Sprungs, um den heute bestehenden Unterschied zwischen unseren Ländern und den am meisten entwickelten zu verringern«, was auch bedeute, sich die »Technologie der fortgeschrittenen Länder« anzueignen. Daher müsse eine »neue Phase einer echten internationalen Arbeitsteilung« eingeleitet werden, »nicht auf der Grundlage der Geschichte, wie sie sich bis jetzt ereignet hat, sondern auf der Grundlage einer zukünftigen Geschichte, die wir machen müssen« (Guevara 1969: 1429, 1425 u. 1424).

Zu errichten war eine neue internationale Ordnung, die eine unter den Vorzeichen der Humanität stehende Entwicklung ohne koloniale oder semikoloniale Knechtung ermöglichen sollte.

Der doppelte Klassenkampf gegen die beiden verschiedenen Typen der Ungleichheit waren nicht voneinander zu trennen. Die in Sowjetrussland ausgerufene Elektrifizierung bedeutete die Überwindung oder zumindest die Verringerung der Isolation des nicht elektrifizierten flachen Landes, die Verringerung des Abstands von Stadt und Land. Gleichzeitig reduzierten die Elektrifizierung und die technische und wissenschaftliche Entwicklung in ihrer Gesamtheit das Ungleichgewicht in den militärischen Beziehungen auf internationaler Ebene, womit kolonialistische Unterwerfung und Versklavung, wie sie das »Dritte Reich« später anstrebte, unmöglich oder zumindest erheblich erschwert wurden. Erschwert oder gar unmöglich wurde auch eine extreme Verschärfung der Ungleichheit auf dem Gebiet der internationalen Arbeitsteilung. Wie man sieht, und ohne Arendt zu nahe treten zu wollen, ergibt sich daraus klar und deutlich die ökonomische und politische Einheit an beiden Fronten.

Soweit sind beide Kämpfe gegen die zwei Ungleichheiten miteinander verbunden. Es kann jedoch auch zu Verschiebungen und Widersprüchen kommen. Die Begrenzung der einen Ungleichheit kann die andere zeitweilig verschärfen. »Alles wirklich Wertvolle aus der europäischen und amerikanischen Wissenschaft übernehmen – das ist unsere vorrangige und wichtigste Aufgabe«, schrieb Lenin im Spätsommer 1922 (LW, 33: 354). Dabei lag es auf der Hand, dass sich dieses Vorhaben sehr viel leichter in den ökonomisch, intellektuell und technologisch höher entwickelten Teilen des Landes realisieren ließ. Ein Vorgang also, der es den weiter fortgeschrittenen Regionen Russlands erlaubte, den Abstand zum Westen zu egalisieren oder wenigstens zu verkürzen, während damit zugleich der Vorsprung gegenüber den zurückgebliebenen Regionen vergrößert wurde.

Und das ist nicht alles. Im Oktober 1921 hielt Lenin fest, dass sich die Sowjetmacht dazu gezwungen sah, den »Spezialisten« eine »außerordentlich hohe, nach bürgerlichem Brauch hohe, Entlohnung« zu gewähren (LW, 33: 68). Das war der zu entrichtende Preis, um sich der Arbeit qualifizierter Techniker zu bedienen, die aufgefordert waren, eine Beschleunigung der Entwicklung Russlands in Gang zu setzen und damit die Ungleichheit gegenüber den weiter fortgeschrittenen Ländern zu reduzieren. Diese auf internationaler Ebene der Tendenz nach egalitäre Politik ließ die Gehaltsungleichheit im Landesinnern eskalieren. Legte man den Akzent auf den Kampf gegen letztere, verzichtete man mithin auf die kostspielige Bezahlung der »Spezialisten«, riskierte man, von potentiell feindlichen Ländern ökonomisch und technologisch weiter abgehängt zu werden. Zur Verringerung der ersten Form der Ungleichheit war es nötig, fremdes Kapital nach Russland zu locken, ein »Bündnis mit den staatlichen Trusten anderer, fortgeschrittener Länder« einzugehen, um so »die Ausrüstung mit modernsten Maschinen« zu ermöglichen. Dafür seien den Trusts, die das nicht aus »Gefälligkeit«, sondern »nur um der ungeheuren Profite willen« täten, Konzessionen an der Ausbeutung von Rohstoffen zu machen (LW, 32: 181 f). Wenngleich unvermeidlich, brachte der Erwerb der neuesten Technologie beachtliche politische und soziale (eben nicht nur ökonomische) Kosten mit sich.

Heutzutage ist dieses Problem nicht verschwunden, es ist vielmehr riesengroß geworden. Eine einflussreiche Tageszeitung aus den USA berichtete über eine seit 2006 von Washington gegen Kuba betriebene Politik: Im Rahmen der versuchten Strangulierung zielte sie darauf ab, die Ärzte der Insel, die zwar in Haiti und in anderen Teilen der Welt ihre Dienste anbieten, sich jedoch in den USA sehr viel höherer Löhne erfreuen könnten, zur »Desertion« zu bewegen (Archibold 2011). Oder man denke an China. Nach der 1978 von Deng Xiaoping begonnenen Reform- und Öffnungspolitik gingen etwa zwei Millionen Studenten bzw. Akademiker ihren Forschungen im Ausland nach; nur ein Drittel kehrte zurück. In den letzten Jahren ist dieser Prozentsatz dank enormer materieller Anreize, die die chinesische Regierung geschaffen hat, erheblich gestiegen und steigt weiter an. Auch der Ruf zur patriotischen Pflichterfüllung mag zur Rückkehr bewegen, ist allerdings vor allem dann wirksam, wenn konkrete Möglichkeiten an der Teilnahme zum Aufbau eines Landes bestehen, das in gigantischen Schritten den Rückstand gegenüber dem höchsten industriellen und technologischen

Niveau aufzuholen imstande ist und sich daher seine Selbstachtung zurückerobern kann. Einmal mehr zeigt sich die Unvermeidlichkeit des Kampfes gegen die internationale Ungleichheit.

Nachvollziehbar, dass sich dieses Problem besonders kraftvoll in China stellte, in einem Land mit uralter Kultur, das den Sprung zur industriellen Revolution verpasst hatte und sich sofort der semikolonialen Unterdrückung durch den Westen ausgesetzt sah. In einem am 10. Oktober 1978 geführten Gespräch lenkte Deng Xiaoping (1992-95, Bd. 2: 143) die Aufmerksamkeit auf den Umstand, dass sich der technologische »Gap« gegenüber den weiter fortgeschrittenen Staaten vergrößert hatte. Diese entwickelten sich mit einer »entsetzlichen Geschwindigkeit«, während China in keiner Weise Schritt halten könne. Und zehn Jahre später: »Die Hochtechnologie schreitet in entsetzlichem Tempo voran« mit der Gefahr, dass sich »der Abstand Chinas weiter vergrößert« (Deng Xiaoping 1992-95, Bd. 3: 273).

Hätte das große asiatische Land die Chancen dieser neuen technologischen Revolution verpasst, wäre es zur dauerhaften Rückständigkeit verurteilt gewesen und womöglich in eine Situation der Schwäche und der Ungleichheit geraten, ähnlich der, als es sich in den Opiumkriegen gegenüber einer Übermacht des westlichen Kapitalismus und des Kolonialismus als wehrlos erwies.

Aber hätte die Politik der raschen ökonomischen und technologischen Entwicklung, die Aufholjagd gegenüber dem Westen, nicht die Begünstigung jener (Küsten-)Regionen beenden müssen, die sich einer besseren geographischen Lage erfreuen und wenigstens über eine bescheidene Infrastruktur verfügten, die ihnen im guten wie im schlechten die koloniale bzw. semikoloniale Herrschaft vererbt hatte? Die mehr oder weniger egalitäre Verteilung des Elends aber musste einem Entwicklungsprozess mit unvermeidlich ungleichen Geschwindigkeiten weichen. Ein Problem, das sich bereits unmittelbar nach der Oktoberrevolution bemerkbar machte: Hatte der revolutionäre Klassenkampf die Verwirklichung einer Gesellschaft zum Ziel, in der die »Reichen« verschwunden sein würden und es nur Platz für die »Armen und Ärmsten« gäbe oder aber eine solche, in der die Produktivkraftentwicklung und die Schaffung gesellschaftlichen Reichtums ein für alle Mal Elend und Mangel hätten beseitigen und den Lebensstandard der Volksmassen drastisch heben können? Bis zu welchem Punkt andererseits kann eine Gesellschaft als egalitär verstanden werden, in der nur für die »Armen und Ärmsten« Platz ist?

6. Qualitative und quantitative Ungleichheit

Auf die zuletzt genannte Frage antworteten in tragischer Weise zwei Kapitel in der Geschichte der chinesischen Volksrepublik. Der große Sprung nach vorn, der sich mit Mao an der Spitze in den 50er Jahren des 20. Jahrhunderts zugetragen hat, war der Versuch, beide Kämpfe gegen die zwei Ungleichheiten im Gleichschritt voranzubringen. Auf der einen Seite bedeutete die massenhafte Mobilisierung der Männer und Frauen zur Arbeit und zum ökonomischen Aufbau die Anwendung einer kollektivistischen Praxis in der Produktion und der Dienstleistung (Wäschereien, Kantinen etc.); und vermittelte den Eindruck oder die Illusion, man komme bei der Herstellung der Gleichheit innerhalb des Landes kraftvoll voran. Auf der anderen Seite wurde diese außerordentlich breite politische Mobilisierung mit dem Ziel ausgerufen, in der ökonomischen Entwicklung Chinas schnellen Schrittes voranzukommen und die bestehende Ungleichheit auf internationaler Ebene entscheidend zurückzudrängen. Analoge Überlegungen galten für die Kulturrevolution: Sie bog den Egalitarismus wieder auf das interne Feld zurück, insofern die »Bourgeoisie« bzw. »privilegierte Schichten« angegriffen wurden, denen man vorwarf, sie hätten die kommunistische Partei infiltriert. Sie kritisierte die »Theorie des Schneckentempos«, die man mit dem abgesetzten Präsidenten der Republik, Liu Shaochi, verband, und wollte an deren Stelle die unerhörte Beschleunigung der Produktivkraftentwicklung setzen, um das Land auf diese Weise in allerkürzester Zeit auf das Niveau der kapitalistischen Industrienationen zu hieven und um somit auch die Ungleichheit des ersten Typs zu beseitigen.

All dem lag die illusorische Annahme zugrunde, dass der beschleunigte ökonomische Aufbau auf die gleiche Weise vorangetrieben werden könnte, mit der zuvor der politische und militärische Kampf der chinesischen Revolution ausgetragen worden war, also gestützt auf die Mobilisierung und den Enthusiasmus der Massen – ein Enthusiasmus, von dem man fälschlicherweise annahm, dass er sich auf unbestimmte Zeit hin würde aufrechterhalten lassen. Aber Appelle zur Mobilisierung, an die Opferbereitschaft und an den Verzicht sowie zum Heroismus verfangen irgendwann nicht mehr, wenn sie in Permanenz ausgesprochen werden. Auch aus Gründen widriger und feindseliger internationaler Verhältnisse (zum von Anfang an bestehenden Embargo, das die USA und der Westen verhängten, kam der Bruch mit der UdSSR und den anderen sozialistischen Staaten hinzu) war das Ergebnis ein Bankrott, ein tragischer Fehlschlag. Daraus folgte ein mehr oder weniger drastischer Rückgang der ökonomischen Entwicklung, der zu einer Verschärfung beider Ungleichheiten führte. Nicht nur dass sich der Rückstand gegenüber den fortgeschrittenen Ländern vergrößerte, auch im Innern schlug die Gleichmacherei, wenngleich aufrichtig proklamiert und leidenschaftlich verfolgt, in ihr Gegenteil um. Das Elend drohte ein solches Niveau zu erreichen, dass die Gefahr einer Hungersnot bestand. Unter diesen Umständen wurde ein Stück Brot, das den Glücklicheren ein Überleben garantierte, wie bescheiden und karg auch immer, zum Maßstab absoluter Ungleichheit: die Ungleichheit zwischen Leben und Tod. Einen schmerzensreichen Asketismus sollte die vom (nicht nur christlichen) Populismus herbeigesehnte Gesellschaft bedeuten, in der es »keine Reichen mehr geben würde, sondern nur noch Arme und Ärmste«. Dabei konnte das Gleichheitsversprechen keineswegs erfüllt werden. Die Reduzierung der quantitativen Ungleichheit stellte sich als absolute qualitative Ungleichheit dar.

Dem hatte Mao Zedong Rechnung zu tragen. In einem im Mai 1974 geführten Gespräch mit dem ehemaligen britischen Premier Edward Heath zog er bittere Bilanz und sparte nicht mit Selbstkritik. Auf die Feststellung seines Gesprächspartners, wonach Fehler zu begehen die Bestimmung aller großen Staatsmänner sei, antwortete Mao: »Meine Fehler sind schwerwiegender. 800 Millionen Menschen wollen essen und die chinesische Industrie ist unterentwickelt. Was China angeht, so kann ich mich nicht rühmen. Ihr Land ist entwickelt, unser Land dagegen unterentwickelt« (Mao Zedong, 1998: 457). Die Ungleichheit auf internationaler Ebene war in keiner Weise behoben und auch die Ernährungsfrage war nicht gelöst. Die Ungleichheit im Innern war gravierender als zuvor, wenn man bedenkt, dass der Verteilungsgerechtigkeit zum Trotz Hunger und Hungertod Ausdruck absoluter Ungleichheit waren.

Vor diesem Hintergrund lässt sich die von Deng Xiaoping vorgenommene Wende verstehen (1992-95, Bd. 3: 122): Marxisten haben zu berücksichtigen, dass »die Armut nicht der Sozialismus ist und dass Sozialismus die Beseitigung des Elends bedeutet. Wenn die Produktivkräfte nicht entwickelt und der Lebensstandard des Volkes nicht erhöht wird, kann keine Rede davon sein, dass der Sozialismus aufgebaut wird«. Folglich gab er die Parole aus: »Reich werden, ist ehrenvoll!« Deng Xiaoping proklamierte, vermutlich ohne es zu wissen, was Bucharin mehr als ein halbes Jahrhundert zuvor als Losungswort an die Bauern gerichtet hatte, mit der Maßgabe, die Rückständigkeit der sowjetischen Landwirtschaft zu überwinden.

Vor einem vergleichbaren Problem, aber auf höherer Stufenleiter, stand etwa 60 Jahre später der neue chinesische Führer, als er 1986 in einem Interview mit einem US-amerikanischen Fernsehjournalisten über die Bedeutung seines Mottos sprach: Es ging darum, jener Sichtweise ein Ende zu bereiten, die an der unterlegenen »Viererbande« zu tadeln war, für die ein »armer Kommunismus einem reichen Kapitalismus vorzuziehen« war. In Wahrheit aber ist der Kommunismus, gemäß der Definition von Marx (*Kritik des Gothaer Programms*), die Gesellschaft, in der das Prinzip »Jeder nach seinen Fähigkeiten, jedem nach seinen Bedürfnissen« verwirklicht ist. Deshalb setzt er eine enorme Entwicklung der Produktivkräfte und des gesellschaftlichen Reichtums voraus. Vom »armen Kommunismus« oder »armen Sozialismus« (insofern der Sozialismus die dem Kommunismus vorangehende, ihn vorbereitende Phase ist) zu sprechen, ist mithin ein begrifflicher Widerspruch. An diesem Punkt jedoch machte sich Deng als Verfechter von »Prinzipien des Marxismus« und des »Kommunismus« Gedanken darüber, inwieweit das ihm so teure Motto in unterschiedlichen gesellschaftlichen Ordnungen unterschiedliche Bedeutungen annehmen kann (1992-95, Bd. 3: 174f). Anders als im Kapitalismus »gehört der Reichtum dem Volk« und ist »Wohlstand für das ganze Volk«: »Mit dem Ziel vor Augen, einen allgemeinen Wohlstand zu erlangen, erlauben wir einigen Leuten und einigen Regionen, früher wohlhabend zu werden. Daher ist es nicht zutreffend, dass unsere Politik zur Polarisierung führt, zu einer Situation, in der die Reichen reicher und die Armen ärmer werden.« Diese Sichtweise hat er bei mehreren Gelegenheiten bekräftigt. Alle Anstrengungen seien zu unternehmen, um »den Wohlstand und das Glück des Volkes« zu sichern, »unserem Volk« zu gestatten, »ein leidlich komfortables Leben zu führen«, den »Lebensstandard« und das »Volkseinkommen« zu erhöhen und letztlich das »allgemeine Wohl« anzustreben. Allerdings ist es für ein Land von der Größe Chinas nicht möglich, dieses allgemeine Wohl allen zur gleichen Zeit zu bieten: Zuerst liege der Fokus der Entwicklung auf den Küstenregionen, die dann in der Lage und in der Pflicht seien, den Regionen im Landesinnern eine »umso größere Hilfe zu geben« (Deng Xiaoping 1992-95, Bd. 3: 33, 115, 122, 145 u. 271 f).

Für Deng (1992-95, Bd. 3: 119 u. 175) war die von ihm in China eingeschlagene Wende eine »zweite Revolution« bzw. eine neues Stadium der Revolution. Für seine Gegner im Heimatland selbst, aber auch für einen guten Teil der westlichen Marxisten handelte es sich indes um eine bürgerliche und kapitalistische Konterrevolution. Wie lassen sich diese beiden einander widersprechenden Lesarten erklären?

Kapitel VIII

Nach der Revolution: Die Ambiguität des Klassenkampfs

1. Das Gespenst der neuen Klasse

Noch bevor sich die Bolschewiki in die Lage versetzt sahen, ihr Programm in die Tat umzusetzen, schrien einflussreiche Stimmen im Westen, das sozialistische Programm sei gescheitert. Wenige Wochen nach der Oktoberrevolution erklärte Kautsky (1919: 43), ohne weitere Entwicklungen abzuwarten: »Was sich dort [in Russland] jetzt abspielt, ist tatsächlich die letzte der bürgerlichen, nicht die erste der sozialistischen Revolutionen«. Für den deutschen Vordenker des Sozialismus konnte es keine Zweifel geben: Nach seiner Auffassung war das halbasiatische Land zu sehr zurückgeblieben, als dass sich dort eine Gesellschaftsordnung errichten ließe, die über den Kapitalismus hinausginge. Gesetzt, dass sich der Sozialismus als das Ende jedweder Widersprüche und Konflikte, als das ganz andere gegenüber jeder bestehenden und jeder historisch gewesenen Ordnung konfiguriere, ist die Behauptung des nichtsozialistischen Charakters der Revolution in Russland einigermaßen tautologisch. Gesetzt, dass der Sozialismus durch die Negation jedweder Kontamination und jedweden Kompromisses mit der ihn umgebenden Welt zu bestimmen sei, fällt es nicht schwer, sich polemisch zur nicht erfolgten Überwindung der bürgerlichen Gesellschaft zu verhalten.

Kautskys »Beweisführung« erfolgte rasch: Brest-Litowsk, der Friedensvertrag mit Deutschland, enthielt per definitionem »Kompromisse dem [deutschen] Kapital gegenüber«. Zwar hat die »Diktatur des Proletariats« das »russische Kapital vernichtet«, aber nur, um es durch das Kapital anderer Länder zu ersetzen. Und auf dem Land traten zwar an die Stelle der Großgrundbesitzer die Kleinbauern, womit allerdings die angebliche Revolution insgesamt »das private Eigentum an den Produktionsmitteln sowie die Warenproduktion« konsolidiert habe. Gut möglich, dass die Kleinbauern den Weg der Kooperation einschlagen würden, doch dürfe man nicht vergessen, dass das genossenschaftliche Eigentum auch nur »eine neue Form des Kapitalismus« sei. Richtig, die Sowjetmacht könnte zur Nationalisierung der gesamten Wirtschaft schreiten, aber auch dann sei zu berücksichtigen, dass »Staatswirtschaft noch nicht Sozialismus ist«, solange sie fortfahre, Markt und Warenproduktion bestehen zu lassen. Selbst wenn jener oder diese verschwänden, bleibe abzuwarten, ob sich damit eine authentische »sozialistische Produktion« etablieren würde. Folglich bedeute die Beseitigung einer bestimmten Form des Kapitalismus noch nicht die Beseitigung des Kapitalismus als solchen. Die neue Macht kann »viel kapitalistisches Eigentum vernichten« (Kautsky 1919: 50 u. 53-55), ohne sich dabei wirklich vom alten gesellschaftlichen System abzuwenden. Offensichtlich wird hier die Messlatte, die das neue Regime zu überwinden hat, um als sozialistisch zu gelten, immer höher gelegt, sodass dieses Regime, ganz gleich welche Anstrengungen es auch immer unternimmt und welche Ergebnisse es dabei auch erreichen mag, per definitionem nicht sozialistisch sein darf.

Der Sozialismus, der hier zur Rede steht, ist wie das Kantsche Ding an sich. So wie es ist, nämlich der Welt der Erscheinungen (die einzig dem menschlichen Bewusstsein zugänglich ist) gegenübergestellt, erweist es sich (nach Hegel) als unerreichbar und unerkennbar. Analog dazu ist der Sozialismus Kautskys (und der vieler anderer Autoren, die so wie er argumentieren) schon seiner bloßen Gestalt nach flüchtig und dünn, jedenfalls unerreichbar und unrealisierbar. Die unzähligen Ansätze, die beredt die Unerkennbarkeit des Dings an sich oder aber den fehlenden Aufbau des Sozialismus beweisen sollen, stellen sich genauer besehen als schale Tautologie heraus.

Wenngleich er sich zum orthodoxen Gralshüter aufspielte, stellte Kautsky den »allgemeinen Asketismus« und die »rohe Gleichmacherei«, die im *Manifest* heftig kritisiert worden waren und die das seinerzeitige Russland charakterisierten, nicht zur Diskussion. Vielmehr behauptete er im Gestus des Kritikers die Entstehung einer neuen Ausbeuterklasse im von den Bolschewiki regierten Land: »An Stelle der bisherigen Kapitalisten, die zu Proletariern wurden, treten Proletarier oder Intellektuellen, die zu Kapitalisten werden« (Kautsky 1919: 54). Da hatte sich die Oktoberrevolution gerade erst ereignet. Aber das Gespenst einer an die Macht gekommenen Ausbeuterklasse begleitete Sowjetrussland von Anfang an.

Lenin antwortete auf solcherlei Gerede. In einem am 7. November 1919 in der *Prawda* erschienenen Artikel hob er hervor, dass der Übergang vom Kapitalismus zum Kommunismus »unbedingt Merkmale oder Eigenschaften dieser beiden sozial-ökonomischen Formationen in sich vereinen muss« und eine »ganze historische Epoche« umfasse (LW, 30: 91). Für Kautsky hingegen war das Fortbestehen bürgerlicher Gesellschaftsverhältnisse Beweis und Bestätigung dafür, dass in Russland nach wie vor eine (neue) Ausbeuterklasse die Macht innehabe. Lenin argumentierte entgegengesetzt. Die Gleichzeitigkeit heterogener gesellschaftlicher Beziehungen während der Übergangsperiode zu skandalisieren sei so, als wolle man skandalisieren, dass die Machteroberung nicht zugleich auch die Beendigung des Klassenkampfs mit sich bringe:

> Es gehört zu den Eigenschaften der kleinbürgerlichen Demokraten, dass sie den Klassenkampf verabscheuen, dass sie davon träumen, ohne ihn auszukommen, dass sie bestrebt sind, auszugleichen und zu versöhnen, die scharfen Kanten abzuschleifen. Darum wollen solche Demokraten entweder überhaupt nichts von der Anerkennung einer ganzen historischen Periode des Übergangs vom Kapitalismus zum Kommunismus wissen (LW, 30: 92).

Aber welche Gestalt nimmt der Klassenkampf in dieser konkreten Situation an? Als die sowjetischen Führung bereits 1920 erste Versuche unternahm, den Produktionsapparat in Ordnung zu bringen bzw. zu revitalisieren, und dabei das Kompetenzprinzip zum Tragen kam, behauptet ein widerstrebendes Umfeld, damit kämen »bürgerliche Spezialisten« bzw. eine »neue Bourgeoisie« an die Macht (Figes 2000: 878-880). Nach Auffassung Lenins dagegen, ergab sich aus dem Ziel, den

Produktionsapparat wieder in Gang zu setzen und die soziale Basis der revolutionären Macht zu stärken – auch unter Rückgriff auf die »bürgerlichen Spezialisten«, die Neue Ökonomische Politik (NÖP) und den »Staatskapitalismus« –, der konkrete Modus, nach dem das Proletariat in dieser neuen Situation den Klassenkampf zu führen habe. Den Opponenten innerhalb der bolschewistischen Partei war die Rückkehr zum Kapitalismus, und sei es auch nur in eingeschränkter Form, der Beweis, dass das Proletariat den Klassenkampf verloren habe oder zumindest dabei sei, ihn zu verlieren, während die Bourgeoisie, ob alt oder neu, die Macht zurückerobert habe oder zumindest im Begriff sei, sie zurückzuerobern. Bestürzt notierte Lenin: »Man stellt sich die Sache so vor, als handle es sich [bei der NÖP] um einen Übergang vom Kommunismus schlechthin zu bürgerlichen Zuständen schlechthin« (LW, 32: 355). Die enttäuschten Bolschewisten sahen sich in ihrer bitteren Erkenntnis umso mehr bestärkt, als im gegnerischen Lager Triumphgeheul angestimmt wurde: Für die Menschewiki war, wie Lenin empört festhielt, die NÖP das Eingeständnis für den »Zusammenbruch des Kommunismus«. »Das Grundmotiv bei den Menschewiki und ihren Nachbetern ist: ›Die Bolschewiki haben kehrtgemacht zum Kapitalismus, nun ist es aus mit ihnen. Die Revolution erweist sich trotz allem als eine bürgerliche, auch die Oktoberrevolution!‹« (LW, 33: 5 u. 1). Argumente dieser Art fanden sich auf ziemlich breiter Front. Es gab aber auch erstaunliche Reaktionen. Lenin gab – diesmal vergnügt – wieder, dass einige unter den geschlagenen und exilierten russischen »Kadetten« dazu aufriefen, Sowjetrussland zu unterstützen, das jetzt unterwegs »zum gewöhnlichen bürgerlichen Staat« sei (LW, 33: 273).

Vergleichbare Debatten entstanden auch im Zuge anderer von kommunistischen Parteien geführten Revolutionen. In Reaktion auf das alarmistische Geschrei oder auf das Triumphgeheule waren die Anführer dieser Parteien gehalten, die marxistische Theorie des Klassenkampfs und der Klassenherrschaft zu überdenken. Diese Reflexionen halfen nicht nur, ein bestimmtes Kapitel der Zeitgeschichte zu verstehen, sondern warfen auch neues Licht auf die Texte von Marx und Engels.

2. Gesellschaftliche Klassen und politische Stände

Die Bolschewiki hatten zu einem Zeitpunkt die Macht erobert und die »Diktatur des Proletariats« ausgerufen, als diese gesellschaftliche Klasse infolge der Katastrophe des Krieges, des Bürgerkriegs und der ökonomischen Krise in Russland Anzeichen eines Niedergangs aufwies. Im Januar 1919 schlug ein Gewerkschaftsführer Alarm:

> In zahlreichen Industriezentren werden die Arbeiter infolge des Produktionsrückgangs in den Fabriken von der Masse der Bauern absorbiert. Anstatt einer Arbeiterbevölkerung bildet sich eine halbbäuerliche, bisweilen ganz und gar bäuerliche Bevölkerung heraus (in: Carr 1964: 603).

Ein Umstand, auf den Lenin insbesondere in einem Beitrag vom Oktober 1921 zu sprechen kam: Das »Industrieproletariat« in Russland sei »aus seinem Klassengeleise geworfen« und habe »aufgehört [...], als Proletariat zu existieren«. »Soweit die kapitalistische Großindustrie zerstört ist, soweit die Fabriken und Werke stillgelegt sind, ist das Proletariat verschwunden« (LW, 33: 46).

Je mehr sich in einem Land wie Russland der Akzent von der Revolution von unten auf die Revolution von oben verlagerte, umso schwieriger und komplexer gestaltet sich für den heutigen Marxisten die Lektüre der seit der Oktoberrevolution begonnenen historischen Phase: Welche Klasse übte in den Ländern, die sich auf den Sozialismus beriefen bzw. das noch heute tun, die Macht aus? Um diese Frage zu beantworten, wird es zunächst nötig sein, sich von einer mechanistischen Interpretation der Marxschen Theorie von der Beziehung zwischen Ökonomie und Politik, zwischen gesellschaftlichen Klassen und dem Regierungs- und Staatsapparat zu befreien.

Als Marx zur Bestimmung ihrer Funktion eine Regierung in einer mehr oder weniger demokratisch verfassten kapitalistischen Gesellschaft als geschäftsführenden Ausschuss der Bourgeoisie bezeichnete, skizzierte er eher einen Idealtypus, als eine empirische Wirklichkeit zu beschreiben. Beide können allerdings in eins fallen – bis dahin, dass die subalternen Klassen unfähig werden, ihre Gegenwart und ihren Druck spürbar werden zu lassen. Zu Beginn des 19. Jahrhunderts bemerkte Benjamin Constant in einem für den Liberalismus typischen Manifest, in der Schrift *De la liberté des Anciens comparée à celle des Modernes*: »Die Armen machen ihre Geschäfte selbst, die Reichen lassen ihre Geschäfte machen«. Und zwar von der Regierung: »Die Reichen haben nun aber, es sei denn, das ist sinnlos, ihre eigenen Beamten, die aufmerksam und streng darauf achten, dass die Beamten ihre Pflicht erfüllen«. Explizit erklärt Constant, dass der Reichtum Herr über die politische Macht sei und sein müsse und dass in dieser unbestrittenen und unbestreitbaren Abhängigkeit der Regierung von den Eigentümern das Wesen der modernen Freiheit liege: »Der Kredit hatte bei den Altvorderen nicht den gleichen Einfluss; deren Regierungen waren viel stärker als die Privatpersonen; in unserer Epoche sind die Privatpersonen sind viel stärker als die politische Macht; der Reichtum ist eine zu jedem Augenblick verfügbare Macht, jedem Interesse dienstbar und damit sehr viel realer und leichter zu gehorchen« (Constant 1980: 511f). Doch mit dem *Manifest* und den ersten Versuchen des Proletariats, sich als Klasse zu organisieren, änderte sich die Lage. Die Internationale Arbeiterassoziation schrieb der englischen Arbeiterklasse 1864 das Verdienst zu, das Vorhaben des herrschenden Blocks in England, auf der Seite des sezessionistischen und sklavenhalterischen Südens zu intervenieren, verhindert zu haben. Damit gab es keine unmittelbare Identität mehr zwischen herrschender Klasse und der politischen Linie der Regierung.

Definitiv widerlegt wird die mechanische Sicht auf das Beziehungsgefüge zwischen Politik und Ökonomie von einer in bestimmten Situationen zutage tretenden Tendenz der Verselbständigung des Politischen. Welche Gesellschaftsklasse übte in der absolutistischen Monarchie die Macht aus? Es ist nicht die Feudalaristokratie, die mit wachsendem Ärger und zunehmender Furcht den Aufstieg des Bürgertums quittierte, das indes ebenso wenig die Macht ausübte, sich aber ab einem bestimmten Stadium seiner Entwicklung nicht mehr mit den ihm vom Absolutismus auferlegten Hemmnissen zufrieden geben wollte und entschied, diese Herrschaft zu stürzen. Von Anfang an insistierte Marx auf der gesellschaftlichen Doppeldeutigkeit der absoluten Monarchie. Sie sei durch ein instabiles Gleichgewicht zwischen (absteigender) Feudalaristokratie und (aufsteigendem) Bürgertum gekennzeichnet (MEW, 4: 346). Später dann hielt Engels fest, dass »die absolute Monarchie als naturwüchsiger Kompromiss zwischen Adel und Bourgeoisie aufkommt« (MEW, 37: 154). Der Aufrechterhaltung dieses instabilen Gleichgewichts bzw. brüchigen Kompromisses diente eine Macht, die sich über den Zeitraum einer ganzen Epoche mit keiner der beiden Klassen, die miteinander konkurrierten und dann einander antagonistisch gegenüberstanden, identifizieren konnte.

Vergleichbares ließ sich infolge weiterer historischer Krisen beobachten. Welche Klasse übte in der Phase der heftigsten Radikalisierung der Französischen Revolution die Macht aus? In der *Deutschen Ideologie* findet sich die Bemerkung, die Bourgeoisie absorbiere »zunächst die dem Staat direkt angehörigen Arbeitszweige, dann alle mehr oder weniger ideologischen Stände« (MEW, 3: 53). In den Jahren des jakobinischen Terrors unter Robespierre übte nicht eigentlich eine gesellschaftliche Klasse die politische Macht aus, sondern ein ideologischer und politischer Stand, der verschiedener Umstände wegen (zum einen der allgemeine Aufruhr, der aus dem Sturz des Ancien Régime hervorging, zum anderen der von der Invasion der konterrevolutionären Mächte und vom Bürgerkrieg provozierte Ausnahmezustand) in gewisser Weise eine autonome Stellung einnahm. Das macht verständlich, warum sich Engels einige Jahrzehnte später ablehnend über einen Aufsatz über die Französische Revolution aus der Feder Kautskys äußerte. In seiner Kritik an »mysteriösen Andeutungen über neue Produktionsweisen« richtet er an den Autoren eine bedeutsame Empfehlung: »Ich würde weit weniger von der neuen Produktionsweise sprechen. Sie ist jedes Mal durch einen berghohen Abstand von den Tatsachen getrennt, von denen Du sprichst, und so unvermittelt erscheint sie als reine Abstraktion, die die Sache nicht klarer macht, sondern eher dunkler.« Die Ausführungen zum Übergang von Ancien Régime zur bürgerlichen Gesellschaft seien »oft absolut, wo höchste Relativität geboten«. Der jakobinische Terror war eben kein organischer Ausdruck der Bourgeoisie und der bürgerlichen Produktionsweise. Zum einen war er eine »Kriegsmaßregel« und auf der anderen beeinflusst durch den Druck von unten, »Gleichheit und Brüderlichkeit« im plebejischen Sinne umzusetzen. Die bürgerliche Herrschaft und die »Bourgeois-Orgie«, die erst nach dem Thermidor begann, wurde schlussendlich erst durch den Sieg des französischen Heeres und durch das Entfallen der Notwendigkeit des Terrors auf internationaler Ebene ermöglicht (MEW, 37: 155f). Aus der Analyse des Jakobinismus in der *Deutschen Ideologie* lassen sich allgemeine Schlussfolgerungen ziehen. Innerhalb der Bourgeoisie gibt es eine Arbeitsteilung zwischen den direkt ökonomisch Tätigen und den ideologischen und politischen Ständen. Diese Arbeitsteilung kann zu einer »Spaltung« führen, die »sich sogar zu einer gewissen Entgegensetzung und Feindschaft beider Teile entwickeln« kann (MEW, 3: 47).

Dieses Phänomen beschränkt sich nicht auf den Sturz des Jakobinismus. Auf den Thermidor folgte fünf Jahre später der 18. Brumaire. Wessen Interessen vertrat Napoleon? In der *Heiligen Familie* heißt es dazu:

> Er befriedigte bis zur vollen Sättigung den Egoismus der französischen Nationalität, aber er verlangte auch das Opfer der bürgerlichen Geschäfte, [des] Genusses, Reichtums etc., sooft es der politische Zweck der Eroberung erheischte. Wenn er den Liberalismus der bürgerlichen Gesellschaft [...] despotisch unterdrückte, so schonte er nicht mehr ihre wesentlichsten materiellen Interessen, Handel und Industrie, sooft sie mit seinen politischen Interessen in Konflikt gerieten. Seine Verachtung der industriellen hommes d'affaires war die Ergänzung zu seiner Verachtung der Ideologen. Auch nach innen hin bekämpfte er in der bürgerlichen Gesellschaft den Gegner des in ihm noch als absoluter Selbstzweck geltenden Staats.

Letztendlich sorgte Napoleon mit seiner Politik für eine starke Entwicklung der französischen Bourgeoisie, übte aber zur gleichen Zeit, in einer Situation, in der sich die revolutionäre Krise dahinschleppte und der Krieg permanent zu werden schien, eine Diktatur über jene Klasse aus, die von seiner Herrschaft in starkem Maße profitierte. In diesem Konflikt sabotierten »Pariser Agioteurs«, also wichtige Teile der »liberalen Bourgeoisie«, ab einem bestimmten Zeitpunkt mit einer »künstlich geschaffenen Hungersnot« die militärischen Operationen Napoleons und trugen so zu seinem Sturz bei (MEW, 2: 130f).

Der Prozess der Verselbständigung der ideologischen, politischen (und militärischen) Stände ereignete sich in Frankreich von Neuem, als eine weitere revolutionäre Krise in die Diktatur Napoleons III. einmündete. Marx zufolge verschlang der Militärapparat, der von der

Bourgeoisie zu arbeiterfeindlichen Zwecken errichtet worden war, die gesamte Gesellschaft und damit die herrschende Klasse selbst. Mit der Unterdrückung des Arbeiteraufstands vom Juni übte der (von der liberalen Bourgeoisie geschätzte) General Jean Baptiste Cavaignac »die Diktatur der Bourgeoisie durch den Säbel« aus. Die jedoch wandelte sich in eine »Diktatur des Säbels über die bürgerliche Gesellschaft«, also auch über die Bourgeoisie selbst (MEW, 7: 40).

Tocqueville kann als die emblematische Figur dieses hier beschriebenen Übergangs gelten. Schon als sich die Wolken, die vom Unwetter des Junis 1848 kündeten, zusammenzogen, gab er sich überzeugt, dass »die Nationalgrade und die Armee dieses Mal gnadenlos« sein würden. Nach Beginn der Arbeiterrevolte sprach sich der französische Liberale nicht nur dafür aus, Cavaignac die Befehlsgewalt über den Belagerungszustand zu übertragen, sondern empfahl auch, jeden Mann aus dem Volk auf der Stelle zu erschießen, der in »Verteidigungshaltung« angetroffen werde. Die blutige Repression reichte nicht aus, um die Angst zu besänftigen. Mit der Anrufung einer »energischen und endgültigen Reaktion zugunsten der Ordnung« wurde gefordert, das revolutionäre und anarchische Chaos ein für allemal zu beenden. Mit »Palliativen« kann man sich nicht zufrieden geben, erforderlich sei es, nicht nur den Berg, sondern auch »alle umliegenden Hügel« aus dem Weg zu räumen, ohne dabei zu zögern, auch zu einem »heroischen Mittel« zu greifen. Die Stellungnahme zugunsten der »Diktatur der Bourgeoisie durch den Säbel« erfolgt hier klar und leidenschaftlich. Aber Tocqueville reichte das nicht: Frankreich »gehört dem, der die Ordnung wiederherstellen« und den »Verrücktheiten von 1848« ein Ende bereiten wird. Ohne es zu wissen, rief er somit die Figur Napoleon III. herbei, der »die Diktatur der Bourgeoisie durch den Säbel« in eine »Diktatur des Säbels über die bürgerliche Gesellschaft« umwandelte. Eine Diktatur indes, die Tocqueville selbst sowie die gesamte liberale Bourgeoisie zur Ohnmacht und zum inneren Exil verdammte (Losurdo 2010, Kap. X, § 1).

Die gleiche Dialektik schien sich später bei der grausamen Niederschlagung der Pariser Kommune 1871 zu wiederholen. Marx schrieb dazu:

> Nach Pfingstsonntag 1871 kann es keinen Frieden und keine Waffenruhe mehr geben zwischen den Arbeitern Frankreichs und den Aneignern

> ihrer Arbeitserzeugnisse. Die eiserne Hand einer gemieteten Soldateska mag beide Klassen, für eine Zeitlang, in gemeinsamer Unterdrückung niederhalten. Aber der Kampf muss aber und abermals ausbrechen, in stets wachsender Ausbreitung (MEW, 17: 361).

Einer Reihe von Gründen wegen (die internationale Entspannung und die kräftige ökonomische Entwicklung) führte dieser Fall nicht zu einer neuen »Diktatur des Säbels« bzw. zu deren zeitlicher Verlängerung. Die lange Dauer der historischen Krise und des revolutionären Zyklus in Frankreich erklärt insgesamt den wiederkehrenden Vorgang einer (Tendenz zur) Verselbständigung der ideologischen, politischen und militärischen Schichten.

Diese Verselbständigung war, wie ausgeprägt auch immer, niemals total. Die politisch-militärische Macht etwa, die Napoleon III. ausübte und eifersüchtig hütete, beförderte die gesellschaftliche Macht der Bourgeoisie, die auf vielfältige Weise mit dem Inhaber jener Macht verbunden war.

In einer Situation, die sich durch einen permanenten Ausnahmezustand und mangelnde Klarheit darüber auszeichnete, in welcher konkreten Gestalt eine neue politische und gesellschaftliche Ordnung zu realisieren sei, sahen sich die kommunistischen Parteien an der Macht und deren Führer veranlasst, gegenüber dem Proletariat und den Volksmassen Verhältnisse zu institutionalisieren, die an jene erinnern mögen, die Louis Napoleon gegenüber der Bourgeoisie eingerichtet hat. Somit ließe sich Marx dahingehend paraphrasieren, dass sich »die Diktatur des Proletariats durch den Säbel« in eine »Diktatur des Säbels über die bürgerliche Gesellschaft« und damit über das Proletariat selbst transformierte. Und dennoch verknüpft ein Band, und sei es auch noch so dünn, Louis Napoleon fortwährend mit der von der Konterrevolution beseelten Bourgeoisie, verknüpft ein Band die kommunistischen Führer mit dem revolutionären Proletariat und den Volksmassen. Der Bonapartismus oder Cäsarismus ist eine der Weisen, auf die sich der Prozess der Verselbständigung der ideologischen, politischen (und militärischen) Schichten vollzieht. Bleibt, mit Gramsci den Unterschied zwischen regressivem und progressivem Cäsarismus zu bestimmen, der sich je nach historischer Situation bald mehr, bald weniger deutlich akzentuiert.

3. Herrschende Klasse und ermächtigte Klasse

Der Prozess der Verselbständigung der ideologischen, politischen (und militärischen) Schichten kann eine bedeutsame Änderung erfahren. In einem am 13. April 1866 verfassten Brief an Marx beschrieb Engels den Anbruch des »Bonapartismus« Bismarcks wie folgt:

> Wie es den Anschein hat, wird der deutsche Bürger nach einigem Sträuben darauf eingehn, denn der Bonapartismus ist doch die wahre Religion der modernen Bourgeoisie. Es wird mir immer klarer, dass die Bourgeoisie nicht das Zeug hat, selbst direkt zu herrschen, und dass daher, wo nicht eine Oligarchie wie hier in England es übernehmen kann, Staat und Gesellschaft gegen gute Bezahlung im Interesse der Bourgeoisie zu leiten, eine bonapartistische Halbdiktatur die normale Form ist; die großen materiellen Interessen der Bourgeoisie führt sie durch selbst gegen die Bourgeoisie, läßt ihr aber keinen Teil an der Herrschaft selbst. Andrerseits ist diese Diktatur selbst wieder gezwungen, diese materiellen Interessen der Bourgeoisie widerwillig zu adoptieren. So haben wir jetzt den Monsieur Bismarck, wie er das Programm des Nationalvereins [die Organisation der liberalen Bourgeoisie schlechthin] adoptiert (MEW, 31: 208).

Hier werden also Deutschland und England miteinander verglichen. Hinsichtlich des zuerst genannten Landes wiederholt sich, was bereits in Bezug auf Frankreich festgestellt worden ist: Eine Diktatur oder Halbdiktatur, die »die großen materiellen Interessen der Bourgeoisie […] selbst gegen die Bourgeoisie« durchführt, die ihrerseits von der Ausübung der politischen Macht ausgeschlossen ist. Anders hingegen in England: Dort leitet letztlich nach wie vor die Aristokratie »Staat und Gesellschaft«, nunmehr allerdings »im Interesse der Bourgeoisie«. Wenngleich diese also die herrschende Klasse im strengen Sinne ist, hat sie die Regierungstätigkeit an die Aristokratie delegiert. Im Falle Englands lässt sich insofern von einer Variante der Verselbständigung der ideologischen, politischen (und militärischen) Schichten sprechen, als sich Teile gegenüber ihrer adeligen Ursprungsklasse autonom machten, um die Regierungsschicht eines bürgerlichen Staates zu bilden.

Auf diese Praxis griff derweil einige Jahre später auch die deutsche

Bourgeoisie zurück. Mit der Gründung des deutschen Reichs und einer stürmischen industriellen Entwicklung, die danach eintrat, verwirklichte sich eine Arbeitsteilung, die Gramsci (1991ff, Bd. 8: 1967) so zusammenfasste: »Die Bourgeoisie erhält die industriell-wirtschaftliche Regierung, aber die alten Feudalklassen bleiben als Regierungsschicht des politischen Staates mit weitreichenden korporativen Privilegien im Heer, in der Verwaltung und im Grundbesitz«; in gewisser Hinsicht »werden sie die ›Intellektuellen‹ der Bourgeoisie, mit einem bestimmten durch die Kastenherkunft und die Tradition gegebenen Temperament«. Der bekannte zeitgenössische Historiker Arno Mayer nannte das »the persistence of the old regime«, die in England, in Deutschland, ja im gesamten Europa bis zum Ersten Weltkrieg fortbestanden habe (Mayer 1984). Mir erscheint allerdings die Erklärung von Engels und Gramsci präziser und überzeugender: Das Ancien Régime ist untergegangen, aber von ihm abstammende Teile werden von der herrschenden Bourgeoisie mit wichtigen Funktionen betraut. So erklärt sich, dass es in einem hoch entwickelten Land wie England noch heute Institutionen wie das House of Lords und die Krone gibt.

Die Dienstbarmachung ideologischer Schichten, die der eigenen Klasse fremd sind, kann derweil auch progressive Züge annehmen. Bedeutsam ist hier die von Marx angestellte Untersuchung der Phase, die in Preußen (genauer: in dessen Rheinprovinz) den Erschütterungen der Revolution von 1848 voranging:

> Die Bourgeoisie, noch zu schwach, sich auf aktive Schritte einzulassen, fühlte sich genötigt, hinter der theoretischen Armee einherzutrotten, die von Hegels Schülern gegen die Religion, die Ideen und die Politik der alten Welt geführt wurde. In keiner früheren Periode war die philosophische Kritik so kühn, so machtvoll und so populär wie in den ersten acht Jahren der Herrschaft Friedrich Wilhelms IV., der den von Friedrich II. in Preußen eingeführten »seichten« Rationalismus durch mittelalterlichen Mystizismus zu ersetzen wünschte. Die Philosophie verdankte ihre Macht während dieser Periode ausschließlich der praktischen Schwäche der Bourgeoisie; da die Bourgeois die veralteten Institutionen nicht in Wirklichkeit zu stürmen vermochten, mussten sie den kühnen Idealisten, die auf dem Gebiet des Gedankens dagegen anstürmten, den Vorrang überlassen (MEW, 12: 684).

Um es mit Engels zu sagen: Die Bourgeoisie war »so erbittert, dass sie sich in Ermangelung genügender eigener Leute, die fähig waren, sie in der Presse zu vertreten, bis zu einem Bündnis mit jener extremen philosophischen Richtung verstieg« (MEW, 8: 19). Marx selbst war Teil jener »theoretischen Armee« bzw. »jener extremen philosophischen Richtung«, die hier zur Rede steht. Wenngleich er bereits jenseits der Bourgeoisie stand, berief diese ihn doch für einige Zeit zur Leitung ihres Presseorgans *Rheinische Zeitung*, das allerdings weiterhin in ihrem Besitz und unter ihrer Kontrolle verblieb und es ihr so ermöglichte, den gefährlichen »Extremisten« zu einem geeigneten Zeitpunkt wieder loszuwerden, um gegenüber der Aristokratie eine versöhnlichere Politik zu verfolgen.

Kann die Unterscheidung zwischen herrschender Klasse und einer Klasse, die in subalterner Stellung zur Ausübung bestimmter Funktionen vorgesehen ist, auch in einer Gesellschaft statthaben, die es sich zum Ziel setzt, den Sozialismus aufzubauen? Lenin verfocht diese These unter Rückgriff auf eine Passage, die sich beim späten Engels (1894) finden lässt, wo es um die Frage geht, welche Haltung gegenüber den Großgrundbesitzern und den Industriellen nach der antikapitalistischen Revolution einzunehmen sei: »Eine Entschädigung sehen wir keineswegs unter allen Umständen als unzulässig an; Marx hat mir – wie oft! – als seine Ansicht ausgesprochen, wir kämen am wohlfeilsten weg, wenn wir die ganze Bande auskaufen könnten« (MEW, 22: 504). Hier wird ein Szenario beschworen, in dem in einer sozialistisch orientierten Gesellschaft weiterhin reiche Bürger, einzelne Eigentümer mit großen finanziellen Ressourcen, existieren, denen bestimmte Funktionen anvertraut werden können.

In Wahrheit ist dies ein Szenario, das indirekt schon in einem sehr viel früheren Text aufscheint: Einerseits fordert das *Manifest* dazu auf, »alle Produktionsinstrumente in den Händen des Staats, d.h. des als herrschende Klasse organisierten Proletariats, zu zentralisieren«; andererseits scheint eine behutsamere Linie verfolgt zu werden: Eine der vorgeschlagenen Maßregeln ist »Vermehrung der Nationalfabriken, Produktionsinstrumente«. Es hat den Anschein, als sei die Nationalisierung kein integraler Bestandteil – umso mehr, als wir hier auf eine Präzisierung stoßen: Die von der revolutionären Macht ergriffenen

Maßnahmen mögen »ökonomisch unzureichend und unhaltbar erscheinen«. Gleichfalls springt eine nicht minder bedeutsame Losung ins Auge: »Konfiskation des Eigentums aller Emigranten und Rebellen« (MEW, 4: 481). Die Expropriation der Bourgeoisie scheint eher eine partielle und wenigstens zum Teil den politischen Umständen geschuldete Maßnahme zu sein, als eine generelle ökonomische Verfügung. Erneut stoßen wir auf das Szenario, das auch nach der antikapitalistischen Revolution den teilweisen Fortbestand großen bourgeoisen Reichtums vorsieht.

4. »Staat«, »Verwaltung« und »Auskauf« bei Lenin

Schon bald nach dem Oktober 1917 wurden erste Zweifel am Sinn und an der Realisierbarkeit des ursprünglichen Programms einer raschen und vollständigen Enteignung der Eigentümerklasse laut. Zum zweiten Jahrestag der Revolution sprach Lenin in einem Beitrag von den »Ausbeutern« und hielt fest: »Ihnen sind zum Teil gewisse Produktionsmittel geblieben, ist Geld geblieben [...]. Die ›Kunst‹ der Staats-, Militär- und Wirtschaftsverwaltung verleiht ihnen eine riesige Überlegenheit« (LW, 30: 100).

Das Programm der Enteignung schien dazu bestimmt zu sein, uneingeschränkt umgesetzt zu werden, allerdings traten Zweifel auf: War es möglich, auf die »Kunst«, über die die zu enteignende Klasse alleinig gebot, zu verzichten? Nur wenige Monate später, am 29. März 1920, warf Lenin gegenüber den Delegierten des 9. Parteitags der KPR(B) folgende Fragen auf:

> Und nun, was glauben Sie wohl, hat etwa die Bourgeoisie, als sie den Feudalismus ablöste, den Staat mit der Verwaltung verwechselt? Nein so dumm waren sie nicht; sie erklärten, dass man für die Verwaltung Menschen brauche, die zu verwalten verstehen, dass man hierzu die Feudalen nehmen und sie ummodeln müsse. Das taten sie denn auch. War das etwa ein Fehler? Nein, Genossen, die Fähigkeit des Verwaltens fällt nicht vom Himmel und kommt nicht wie der Heilige Geist über uns. Und aus der Tatsache, dass eine bestimmte Klasse die fortschrittlichste Klasse ist, folgt noch nicht, dass sie sofort zur Verwaltung fähig wird. Wir

> sehen es an einem Beispiel: Als die Bourgeoisie siegte, nahm sie für die Verwaltung Angehörige der anderen, der feudalen Klasse. Wo hätte sie auch sonst jemand hernehmen sollen? (LW, 30: 449f)

Das siegreiche Proletariat tue gut daran, es in analoger Manier zu halten, wenn es nicht den »Standpunkt des reinsten Utopismus einnehmen und leere Phrasen dreschen« wolle. Bleibt die Notwendigkeit der Kontrolle der politischen Macht und des Staatsapparats;

> für die Verwaltung, für den Aufbau des Staates aber brauchen wir Menschen, die die Verwaltungstechnik beherrschen, die in Staat und Wirtschaft erfahren sind. Solche Menschen aber können wir nirgendwo anders hernehmen als aus der früheren Klasse (LW, 30: 450).

Hatte man sich nun mit der Verwendung der Fähigkeiten der Bourgeoisie zu bescheiden oder sollte man weiter gehen? Lenin ging im Mai 1921 ganz entschieden weiter. Er hob hervor, dass »die Frage der Macht [...] die Grundfrage einer jeden Revolution« ist, und erinnerte die bolschewistische Partei an »das Missverhältnis zwischen unseren ökonomischen ›Kräften‹ und unserer politischen Kraft«. Und nun? Beim Aufbau des Sozialismus komme es eben darauf an, Angehörige der kapitalistischen Bourgeoisie in Dienst zu stellen. Diese würden nicht aus einem altruistischen Impuls heraus mitwirken. Daraus ergebe sich, dass »sich aus dieser eigenartigen Lage gegenwärtig gerade die Notwendigkeit eines ›Auskaufs‹ eigener Art ergibt, den die Arbeiter den kulturell am höchsten stehenden, talentvollsten, organisatorisch fähigsten Kapitalisten anbieten müssen, die bereit sind, in den Dienst der Sowjetmacht zu treten und gewissenhaft zu helfen, die große und größte ›staatliche‹ Produktion zu organisieren.« Man müsse mit »den Methoden des Kompromisses oder des Auskaufs gegenüber den kulturell hochstehenden Kapitalisten, die für den Staatskapitalismus zu haben« seien, jenen gegenüber agieren, »die dem Proletariat nützlich sind als kluge und erfahrene Organisatoren größter Betriebe, die wirklich Dutzende Millionen Menschen mit Produkten versorgen« (LW, 32: 351f). Zur Untermauerung dieses Gedankengangs griff Lenin auf Marx bzw. auf den bereits zitierten Passus von Engels zurück. Damit ist er über die Unterscheidung von »Staat« bzw. politischer Macht auf der einen und »Verwaltung« auf der anderen Seite weit hinausgegangen. Es ging nicht mehr nur darum, adäquat entlohnte bürgerliche Spezialisten zu übernehmen, denen mehr oder weniger relevante administrative und bürokratische Aufgaben anvertraut werden sollten. Es drehte sich vielmehr darum, einen Kompromiss mit Kapitalisten zu finden, die es blieben und ihr Eigentum nicht aufgaben. »Ist es möglich, den Sowjetstaat, die Diktatur des Proletariats mit dem Staatskapitalismus zu kombinieren, zu vereinigen, zu vereinbaren? Gewiss ist das möglich« (LW, 32: 358). Dabei muss man sich vor Augen führen, dass unter »Staatskapitalismus« nicht Produktionsmittel zu verstehen sind, die nationalisiert werden und in staatliche Kontrolle übergehen. »Staatskapitalismus« ist das Synonym für einen »Kapitalismus unter Kontrolle und bei Regulierung durch den proletarischen Staat« (LW, 32: 480). Gewöhnliches kapitalistisches Privateigentum also, das unter den Bedingungen der NÖP wieder aufblühte, und sei es auch in begrenztem Maße. Gleichwohl muss berücksichtigt werden, dass »Staatskapitalismus in einer Gesellschaft, in der das Kapital die Macht hat, und Staatskapitalismus in einem proletarischen Staat [...] zwei verschiedene Begriffe« sind (LW, 32: 514). Unter Beibehaltung dieses Unterschieds blieb die Notwendigkeit, über das nationale hinaus auch »ausländisches Kapital ohne Machtbefugnisse heranzuziehen« (LW, 32: 181). Hatte diese Linie des Verzichts auf vollständige Nationalisierung und Verstaatlichung der Produktionsmittel ihre Gültigkeit in der Industrie, so musste das auf die Landwirtschaft umso mehr zutreffen. Im Oktober 1921 skizzierte Lenin den bevorstehenden Weg:

> Wir nahmen an, [...] dass wir die staatliche Produktion und Verteilung ausbauen werden, indem wir sie dem feindlichen System Schritt für Schritt abringen. Wir sagen, dass unsere Aufgabe jetzt nicht mehr so sehr die Expropriation der Expropriateure als vielmehr die Rechnungsführung und Kontrolle, die Steigerung der Arbeitsproduktivität und Hebung der Disziplin ist (LW, 33: 69).

Die politische Enteignung der herrschenden Klasse geht nur partiell mit der ökonomischen einher, und für eine bestimmte Zeitspanne ist genau das nötig und richtig.

Vier Jahre später, 1925, gelangte Bucharin in dem Essay *Die Neue Ökonomische Politik und unsere Aufgaben* (1969a: 114) zu dem gleichen Schluss: Der ausschließliche Gebrauch der »Repression« ist notwendig gegen »die rebellierenden Kräfte und ihre Überreste« und nur gegen sie.

> Etwas anderes ist die Haltung des Proletariats und dessen Staatsmacht in der Konfrontation mit der neuen Bourgeoisie, die innerhalb eines gegebenen gesellschaftlichen Kräfteverhältnisses eine notwendige gesellschaftliche Schicht repräsentiert und die in gewissem Maß innerhalb bestimmter Grenzen und für eine bestimmte Zeitspanne eine gesellschaftlich nützliche Rolle spielt.

So wie die Bourgeoisie in England und in Deutschland mit der von der politischen Macht verdrängten Aristokratie zusammenarbeitete, so griff auch der neue Inhaber der politischen Macht in Sowjetrussland, das Proletariat, in analoger Weise auf die Bourgeoisie zurück – und praktizierte das gar in größerem Maßstab: Die entmachtete Klasse wurde nicht nur in der staatlichen »Verwaltung« eingesetzt, sondern ebenso sehr auch zur Organisation des ökonomischen Lebens und zur Beförderung der Produktivkraftentwicklung.

5. Politische Enteignung und ökonomische Enteignung bei Mao

Die Erfahrung der NÖP währte bloß wenige Jahre. Wenngleich fortwährende Vorbehalte gegenüber diesem Experiment und gegenüber dieser politischen Linie bestanden, so war ihre Beendigung doch vor allem einer Verschärfung der internationalen Situation und der Herausbildung einer ernsthaften Kriegsgefahr geschuldet (Losurdo 2012: 159-161). Fakt ist indes, dass die NÖP Sowjetrusslands zum Vorbild für die Volksrepublik China wurde, zumindest für einen großen Teil ihrer Geschichte.

Am Vorabend der Machteroberung erklärte Mao Zedong (AW, Bd. 4: 449) sein Regierungsprogramm: »Unsere gegenwärtige Politik besteht darin, den Kapitalismus zu regulieren, aber nicht, ihn zu liquidieren«. Um »die rückständige Wirtschaft auf ein höheres Niveau zu heben, muss China alle Faktoren des Kapitalismus in Stadt und Land ausnutzen, die der Volkswirtschaft und der Lebenshaltung des Volkes Nutzen bringen«. Dabei könne die »nationale Bourgeoisie« eine gewisse, aber »in den Machtorganen des Staates [...] nicht die Hauptrolle spielen«: Von ihr wird allerdings verlangt, »die demokratische

Diktatur des Volkes, geführt von der Arbeiterklasse (durch die Kommunistische Partei)« anzuerkennen. Und umgekehrt hätten die Kommunisten einen wesentlichen Aspekt anzuerkennen. Nach der Machtübernahme sei der bewaffnete Kampf zu beenden, um »die ernsthafte Aufgabe des wirtschaftlichen Aufbaus« anzugehen. »Manche Dinge, mit denen wir vertraut sind, werden wir bald bei Seite lassen, und Dinge, die uns neu sind, werden uns zwingen, ihnen nachzugehen. [...] Wir müssen von allen Fachleuten – wer es auch sein mag – lernen, die Wirtschaft zu handhaben. Wir müssen bei ihnen in die Lehre gehen und von ihnen respektvoll und gewissenhaft lernen.« Die Unterscheidung zwischen politischer und ökonomischer Expropriation der Bourgeoisie, wie sie bei Marx und Engels und dann im Laufe der NÖP zutage trat, erhält hier schärfere Konturen. Während der Ausübung der politischen Macht sind die Kommunisten in der Pflicht, auf ökonomischer Ebene von der entmachteten Klasse zu lernen. Mao verdeutlichte seinen Standpunkt noch einmal in einem Beitrag vom 18. Januar 1957:

> Daß unsere Politik in den Städten nach rechts abgewichen sei, scheint auf den ersten Blick einzuleuchten, denn wir haben uns verpflichtet, für die Kapitalisten zu sorgen und ihnen sieben Jahre lang eine feste Verzinsung zu gewähren. Was werden wir tun, wenn die sieben Jahre um sind? Das werden wir dann sehen. Es wird wohl besser sein, die Sache weiter so zu handhaben, d. h. ihnen weiterhin einen gewissen festgelegten Zinsbetrag zu geben. Mit solch einer kleinen Geldsumme kaufen wir uns die Klasse [...] Indem wir uns diese Klasse kaufen, berauben wir sie ihres politischen Kapitals und bringen sie zum Schweigen [...] So wird das politische Kapital nicht in ihren, sondern in unseren Händen liegen. Wir müssen ihnen auch noch den letzten Rest wegnehmen und dürfen solange nicht lockerlassen, bis ihnen absolut nichts mehr davon geblieben ist. Darum kann man nicht behaupten, daß wir in den Städten eine rechte Politik verfolgen (Mao Zedong, AW, Bd. 5: 403f).

In diesem Text wird der Unterschied zwischen ökonomischer und politischer Expropriation der Bourgeoisie besonders deutlich herausgestrichen. Nur letztere darf bis zum Ende durchgeführt werden, während erstere, wenn ihr nicht genau bestimmte Grenzen gesetzt werden, die ökonomische Entwicklung des Landes und die Stabilität der neuen politischen Macht gefährdet. Im Sommer 1958 bekräftigte Mao seine Sichtweise gegenüber dem eher misstrauischen sowjetischen Botschafter: »In China gibt es nach wie vor Kapitalisten, aber der Staat steht unter der Führung der kommunistischen Partei (Mao Zedong 1998: 251).

Nachdem Deng Xiaoping nach vielen Wirren an die Spitze des Staates gelangt war, berief er sich auf diese politische Tradition, griff sie auf und radikalisierte sie. Diese Radikalisierung sollte keinen Bruch darstellen. Deng vergegenwärtigte sich, dass die Kommunistische Partei seit 1928, also vor der Machteroberung auf nationaler Ebene, bereits riesige Gebiete kontrolliert hatte, in denen »privater, Staatskapitalismus und primitiver Sozialismus« und darüber hinaus genossenschaftliches Eigentum koexistierten (Snow 1967: 284). Innerhalb der langen Zeitspanne seit 1928 machten die Versuche einer völligen Verstaatlichung der Wirtschaft nur eine ziemlich begrenzte Phase aus.

Bekanntlich wertete man vor allem im Westen die damalige NÖP als eine getarnte Rückkehr zum Kapitalismus. Drei maßgebliche Zeitzeugen kamen allerdings zu anderen Schlüssen. Gramsci, der sich zwischen Mai 1922 und Dezember 1923 in Moskau aufhielt zog einige Jahre später Bilanz: In der UdSSR zeige sich ein in der Geschichte bisher unbekanntes Phänomen. Eine politisch herrschende Klasse, die sich »schlechteren Lebensbedingungen« ausgesetzt sieht, als »bestimmte Teile und Schichten der beherrschten und unterworfenen Klasse«. Die Volksmassen führten weiterhin ein mühevolles Leben und blickten verstört auf den »Pelzmantel tragenden Nepman, dem alle Güter der Erde zur Verfügung standen«. Gleichwohl war das nicht zu beanstanden oder zurückzuweisen, weil das Proletariat, so wie es nicht die Macht erobern kann, sich auch nicht an ihr halten kann, wenn es nicht in der Lage ist, seine partikularen und unmittelbaren Interessen zugunsten »der allgemeinen und dauerhaften Klasseninteressen« zu opfern (Gramsci 1971: 129f). Die anderen beiden Zeitzeugen waren dem von ihnen besuchten Land weniger verbunden. In diesem zentralen Punkt jedoch stimmten sie mit dem führenden italienischen Kommunisten überein. Der österreichische Schriftsteller Joseph Roth, der sich von September 1926 bis Januar 1927 in Moskau aufhielt, schrieb als Korrespondent der *Frankfurter Zeitung*: »Wenn es wahr ist, dass das Proletariat die herrschende

Klasse ist, so ist sicherlich das neue Bürgertum die genießende Klasse. Das Proletariat hat alle Institutionen des Staates. Die neue Bourgeoisie hat alle Institutionen der Bequemlichkeit.« (Roth 1995: 149). Und Benjamin schließlich fasste seine Eindrücke so zusammen:

> Unter dem Kapitalismus sind Macht und Geld kommensurable Größen geworden. Jede gegebene Menge Geld ist in eine ganz bestimmte Macht zu konvertieren und der Verkaufswert jeder Macht lässt sich errechnen. [...]. Der Sowjetstaat hat dieser Kommunikation von Geld und Macht unterbunden. Sich selbst behält die Partei die Macht vor, das Geld überlässt sie dem NEP-Mann (Benjamin 1972, Bd. 10: 333f).

Letzterer jedoch ist einer »furchtbaren gesellschaftlichen Ächtung« ausgesetzt. Ökonomischer Reichtum und politische Macht fallen in keiner Weise zusammen.

In den zwanziger Jahren haben diese drei Intellektuellen eine Bewertung der NÖP als Ausdruck einer bürgerlichen Restauration der Bourgeoisie zurückgewiesen. Die Volksrepublik China hatte nicht so viel Glück. Seit Beginn der von Deng eingeleiteten Wende herrscht mit der auffälligen Ausnahme eines Historikers (Arrighi 2008) unumstritten das Urteil vor, das Land sei in jeder Hinsicht kapitalistisch verfasst.

6. Klassenbewusstsein als »Geist der Abspaltung« und als »Katharsis«

Im Zusammenhang mit Regimen, die aus von kommunistischen Parteien geführten Revolutionen hervorgingen, war hier wiederholt die Rede von einer Verselbständigung der politischen und regierenden Schichten, die – das sei betont – gleichwohl nicht die Überwindung des Klassenkampfs bedeutete, sondern dessen Schärfe geschuldet war und der Absicht, ihn unter Kontrolle zu halten. Auf den ersten Blick mag diese Kategorie an den Trotzki so teuren Begriff der »Bürokratie« denken lassen. Seine Verwendung war allerdings weniger das Resultat einer politischen und gesellschaftlichen Analyse als vielmehr ein negatives Werturteil. Die Arbeiterklasse müsse das Klassenbewusstsein unverfälscht in den Betrieben zum Ausdruck bringen. Damit gerät jedoch die Ambiguität aus dem Blick, die den Klassenkampf insbesondere in der auf die Machteroberung durch kommunistische Parteien folgenden Phase charakterisiert. Wer vertrat unmittelbar nach der Oktoberrevolution die Sache der Emanzipation des Proletariats? Lenin (der »Bürokrat«), der sich vornahm, den Produktionsapparat neu zu ordnen und wieder in Gang zu bringen und dabei dem Absentismus ein Ende bereitete, oder Lazarevic, der belgische Arbeiter, der entschlossen war, der Beschleunigung des Arbeitsrhythmus (und einer damit verbundenen »Ausbeutung«) mit Streik zu begegnen? Lenin, der sich der (relativ gut entlohnten) bürgerlichen Spezialisten und der Kapitalisten bediente, die bereit waren, mit der Sowjetmacht bei der Entwicklung der Produktivkräfte und der Überwindung des ersten Typs der Ungleichheit zusammenzuarbeiten, oder die Arbeiter, die sich über die anhaltende Ungleichheit des zweiten Typs und die »Restauration des Kapitalismus« empörten? Aber selbst wenn man nur Arbeiter einander gegenüberstellt, erhebt sich die Frage: Befördern diejenigen die Sache der Emanzipation, die sich, angespornt von materiellen und moralischen Anreizen, in der Stachanow-Bewegung einbrachten, um die Produktion voranzubringen (und den gesellschaftlichen Reichtum zu mehren), oder jene, die sich alldem widersetzten?

Zwischen März und April 1920, in einer Zeit also, als der Kriegskommunismus noch nicht überwunden war, wies Lenin auf ein in Sowjetrussland entstandenes Paradoxon hin: Die Arbeiterklasse war »zur herrschenden Klasse im Staat geworden« und musste »nun große Opfer bringen und hungern und in den Tod gehen«. Sie lebte unter schlechteren ökonomischen Bedingungen als die Bauern, die aus der neuen Situation große Vorteile zogen: Sie haben »zum ersten Mal besser gegessen als in Jahrhunderten des zaristischen, kapitalistischen Russlands« (LW, 30: 452f). Dieses Paradox verschärfte sich sogar noch mit der Einführung der NÖP: Nunmehr lebte zumindest ein Teil jener Klasse, die als ausbeuterisch entmachtet worden war, unter weitaus besseren ökonomischen Bedingungen als die politisch herrschende Klasse.

Die Toleranz, mit der man den Neureichen trotz der anhaltenden Misere des Proletariats begegnete, hinterließ in Sowjetrussland das unbestimmte, aber starke Gefühl von »Verrat«: »Angeekelt von der NÖP, zerrissen buchstäblich Zehntausende bolschewistische Arbeiter zwischen

1921 und 1922 ihr Mitgliedsbuch und benannten die Maßnahme in Neue Erpressung des Proletariats um« (Figes 2000: 926). Auch die »Arbeiteropposition« wandte sich von der Partei ab. Das war nicht einfach nur eine politische, sondern eine verheerende existenzielle Krise. 1927 hielt Benjamin (Bd. 10: 347f) fest: »Das ›Halt‹, das eines Tages mit der NEP die Partei dem Kriegskommunismus entgegensetzte, hat einen fürchterlichen Gegenstoß hervorgerufen, der viele Kämpfer der Bewegung niederwarf«.

Diese Haltung beschränkte sich mitnichten auf Sowjetrussland, sondern hatte vermutlich ihre leidenschaftlichsten Anhänger unter den aktiven und mitunter gar führenden Kommunisten des Westens. Ihnen gegenüber erklärte Lenin mit Sarkasmus:

> Angesichts unseres Rückzugs brachen manche von ihnen sogar in unstatthafter, kindischer Weise in Tränen aus, wie das auf der letzten Tagung des erweiterten Exekutivkomitees der Kommunistischen Internationale geschah. Aus den allerbesten kommunistischen Gefühlen und kommunistischen Bestrebungen heraus brachen einige Genossen in Tränen aus, weil die guten russischen Kommunisten, man stelle sich das nur vor, den Rückzug antraten (LW, 33: 267).

Aber konzentrieren wir uns auf Sowjetrussland. Diejenigen, die so argumentierten, fühlten und litten, waren überzeugt, die Überzeugungen der Arbeiterklasse zu artikulieren. Wie reagierte Lenin? Er verurteilte die »Arbeiteropposition« als eine »ausgesprochen syndikalistische Abweichung« (LW, 32: 176). Der schon für sich sprechende Begriff, rekurriert ganz eindeutig auf *Was tun?* »trade-unionistisches« Bewusstsein bzw. »syndikalistische« Abweichung äußert sich in der Unfähigkeit, die unmittelbaren ökonomischen Ansprüche dem Kampf um die Eroberung und den Erhalt der politischen Macht unterzuordnen. In seiner am 5. Juli 1921 auf dem III. Kongress der Internationale gehaltenen Rede hielt Lenin fest, dass »der Arbeiterklasse schwere Leiden zufielen, und zwar gerade deshalb, weil sie ihre Diktatur ausübt«. Ein Paradox ohne Zweifel, aber seine tiefere Wahrheit würden die »politisch entwickelteren Elemente begreifen« (LW, 32: 512f).

Lenin war sich über die Umstände im Klaren. Es komme darauf an, die Lehren von Marx zu berücksichtigen: »Nach der Eroberung der Staatsmacht besteht das wichtigste und grundlegendste Interesse des Proletariats in der Vergrößerung der Produktenmenge und der gewaltigen Steigerung der Produktivkräfte der Gesellschaft« (LW, 33: 174). Zweitens war evident, dass die Sowjetmacht sich nicht halten konnte, wenn sie nicht das heillose Elend und den Hunger beseitigte, die auf dem russischen Volk lasteten. Um die landwirtschaftliche Produktion in Gang zu bringen, mussten den Bauern großzügige Zugeständnisse gemacht werden. Das zum Skandal zu machen, »bedeutet: die Zunftinteressen der Arbeiter über die Klasseninteressen stellen, bedeutet: die Interessen der gesamten Arbeiterklasse, ihrer Diktatur, ihres Bündnisses mit der Bauernschaft gegen die Gutsbesitzer und Kapitalisten, ihrer führenden Rolle im Kampf für die Befreiung der Arbeit vom Joch des Kapitals den Interessen des unmittelbaren, augenblicklichen, teilweisen Vorteils der Arbeiter zum Opfer bringen« (LW, 32: 354). Und um die Industrieproduktion in Gang zu setzen, mussten den bürgerlichen Spezialisten, dem russischen und auch dem internationalen Kapital, das zur Zusammenarbeit mit der NÖP bereit war, noch größere Zugeständnisse gemacht werden. Verunsicherung löste insbesondere die Öffnung gegenüber ausländischem Kapital aus, an dessen fortgeschrittener Technologie man gleichwohl dringenden Bedarf hatte, dem aber dafür außergewöhnliche Profite garantiert wurden. Nicht aber der Protest gegen diese Politik, sondern diese selbst »ist auch eine Form des Kampfes, ist eine Fortsetzung des Klassenkampfes in anderer Form« (LW, 32: 359).

Schauen wir uns die Situation in den Fabriken an. In der zweiten Hälfte der 20er Jahre beklagte sich Pierre Pascal, den wir bereits kennengelernt haben, dass man sich »in materieller Hinsicht in Richtung einer Amerikanisierung« bewege (worunter der Götzendienst an der ökonomischen und technologischen Entwicklung zu verstehen war). Zwar seien einige ökonomische Fortschritte erreicht worden, allerdings um den »Preis einer furchtbaren Ausbeutung der Arbeiterklasse« (in: Flores 1990: 53). Lenin argumentierte in den Jahren 1920/21 in entgegengesetzter Manier. Die Gewerkschaften müssten sich immer mehr »von der zünftlerischen Beschränktheit« befreien, durch »vermittelnde Beteiligung« »zur schnellsten Liquidierung der Konflikte«, die unvermeidlich entstehen, beitragen (LW, 32: 251; 33: 172f). Dabei dürften sie nie das Ziel der Produktivkraftentwicklung aus den Augen verlieren, weil allein diese eine spürbare Verbesserung der Lebensbedingungen der Volksmassen garantiert und gleichzeitig die Sowjetmacht stärkt:

> Denn die Errungenschaften der Revolution können jetzt nicht von derselben Art sein wie früher. Sie ändern unvermeidlich ihren Charakter in Abhängigkeit vom Übergang von der Kriegsfront zur Wirtschaftsfront, vom Übergang zur Neuen Ökonomischen Politik, von Bedingungen, die in erster Linie die Steigerung der Arbeitsproduktivität, die Erhöhung der Arbeitsdisziplin erfordern. In einer solchen Zeit wird zur Haupterrungenschaft der Revolution *die unauffällige, nicht in die Augen springende, nicht sofort sichtbare innere Verbesserung*, die Verbesserung der Arbeit, ihrer Organisation, ihrer Resultate (LW, 33: 19).

Kursiv hervorgehoben ist hier eine Aussage, die einmal mehr den Bruch mit der sensualistischen Epistemologie der Frühschriften von Marx und Engels anzeigt. Die Ausbildung revolutionären Bewusstseins hat stets wenig mit dem »Blick« auf die Lebensbedingungen des Proletariats zu tun. So wie Lenin in *Was tun?* darauf insistierte, die Gesamtheit der politischen und gesellschaftlichen Beziehungen auf nationaler und internationaler Ebene zu analysieren, so gelangt man ausgehend von der Überwindung der rein empirischen Ebene zu den gleichen Ergebnissen: Die bloße Feststellung, dass sich die bürgerlichen Spezialisten und die Nepleute höherer Löhne und gewisser Privilegien erfreuten, könnte zu der vorläufigen Schlussfolgerung verleiten, dass der proletarische Klassenkampf mit dem Kampf gegen diese Löhne und Privilegien zusammenfallen müsse. Das aber würde bedeuten, den größeren nationalen und internationalen Zusammenhang aus dem Blick zu verlieren und die Komplexität des Klassenkampfs gegen die beiden Ungleichheiten zu ignorieren.

Insgesamt lässt sich die Lage, wie sie sich in Sowjetrussland darstellte, wohl so zusammenfassen: »Das Proletariat, die revolutionäre Vorhut, besitzt durchaus genug politische Macht, zugleich aber gibt es Staatskapitalismus« und damit den Fortbestand einiger kapitalistischer Bereiche, seien sie auch durch den Staat kontrolliert. »Das ist doch eine Lage, wie sie in der Geschichte überhaupt noch nie dagewesen ist«, die »bei vielen, sehr vielen Verwirrung« stiftete. Aber nur wer diese absolut notwendige Politik verstanden hatte und unterstützte, bewies gereiftes Klassenbewusstsein (LW, 33: 264f).

»Eine Lage, wie sie in der Geschichte überhaupt noch nie dagewesen ist«. Auf die gleiche Weise drückte sich Gramsci aus, der aus seinem Aufenthalt in Sowjetrussland klare Schlüsse zog. In seiner Untersuchung über das Paradox der NÖP und das damalige Sowjetrussland verließ er nicht das von Lenin abgesteckte Feld. Ganz entschieden darüber hinaus gingen dagegen die *Gefängnishefte,* in denen die »Fixierung des ›kathartischen‹ Moments [...] zum Ausgangspunkt für die gesamte Philosophie der Praxis« und die revolutionäre Theorie wird (Gramsci 1991 ff, Bd. 6: 1259). Wie ist diese sibyllinische Aussage zu interpretieren? In der europäischen Kultur waren Revolution und revolutionäre Bewegungen lange schon als Ausdruck des Neids, der Rancune und des Ressentiments diskreditiert. Um das festzustellen reicht es, sich Autoren wie Constant, Taine und vor allem Nietzsche zu vergegenwärtigen. Gramscis Ausführungen widerlegen diesen Allgemeinplatz: Sofern der Proletarier im Russland der NÖP nicht in der Lage sei, seinen Neid auf den »Pelzmantel tragenden Nepman, dem alle Güter der Erde zur Verfügung standen«, zu überwinden, würde er auch nicht fähig sein, am Aufbau der neuen Gesellschaft mitzuwirken, so sehr er das auch erstrebte. Diese allgemeine These Gramscis gelangte nicht zufällig zu einer Zeit zur Reife, in der in Deutschland die Nazis das Ressentiment und den Neid der untersten Volksschichten gegenüber den Intellektuellen, vor allem den revolutionären, schürten und den Frust der durch Krieg und ökonomische Krise verarmten Massen gegen die Juden lenkten. Entgegen den Behauptungen von Constant, Taine und Nietzsche entwickelt sich und reift eine revolutionäre Bewegung nur dann, wenn sie es schafft, sich dieses »›kathartischen‹ Moments« zu gewärtigen.

Interessant ist festzustellen, dass sich Tausende Kilometer von Europa entfernt eine andere große kommunistische Autorität in die gleiche theoretische Richtung vortastete. Mao (AW, Bd. 1: 125 f) stritt 1929 gegen die »absolute Gleichmacherei«: In ihrer Engstirnigkeit und ihrem Neid und, man könnte sagen, auch in ihrem Ressentiment (»Bei der Unterbringung der Truppen [der Roten Armee] wurde gefordert, dass allen der gleiche Raum zugeteilt wurde, und hatte der Stab einen etwas größeren Raum, begann man zu schimpfen«) ist sie Ausdruck beklemmender gesellschaftlicher Verhältnisse, das »Produkt der handwerklichen und kleinbäuerlichen Wirtschaft« und behindert die Bildung eines gesellschaftlichen Blocks, dem die Aufgabe zukommt, das Ancien

Régime zu stürzen. Eine erfolgreiche Revolution verlangt mit Notwendigkeit die Konsolidierung der Einheit jener, die unmittelbar Opfer der Ausbeutung und der Unterdrückung sind, aber ebenso eine Bündnispolitik zur Isolierung der zu stürzenden Macht. Das ist jedoch nur unter der Bedingung möglich, dass die Borniertheiten ebenso wie der Neid, die Rancune und das Ressentiment gegenüber den benachbarten bzw. unmittelbar darüber liegenden gesellschaftlichen Schichten, die das natürliche Ziel solcher Gemütsverfassung sind, unbedingt geächtet und eingedämmt werden. Der »›kathartische‹ Moment« nimmt im Prozess der Ausbildung von Klassenbewusstsein eine essentielle Funktion ein. Im selben Jahr (1926), in dem er seine Reflexionen über die NÖP notierte, schrieb Gramsci (1971: 145):

> Der Metallarbeiter, der Tischler, der Bauarbeiter etc. dürfen nicht nur als Proletarier und auch nicht als Metallarbeiter, Tischler, Bauarbeiter etc. denken, sie müssen einen Schritt weiter gehen. Sie müssen als Angehörige einer Klasse denken, die sich anschickt, die Bauern und die Intellektuellen zu führen, einer Klasse, die nur dann siegen und den Sozialismus aufbauen kann, wenn ihr die große Mehrheit dieser gesellschaftlichen Schichten hilft und ihr folgt. Gelingt ihr das nicht, wird das Proletariat nicht zur führenden Klasse.

Hier wird ein Prozess in zwei Stufen beschrieben. Zunächst wird die Zugehörigkeit zu einem bestimmten Beruf überführt in die Zugehörigkeit zum Proletariat insgesamt (und bis hierher besteht kein Unterschied zum Standpunkt von Marx und Engels). Dann aber erfolgt eine relevante Neuerung: Der Proletarier erlangt erst dann ein reifes Klassenbewusstsein, wenn er seine Klasse als Kern eines breiten gesellschaftlichen Blocks versteht, der die Revolution zum Sieg tragen soll. Dabei erweist sich die Katharsis als noch notwendiger, wenn es darum geht, die Macht zu bewahren und zu festigen, wie der Kampf und die Enttäuschungen, letztlich auch die persönlichen Dramen in den Jahren der NÖP bewiesen. Die Idee der Katharsis taucht bereits bei Engels auf, demzufolge das kommunistische Bewusstsein eine Überwindung des unmittelbaren und beschränkten Interesses der proletarischen Klasse bedingt (vgl. Kap. II, § 4). Sie findet sich auch dort bei Lenin, wo er gegen den Trade-Unionismus streitet. Aber erst Gramsci fand eine organische und kohärente Formulierung.

Die Aneignung revolutionären Bewusstseins bringt einen Kampf an zwei Fronten mit sich: Die Kooptation in den Block der Herrschenden muss auf der einen Seite zurückgewiesen werden. Auf der anderen darf man sich nicht zünftlerisch verschanzen. An der ersten Front geht es darum, den Klassenantagonismus herauszustreichen, an der zweiten darum, die Vermittlungsfähigkeiten gegenüber den Klassen oder Schichten zu erhöhen, die unter besseren materiellen Bedingungen als den eigenen leben. Man könnte, um die Sprache Gramscis (1991 ff, Bd. 9: 2195; Bd. 6: 1259) zu gebrauchen, sagen, dass sich das Klassenbewusstsein nunmehr auf der einen Seite als »Geist der Abspaltung« artikuliert, der es einer subalternen Klasse ermöglicht, ihre »völlige Selbständigkeit« zu erlangen, auf der anderen als »Katharsis«, dank derer eine vormals subalterne Klasse »den Übergang vom bloß ökonomischen (oder leidenschaftlich-egoistischen) Moment zum ethisch-politischen Moment« bewerkstelligen kann und so zur führenden Klasse wird.

7. Russland und China: Die Bourgeoisie als Klasse an sich und Klasse für sich

Die »Katharsis« erlaubt, die Komplexität des Klassenkampfs der aus dem bolschewistischen Oktober hervorgegangenen Gesellschaft zu erfassen. Dort gab es, zumal nach der Einführung der NÖP, weiterhin reiche Bürger, die jedoch nicht nur nicht die politisch herrschende Klasse stellten, sondern auch keine Klasse für sich mehr waren.

Die deutsche Ideologie unterstreicht: »Die einzelnen Individuen bilden nur insofern eine Klasse, als sie einen gemeinsamen Kampf gegen eine andre Klasse zu führen haben; im übrigen stehen sie einander selbst in der Konkurrenz wieder feindlich gegenüber« (MEW, 3: 54). Diese Ausführungen nehmen auf keine bestimmte Klasse Bezug, aber sie vermögen den Prozess der Formierung des Proletariats, der Bourgeoisie sowie deren jeweiliges Klassenbewusstsein zu erklären. Im *Elend der Philosophie* ist zu lesen:

> Die ökonomischen Verhältnisse haben zuerst die Masse der Bevölkerung in Arbeiter verwandelt. Die Herrschaft des Kapitals hat für diese

> Masse eine gemeinsame Situation, gemeinsame Interessen geschaffen. So ist diese Masse bereits eine Klasse gegenüber dem Kapital, aber noch nicht für sich selbst. In dem Kampf [...] findet sich diese Masse zusammen, konstituiert sie sich als Klasse für sich selbst. Die Interessen, welche sie verteidigt, werden Klasseninteressen. Aber der Kampf von Klasse gegen Klasse ist ein politischer Kampf.
>
> Mit Bezug auf die Bourgeoisie haben wir zwei Phasen zu unterscheiden: die, während derer sie sich unter der Herrschaft des Feudalismus und der absoluten Monarchie als Klasse konstituierte, und die, wo sie, bereits als Klasse konstituiert, die Feudalherrschaft und die Monarchie umstürzte, um die Gesellschaft zu einer Bourgeoisgesellschaft zu gestalten. Die erste dieser Phasen war die längere und erforderte die größeren Anstrengungen (MEW, 4: 180f).

Folglich war die Bourgeoisie lange Zeit bloß eine Klasse an sich, bevor sie auch zur Klasse für sich wurde. Sie brauchte lange Zeit, bis sie sich ein entwickeltes Klassenbewusstsein angeeignet hatte und in der Lage war, ihre Klasseninteressen zu bestimmen und praktisch werden zu lassen.

Im Proletariat geht der Prozess zur Herausbildung von Klassenbewusstsein nur mühevoll vonstatten, kann unterbrochen werden oder zurückfallen, sei es durch die Konkurrenz, die objektiv unter den Arbeitern besteht, sei es als Konsequenz politischer und ideologischer Initiativen der herrschenden Klasse. Das gilt in etwa analog für die Bourgeoisie, wenn sie infolge einer Revolution ihrer Macht weitgehend beraubt und ideologisch diskreditiert worden ist.

Werfen wir einen Blick auf die Vorgänge in der Volksrepublik China. Bekanntermaßen hatte Mao festgehalten, dass es besser sei, die ökonomische Expropriation der Bourgeoisie nicht bis an ihr Ende zu führen. Diese Klasse verschwand nach der Machteroberung der Kommunistischen Partei nicht einfach. Im Oktober 1978, als die Politik der Reformen und der Öffnung begann, warnte Deng Xiaoping: »Wir dürfen nicht zulassen, dass sich eine neue Bourgeoisie herausbildet«. Dieses Ziel stand jedoch nicht im Widerspruch zur gewährten Duldung einzelner Kapitalisten. Wie der neue chinesische Staats- und Parteichef wenige Monate später noch einmal klarstellte, ist »der Kampf gegen diese Individuen ein anderer Kampf als jener, der sich in der Vergangenheit zugetragen hat, als Kampf einer Klasse gegen eine andere (denn diese Individuen können keine zusammenhängende und offene Klasse bilden)«. Natürlich fehlte es nicht an Residuen des alten Klassenkampfs, aber insgesamt war mit der Konsolidierung der Revolution und der Macht der Kommunistischen Partei eine neue Situation entstanden (Deng Xiaoping 1992-95, Bd. 2: 144 u. 178). »Besteht die Gefahr, dass eine neue Bourgeoisie auftritt? Es kann sich eine Handvoll bourgeoiser Elemente formieren, die aber bilden noch keine Klasse«, zumal es einen »mächtigen Staatsapparat« gibt, der in der Lage ist, sie zu kontrollieren. Deng berief sich im August 1985 auf einen historischen Präzedenzfall. »Womöglich hatte Lenin einen glücklichen Einfall, als er die Neue Ökonomische Politik anwandte« (Deng Xiaoping 1992-95, Bd. 3: 142f). Damit sind wir in eine Situation zurückgeführt, in der die Bourgeoisie bzw. einzelne bourgeoise Elemente fortgesetzt eine mehr oder weniger relevante ökonomische Funktion einnahmen (bzw. nach dem »Kriegskommunismus« wieder einnahmen), obwohl sie der Möglichkeit beraubt waren, eine politische Rolle zu spielen.

Nicht nur die politische Macht hindert die Bourgeoisie am Übergang von der Klasse an sich zur Klasse für sich. Marx hatte, wie wir gesehen haben, die polnischen Adeligen für ihren Geistesadel gelobt, weil sie sich weniger von ihren Klasseninteressen als vielmehr vom nationalen Interesse leiten ließen. Vor allem in Momenten historischer Krisen erweist sich deutlich, dass ein Individuum nicht nur mit einem einzigen, sondern mit vielfältigen Widersprüchen konfrontiert ist. Man denke an die Anklage, die Marx gegen die französische Bourgeoisie erhob, nachdem diese 1871 ihre Waffen anstatt gegen die preußischen Invasoren gegen die Pariser Kommune in Anschlag gebracht hatte: »In diesem Zwiespalt zwischen nationaler Pflicht und Klasseninteresse zauderte die Regierung der nationalen Verteidigung keinen Augenblick – sie verwandelte sich in eine Regierung des nationalen Verrats« (MEW, 17: 319). Aus der Empörung, die in dem zitierten Passus anklingt, lässt sich folgern, dass es sich dabei nicht um ein zwingendes Verhalten handelt. Auch der polnische Adelige wird sich sicherlich über die Regungen der Bauern besorgt haben, da sie seine gesellschaftliche Stellung und seine Privilegien in Frage stellten. Aber er konnte nicht mehr den Umstand ignorieren, dass die Zerstückelung und Unterwerfung seines Landes ihn seiner nationalen Identität beraubt und in jedem Falle zur politischen, kulturellen und unter gewissen Gesichtspunkten sogar zur gesellschaftlichen Subalternität gegenüber der dann herrschenden Gewalt verdammt hätte. Zusammenfassend lässt sich damit sagen, dass der polnische Adelige in jener bestimmten Situation gezwungen war, zwischen gesellschaftlicher und nationaler Identität zu wählen. Vor einer vergleichbaren Wahl stand im Verlauf der russischen Revolution, wie wir bereits gesehen haben, auch der General adeliger Herkunft (Brusilow), der aufgrund »seines Pflichtgefühls gegenüber der Nation« für die neue Sowjetmacht Partei ergriff, da die Bolschewiki diese vor der Balkanisierung und Unterwerfung schützten.

Prozesse dieser Art trugen sich in viel größerem Maße während der chinesischen Revolution zu, angeführt von einer kommunistischen Partei, die sich an die Spitze eines Widerstandskriegs gegen den japanischen Imperialismus setzte, an die Spitze eines Kampfes, geführt in der Absicht, die chinesische Nation in ihrer Gesamtheit (herrschende und ausbeutende Klasse eingeschlossen) vor der Versklavung zu retten, die das Reich der aufgehenden Sonne ihr zugedacht hatte. Davon ausgehend lässt sich nachvollziehen, dass die Loyalität zum Vaterland bei den alten und neuen Kapitalisten weiterhin eine große Rolle spielt, weil sie keine Mühe haben zu erkennen, dass Washington die unterschiedlichsten separatistischen Bewegungen in diesem immer schon multiethnischen und multikulturellen Land unterstützt, alimentiert und ermutigt.

Zuletzt darf ein Prozess nicht aus dem Blick geraten, der im *Manifest der Kommunistischen Partei* luzide beschrieben wird: »In Zeiten endlich, wo der Klassenkampf sich der Entscheidung nähert, nimmt der Auflösungsprozess innerhalb der herrschenden Klasse, innerhalb der ganzen alten Gesellschaft, einen so heftigen, so grellen Charakter an, dass ein kleiner Teil der herrschenden Klasse sich von ihr lossagt und sich der revolutionären Klasse anschließt, der Klasse, welche die Zukunft in ihren Händen trägt.« Der Lagerwechsel, der sich hier ereignet, ist nicht durch eine Sorge um die Nation begründet, kann aber generell die intellektuelle und emotionale Zustimmung zu einer Partei oder einer Bewegung erklären, die eine unmittelbare und unentrinnbare Zukunft verkörpert oder zu verkörpern scheint. Als Protagonisten dieses

Lagerwechsels gaben Marx und Engels die »Bourgeoisideologen« an, »welche zum theoretischen Verständnis der ganzen geschichtlichen Bewegung sich hinaufgearbeitet haben« (MEW, 4: 471f). Die Seiten konnten indes sehr verschiedene soziale Schichten wechseln, darunter auch Exponenten bzw. Teile der kapitalistischen Bourgeoisie. Der Widerstand und der Kampf gegen die Nazibarbarei, den UdSSR und die kommunistischen Parteien leisteten, verlangten Anerkennung und bisweilen Bewunderung ab, so dass Marxismus und Kommunismus in den unmittelbar auf das Ende des Zweiten Weltkriegs folgenden Jahren eine Anziehungskraft entfalteten, die über die Volksklassen hinausging. Der umgekehrte Vorgang vollzog sich 1989, als das weitverbreitete und hartnäckige Bestreben bestand, sich von dem abzuwenden, was die USA und der Westen als die *wrong side of history* zu bezeichnen nicht müde wurden, was dem Untergang geweiht sei und auf dem Müllhaufen der Geschichte enden werde. Dieser Prozess ist noch immer im Gang, bewirkt aber in einem Land nur wenig, das 1949 ein Jahrhundert der kolonialistischen und imperialistischen Demütigung beendet hatte und heute, nach Jahrzehnten stürmischen Wirtschaftswachstums, eine wachsende internationale Rolle zu spielen scheint. Diese Umstände stärken die patriotische Loyalität einzelner Bourgeois und Kapitalisten, die allein schon aus objektiven Gründen große Schwierigkeiten haben, sich als Klasse für sich zu konstituieren.

Grob vereinfachend wäre es zu behaupten, Klassenbewusstsein und objektive gesellschaftliche Stellung entsprächen einander mechanisch. Das polemische Hin und Her zwischen Chruschtschow und Tschu En Lai in den Jahren der heftigsten Auseinandersetzung zwischen der Sowjetunion und China besitzt emblematischen Wert. Ersterer stellte seine bescheidene Herkunft zur Schau und hielt dem anderen dessen aristokratische Herkunft vor, während dieser antwortete: »beide haben wir unsere ursprüngliche Klasse verraten«. Tatsächlich, »Verrat« und Lagerwechsel sind zu berücksichtigen. Aber angesichts einer historischen Krise, die so schwerwiegend ist, dass sie eine Nation einer tödlichen Gefahr aussetzt, treten »Verrat« und Lagerwechsel häufiger und anhaltender auf.

Ohne Zweifel wirkt sich eine historische Krise auf das Klassenbewusstsein des Proletariats aus. Es kann zu chauvinistischen Positionen abdriften und den kolonialistischen und imperialistischen Krieg unterstützen. In diesem Fall hört es dann auf, eine Klasse für sich zu sein, es ist dann zum bloßen Anhängsel der Bourgeoisie geworden. Mit Blick auf England hatten sich Marx und Engels diesen Umstand in ihrer späten Phase schmerzhafterweise einzugestehen. Im Falle eines Widerstandskrieges zur nationalen Befreiung ist das Proletariat zwar einerseits gehalten, sich daran aktiv zu beteiligen und sofern möglich auch eine führende Rolle einzunehmen, muss aber auf der anderen Seite unbedingt vermeiden, seine Autonomie dadurch zu verlieren, dass es mit der Bourgeoisie verschmilzt. Im November 1938 hatte Mao geschrieben, dass in solchen historischen Situationen »der Klassenkampf in der Form des nationalen Kampfes zum Ausdruck« komme; »darin äußert sich eben die Identität der beiden«. Er hatte sich aber zugleich gegen die Losung »Alles durch die Einheitsfront« verwahrt (AW, Bd. 2: 251 f). Im Führen eines »Klassenkampfs«, der zur gleichen Zeit ein »nationaler Kampf« ist, muss das in der kommunistischen Partei organisierte Proletariat neben nationalem Bewusstsein und nationaler Identität auch sein Klassenbewusstsein und seine Klassenidentität zu bewahren wissen. Klassenbewusstsein und Klassenidentität sind aber nur dann zu bewahren, wenn jede Form des nationalen Nihilismus ein für alle Mal beseitigt ist.

So wie Lenin in den Jahren, die dem bolschewistischen Oktober vorangingen, hervorhob, es sei vergeblich, nach dem Klassenkampf und der Revolution in ihren reinsten Formen zu suchen, so sehr musste sich die kommunistische Bewegung nach dem Sieg der Revolutionen in marxistischem Geiste zu dem Standpunkt durchringen, dass es ebenso vergeblich war, die proletarische (oder Volks-) Macht in ihrer reinen Form zu entdecken. Daraus ergeben sich wesentliche theoretische Schlussfolgerungen: Lenin unterschied zwischen Staat und Verwaltung, zwischen herrschender und bevollmächtigter Klasse. Gramsci dachte darüber hinaus über das historisch unbekannte Phänomen nach, dass eine politisch herrschende Klasse die nicht ökonomisch privilegierte Klasse sein kann. Er analysierte den Caesarismus und den Prozess der Verselbständigung der politischen und ideologischen Schichten in einer postkapitalistischen Gesellschaft und unterstrich die Rolle der »Katharsis« für ein reifes revolutionäres Bewusstsein. Mao warnte davor, die politische und die ökonomische Expropriation der Ausbeuterklassen durcheinanderzubringen. Deng Xiaoping betonte auch für die von der politischen Macht vertriebene Bourgeoisie den Unterschied zwischen Klasse an sich und Klasse für sich.

Diese Unterscheidungen und Reflexionen hätten Vorsicht und Bedacht in der Bewertung einer postrevolutionären Gesellschaft lehren müssen. Was aber geschah in Wirklichkeit? Wenn wir uns die ersten 15 Jahre nach der Oktoberrevolution vergegenwärtigen, dann erkennen wir drei aufeinander folgende Gesellschaftsmodelle, die sich erkennbar unterschieden. Einen »Kollektivismus des Elends und des Leids« (Gramsci) bzw. das »vergesellschaftete Elend« (Trotzki) in Gestalt des sogenannten Kriegskommunismus; die NÖP und den Rückgriff auf einen von oben beschränkten und kontrollierten kapitalistischen Bereich zu dem Zweck, die Produktion wieder in Gang zu bringen; das Nebeneinander von kollektivierter Landwirtschaft und einer noch stärker verstaatlichten Industrie. Keines der drei Modelle brachte die These wirklich zum Schweigen, wonach eine neue Ausbeuterklasse das Ruder an sich gerissen habe. Wie erklärt sich der konstante und verbreitete Verratsvorwurf? Anders formuliert, woher kommt das Bedürfnis nach einer von bürgerlicher Kontamination befreiten Gesellschaft?

Kapitel IX

Nach der Revolution: Die Entdeckung der Grenzen des Klassenkampfs

1. Revolutionäre Hoffnungen und Idealismus der Praxis

Bei Marx lässt sich eine Schwankung beobachten. Er kritisierte die rassistische Mythologie und die naturalistische Ideologie, die bestimmten historischen gesellschaftlichen Verhältnissen den Stempel der Ewigkeit aufdrücken wollten. Dem entgegen sei die Aufmerksamkeit auf die Geschichte und die Menschen, die Geschichte machen, zu richten. Die Taten des Menschen und das Neue, das im Verlauf der Geschichte eintritt, sei gleichwohl keine creatio ex nihil. Schon zu einem frühen Zeitpunkt verwies Marx in einem berühmten und langen Brief an Pawel W. Annenkow vom Dezember 1846 auf die Begrenztheiten der menschlichen Tätigkeit und des Klassenkampfs:

> Steht es den Menschen frei, diese oder jene Gesellschaftsform zu wählen? Keineswegs. Setzen Sie einen bestimmten Entwicklungsstand der Produktivkräfte der Menschen voraus, und Sie erhalten eine bestimmte Form des Verkehrs [commerce] und der Konsumtion. Setzen Sie bestimmte Stufen der Entwicklung der Produktion, des Verkehrs und der Konsumtion voraus, und Sie erhalten eine entsprechende soziale Ordnung, eine entsprechende Organisation der Familie, der Stände oder der Klassen, mit einem Wort, eine entsprechende Gesellschaft [société civile]. [...] Man braucht nicht hinzuzufügen, dass die Menschen ihre Produktivkräfte – die Basis ihrer ganzen Geschichte – nicht frei wählen; denn jede Produktivkraft ist eine erworbene Kraft, das Produkt früherer Tätigkeit (MEW, 27: 452).

Im Gegensatz zur naturalistischen Ideologie kommt es sicher darauf an, sich der Geschichte und der menschlichen Tätigkeit zuzuwenden, allerdings der gesamten Geschichte und aller Tätigkeit, eingeschlossen die »frühere Tätigkeit«, die von den Menschen ökonomisch, sozial und politisch entfaltet worden ist. Um es mit dem *Achtzehnten Brumaire des Louis Bonaparte* zu sagen: »Die Menschen machen ihre eigene Geschichte, aber sie machen sie nicht aus freien Stücken, nicht unter selbstgewählten, sondern unter unmittelbar vorgefundenen, gegebenen und überlieferten Umständen« (MEW, 8: 115).

In anderer Hinsicht hat man sich zu vergegenwärtigen, dass Marx mit seinem Beharren auf der Praxis und der Umformung der Welt ein Exponent dessen ist, was sich als Idealismus der Praxis bezeichnen ließe. Man denke an Fichte, der seine *Wissenschaftslehre* mit der Französischen Revolution parallelisierte: »Mein System ist das erste System der Freiheit; wie jene Nation von den äußern Ketten den Menschen losreißt, reißt mein System ihn von den Fesseln der Dinge an sich, des äußern Einflusses los« (Fichte 1930: 449). Auffällig ist das Pathos, mit dem Fichte vom Tun des Menschen spricht: als öffne sich ihm ein unbegrenztes Terrain. Hegel hat diese Sichtweise kritisiert (1919/20: 926): In seiner Beschreibung der Französischen Revolution als »herrlicher Sonnenaufgang«, von dem ausgehend und in der Geschichte beispiellos »der Mensch sich auf den Kopf, das ist, auf den Gedanken stellt und die Wirklichkeit nach diesem erbaut«, drückt sich höchste Anerkennung aber auch eine Distanzierung aus; in der Zwischenzeit war dem Vorhaben, *ex novo* eine gesellschaftliche Wirklichkeit zu schaffen und so zum ersten und einzigen Mal eine »Versöhnung des Göttlichen mit der Welt« zu erreichen, Widerstand entgegengebracht worden.

Man könnte sagen, dass Fichte und Hegel bei Marx und Engels (und in der von ihnen formulierten Theorie des Klassenkampfs) in bisweilen widersprüchlicher Verflechtung präsent sind. Die beiden Philosophen und Revolutionäre durchliefen ihren Bildungsweg in den Jahren, in denen auf der einen Seite das Echo der Französischen Revolution noch immer laut und deutlich zu vernehmen war, sich aber auf der anderen Seite bereits die Vorzeichen der Revolution erahnen ließen, die 1848 den europäischen Kontinent überrollen sollte und von der sich die beiden jungen Revolutionäre erhofften, sie würde über die alten

Feudalverhältnisse hinaus auch die bürgerliche Ordnung hinwegfegen. Angesiedelt zwischen diesen beiden riesenhaften Wellen des historischen Umsturzes, die eine vom Klassenkampf beförderte grundlegende revolutionäre Neuordnung der Welt zu versprechen schienen, lässt sich gut verstehen, dass auch die beiden Philosophen und Revolutionäre, dazu neigten, in eine Form des Idealismus der Praxis abzudriften. In der von Marx und Engels beschworenen Zukunft wird anscheinend nicht nur der Klassenantagonismus sondern auch der Markt, die Nation, die Religion, der Staat und vielleicht die Rechtsnorm als solche verschwunden sein, überflüssig gemacht durch eine so außerordentliche Produktivkraftentwicklung, die jedwede Bedürfnisbefriedigung gestattet und mit der auch das schwierige Problem der Ressourcenverteilung gelöst sein wird. Es ist mit anderen Worten, als würden die »Fesseln der Sachen an sich« verschwinden. Nicht ohne Grund begegnen wir dem Thema Absterben des Staates schon bei Fichte (Losurdo 1989, Kap. III, §2).

In dem Maße, in dem er sich Hegels Lehre über die Schranken der revolutionären Praxis aneignete, formulierte Marx eine weniger emphatische Ausgestaltung der kommunistischen Zukunft, insofern er zuvor vom »Absterben des Staates« überhaupt sprach, nunmehr aber vom »Absterben des Staates in aktuellem politischen Sinne«. Auch der Internationalismus nahm eine ausgewogenere Form an, sollte mithin nicht mehr das Verschwinden der Nationen meinen, sondern eine neues Verhältnis zwischen ihnen – auf der Basis der Gleichheit und des gegenseitigen Respekts (Losurdo 2000, Kap. III, §§2 u. 7). Dabei handelt es sich allerdings um punktuelle Präzisierungen, die den Idealismus der Praxis nicht ernsthaft in Frage stellten.

Dass Lukács, einer der größten Philosophen der kommunistischen Bewegung im Umreißen einer theoretischen Bilanz eben dieser Bewegung das Bedürfnis verspürte, eine Ontologie des gesellschaftlichen Seins zu entwerfen, ist bezeichnend. Er warnte zurecht vor einer doppelten Gefahr des historischen Idealismus. »Entweder unterscheidet sich das gesellschaftliche Sein überhaupt nicht vom Sein überhaupt oder es handelt sich um etwas radikal anderes, das gar nicht mehr Seinscharakter hat« (Lukács, Werke, Bd. 13: 325) Der erste Typ des Idealismus, der hier in Betracht gezogen wird, ist der Naturalismus, und in der Auseinandersetzung mit ihm wurde die Theorie des Klassenkampfs erarbeitet. Das revolutionäre Denken ist dem zweiten Typ des historischen Idealismus zuzuordnen, dem Idealismus der Praxis: Markt, Nation, Religion und Staat tendieren darin dazu, den »Seinscharakter« zu verlieren. Sie erscheinen von der politischen Aktion und vom Klassenkampf als leicht und unbegrenzt formbar.

2. Krieg und Wiederbelebung des Idealismus der Praxis

Ein Ereignis, das in der von Marx und Engels begründeten Geistesgeschichte eine entscheidende Rolle spielte, machte die Herausbildung einer Ontologie des gesellschaftlichen Seins noch ungleich schwieriger. Im Verlaufe des Ersten Weltkriegs erwiesen sich die im Krieg befindlichen Staaten, auch diejenigen mit gefestigter liberaler Tradition, als ein blutiger Moloch, in dem Millionen von Menschen auf dem Altar der Verteidigung des Vaterlands und in Wahrheit einem imperialistischen Wettstreit um die Weltherrschaft geopfert wurden. Angesichts dieses Grauens musste die These bzw. die messianische Heilserwartung vom Absterben des Staates wiederaufleben und sich weiter radikalisieren. Jedes politische Programm, das hinter der Forderung nach einer vom Staats- und Militärapparat befreiten gesellschaftlichen Ordnung zurückblieb, erschien ganz und gar ungenügend.

Dieses geistige Klima erfasste neben den großen Intellektuellen für einige Zeit auch Politiker ersten Ranges. Während des wütenden Kriegsgemetzels und am Vorabend der Revolution, die berufen war, dieser Schlächterei ein Ende zu bereiten, veröffentlichte Lenin *Staat und Revolution*. Darin äußerte er die These, derzufolge das siegreiche Proletariat »nur einen absterbenden Staat braucht« (LW, 25: 415). Drei Jahre später, zu einer Zeit, als man hoffen durfte, dass sich die Revolution auch auf den Westen ausbreiten würde, verstieg sich Lenin, der sich ansonsten durch Realismus und eine außergewöhnliche Klarheit auszeichnete, zu einer eher fantasiepolitischen Vorhersage. »Die Generation, deren Vertreter heute etwa 50 Jahre alt sind, kann nicht mehr darauf rechnen, die kommunistische Gesellschaft zu erleben. Bis dahin wird diese Generation ausgestorben sein. Aber die Generation, die jetzt

15 Jahre alt ist, die wird die kommunistische Gesellschaft erleben und selber diese Gesellschaft aufbauen« (LW, 31: 289). Zur kommunistischen Zukunft, die hier mit Händen zu greifen scheint, gehört auch das Absterben des Staates als solchem.

Die hurrapatriotische Rhetorik und der Hass der Nationen, zum Teil »spontan« entstanden, zum Teil wissentlich in Gang gesetzt, mündeten in ein beispielloses Grauen. Dies zu beenden drängte sich gebieterisch auf. Daraus ergab sich in bestimmten Teilen der kommunistischen Bewegung ein unrealistischer Internationalismus, der dazu tendierte, die verschiedenen nationalen Identitäten als schlichte Vorurteile zu liquidieren.

Entzündet hatte sich die Katastrophe am Wettstreit um die Eroberung von Kolonien, Märkten und Rohstoffen, an der Jagd nach Profit und letztlich am »verfluchten Hunger nach Gold« (auri sacra fames). Der junge Ernst Bloch (1971: 298) fasste die messianischen Heilserwartungen seiner Zeit so zusammen: Die Sowjets hätten den »Umbruch der Macht zur Liebe« realisiert und eine Welt errichtet, die ein für alle Mal befreit sein würde von »aller Privatwirtschaft«, von jeder »Geldwirtschaft« und damit von einer »alles Böseste im Menschen preiskrönenden Kaufmannsmoral«. Kurzum, die tragische Erfahrung des Ersten Weltkriegs hat die Tendenz zum Idealismus der Praxis deutlich gestärkt. Dieses moralische Bewusstsein sprach dem Staat, der Nation, dem Markt jede weitere Seinsberechtigung ab, weil diese Strukturen für die Schande, die sich da zwischen 1914 und 1918 zugetragen hatte, verantwortlich gemacht wurden, und die sich nach kurzer Zeit zu wiederholen drohte, was dann ja auch tatsächlich geschah.

Im Lichte all dessen, hat die oben vorgestellte Mahnung des späten Lukács, die Objektivität des gesellschaftlichen Seins nicht aus dem Blick zu verlieren, einen durchaus selbstkritischen Klang. 1922, also in seiner Jugendphase hatte derselbe Lukács davon noch nichts wissen wollen und geschrieben: »[...] wo der Kern des Seins sich als gesellschaftliches Geschehen enthüllt hat, kann das Sein als bisher freilich unbewusstes Produkt menschlicher Tätigkeit erscheinen, und diese Tätigkeit selbst wiederum als das entscheidende Element der Umwandlung des Seins« (Lukács, Werke, Bd. 2: 192). Auch hier dringt der Idealismus der Praxis durch, auch wenn der Klassenkampf des Proletariats an die Stelle der Absicht getreten ist, »die Fesseln der Sachen an sich« zu beseitigen.

Der Idealismus der Praxis stirbt nur langsam. Noch 1936/37 bekräftigte Trotzki die bereits bekannte fantasiepolitische Vorhersage Lenins: »Die Generation, die die Macht eroberte, die alte Garde, beginnt mit der Liquidierung des Staates, an der kommenden Generation liegt es, das Werk zu vollenden.« Innerhalb des sowjetrussischen Horizonts deutete nichts darauf hin, dass dieser Perspektive irgendeine Glaubwürdigkeit eignete. Auch hinsichtlich des Geldes gab es keine Spur von seinem »allmählichen Absterben«, es hatte nichts von seiner »magischen Macht« eingebüßt. Weder der »staatliche« noch der »Geldzwang« zeigten Risse. Die Charakteristika einer »Klassengesellschaft, die die Beziehungen zwischen den Menschen unter die Gewalt kirchlicher oder weltlicher Fetische bringt und zu ihrem Schutz den fürchterlichsten aller Fetische mit dem großen Messer zwischen den Zähnen eingesetzt hat: den Staat, blieben hartnäckig bestehen.« (Trotzki 1988: 853 u. 757f). Die Fichteschen »Fesseln der Sachen an sich« blieben fest und widerstandsfähig. Also blieb nichts anderes übrig, als mittels Klassenkampf die »Bürokratie« ins Visier zu nehmen, die die Macht angetreten habe und sich dabei als Hindernis bei der Verwirklichung des ursprünglichen Programms erwies.

3. Der schwierige Übergang von der Praxis zur Theorie

Der Idealismus der Praxis stirbt also nur langsam. Gleichwohl ist er von der Regierungstätigkeit, von der stattfindenden Praxis, regelmäßig dementiert worden. Die neue Sowjetmacht hisste zwar das Banner vom Absterben des Staates. Doch Gramsci schrieb den Bolschewiki, jenem »staatsmännischen Adel«, das Verdienst zu, den russischen Staat vor der Auflösung bewahrt zu haben, zu der er durch die Katastrophe des Weltkriegs, durch den Bürgerkrieg und die Bestrebungen und Manöver des Imperialismus verdammt zu sein schien (vgl. Kap. VI, §4). Der russische Staat wurde demnach von den Befürwortern des Absterbens des Staates gerettet! Ein anarchistischer Leser des »Ordine Nuovo« war schockiert: Er merkte an, dass die sowjetische Verfassung das Ziel anstrebe, eine Ordnung zu errichten, in der es »weder Klassenspaltungen noch Staatsmacht« geben werde.[3] Die Bolschewiki waren sich der Abweichung der Praxis gegenüber der Theorie bewusst. Aber die Praxis bewährte sich mit größter Klarheit. Die Praxis, der revolutionäre Klassenkampf, verhinderte, dass dieses Land von einem Krieg eines jeden gegen jeden fortgerissen, in einen unaufhörlichen Prozess der Balkanisierung und anarchischen Zerstückelung verwickelt, in Gewalt und private Vergeltungszüge gestürzt wurde. In der Konsequenz verhinderte sie den Fortbestand einer mehr oder weniger feudalen Macht in diesem oder jenem Teil dieses Landes von kontinentalen Ausmaßen, verhinderte sie den Stillstand oder gar das Scheitern einer im Aufbau befindlichen neuen Ordnung.

In einem wichtigen Beitrag (*Lieber weniger, aber besser*), der seine Größe als Staatsmann bestätigte und der am 4. März 1923 in der *Prawda* veröffentlicht wurde, sprach Lenin mehrere bedeutsame Anforderungen aus: »Verbesserung unseres Staatsapparates«, ernsthafte Bestrebungen »auf dem Gebiet des Staatsaufbaus«, »Aufbau eines wirklich neuen [Staats-] Apparats [...], der wirklich den Namen eines sozialistischen, eines sowjetischen usw. verdient« (eine Aufgabe, für die es großer Ausdauer bedarf, auf die man »viele, viele, viele Jahre darauf verwenden muss«); Vervollkommnung der »Verwaltungsarbeit« – all das, ohne zu zögern, von »den besten westeuropäischen Vorbildern« zu lernen« (LW, 33: 474ff). Die hier eingeforderte und in Teilen vollzogene Praxis stand mehr denn je im Widerspruch mit der Theorie und war wesentlich reifer als jene. Daraus ergaben sich womöglich die ersten und vagen Bestandteile eines theoretischen Überdenkens. Nicht nur, dass das Absterben des Staates verschwiegen bzw. auf eine weit entfernte Zukunft vertagt wurde. Man wurde sich auch darüber im Klaren, dass die Verschleppung des Aufbaus eines neuen Staates das Überleben des alten zaristischen Apparats verlängerte: »Wir müssen unseren Staatsapparat auf die größte Sparsamkeit einstellen. Wir müssen jede Spur überflüssigen Aufwands aus ihm ausmerzen, der sich in ihm vom zaristischen Rußland, von seinem bürokratisch-kapitalistischen Apparat

---

3 Gramsci 1987: 56f; der Brief des Anarchisten findet sich in der Nummer 8 des »Ordine Nuovo«.

noch in so großem Ausmaß erhalten hat« (LW, 33: 489). Und dennoch wurde die Theorie vom Absterben des Staates als Fernziel des revolutionären Klassenkampfs nicht zur Diskussion gestellt.

In der *Deutschen Ideologie* (und in anderen Schriften von Marx und Engels) lässt sich lesen, dass der Staat auch eine Form der Organisation sei, die sich die Individuen der herrschenden Klasse zur gegenseitigen Garantie geben (MEW, 3: 62). Es leuchtet nun nicht ein, warum diese Funktion innerhalb einer anderen »herrschenden Klasse«, oder einer anderen Gesellschaft überflüssig würde, die sich immerhin auch aus Individuen zusammensetzt, zwischen denen ganz offensichtlich die Möglichkeit zu Meinungsverschiedenheiten, Spannungen und Konflikten fortbesteht. Die ersten Zweifel am Absterben des Staates wurden während des (bald verdeckt, bald offen geführten) »Bürgerkriegs« unter den Bolschewiki laut, und der Große Terror machte in tragischer Weise die Abwesenheit einer »Form der Organisation« sichtbar, dank derer sich die Parteimitglieder und Gesellschaftsangehörigen einander gegenseitig hätten versichern können. Vorsichtig in der Wortwahl im Wissen darum, dass er sich auf einem Minenfeld bewegte, nannte Stalin 1938 in seiner Aufzählung der Staatsfunktionen, die über die traditionellen der Verteidigung gegenüber dem Klassenfeind im Inneren wie im Äußeren hinausgehen, eine »dritte Funktion, nämlich die Arbeit zur ökonomischen Organisation und die kulturelle wie erzieherische Arbeit unserer Staatsorgane«; eine Arbeit zu dem »Zwecke, den Keim einer neuen sozialistischen Ökonomie zu entwickeln und die Menschen im Geiste des Sozialismus zu erziehen.« Der große Rechtsgelehrte Hans Kelsen hatte Recht, als er »eine radikale Wandlung der von Marx und Engels entwickelten Lehre« konstatierte (Losurdo 2012: 81 u. 152). Es handelt sich dabei gleichwohl um eine Wandlung, die sich in gewisser Weise hinter sich selbst versteckte und die damit keine wirkliche Wende bewirkte. Indem die These vom Absterben des Staates nicht explizit zur Diskussion gestellt wurde, wich man weiterhin der dazugehörigen Frage nach den rechtlichen und institutionellen Mechanismen zur wechselseitigen Garantie unter den Individuen aus. In der Geschichte des »realen Sozialismus« tauchte das Problem der Rule of law erst sehr viel später auf, nämlich mit dem Antritt von Deng Xiaoping (1992-95, Bd. 3: 166f) in China, nachdem eine Kulturrevolution ebenfalls von der Überzeugung angetrieben war, dass der Rechtsnorm nur formaler Charakter zukomme, sie wenig Bedeutung besitze und in jedem Falle zusammen mit dem Staate verschwinden werde.

Zweitens hätten Oktoberrevolution und der Klassenkampf des russischen wie des weltweiten Proletariats einen Prozess in Gang setzen müssen, an dessen Ende kein Platz mehr gewesen wäre für nationale Identität und Grenzen. Diesbezüglich liegt der Widerspruch zwischen Theorie und Praxis deutlich vor der Machteroberung der Bolschewiki. »Die Arbeiter haben kein Vaterland«, proklamierte einst das *Kommunistische Manifest* (MEW, 4: 479). Seine beiden Autoren haben sich dann aber mit den nationalen Kämpfen der unterdrückten Völker identifiziert und rückten sie ins Zentrum der Agitation der Internationalen Arbeiterassoziation. Auf theoretischer Ebene unterstrich Marx, dass sich in einem Land wie Irland die »soziale Frage« als »nationale Frage« darstelle. Als nach dem Oktober 1917 die revolutionäre Welle ganz Europa (ja die ganze Welt) zu überrollen schien, formulierte Trotzki in seiner Funktion als Volkskommissar für Äußere Angelegenheiten wirkungsvoll die Aussichten, die sich am Horizont abzuzeichnen schienen: »Ich werde ein paar revolutionäre Erklärungen an die Völker der Welt abgeben und dann den Laden dichtmachen« (in: Carr 1964: 814). Das erste Ministerium, das nach einer weltweit vereinten Menschheit überflüssig würde, wäre dasjenige, das üblicherweise für die Beziehungen zu den verschiedenen Staaten zuständig ist. Nicht anders gebärdete sich Lenin, der zum Abschluss des I. Kongresses der Kommunistischen Internationale erklärte: »Der Sieg der proletarischen Revolution in der ganzen Welt ist sicher. Die Gründung der Internationalen Räterepublik wird kommen« (LW, 28: 490). Einige Monate später, am 4. Januar 1920, hob der russische Revolutionär hervor, dass die Frage, »wie die Staatsgrenzen heute« festzulegen seien, beantwortet werden müsse, allerdings nur »zeitweilig – denn wir erstreben die völlige Aufhebung der Staatsgrenzen«. Bis zum Ende geführt, würde der revolutionäre Klassenkampf in »die weltumspannende Föderative Sowjetrepublik« einmünden (LW, 30: 283 f u. 287).

Allerdings wurde Lenin durch die konkreten Anforderungen des Klassenkampfs zur Verteidigung Sowjetrusslands sehr rasch dazu gedrängt, patriotische Saiten anzuschlagen. Die Vorwürfe des nationalen

Verrats, der von den Befürwortern einer Fortsetzung des Kriegs gegen die Bolschewiki vorgebracht wurde, indirekt zurückweisend, hielt er im Oktober 1921 fest, dass mit Brest-Litowsk »Russland aus dem imperialistischen Krieg zwar verstümmelt, aber doch ausgeschieden war, und zwar weniger verstümmelt, als wenn es den Ratschlag der Imperialisten sowie der Menschewiki und Sozialrevolutionäre befolgt und weiterhin das ›Vaterland verteidigt‹ hätte« (LW, 33: 41). Einige Monate später, im März 1922, forderte Lenin seine Mitstreiter und Anhänger auf, konkret zu bleiben: »Der Bauer wird sagen: ›Du bist ein prachtvoller Mensch, du hast unsere Heimat verteidigt; wir haben dafür auf dich gehört, aber wenn du nicht zu wirtschaften verstehst, dann scher dich davon!‹« (LW, 33: 277f). Stalin führte den Kampf um sofortigen Frieden und die bolschewistische Revolution mit nationalen Losungen und entlarvte die Zumutung der Entente, Russland zur Fortsetzung des Krieges zu zwingen, als Ausdruck imperialer und neokolonialer Arroganz. Und dennoch forderte er nicht ohne ein gewisses Staunen, ein Phänomen zur Kenntnis zu nehmen, das von den Protagonisten der Oktoberrevolution weitgehend unbeachtet geblieben war: »wie kolossal groß die Stabilität der Nationen ist« (Stalin, Werke, Bd. 11: 308).

Wichtiger noch als diese indirekte theoretische Anerkennung der Idee der Nation und des Vaterlands waren die Effekte, die das Regierungshandeln zeitigte. Benjamin (Bd. 10: 336) hob 1927 »das starke Nationalgefühl, welches der Bolschewismus allen Russen ohne Unterschied geschenkt hat«, hervor. Vielsagender noch ist Trotzkis Schlussfolgerung zehn Jahre später (1988: 856 u. 862f): In der UdSSR sei »der neue zweifellos sehr tiefe, aufrichtige und lebendige Sowjetpatriotismus« zu beobachten, der umso stärker sei, als er nicht in der Unterdrückung der nichtrussischen, »rückständigen Völkerschaften« bestehe, sondern aus gegenseitigem Respekt unter Beteiligung aller zum »Wohle« der gesamten ökonomischen und kulturellen Entwicklung.

Der »Sowjetpatriotismus« (in Wirklichkeit vor allem der russische) spielte in der Zurückschlagung des Hitler-Projekts, die Völker Osteuropas zu kolonisieren und zu versklaven, eine herausragende Rolle. Zusammenfassend lässt sich sagen, dass der revolutionäre Klassenkampf, der nach der Machteroberung dazu bestimmt war, das Verschwinden des Staates und der Nation zu besorgen, in Wirklichkeit einen »staatsmännischen Adel« hervorbrachte und einen Patriotismus, der Staat und Nation vor einer Katastrophe größten Ausmaßes bewahrt hat.

Und das ist nicht alles. Mit der nationalen werde auch die sprachliche Identität schwinden, sobald sich eine vereinte Weltgemeinschaft gebildet habe, die jene alten Kulturen und Sprachen überwinde, die an sich das Stigma einer in Klassen gespaltenen Gesellschaft trugen und denen folglich nach dem Sturz des Kapitalismus kein langes Leben mehr hätte beschieden sein sollen. So argumentierten nicht wenige in Sowjetrussland. In diesem Fall war der Kontrast zwischen Theorie und Praxis besonders scharf. Nach der Machteroberung starteten die Bolschewiki eine umfassende Alphabetisierungskampagne, die unter den breiten Massen, die bis dahin nicht lesen und schreiben konnten, für eine Verbreitung des Russischen sorgte. Von besonderer Bedeutung war, was in Bezug auf die nationalen Minderheiten geschah. Um 1936/37 zog Trotzki (1988: 863) eine beredte Bilanz:

> In den Schulen der Union wird heute in nicht weniger als achtzig Sprachen unterrichtet. Für die meisten mussten ein neues Alphabet geschaffen oder die sehr aristokratischen asiatischen durch ein demokratischeres, das lateinische ersetzt werden. In ebenso vielen Sprachen erscheinen Zeitungen, welche die Bauern und Hirtennomaden erstmalig mit den elementaren Vorstellungen der menschlichen Kultur bekanntmachen.

Dennoch hielt sich die wundersame Sicht auf einen Klassenkampf, der eine völlig neue Welt zu schaffen imstande sei, so hartnäckig, dass sich Stalin 1950, drei Jahre vor seinem Tod, gezwungen sah, polemisch einzugreifen. Es komme darauf an, sich die Grenzen des Klassenkampfs einzugestehen. Die Sprache sei »nicht von irgendeiner Klasse allein geschaffen worden, sondern von der ganzen Gesellschaft, von allen Klassen der Gesellschaft, durch die Bemühungen Hunderter von Generationen. Sie ist geschaffen worden, um die Bedürfnisse nicht irgendeiner Klasse allein, sondern die Bedürfnisse der ganzen Gesellschaft, aller Klassen der Gesellschaft zu befriedigen«. Zu behaupten, die Sprache stehe nicht über dem gesellschaftlichen Konflikt, möge vielleicht revolutionärer erscheinen. In Wahrheit sei es anmaßend zu vergessen, dass die Sprache das Produkt einer ganzen Reihe von »Generationen« sei, und der Anspruch, eine proletarische Sprache ex novo zu schaffen, lasse einmal mehr die frühere Tätigkeit der Vorgängergenerationen außer Acht. Vor allem aber ist die klassenmäßige Sicht auf die Sprache blind für die Tatsache, dass sie »ein Mittel des menschlichen Verkehrs« sei (Stalin, Werke, Bd. 15: 195ff). Diese unzulässige Ausdehnung des Klassenkampfgedankens kompromittiert die intersubjektive Kommunikation und beseitigt die Dimension der Universalität, die indes konstitutiv ist für das marxistische Verständnis vom Klassenkampf als eines Kampfes um Anerkennung.

In ereignisreichen und rasch verlaufenden Zeiten kann die Praxis großen Glanz erlangen. Aber die notwendige Anpassung der Theorie an die Praxis erweist sich als extrem schwierig und führt zu oftmals tragischen Widersprüchen und Verwerfungen.

4. Die mühsame Entdeckung des Marktes

Auch im Bezug auf den Markt lässt sich die übliche Diskrepanz zwischen Theorie und Praxis feststellen. Aber in diesem Fall gestaltet sich die Sache schwieriger. Auf der einen Seite offenbart sich die bereits untersuchte Dialektik. Tatsächlich brachte die Sowjetmacht die Ökonomie und den Produktionsapparat eines zusammengebrochenen Landes, in dem zuweilen lediglich der simple Tauschhandel herrschte, dadurch wieder in Gang, dass sie den Markt erweiterte. Sie tat das zusammen mit einer breit angelegten Kampagne zur Industrialisierung und Urbanisierung. Dabei kann man eine generelle Beobachtung machen: In den weiter zurückgebliebenen, halbfeudalen Gesellschaften, in denen kommunistische Parteien an die Macht gelangten, brachte die Entwicklung der Wirtschaft und der Produktivkräfte die Ausdehnung der Marktverhältnisse mit sich und schuf erst einen wirklich nationalen Markt. Dem stand von Seiten der Theorie die Verdammung des Marktes gegenüber, besonders in jenen Ländern, in denen der Schock des Ersten Weltkriegs noch zu spüren war. Stalin sah sich noch am Vorabend seines Todes gezwungen, eine schwierige ideologische Schlacht zu schlagen: »Man darf die Warenproduktion nicht mit der kapitalistischen Produktion gleichsetzen. Das sind zwei verschiedene Dinge« (Stalin, Werke, Bd. 15: 266). Dreißig Jahre später unterstrich Deng Xiaoping (1992-95,

Bd. 3: 151 u. 203): »Es gibt keinen grundsätzlichen Widerspruch zwischen Sozialismus und Marktwirtschaft. Das Problem ist vielmehr, wie am effektivsten die Produktivkräfte entwickelt werden können«. Der Sozialismus unterscheidet sich nicht durch die Planwirtschaft als solcher, die kann auch ein Instrument der kapitalistischen Länder sein, so wie der Markt eines der Länder mit sozialistischer Ausrichtung sein kann. Bis hierher haben wir es mit einer bereits bekannten Anpassung der Theorie an die Praxis zu tun. Aber nun stellt sich das umgekehrte Problem. Marx kannte die ökonomische Welt zu gut, um nicht zu wissen, dass die Entwicklung der Produktivkräfte ohne Wettbewerb nicht möglich ist. In seiner *Kritik des Gothaer Programms* machte er klar, dass der Sozialismus auf der Vergütung gemäß der Arbeitsleistung gründet, die indes per definitionem »ungleich« ist (MEW, 19: 20f). In Sowjetrussland jedoch machte die Praxis keinerlei Anstalten, die Theorie zu bestätigen: Das Grauen des Ersten Weltkriegs und die durch den Bürgerkrieg noch einmal verstärkte Erschütterung der Wirtschaft schufen den Nährboden für die Verbreitung einer Sicht auf den Sozialismus, die bereits im *Kommunistischen Manifest* kritisiert worden war: der »rohen Gleichmacherei« auf der Grundlage eines zwingenden »allgemeinen Asketismus«.

Lenin erkannte ziemlich rasch die Notwendigkeit eines Kurswechsels, aber er ging nicht dazu über, sich auf theoretischer Ebene Rechenschaft darüber abzulegen. Sicher, bedeutsam ist die selbstkritische Reflexion, die er in dem Beitrag *Zum vierten Jahrestag der Oktoberrevolution* vornahm:

> Wir, die wir von der Welle des Enthusiasmus getragen waren, die wir den Volksenthusiasmus – zunächst den allgemeinen politischen, sodann den militärischen – geweckt hatten, wir rechneten darauf, dass wir auf Grund dieses Enthusiasmus auch die ebenso großen (wie die allgemeinen politischen und die militärischen) ökonomischen Aufgaben unmittelbar lösen würden. [...] Nicht auf Grund des Enthusiasmus unmittelbar, sondern mit Hilfe des aus der großen Revolution geborenen Enthusiasmus, auf Grund des persönlichen Interesses, der persönlichen Interessiertheit, der wirtschaftlichen Rechnungsführung bemüht euch, zuerst feste Stege zu bauen, die in einem kleinbäuerlichen Land über den Staatskapitalismus zum Sozialismus führen (LW, 33: 38).

In jedem Falle kann man auf ökonomischem Gebiet nicht lange auf den Enthusiasmus militärisch organisierter Massen bauen. Es kommt früher oder später darauf an, das »persönliche Interesse« in Rechnung zu stellen. Leider wurde diese wichtige theoretische Einsicht durch den beständigen Gebrauch einer Militärsprache neutralisiert: Man müsse den »Sturmangriff« einstweilen aufgeben, den »Rückzug« organisieren. All das klingt, als sei dieser Rückzug bloß ein taktischer Notbehelf von kurzer Dauer (LW, 33: 67 u. 266ff).

Lange, viel zu lange haben die Länder mit sozialistischer Orientierung die ökonomische Entwicklung dem revolutionären Enthusiasmus und der patriotischen Leidenschaft anvertraut. Dabei handelt es sich jedoch um emotionale Zustände von besonderer Intensität, die per definitionem nicht permanent sein können. Der Appell an den Opfergeist und an den Heroismus kann die Ausnahme, aber nicht die Regel sein. Mit Bertolt Brecht ließe sich sagen: »Unglücklich das Land, das Helden nötig hat.« Helden sind nötig in Zeiten des Übergangs vom Ausnahmezustand zur Normalität. Und Helden sind sie folglich nur in dem Maß, in dem sie sich selbst überflüssig zu machen imstande sind. Es wäre ein merkwürdiger »Kommunismus«, der den Opfer- und Verzichtsgeist bis ans Ende aller Tage zur Voraussetzung erhöbe.

Historisch erwies sich, dass die Probleme, die bereits am Morgen nach der Oktoberrevolution auftraten, nach und nach immer schwerwiegender wurden. Die Anarchie an den Arbeitsplätzen dauerte an, die Belegschaften waren zwar anwesend, betrieben aber eine Art stillen Streik, der toleriert wurde. Diesen Eindruck erhielten die darob erstaunten Arbeiter- und Gewerkschaftsdelegationen, die die UdSSR der letzten Jahre besuchten.

Dieses Problem betraf die Geschichte des »sozialistischen Lagers« insgesamt. Noch in China, das begonnen hatte, sich vom Maoismus abzuwenden, herrschte im öffentlichen Sektor eine Sitte, die von einem westlichen Journalisten so beschrieben wurde: »Noch der letzte Bedienstete kann, wenn er will, sich dazu entscheiden, absolut nichts zu machen, für ein, zwei Jahre zu Hause bleiben und erhält dabei trotzdem seinen Lohn zum Monatsende« (Sisci 1994: 102).

Blicken wir nach Kuba. Im Oktober 1964 sah sich Che Guevara gezwungen zu konstatieren: »Wir müssen das Problem des Absentismus in den Blick nehmen.« Diese Formulierung ist falsch oder zumindest illusorisch: Sie macht glauben, das Problem befinde sich auf dem Wege einer Lösung. In Wahrheit stieß der Appell an das revolutionäre Bewusstsein im Laufe der Jahre auf ein immer kläglicheres Echo. Kuba hatte hartnäckig versucht, sich der Mittel des Marktes und der materiellen Anreize zu verweigern, weil damit die Ungleichheit der Entlohnung eingeführt worden wäre. Am Ende hatte das Land den Realitäten ins Auge zu sehen. Raul Castro wandte sich mit dem Appell an seine Landsleute, »die Wahrnehmung für immer zu verbannen, wonach Kuba das einzige Land ist, in dem man leben kann, ohne zu arbeiten« (in: Livi 2010).

Die wahre Wende hat mit dem Machtantritt Deng Xiaopings in China stattgefunden. Der zog eine vernünftige Bilanz: »Die Initiative kann nicht ohne ökonomischen Anreiz erfolgen. Eine kleine Zahl fortschrittlicher Personen mag moralischen Appellen folgen, aber ein solcher Ansatz ist nur für kurze Zeit erfolgversprechend« (in: Vogel 2011: 243). Es ist dieser Moment in der Geschichte des Sozialismus, an dem die Würdigung des Marktes und des Wettbewerbs als Motor der Produktivkraftentwicklung, wie sie die *Deutsche Ideologie* vornimmt, zur Kenntnis genommen wird: Die große Industrie zwang »durch die universelle Konkurrenz« und den Markt »alle Individuen zur äußersten Anspannung ihrer Energie« (MEW, 3: 60).

In philosophischen Begriffen: Die Entdeckung der Objektivität des gesellschaftlichen Seins erwies sich auf ökonomischem Gebiet als besonders mühselig. Zu lange Zeit hatte sich die kommunistische Bewegung hinter einer idealistischen Haltung verschanzt und sich der Einsicht verweigert, dass der siegreiche Klassenkampf nichts mit der Schaffung des »neuen Menschen« ex nihilo zu tun hat, der einzig von edlen Idealen angetrieben und für materielle Interessen ganz und gar taub sei.

5. »Sozialistisches Lager« und »Klassenkampf«

Die Ausdehnung des Klassenkampfs hat bei der Regelung bzw. fehlenden Regelung der Beziehungen unter den sozialistischen Staaten oder solchen mit sozialistischer Orientierung eine unheilvolle Rolle gespielt. In einem Beitrag aus dem Jahre 1916 erinnerte Lenin an Engels, der in einem Brief an Kautsky geschrieben hatte: »Das siegreiche Proletariat kann keinem fremden Volk irgendwelche Beglückung aufzwingen, ohne damit seinen eignen Sieg zu untergraben«. Lenin kommentierte daraufhin: »Das Proletariat wird nicht heilig und gegen Fehler und Schwächen gefeit werden, nur weil es die soziale Revolution vollbringen wird. Aber mögliche Fehler (und eigennützige Interessen – der Versuch, auf Kosten anderer zu leben) werden es unvermeidlich zur Erkenntnis dieser Wahrheit führen.« Doch diese Lehre würde so lange nicht beherzigt werden, so lange auch das siegreiche Proletariat weiterhin chauvinistische und hegemoniale Tendenzen aufweise, und so lange »sind dabei auch Revolutionen – gegen den sozialistischen Staat – und Kriege möglich« (LW, 22: 360f). Somit führt auch der siegreiche Klassenkampf des Proletariats nicht zum unmittelbaren Verschwinden der Rivalitäten, der Spannungen und der Konflikte unter den Nationen.

Dieser Lektion trug die kommunistische Bewegung nur in den besten Momenten ihrer Geschichte Rechnung. Besondere Bedeutung hat eine Stellungnahme der Kommunistischen Partei Chinas (und Maos) von 1956 zum acht Jahre zuvor erfolgten Bruch zwischen der Sowjetunion und Jugoslawien. In dem Dokument wird unterstrichen, dass es im Innern des sozialistischen Lagers »notwendige und beständige Bemühungen gibt, die Tendenz der großen Nationen zum Chauvinismus zu überwinden«. Tendenzen, die keineswegs zusammen mit den bürgerlichen oder halbfeudalen Regimen verschwänden, sondern durch ein »Gefühl der Überlegenheit« infolge des Siegs der Revolution sogar neue Nahrung erhalten könnten. Wir haben es mit »einem Phänomen zu tun, das nicht etwa nur diesem oder jenem Land eigen wäre. Zum Beispiel kann Land B im Vergleich mit Land A klein und rückständig sein, aber groß und fortgeschritten gegenüber Land C. Es kann daher geschehen, dass Land B, während es über den Nationalchauvinismus von Land A klagt, Arien von der Großartigkeit der eigenen Nation gegenüber Land C anstimmt«. (Renmin Ribao 1971: 37). Die Ausführungen sind abstrakt, aber es fällt nicht schwer zu begreifen, dass hinter Land B Jugoslawien steht, das sich über den Chauvinismus und die Vormachtstellung der Sowjetunion (A) beklagte, zugleich aber hegemoniale Ambitionen gegenüber Albanien (C) hegte. Diese Analyse vergegenwärtigt erbitterte Konflikte, die nicht auf einen Kampf gegensätzlicher Klassen zurückgeführt werden können, die in unterschiedlichen Ländern an der Macht sind.

Die Folgejahre brachten einen radikalen Perspektivwechsel, als sich der Bruch auch organisatorisch in der internationalen kommunistischen Bewegung vollzog. Schauen wir, wie sich die Kommunistische Partei Chinas 1963 zu Jugoslawien verhielt: Dort sei ein »System der unbarmherzigen Ausbeutung unter der Herrschaft des bürokratischen Kompradorenkapitals« am Werk. Ein Jahr später richtete sich die Polemik direkt gegen die Sowjetunion. Nachdem Chruschtschow »das Ausbeutungssystem« »restauriert und entwickelt« habe, wüte dort eine neue Bourgeoisie (Die Polemik o.J.: 174 u. 513).

Wesentlich an dieser Positionierung ist nicht die extreme Verschärfung der Polemik, sondern der neue philosophische Ansatz. Der andauernde Konflikt zwischen Ländern, die sich auf den Sozialismus berufen, erklärt sich nun über den Vorwurf, dass einige unter ihnen eine Restauration des Kapitalismus betrieben. Die Konfrontation zwischen UdSSR und China stellt sich als Klassenkampf auf internationaler Ebene dar, bei dem sich ein von der Bourgeoisie beherrschtes und ein vom Proletariat geführtes Land gegenüberstehen. Dieser Ansatz scheint mit dem historischen Materialismus eher übereinzustimmen, insofern dabei gesellschaftliche Klassen die internationale Situation bestimmen. In Wirklichkeit aber offenbart sich hier ein Abdriften in den Idealismus der Praxis, kommt eine Sichtweise zum Ausdruck, derzufolge in Konsequenz des revolutionären Klassenkampfs die objektive Materialität der verschiedenen nationalen Interessen verschwindet. Diese Sichtweise krankt daran, dass sie die nationalen Widersprüche aufs Neue übergeht, und fällt damit in eine utopistische und idealistische Vorstellung des Sozialismus zurück.

6. Klassenwidersprüche und andere

Wie zu sehen war, blieb die Reflexion innerhalb des marxistischen Lagers über das generelle Problem, dass die Widersprüche in einer postkapitalistischen Gesellschaft fortbestehen, episodisch und zufällig. Und sofern sie stattfand, geschah das im Osten häufiger als im Westen.

Einige Jahre nach der Oktoberrevolution befand Lenin ausdrücklich diejenigen Streiks für legitim, die sich »gegen die bürokratischen Auswüchse des Sowjetapparates, im Sinne der Wahrnehmung der materiellen und geistigen Interessen der Masse der Werktätigen« richteten. Sie seien Ausdruck eines »nicht-klassenmäßigen wirtschaftlichen Kampfes«. Den Gewerkschaften komme daher die Aufgabe einer »vermittelnden Beteiligung« zu, um an der »Beilegung von Reibungen und Konflikten zwischen einzelnen Teilen der Arbeiterklasse und Organen des Arbeiterstaates« beizutragen, die auch in einer Gesellschaft unvermeidlich sind, die sich anschickt, den Sozialismus aufzubauen (LW, 32: 92; LW, 33: 172). Im Gegensatz dazu ist als (konterrevolutionärer) Klassenkampf jede Agitation und Mobilisierung zu bezeichnen, die die Errungenschaften der Revolution in Frage stellt.

Dass zu diesen Problemen die ersten theoretischen Ausführungen aus China kamen, war kein Zufall. Hier hatte der Erste Weltkrieg nicht die traumatischen Auswirkungen wie in Europa und brachte auch keine messianischen Heilserwartungen hervor. Vielmehr besaß die chinesische Revolution, die sich das Ziel setzte, die seit den Opiumkriegen bestehende Demütigung zu beenden, nicht nur eine explizit nationale Dimension, sondern war auch auf lange Sicht angelegt, bei der sich die politische und gesellschaftliche Umwandlung in aufeinanderfolgenden Phasen entfalten würde. Schließlich darf nicht vergessen werden, dass die chinesischen Kommunisten auf nationaler Ebene an die Macht gelangten, nachdem sie bereits zwei Jahrzehnte Regierungserfahrung in den von ihnen nach und nach »befreiten« Gebieten gesammelt hatten, die nicht nur militärisch belagert, sondern auch ökonomisch umzingelt waren, so dass es notwendig wurde, die Verteidigung auch über die Entwicklung der Produktion und des Handels zu organisieren. Insgesamt fehlten hier die Bedingungen, die in Europa zu einer generellen Brandmarkung von Staat, Nation und Markt als Ausdruck von Klassenherrschaft und Ausbeutung führten.

In seiner 1937 veröffentlichten Schrift *Über die Praxis* bemerkte Mao (AW, Bd. 1: 349), dass sich die »Erkenntnis erst dann als richtig bestätigt, wenn die Menschen im Prozess der gesellschaftlichen Praxis (im Prozess der materiellen Produktion, des Klassenkampfes und der wissenschaftlichen Experimente) die von ihnen erwarteten Ergebnisse erzielt haben«. Das Feld des Klassenkampfs ist demnach nicht unbeschränkt. Und hinsichtlich der Wissenschaft klingt ein Pathos an, das an Marx erinnert: »Kenntnisse gehören zur Wissenschaft, und auf diesem Gebiet ist nicht die geringste Unehrlichkeit oder Überheblichkeit statthaft, da bedarf es entschieden gerade des Gegenteils – der Ehrlichkeit und Bescheidenheit« (Mao, AW, Bd. 1: 353). Die materielle Produktion löst sich nicht im Klassenkampf auf. Materielle Produktion und »wissenschaftliche Experimente« sind zwei Formen der gesellschaftlichen Praxis neben dem Klassenkampf, auch wenn letzterer die beiden anderen stark beeinflusst.

Das ermöglichte es Mao, das Feld des Klassenkampf abzugrenzen: »Die Entwicklung eines objektiven Prozesses ist voller Widersprüche und Kämpfe«. Diese Widersprüche und Kämpfe beeinflussten offensichtlich den Klassenkampf und konnten umgekehrt von diesem beeinflusst werden, allerdings sind sie keineswegs identisch. Sowohl die marxistischen Sozialisten wie die maschinenstürmenden Luddisten waren Ausdrucksformen des Proletariats: Indem letztere die »Zerstörung der Maschinen« anstrebten, blieben sie auf der Ebene der Wahrnehmung stehen, durchliefen nicht den darüber hinausgehenden Bewusstseinsprozess, infolgedessen das gesellschaftliche System als ursächlich für ihr Leid erkannt werden konnte. Im Gegensatz zu den Marxisten hatten sie den Unterschied zwischen Maschine und kapitalistischem Gebrauch der Maschine nicht verstanden. Auf der Ebene der Wahrnehmung verharrten auch die nationalen Bewegungen, die in China gegen die Invasion einen »durch Fremdenfeindlichkeit schlechthin gekennzeichneten Kampf« ausfochten, anstatt gegen den Imperialismus zu kämpfen (Mao, AW, Bd. 1: 354 u. 362).

Die dem Bewusstseinsprozess innewohnenden Widersprüche sind keine klassenmäßigen, insofern sie, wie Mao in seinem berühmten Aufsatz *Über die richtige Behandlung der Widersprüche im Volke* festhielt, auch im Kommunismus fortbestehen werden, auch nachdem die Klassen und der Klassenkampf verschwunden sein werden. Der Kampf zwischen wahr und falsch wird »niemals enden«, ebensowenig der Kampf zwischen alt und neu. Letzterer kann jedoch durch »Mangel an Einsicht« gehemmt werden (Mao, AW, Bd. 5: 462 f). Auch die Bewusstwerdung der neuen internationalen Situation, die mit dem Sieg der antikapitalistischen und antiimperialistischen Revolutionen in mehreren Ländern entstanden war, ist ein an Widersprüchen, die jedoch keine klassenmäßigen sind, reicher Prozess – so jedenfalls nach dem Urteil eines Textes aus dem Jahr 1956:

> Die internationale Solidarität der kommunistischen Parteien ist ein in der Geschichte der Menschheit völlig neues Verhältnis. Es ist nur natürlich, dass dessen Entwicklung nicht frei von Schwierigkeiten ist [...]. Wenn die kommunistischen Parteien ihre Beziehungen auf der Gleichheit der Rechte gründen und die Einheit in Theorie und Praxis realisieren, sie echte und eben nicht bloß formale Konsultationen abhalten, dann wird diese Solidarität weiter anwachsen. Wenn aber im Gegenteil eine Partei ihre Meinung den anderen auferlegt oder aber die Parteien zu der Methode übergehen, sich eher in die inneren Angelegenheiten des einen wie des anderen einzumischen, anstatt ihnen mit Rat und brüderlicher Kritik zur Seite zu stehen, erleidet die Solidarität Schaden. Da die kommunistischen Parteien in den sozialistischen Ländern die Verantwortlichkeit haben, die Staatsangelegenheiten zu regeln, und sich die Beziehungen zwischen den Parteien oftmals direkt auf die Beziehungen zwischen Staaten und Völkern ausweiten, ist die gütliche Regelung dieser Beziehung zu einem Problem geworden, das größte Umsicht erfordert (Renmin Ribao 1971: 36f).

In den folgenden Jahren wurde dieser Ansatz unglücklicherweise zugunsten einer Überbetonung und Verabsolutierung des Klassenkampfs aufgegeben. Die gleiche Überbetonung und Verabsolutierung ereignete sich im Landesinnern mit dem Beginn der Kulturrevolution.

7. Ein unvollendeter Lernprozess

Der Übergang von der Flickschusterei zum theoretischen Überdenken konnte erst in Auseinandersetzung mit dem Zusammenbruch des Sozialismus in Osteuropa vonstatten gehen. Als Deng Xiaoping Ende der 70er Jahre des 20. Jahrhunderts mit den Ideen der Kulturrevolution (die von der extremen Linken im Westen hie und da als Beginn oder zumindest als möglicher Beginn der Abschaffung des Staates begrüßt wurde) brach, rief er dazu auf, sich für eine Ausweitung und Verbesserung des »Rechtssystems« und für die Einführung einer »Herrschaft des Gesetzes« in der Partei und »in der Gesellschaft insgesamt« stark zu machen, weil dies die Vorbedingung für eine reale Entwicklung der »Demokratie« sei (1992-95, Bd. 2: 196; Bd. 3: 166f). So wenig das die Abschaffung des Staates bedeutete, so wenig brachte der Sozialismus das Verschwinden des Marktes noch das Aufgehen der beteiligten Länder in einer einzigen gesellschaftlichen Ordnung, in einer von Spannungen und Konflikten freien Gemeinschaft, mit sich.

In den kurz vor seinem Tod 1980 gewährten Interviews gestand Tito, dass der Bruch mit der UdSSR Stalins in der nationalen Frage begründet lag, während die Gegenüberstellung der sozialistischen Selbstverwaltung Jugoslawiens und der staatlichen Planung der UdSSR bloß die herausfordernde Haltung Belgrads legitimieren und adeln sollte (Žižek 2012: 95). Später, als Gorbatschow am 16. Mai 1989 Deng in Peking traf, wurde auch die Frage verhandelt, aus welchen Gründen es zwischen den beiden Ländern und Parteien damals zum Bruch gekommen sei. Einen Schatten des Verdachts geworfen hatte bereits die von der UdSSR auf der Konferenz von Jalta gegenüber den anderen Großmächten eingenommene Haltung zu den »Geheimabkommen über die Aufteilung in Interessensphären zum großen Schaden Chinas«. In diesem Zusammenhang war die nationale Frage von entscheidendem Gewicht:

> Ich bin nicht der Meinung, dass sich dies aufgrund von ideologischen Auseinandersetzungen ereignet hat. Wir glauben nicht, dass alles richtig war, was damals gesagt worden ist. Das grundlegende Problem war, dass die Chinesen nicht gleichberechtigt behandelt wurden und sich gedemütigt fühlten. Gleichwohl haben wir nie vergessen, dass die Sowjetunion uns in der Phase unseres ersten Fünfjahresplans geholfen hat, die Grundlagen der Industrie zu errichten.

Dank eines mühevoll erworbenen neuen Bewusstseins war es möglich, ein neues Kapitel aufzuschlagen (Deng Xiaoping 1992-95, Bd. 3: 286f). Aber da war es zumindest für die UdSSR bereits zu spät. Und auch für China war die Situation nicht frei von Gefahren, wie der »Unfall« auf dem Tienanmen-Platz bewies.

Weitere drei Jahre später zog Fidel Castro selbstkritisch Bilanz und kam zu der Schlussfolgerung: »Wir Sozialisten haben in der Unterbewertung der Kraft des Nationalismus und der Religion einen Fehler begangen« (in: Schlesinger jr. 1992: 25). Man halte sich vor Augen, dass Religion eine wesentliche Rolle bei der Ausbildung der nationalen Identität spielen kann. Ein Grund mehr, die These vom unvermeidlichen Verschwinden der Religion nach dem Siege des proletarischen Klassenkampfs in Zweifel zu ziehen.

Was hier nur angedeutet wurde, waren Anregungen zu einem Überdenken der Theorie, das spät erfolgte und noch immer unabgeschlossen ist. Der Idealismus der Praxis und die Zuschreibung des Klassenkampfs als einer souveränen Macht der Umgestaltung (gar der Beseitigung) des gesellschaftlichen Seins des Staates, der Nation, der Religion, des Marktes etc. haben maßgeblich zur zwischen 1989 und 1991 erfolgten Niederlage des sozialistischen Projekts beigetragen. Diese Vision wirkte in schwierigen oder auch tragischen Situationen wie eine Art Droge, reizte mit ihrer emphatischen Erwartungshaltung zum Kampf um die gesellschaftliche Umwandlung. Die Erschöpfung war dann der Zustand des realen Sozialismus in Osteuropa am Vorabend seines Sturzes.

Kapitel X

Der Klassenkampf am »Ende der Geschichte«

1. »Endlich kehrt der Kolonialismus zurück, es wurde hohe Zeit«

Der Zusammenbruch des sozialistischen Lagers bzw. des »realen Sozialismus« bildete den Tiefpunkt in der auf Marx zurückgehenden Erfolgsgeschichte. In jenen Jahren zirkulierte eine Karikatur, in der der revolutionäre Philosoph ausrief: »Proletarier aller Länder, vergebt mir!« Der Appell zum Klassenkampf, mit dem das *Manifest der Kommunistischen Partei* endet, habe, sollte das heißen, theoretisch nichts zu erklären vermocht und praktisch nur Katastrophen bewirkt. Es war jene Zeit, in der das Verschwinden der Regime in Osteuropa, die sich auf das Denken von Marx beriefen, von den exaltiertesten Exponenten der herrschenden Ideologie als definitiver »Triumph des Westens und seiner Ideen«, ja als das »Ende der Geschichte« betrachtet wurde. So argumentierte der Philosoph und Mitarbeiter im US State Departement, Francis Fukuyama (1989: 3), demzufolge der Westen nunmehr das finale Stadium des Geschichtsprozesses erreicht habe, das in der kapitalistischen und liberalen Gesellschaft verkörpert sei. Es gehe lediglich noch darum, einem im Grunde abgeschlossenen Buch einen Appendix anzufügen, dessen Inhalt es sei, auch den Rest der Welt auf das Niveau der am weitesten fortgeschrittenen Länder zu hieven. Ideell eigentlich unbedeutend, sollten mit diesem Appendix jenen harte Lektionen erteilt werden, die sich sträubten, den »Triumph des Westens und seiner Ideen« sowie das »Ende der Geschichte« vorbehaltlos anzuerkennen.

Drei Jahre später erklärte der mehr oder weniger offizielle Philosoph der »offenen Gesellschaft« und des liberalen Westens unter Verweis auf die Exkolonien: »Wir haben diese Staaten zu schnell und zu primitiv befreit. Es sind noch keine Rechtsstaaten. Dasselbe würde geschehen, wenn man einen Kindergarten sich selbst überließe.« Dieser Leichtsinn sei wieder auszubügeln. »Wir dürfen hier nicht davor zurückschrecken, für den Frieden Krieg zu führen. Das ist unter den gegenwärtigen Umständen unvermeidbar. Es ist traurig, aber wir müssen es tun, wenn wir unsere Welt retten wollen.« Wer ist das »wir«, von dem Popper da sprach? Der Kreuzzug wurde im Namen der »zivilisierten Staaten« bzw. der Staaten der zivilisierten Welt« verkündet. Und welche waren das? Es handelte sich erwiesenermaßen um den »Westen«, dessen geographische und politische Grenzen nie präzise bestimmt wurden, der allerdings in souveräner Manier festlegte, wer »zivilisiert« ist und wer nicht. Vermöge einer Serie von Kriegen war der kapitalistische und liberale Westen aufgerufen, die »Pax civilitatis« zu realisieren (Popper 1992). Hier wurde explizit die Rehabilitierung des Kolonialismus und der Kolonialkriege ausgesprochen.

Die sonntägliche Beilage der *New York Times* zerstreute jeden Zweifel, als sie am 18. April 1993 titelte: »Endlich kehrt der Kolonialismus zurück, es wurde hohe Zeit!« Das war die Synthese eines medial erfolgreichen, der herrschenden Ideologie nahestehenden englischen Historikers. Dieser Paul Johnson begrüßte das »selbstlose Revival des Kolonialismus«, zu dem es für »zahlreiche Länder der Dritten Welt« keine Alternative gebe: »Es handelt sich um eine moralische Frage. Die zivilisierte Welt hat den Auftrag, diese Stätten der Hoffnungslosigkeit zu regieren«. Um die Wahrheit zu sagen – es handelte sich dabei nicht darum, einzig in den Ländern einzugreifen, die Washington als unfähig erachtete, ihre Angelegenheiten selbst zu regeln, sondern auch um solche, die sich in ihrer Regierungstätigkeit als »extremistisch« erwiesen: Reagan hatte zum Beispiel seine Truppen 1983 in die kleine und wehrlose Karibikinsel Grenada entsandt und die dortige Regierung entfernt (Johnson 1993: 22 u. 43f). Was an diesem Diskurs am meisten beunruhigte, war die Rehabilitierung solcher Kategorien, von denen man angenommen hatte, dass sie nach den schrecklichen Erfahrungen des Nazismus und des Faschismus für immer der Vergangenheit angehören würden. Recht hatte ein anderer bekannter englischer Historiker, auch er leidenschaftlicher Troubador des britischen und des US-amerikanischen Imperiums, der einige Jahre später festhielt, dass sich die »wahre historische Wende« nicht mit dem terroristischen Attentat des 11. September 2001 ereignet hatte, sondern mit dem »Fall der Berliner Mauer« 1989, der die Bedingungen für die Wiederauflage des kolonialen und imperialen Programms geschaffen hatte (Ferguson 2005: 27).

Der Anfang vom Ende des »sozialistischen Lagers« in Osteuropa traf mit einem Ereignis zusammen, dass die herrschende Kultur weitgehend verdrängt hat. Ende des Jahres 1989 erfolgte die Invasion in Panama, der ein intensives Bombardement vorausging und die ohne Kriegserklärung und ohne Autorisierung des UN-Sicherheitsrats in Gang gesetzt wurde. Dicht besiedelte Viertel wurden nächtens von den Bomben und Flammen überrascht. Hunderte, vermutlich Tausende starben, zum allergrößten Teil »arme, dunkelhäutige Zivilisten«. Wenigstens 15.000 Menschen wurden obdachlos gemacht. Wie ein US-amerikanischer Wissenschaftler bemerkte, handelte es sich um den »blutigsten Vorfall« in der Geschichte des kleinen Landes (Buckley 1991: 240 u. 264). Die USA entledigten sich damit eines Diktators und Drogenhändlers, den sie selbst eingesetzt hatten, der in der Zwischenzeit aber aufmüpfig geworden war.

Gut ein Jahr später wurde der erste Irakkrieg vom Zaun gebrochen. In Italien benannte der Chef einer linksliberalen Zeitung die Gründe: Alle Industriemächte waren grimmig entschlossen, »Saddam Hussein streng zu bestrafen«, in der unnachgiebigen Absicht, den Ölpreis niedrig zu halten, um die »Gefahr einer neuerlichen Ölkrise, die den weiteren Aufschwung des westlichen Kapitalismus gebremst hätte, zu bannen« (Scalfari 1992). Die USA hätten kurzen Prozess gemacht und nicht gezögert, die »nunmehr flüchtigen und entwaffneten Irakis zu vernichten«, kritisierte im selben Presseorgan ein anderer Journalist (Bocca 1992).

Als zur gleichen Zeit die kubanische Revolution in die Krise geriet, feierte eine klassische Doktrin des kolonialistischen und imperialistischen Zeitalters fröhlich Urständ: die Monroe-Doktrin. »In Moskau wurde Castros Kopf gefordert«, titelte im Sommer 1991 eine italienische Tageszeitung aus Anlass eines Treffens zwischen dem triumphierenden

Bush sen. und dem wankenden Gorbatschow. Im Artikel hieß es: »Zu Castro äußerte sich der Präsident unmissverständlich: ›Seine Präsenz 80 Kilometer vor unserer Küste ist nicht hinnehmbar‹« (Caretto 1991).

In diesem politischen und ideologischen Klima erhielt sogar der Terminus Imperialismus neue, jugendliche Frische: »Nur der westliche Imperialismus kann, wenngleich wenig dafür spricht, ihn beim Namen zu nennen, den europäischen Kontinent einen und den Balkan vor dem Chaos bewahren« (Kaplan 1999). Im Abstand einiger Jahre wurde der Diskurs ein wenig deutlicher: Aus einem »westlichen« war ein eindeutig US-amerikanischer Imperialismus geworden. *Foreign Affairs*, eine dem State Departement nahestehende Zeitschrift, verkündete bereits im Titel des Editorials und dann im Eröffnungskapitel, dass die »Logik des Imperialismus« bzw. des »Neoimperialismus für Bush zu unwiderstehlich ist, als dass er sich ihr widersetzen könnte« (Mallaby 2002). Dabei handelte es sich beileibe nicht um vereinzelte Stimmen, sondern vielmehr um einen Chor derer, die bewundernd das US-amerikanische Imperium mit dem Römischen verglichen, gar die Einrichtung eines »Colonial Office« nach dem Modell des britischen Empire herbeiriefen, und Washington als die »großherzigste imperiale Macht, die je existiert hat«, priesen (Ferguson 2005: 4-6).

Diese Macht wurde aufgerufen, dafür zu sorgen, dass die Menschenrechte in jedem noch so entfernten Flecken Erde eingehalten würden. Das 20. Jahrhundert endete, wie es begonnen hatte. Nachdem Kuba die Unabhängigkeit von Spanien errungen hatte, wurde die Insel von Washington gezwungen, das sogenannte Platt Amendment in seine Verfassung zu schreiben, auf dessen Grundlage den Vereinigten Staaten das Recht eingeräumt wurde, jederzeit militärisch eingreifen zu können, wann immer nach deren Urteil die ungestörte Ausübung der Eigentums-, Freiheits- und letztlich der Menschenrechte in Gefahr geriet. Auf dem Höhepunkt der »Unipolarität« versah sich die selbsternannte von Gott »auserwählte Nation« mit dem Auftrag, die Welt zu führen und maßte sich an, dem Platt Amendment globale Gültigkeit zu verleihen.

Damit wurden die Vereinten Nationen ins Abseits gedrängt, die sich im Laufe einer antikolonialen Revolution planetarischen Ausmaßes gegründet und fortschreitend erweitert hatten und die deshalb in ihrer Charta, trotz aller Beschränkungen, dem Prinzip der Gleichheit der

Nationen huldigten. Die UNO wurde indes nicht nur beiseite geschoben, weil die USA für sich das souveräne Recht beanspruchten, Strafaktionen ohne Autorisierung des Sicherheitsrats durchzuführen (wie das 1999 zum Schaden Jugoslawiens und 2003 zum Schaden des Iraks geschah). Wichtiger war der Umstand, dass dieses angemaßte souveräne Recht in verheerendster Weise durchgesetzt werden konnte, ohne zu Krieg im eigentlichen Sinne zu greifen.

Im Juni 1996 sprach der Direktor des »Center for Economic and Social Rights« aus, was die verhängte »Kollektivstrafe« in Gestalt des Embargos für das irakische Volk bedeutete: »mehr als 500.000 irakische Kinder« starben an »Hunger und Krankheiten«. Vielen weiteren drohte das gleiche Schicksal. Insgesamt seien die »Menschenrechte von 21 Millionen Irakern« in verheerender Weise verletzt worden. Drei Jahre später wurde in einem Artikel in *Foreign Affairs* eine bestürzende Bilanz gezogen. Nach dem Sturz des »real existierenden Sozialismus« bildete das Embargo in einer unter der Hegemonie der USA vereinheitlichten Welt eine Massenvernichtungswaffe. Offiziell auferlegt, um Saddam Hussein den Zugang zu Massenvernichtungswaffen zu verweigern, hatte das Embargo im Irak »in den auf den Kalten Krieg folgenden Jahren mehr Tote gefordert als alle Massenvernichtungswaffen im Laufe der Geschichte« zusammengenommen. Es war, als ob das arabische Land, das mit Anschuldigungen kriminalisiert wurde, die sich später als haltlos erwiesen, mit einem Male den Atombombenabwürfen über Hiroshima und Nagasaki, den Senfgasangriffen des kaiserlichen Heeres und der Armee Mussolinis und noch weiteren Attacken ausgesetzt gewesen wäre (Losurdo 2011, Kap. I, § 5). Die Bedrohung, die von dieser ökonomischen Massenvernichtungswaffe ausging, schwebte nicht nur über kleineren Ländern. Anfang der 90er Jahre berichtete eine italienische Tageszeitung über eine Debatte, die im UN-Sicherheitsrat geführt worden war. »China widersetzt sich Sanktionen gegen Libyen, die drei Westmächte drohen mit ökonomischen Repressalien« (Caretto 1992). Diese Repressalien konnten so verheerend sein, wie die Anwendung einer Nuklearwaffe, unterstrich am Ende dieses Jahrzehnts ein bekannter US-amerikanischer Politikwissenschaftler (vgl. Kap. XI, § 6). Von diesen Details ließ sich ein ausgesprochen erfolgreicher und gewissermaßen offizieller Historiker des Westens nicht beeindrucken. Der sang viel lieber eine Loblied auf den »liberalen« Imperialismus und forderte die Führer Washingtons auf, geschwind und ohne Scheu den Weg weiter zu beschreiten, auf dem die Vereinigten Staaten vom Moment ihrer Gründung an wandelten: »Nie gab es selbstbewusstere Imperialisten als die Gründerväter« der USA (Ferguson 2005: 33). Erneut erklingt hier explizit und unverfroren das Loblied auf Kolonialismus und Imperialismus, gerade als ob der »Imperialismus« der Gründungsväter nicht Enteignung, Deportation und Vernichtung der ethnic americans und eine anhaltende Versklavung der Schwarzen bedeutet hätte.

Auf der Ebene der internationalen Beziehungen stehen die reaktionären Folgen der Wende der Jahre 1989 und 1991 außer Zweifel. Im Jahr des Zusammenbruchs der Sowjetunion und des Irak-Krieges veröffentlichte eine bekannte englische Zeitschrift (*International Affairs*) in ihrer Juli-Nummer einen Artikel von Barry G. Buzan (1991: 451), den dieser mit der enthusiastischen Verkündung der guten Nachricht beschloss: »Der Westen hat sowohl über den Kommunismus als auch über die Dritte-Welt-Bewegung triumphiert«. Der Sieg über diese sei dabei nicht weniger wichtig als der über jenen: »Nie seit dem Beginn der Entkolonisierung war das Zentrum beherrschender und die Peripherie untergeordneter«. Das Kapitel der antikolonialen Revolutionen könne man getrost ad acta legen. Einige Jahre später beobachtete ein herausragender Historiker von entgegengesetzter Warte aus mit großer Besorgnis, dass der Fall des klassischen Kolonialismus vom »Aufbau eines viel größeren, potentiell zerstörerischen und der Welt bisher unbekannten Gewaltapparats des Westen« begleitet war (Arrighi 1996: 41).

Kein Land, mochte es auch noch so groß sein, war vor diesem »Gewaltapparat« sicher. Vor nicht allzu langer Zeit hat ein Wissenschaftler, der Berater des US-Vizepräsidenten Dick Cheney war, offenbart, dass die See- und Luftstreitkräfte Anfang der 90er Jahre – »unverwundbar«, wie sie damals waren – »ungestraft« und ohne Skrupel den See- und Luftraum Chinas verletzt hatten (Friedberg 2009: 20f). Es herrschte das Recht des Stärkeren. Das wurde (und wird) indes von der herrschenden Ideologie als heilbringende Tatsache verklärt. Endlich war das bornierte und provinzielle Prinzip der Unverletzlichkeit der staatlichen Souveränität (und damit das gleiche Recht aller Länder, ob groß oder klein, auf eben diese wechselseitig anerkannte Unverletzlichkeit) gefallen. Schaute man jedoch gründlicher hin, erwiesen sich die Argumente, mit denen diese angeblich heilstiftende Tatsache begründet wurde, als die Wiederkehr von Gemeinplätzen, die in unheilvoller Tradition standen.

Bedeutete die Universalität der Menschenrechte, dass die staatlichen Grenzen keine Gültigkeit mehr besaßen und die nationale Souveränität obsolet geworden war? In *Foreign Affairs* ließ sich lesen: »Mit dieser Sicht geriet die Souveränität für Amerika absolut, während sie für diejenigen Länder nur bedingt galt, die Washingtons Standards des inneren wie äußeren Verhaltens in Frage stellten« (Ikenberry 2002: 44). Indem sie sich das Recht anmaßten, über der Souveränität anderer Staaten zu stehen, dehnten die Westmächte ihre eigene Souveränität weit über das eigene Staatsgebiet aus und waren gewillt, davon Gebrauch zu machen. Damit wiederholte sich in kaum veränderter Weise jene Zweiteilung, die aus der kolonialen und imperialen Expansion hervorging, in deren Verlauf deren Protagonisten jene Länder als souveräne Staaten anzuerkennen sich weigerten, die sie nach und nach unterworfen oder in Protektorate verwandelt hatten.

Überzeugt die Behauptung, dass das Revival des Kolonialismus »altruistisch« sei und im Zeichen der Humanität« stehe? Diese Beteuerung ist alles andere als neu. Es reicht dabei, an Kiplings geflügeltes Wort von des »White man's burden« zu denken. Sich freiwillig mit einer solch schweren Bürde zu beladen, wäre nur dann akzeptabel, wenn sie von altruistischem und humanitärem Geiste beseelt wäre. Der imperiale Universalismus der »Zivilisation«, sich auf die ganze Welt auszudehnen, hat heute die Gestalt eines imperialen Universalismus der Menschenrechte angenommen, die man in jeder Ecke des Planeten zu akzeptieren habe. Die Anmaßung des Rechts, die Grenze zwischen Zivilisation und Barbarei bzw. zwischen Respekt und Verletzung universeller Normen zu bestimmen, bedeutet de facto, sich mit einer universellen Souveränität auszustatten.

Im selben Jahr, in dem die sonntägliche Beilage der *New York Times* den »altruistischen« Charakter eines herbeigesehnten und zurückgekehrten Kolonialismus gefeiert hatte, erklärte sich in seiner ganzen soldatischen Freimütigkeit ein italienischer General (zugleich Lehrender und Wissenschaftler der Geopolitik). Zunächst führte er aus, dass die Tendenz zur »Rekolonialisierung« ein konstitutives Element der »neuen internationalen Ordnung« sei. Sodann ergänzte er: »Diese Tendenz findet ihre Beschränkung einzig darin, dass der Westen sich in Krisen hineinziehen lässt, deren Abwicklung zu kostspielig wird, ohne dass er daraus einen konkreten Nutzen ziehen könnte« (Jean 1993: 264).

Der »konkrete Nutzen« ist unmittelbar einsichtig. Es ist nicht nötig, die eineindeutige Übereinstimmung zwischen jeder einzelnen kriegerischen Operation und dem jedes Mal daraus erfolgten Profit zu skizzieren. Wichtiger ist dagegen, sich den Gesamtkomplex vor Augen zu führen. Die Anmaßung des Rechts auf militärische Intervention in zumeist nicht eben ressourcenarmen und geostrategisch nicht ganz unbedeutend gelegenen Ländern bedeutet, die internationalen Beziehungen zum Vorteil der Großmächte auszulegen, die diese Souveränität ausüben.

Wenn es der Reaktion, die auf 1989 folgte, nicht gelang, all ihre anvisierten Ziele zu erreichen, so lag das an den ökonomischen und politischen Prozessen, die sich der Kontrolle des Westens entzogen. In erster Linie ist dabei an die außergewöhnliche ökonomische Entwicklung Chinas zu denken. Oder man denke an Russland. 1994 konstatierte ein namhafter Intellektueller, der bis 1989 ein unerschrockener Dissident des kommunistischen Regimes gewesen war, dass sein Land de facto einer »Kolonialdemokratie« unterworfen sei (Sinowjew 1994: 11). Nur kurze Zeit später gelang es Russland, seine Kontrolle über seine enormen Energiereserven wiederherzustellen, womit es den Hass aus Washington und Brüssel auf sich zog. Große Aufmerksamkeit verdient auch das Scheitern der Versuche, Kuba zum Gehorsam zu verpflichten und es der Monroe-Doktrin zu unterwerfen – eine Doktrin, die von einer wachsenden Zahl lateinamerikanischer Staaten angefochten wird. Auch der Widerstand gegen die militärische Besatzung in Afghanistan und im Irak sollte nicht aus dem Blick geraten. Diese Prozesse und Bewegungen, von der siegreichen Bourgeoisie in den Jahren der Wende nicht erwartet, verweisen direkt oder indirekt auf den beständigen antikolonialistischen und antiimperialistischen Impuls, der der Oktoberrevolution entsprang. Und seit die USA und der Westen von einer gravierenden ökonomischen Krise überrollt werden, schwindet ihr Erpressungspotential. Gleichwohl sind die neokolonialen Ambitionen nicht verschwunden. Dagegen entwickelt sich wie schon gegen den klassischen Kolonialismus ein nationaler Kampf, der gleichzeitig ein Klassenkampf unter spezifischen Modalitäten ist.

2. Die Rückkehr der »ursprünglichen Akkumulation«

Zurück zur Wende. Seit 1989 sah sich Russland einer Welle von Privatisierungen ausgesetzt, die es einer Handvoll Privilegierter buchstäblich erlaubte, den staatlichen Besitz an sich zu reißen. Die *Financial Times* fasste den Vorgang so zusammen: »Der Mehrheit des Publikums wurde eine zutreffende Bestätigung der Maxime Proudhons geliefert, die besagt: Eigentum ist Diebstahl« (in: Boffa 1997: 71). Und während sich diese Bourgeoisie formierte, ereignete sich auf der anderen Seite eine entsetzliche Tragödie. Ein bekannter französischer Politologe sprach von einem »Einsturz der durchschnittlichen Lebenserwartung«, ja sogar von einem »wirklichen Genozid an den Alten«. Daran trugen die wenigen Privilegierten die Schuld, denen es gelungen war, spekulativ und parasitär, wenn nicht offen illegal, »enorme Reichtümer aufzuhäufen« (Duverger 1993). Weitere Zeugnisse der Ereignisse kommen umso erschütternder daher, weil sie just in dem Moment den Zeitungen zu entnehmen waren, als diese die Wende feierten. In den Wochen, die der offiziellen Auflösung der Sowjetunion unmittelbar vorausgingen, zeigten die vom Westen vorgeschlagenen oder auferlegten neoliberalen Reformen Wirkung. Das Internationale Rote Kreuz machte darauf aufmerksam, dass das Überleben von eineinhalb Millionen Menschen aufgrund von »Lebensmittel- und Medikamentenmangel« auf dem Spiel stehe (Franceschini 1991b). In den folgenden Monaten verschlechterte sich die Situation weiter: »Mehr als die Hälfte der Bevölkerung [lebt nun] unter der Armutsgrenze« (Bonanni 1992); in den ersten sechs Monaten des Jahres 1993 lag das Bruttoinlandsprodukt um 14 Prozent niedriger als das der ersten Monate des Jahres 1992« (Martinetti 1993). In gewisser Hinsicht kehrte die Erinnerung an die tragischen Jahre nach dem Überfall der Wehrmacht zurück: »Erstmals in der Nachkriegszeit gab es 1992 weniger Neugeborene als Gestorbene« (Cucurnia 1993);

die durchschnittliche Lebenserwartung sank deutlich ab (um sechs Jahre bei den Männern) (Goldstein 2001: 25).

Besonders betroffen waren die Schwächsten, wie ein weiteres erschütterndes Zeugnis illustrierte, dieses Mal nicht von den Alten, sondern von den »Besprisorniki«, den elternlosen, herumvagabundierenden Kindern.

> Experten zufolge leben im ganzen Land mindestens 200.000 von ihnen. So viele gab es in Russland zuletzt 1925, nach dem Bürgerkrieg [...]. Es sind die ersten Opfer eines Landes, das alles dem Geldgott opfert, das seinen alten Wertekodex aufgegeben hat, ohne an seine Stelle einen anderen zu setzen, in dem ein möglicherweise unaufhaltsamer Prozess in Gang gesetzt wurde. Vor zehn Jahren, zur Zeit der totalitären UdSSR der Breschnew-Ära gab es im Grunde keine »Besprisorniki«. Die Waisenhäuser waren schreckliche Orte, unter dem Gesichtspunkt der Versorgung oftmals ungenügend und noch häufiger ohne menschliche Wärme. Aber immerhin garantierten sie ein Dach, eine Kantine, eine Schule und später dann eine Arbeit. Binnen zehn Jahren hat sich alles geändert. Das Geld zum Unterhalt von Internaten und Jugendstrafanstalten wurde immer weniger, und diese Einrichtungen, die mit staatlichen Geldern unterhalten wurden, werden nun eine nach der anderen geschlossen.

Während die Jungen der Kriminalität verfallen, bleibt »den Mädchen nur eine einzige Tätigkeit: die Prostitution« (Cucurnia 1993).

Dies waren soziale Zustände, die in Europa lange Zeit verschwunden zu sein schienen. 1992 feierte ein US-amerikanischer Autor in der Widmung seines Buches die westlichen Urheber der »produktivsten Ökonomie, die die Welt je gesehen hat«, und hatte zugleich keine Probleme vorherzusagen, dass ein Teil der ehemaligen sozialistischen Länder, damit enden würde, die Reihe der Dritt-Welt-Länder zu vergrößern (Thurow 1992: 14f). In Wahrheit geschah Schlimmeres. In *Foreign Affairs* konnte man lesen, dass ein Land wie Bulgarien als »Mafiastaat« zu betrachten sei« (Naím 2012: 104).

Kein Zweifel, die Wende von 1989 fegte in Osteuropa die wirtschaftlichen und sozialen Rechte hinweg, derer sich die Bevölkerung bis dahin erfreut hatte. Diese wurden Gegenstand des Spotts. Man denke da zum Beispiel an das »Recht auf Erholung und Freizeit«, von dem die 1948 von den Vereinten Nationen verabschiedete »Allgemeine Erklärung der Menschenrechte« in ihrem Artikel 24 spricht: In Russland stellten die »Neureichen«, hervorgegangen aus den Privatisierungen, ihren Reichtum in den Erholungs- und Freizeitanlagen in aggressiver Manier zur Schau. Jenen Stätten, von denen die Arbeiter, die in der Vergangenheit das Recht auf einen kostenlosen oder zur Hälfte bezahlten Urlaub hatten, nunmehr ausgeschlossen waren (Franceschini 1991a).

Diese extreme gesellschaftliche Polarisierung war das Ergebnis eines derart aggressiven und von Seiten der Neuprivilegierten ohne Skrupel geführten Klassenkampfs, dass man geneigt ist, an die »ursprüngliche Akkumulation« zu denken, von der das *Kapital* mit Blick auf das England zur Zeit der »Glorious Revolution« sprach: Die Staatsdomänen »wurden verschenkt, zu Spottpreisen verkauft oder auch durch direkte Usurpation an Privatgüter annexiert. Alles das geschah ohne die geringste Beobachtung gesetzlicher Etikette.« Dies bildete »die Grundlage der heutigen fürstlichen Domänen der englischen Oligarchie« (MEW, 23: 751f) [...] oder der russischen. Damit war die auffällige Aktualität der Theorie des Klassenkampfs von Marx just zu dem Zeitpunkt offenbar geworden, als dieser als toter Hund galt.

3. Emanzipation und De-Emanzipation

Selbstverständlich darf dabei der Gesamtzusammenhang nicht aus dem Blick geraten. Die großen sozialen Errungenschaften, deren Verlust so schwer auf den Ländern Osteuropas in den Jahren nach 1989 lastete, waren eine Frage der Demokratie, in zweierlei Hinsicht. Siegreich zwar, aber fürchterlich verwüstet ging die UdSSR aus dem Kampf gegen die Hitler-Aggression hervor. Danach versuchte sie, sich vor potentiellen Feinden zu schützen, indem sie eine Art sowjetische Monroe-Doktrin verhängte, konnte damit aber nicht verhindern, das Ressentiment derjenigen Länder zu provozieren, deren Souveränität beschnitten wurde, was zugleich bedeutete, die Demokratie in den internationalen Beziehungen zu verletzen. Die Wende war unausweichlich. Deren Bedeutung jedoch erläuterte der Botschafter Lettlands in Oslo in einem Brief an die *International Herald Tribune*. Sein Land sei entschlossen, der NATO und der EU beizutreten, und er betonte »unsere europäischen

Wurzeln und unsere Verbundenheit mit der nordischen Kultur« (Krastins 2000). Es sei notwendig, die Brücken nach Asien und zur Barbarei endlich abzubrechen. So erlangte die Demokratie in den internationalen Beziehungen zwar einen Erfolg, allerdings unter den Bedingungen einer ganz und gar veränderten Weltlage: Der Westen proklamierte sein Primat, stellte die Ergebnisse der antikolonialen Revolution in Frage und übte sein souveränes Recht auf Militärinterventionen in jeder Ecke der Welt mittels Kriegen aus, an denen sich die von der sowjetischen Monroe-Doktrin befreiten Länder Osteuropas, entschlossen zur Aufrichtung einer erneuerten US-amerikanischen Monroe-Doktrin in globalem Maßstab beizutragen, beteiligten.

Komplexer ist das Feld der politischen und bürgerlichen Rechte. Das macht eine Vorbemerkung erforderlich. In der UdSSR und in Osteuropa war mit der Verbesserung der Rechtssituation lange vor 1989, nämlich mit dem Machtantritt Gorbatschows, begonnen worden. Es war dies ein Prozess, der aufkam mit dem Ende der heißesten Phase des Kalten Krieges, in der auch im Westen auf schwerwiegende repressive Maßnahmen zurückgegriffen wurde (man denke an den McCarthyismus in den USA und das Verbot der Kommunistischen Partei in der BRD etc., um von der Installierung oftmals von Washington geförderter und gesegneter grausamer Militärdiktaturen vor allem in der Dritten Welt gar nicht erst zu sprechen). Das Ende des Kalten Kriegs schuf eine neue und günstige Situation. Aber es wäre absurd, ausschließlich denen das Verdienst daran zuzuschreiben, die mindestens eine Mitverantwortung an der Entfesselung des Kalten Krieges tragen und die (direkt in dem von ihnen kontrollierten Terrain und indirekt auf feindlichem Terrain) zur drastischen Beschneidung bzw. zur Beseitigung der politischen und bürgerlichen Rechte beigetragen haben. Diese Bemerkung vorausgeschickt, besteht kein Zweifel daran, dass die Wende von 1989-91 in Osteuropa für Millionen Menschen den Zugang zu essentiellen politischen Rechten bedeutete, die ihnen in der Vergangenheit verweigert worden waren. Dieser Zugang erfolgte jedoch zu einem Zeitpunkt, als die Bedeutung des Vermögens in den Wahlkämpfen bereits so stark geworden war, dass in den USA »der Zugang zur Politik auf jene Kandidaten beschränkt ist, die persönliches Glück hatten oder die Geld von politischen Aktionskomitees«, also letztlich von Lobbys erhalten

(Schlesinger jr. 1991: 377). Hinsichtlich der politischen Rechte kehrte sich also der Emanzipationsprozess in Osteuropa in einen weltweiten gegenläufigen Prozess um. Infolge des Triumphs einer internationalen Bourgeoisie kam das einst zur Tür hinausgejagte diskriminierende Zensuswahlrecht in gewisser Weise wieder durchs Fenster hinein.

Auch hinsichtlich der bürgerlichen Rechte fällt die Bilanz der Wende eingedenk der oben gemachten Vorbemerkung positiv aus. Gleichwohl bleibt zu ergänzen, dass im Zuge der Erschütterungen in Osteuropa die Gewerkschaftsbewegung im Westen geschwächt wurde und sich die Macht der Bourgeoisie in den Betrieben ganz erheblich erhöhte. Und der Zustand der bürgerlichen Rechte lässt sich nicht adäquat erfassen, wenn das Augenmerk auf die Zirkulationssphäre beschränkt und die Produktionssphäre vernachlässigt wird. Darauf hatte bereits Marx in einem bekannten Abschnitt im *Elend der Philosophie* hingewiesen:

> Während innerhalb der modernen Fabrik die Arbeitsteilung durch die Autorität des Unternehmers bis ins einzelnste geregelt ist, kennt die moderne Gesellschaft keine andere Regel, keine andere Autorität für die Verteilung der Arbeit als die freie Konkurrenz. [...] Man kann als allgemeine Regel aufstellen: Je weniger die Autorität der Teilung der Arbeit innerhalb der Gesellschaft vorsteht, desto mehr entwickelt sich die Arbeitsteilung im Innern der Werkstatt und um so mehr ist sie der Autorität eines einzelnen unterworfen. Danach steht die Autorität in der Werkstatt und die in der Gesellschaft, in bezug auf die Arbeitsteilung, im umgekehrten Verhältnis zueinander (MEW, 4: 151).

Man kann sagen, dass sich im »realen Sozialismus« eine Umkehr dieser von Marx beschriebenen gesellschaftlichen Dialektik vollzogen hat. Der grundlegenden Anarchie in der Fabrik und am Arbeitsplatz (mit dem Wegfall des mehr oder weniger ausgeprägten traditionellen Arbeitgeberdespotismus) entsprach ein von Staats wegen ausgeübter Schrecken auf die Zivilgesellschaft. All das endete mit der Wende von 1989-91.

China hingegen versuchte die Anarchie in den Fabriken mit einem »Marktsozialismus« und mit seit 1980 aufgelegten Reformen zu beenden. Das war indes keine leichte Übung. Wie der bereits erwähnte Journalist über die Mühen, sich vom Erbe des Maoismus zu befreien, berichtete, konnte sich ein abhängig Beschäftigter noch 1994 »entscheiden, absolut nichts zu machen«, um dennoch bis zum Monatsende den vollen Lohn zu erhalten. Im selben Jahr beschrieb eine einflussreiche italienische Tageszeitung, welche Zustände hingegen in der Turiner Automobilindustrie zu beobachten waren.

> Der Angestellte näherte sich, darauf bedacht, nicht aufzufallen. Er zögerte, drehte sich dann ruckartig um und sprach atemlos.[...] Danach flüchtete er und tauchte unter den Fiat-Angestellten unter, die am Corso Marconi losgingen und mit ihm marschierten. [...]. Sie erschraken vor der Zukunft: »Was wird sein ohne Arbeit?« [...] Sie ängstigen sich auch vor Fiat: »Ich bitte Sie inständig, meinen Namen nicht zu erwähnen. Die beiden Kollegen, deren Vor- und Zunamen in der Zeitung erschienen, hat der Betrieb zerstört. Auf den Betriebsversammlungen tauchten sie nicht mehr auf. Schauen Sie dort. Dieser Herr in Zivil ist mein Aufseher am Werkstor von Mirafiori« (De Gennaro 1994).

Der komfortablen Anarchie am Arbeitsplatz im maoistischen China entsprach im Westen eine in den Betrieben ausgeübte Diktatur, die auch noch jenseits der Werkstore spürbar war.

Die Aufhebung der Emanzipation seit der Wende zeigte sich auf dem Gebiet des Sozialstaats am deutlichsten. Dessen Demontage im Osten hatte auch im Westen Folgen und wurde theoretischerseits sanktioniert. Bereits einige Jahrzehnte zuvor hatte Friedrich August von Hayek (2003: 254f) den Beweis führen wollen, dass »die Freiheit von Not«, von der Franklin Delano Roosevelt« sprach, und die von der UNO sanktionierten »sozialen und ökonomischen Rechte« das Ergebnis einer von ihm als ruinös betrachteten Einflussnahme »der russisch-marxistischen Revolution« gewesen seien. Für den Ahnherren des Neoliberalismus ging es nicht nur darum, das Erbe der Oktoberrevolution zu beseitigen, sondern auch das des Juni 1848: Die »soziale und ›totalitäre‹ Demokratie« (Hayek 1991: 66) gelte es ein für alle Male und auf jedem Flecken dieser Erde hinwegzufegen. Doch dieses Programm erhielt seine definitiven Weihen erst in den Jahren 1989-1991. In jenen Jahren triumphierte der Neoliberalismus in Moskau mit seiner radikalsten Variante. Oleg Bogomolow, ein bekannter Hauptvertreter der russischen »Wirtschaftsreformer« erhob in der Zeit des Zusammenbruchs der UdSSR den kapitalistischen Westen zur gesellschaftlichen Norm schlechthin und brachte seine Verachtung gegenüber denjenigen zum Ausdruck, die nicht aufhörten, etwa vom Recht auf Gesundheit oder auf Bildung zu sprechen: »In einer normalen Gesellschaft schließt diese Sphäre [die des Marktes] alles ein [...]. Bei uns hingegen sind Gesundheitsversorgung und Unterricht keine Kategorien des Marktes.« Ein anderer Exponent des neuen Kurses assistierte: »Die Regelversorgung mit Medikamenten muss [individuell] abgesichert werden. Gratismedikamente sind Betrug« (in: Berelowitsch 1993: 37). Um der Barbarei zu entkommen und vom erlauchten Kreise der wirklich zivilisierten Länder geduldet zu werden, sei es auf internationaler Ebene notwendig, der NATO beizutreten und bei deren neokolonialen Kriegen mitzumachen, und im Innern gelte es, den Sozialstaat zu zerstören.

4. Alte und neue Ordnung

Das Jahr der Wende in Osteuropa fiel auf den 200. Jahrestag der Französischen Revolution. Ausgehend von dieser Koinzidenz trieb man ein wohlfeiles Analogiespiel; die gefallene Ordnung in Osteuropa habe sich als »altes Regime« erwiesen (Dahrendorf 1990: 10) oder als »alte Ordnung« (Judt 2005: 585). Hat dieser Diskurs irgendein erkennbares Fundament?

Bekanntermaßen wurde das (aristokratische und zaristische) Ancien Régime in Russland im Februar 1917 gestürzt. Noch während Liberale und Menschewiki an der Macht waren, begann eine überaus gewaltsame und chaotische Phase, die erst mit der Festigung der Macht der Bolschewiki in eine prekäre und teilweise Stabilisierung überführt wurde. Ganz offensichtlich herrschte in dieser Zeit das nackte Grauen. Unabhängig von einer jeweiligen Bewertung, bleibt der Fakt, dass die Revolution von 1917 das Ancien Régime (im strengen Sinne des Begriffs) niedergeworfen hat. Und diese Revolution trug darüber hinaus dazu bei, die Reste des Ancien Régimes, die im Westen überdauerten, zu beseitigen, wo nämlich das Zensuswahlrecht (in England ist das Oberhaus der Aristokratie und dem Großbürgertum vorbehalten) und die Diskriminierung der Frauen (qua Ausschluss von den politischen Rechten) noch immer nicht verschwunden waren.

Das Neue, das insbesondere aus der Oktoberrevolution hervorging, zeigt sich noch deutlicher, wenn wir die Kolonialvölker bzw. ehemals kolonialen Völker einbeziehen. Vertrauen wir uns der Darstellung eines herausragenden Historikers an und sehen zu, wie George V. nach seiner Königskrönung 1910 in London ein Jahr später bei der Krönung zum Kaiser von Indien auftrat:

> Mit Krönungsroben angetan, deren Schleppen von prächtig ausstaffierten Pagen fürstlichen indischen Geblüts getragen wurden, erklommen Ihre Kaiserlichen Majestäten die Stufen eines in der Mitte des Amphitheaters errichteten, freistehenden Podiums. Sie nahmen auf zwei pompösen, mit Herrschaftsinsignien und Wappen verzierten Thronsesseln Platz und ließen sich von ihren Untertanen huldigen. Lord Hardinge, der Generalgouverneur – er trug seine politische Uniform und darüber die wallende Robe des Stern-von-Indien-Ordens – stieg in gebückter Haltung die Stufen des Podiums empor, kniete nieder und küßte die Hand des Königs und Kaisers. Nachdem die Mitglieder des Rates des Vizekönigs dem Monarchen vom Fuße des Thronpodiums aus ihre Reverenz erwiesen hatten, kam die Reihe an die stolzen und imposanten, aber fügsamen Maharadschas von Indien und an die Stammeshäuptlinge der Grenzgebiete, ihrem obersten Herrn ihren Gehorsam zu zeigen (Mayer 1984: 138f).

Die alte in England residierende Ordnung war auf das engste mit der alten Ordnung verflochten, die London in den Kolonien aufrechterhielt.

War dies das Bild der im Abstieg befindlichen Führungsnation der kapitalistischen Welt, so ist nun ein Blick auf die aufsteigende Führungsnation zu werfen. Zur gleichen Zeit nämlich war zwar im Süden der USA das Institut der Sklaverei verschwunden, aber »die alten Lords im Süden«, die »Herren Barone«, von denen Engels sprach (MEW, 31: 128), übten weiterhin ihre absolute Herrschaft über die Schwarzen aus. Denn letztere waren bar jedweder politischer und bürgerlicher Rechte: Sie waren einem terroristischen Regime der white supremacy ausgesetzt, das sie bisweilen einer Lynchjustiz, einer langsamen und unaufhörlichen Tortur und Todesangst unterwarf, die für die Massen der weißen Community zum gefeierten und bejubelten Spektakel wurde.

Diese Welt wurde mit der Oktoberrevolution in Frage gestellt. Zusammengebrochen ist zwischen 1989 und 1991 mithin nicht ein »Ancien Régime« und eine »alte Ordnung«. Gestürzt wurden die Erben und Epigonen eines neuen Regimes, einer neuen revolutionären Ordnung, die es indes nie vermochte, das Stadium der Instabilität zu überwinden. Eine Revolution wäre erst dann als stabil zu betrachten, wenn es der Klasse, die sie anführt nach einer mehr oder weniger langen Phase der Konflikte und Widersprüche, Versuche und Fehler gelingt, eine dauerhafte politische Form ihrer Herrschaft zu etablieren. Die französische Bourgeoisie hatte erst nach einem Lernprozess, der von 1789 bis 1871 währte – indem sie die parlamentarische Republik auf der Basis des allgemeinen (männlichen) Wahlrechts verwirklichte –, die angemessene politische Form ihrer Herrschaft gefunden. Doch dann erwies diese sich in einer modernen Gesellschaft, unter der Bedingung, Hegemonie mit Zwang zu paaren und letzteren in Gestalt der Diktatur nur in Momenten akuter Krise zur Anwendung zu bringen, als dauerhaft und stabil.

Objektive Umstände und subjektive Verantwortlichkeit verhinderten, dass die 1917 begonnene Revolution dieses Resultat erreichte. Die neue Ordnung in Russland hatte, nachdem die Ketten des Ancien Régime gesprengt waren, für eine gigantische Verbreitung von Bildung und Kultur und für eine außerordentliche soziale Mobilität gesorgt und damit das Fundament einer Zivilgesellschaft gelegt, die nach und nach reifer und fordernder wurde, bis man sich mit einer versteinerten Ordnung nicht mehr identifizieren konnte. In diesem Sinne ist das, was sich zwischen 1989 und 1991 ereignet hat, gleichzeitig das Ergebnis des Erfolgs und der Niederlage des kommunistischen Projekts.

Zum Verständnis dieser komplexen und paradoxen Dialektik lohnt es, sich eine berühmte Passage aus Hegels Jenaer Schriften der allerersten Jahre des 19. Jahrhunderts zu vergegenwärtigen – zu einem Zeitpunkt also, als die Erinnerungen an den Thermidor einerseits noch frisch und lebendig, dessen politische und historische Implikationen andererseits bereits erkennbar waren. Bereits Konsul auf Lebenszeit schickte sich Napoleon 1804 an, sich zum Kaiser der Franzosen zu machen und damit Frankreich den gegnerischen und feindlichen Ländern sowie der Welt des Ancien Régime anzugleichen. Welche Haltung war nun angesichts dieser Wende einzunehmen? Man konnte sie als »Verrat« an den revolutionären Idealen verurteilen oder als Befreiung vom jakobinischen Terror begrüßen und die 1789 (mit dem Sturm auf die Bastille) bzw. 1792 (mit dem Machtantritt der Jakobiner) begonnene Phase als Ausdruck eines blutigen Wahns brandmarken. Hegel schlug einen davon abweichenden Weg ein. Einerseits betrachtete er den jakobinischen Terror als legitim und notwendig: »In der französischen Revolution erhielt eine fürchterliche Gewalt den Staat, das Ganze überhaupt. Diese Gewalt ist nicht Despotismus, sondern Tyrannei, reine entsetzliche Herrschaft, aber sie ist notwendig und gerecht, insofern sie den Staat als dieses wirkliches Individuum konstituiert und erhält«. Auf der anderen Seite anerkannte der Philosoph auch die Legitimität und die Notwendigkeit des Thermidors: Mit der Überwindung des Ausnahmezustands wird »die Tyrannei« »überflüssig« und muss, der »Herrschaft des Gesetzes« ihren Platz einräumen. Dem hatte Robespierre, der letztlich gestürzt wurde, nicht Rechnung getragen: »Seine Kraft hat ihn verlassen, weil die Notwendigkeit ihn verlassen [hatte], und so wurde er mit Gewalt gestürzt«. Die Antagonisten dieses Kampfes gerieten zur Inkarnation der beiden verschiedenen Momente der »Notwendigkeit« (Hegel 1969: 246-248).

In Kenntnis der Positionen dieses großen Theoretikers hätte die Bourgeoisie des Westens (und dann Osteuropas) 1989 feiern können, ohne die bolschewistische Revolution zu dämonisieren und ohne die von dieser Revolution in Frage gestellte Welt zu verklären. Das aber wäre eine zu ausgeklügelte gedankliche Operation für die gewohnte binäre Logik gewesen, derer man zum Zwecke der Delegitimierung der chinesischen Revolution und der antikolonialen Revolutionen keineswegs entraten wollte. Und folglich ging die herrschende Ideologie mit ihrer Konfiguration von 1989 als annus mirabilis (Dahrendorf) bzw. in letzter Konsequenz als plenitudo temporum (Fukuyama) nicht bloß zur Liquidation von 1917 über; vielmehr ging es um die Beseitigung eines sehr viel größeren historischen Zyklus. Dahrendorf zufolge (1990: 29f u. 66) hatte man nicht nur mit Marx zu brechen, dessen Lehre »spätestens 1989 endgültig zu Schaden gekommen« sei, sondern auch mit Hegel und Rousseau. Dagegen müsse man wieder bei Burke, dem Theoretiker der »offenen Gesellschaft« und unnachgiebigen Feind der Französischen Revolution, landen und sich von inspirieren lassen. Und tatsächlich präsentierte sich Dahrendorf, nachdem er die in Osteuropa zusammengebrochene Welt zur »alten Ordnung« bestimmt hatte, als ein Anhänger dieses Musterfalls des Ancien Régime.

5. Notlagen der neuen Ordnung und Restauration: 1660, 1814, 1989-91

Aus dem hier skizzierten Zusammenhang ergibt sich, dass die Wende, die sich in Osteuropa und in der Welt ereignet hat, ganz grundsätzlich die Züge einer Restauration trägt. Bedeutet aber der Rekurs auf diese Kategorie nicht zugleich, dass damit diskreditierte Regime gerechtfertigt werden, deren Zusammenbruch von der Weltöffentlichkeit fast einhellig begrüßt wurde? Eine Art politische Erpressung hat gute Teile jener gleichsam gelähmt, die, wenn sie sich auch mit der bestehenden Ordnung nicht identifizieren mochten, sich gleichwohl weigerten, als Nostalgiker Breschnews oder des Gulags abgestempelt zu werden. Der Geschichtsprozess ist aber komplexer als sich aus der eben genannten groben Alternative ergibt, die diese Frage und ihre Verneinung beinhaltet. Denken wir an die Ereignisse, die mit der Französischen Revolution ihren Lauf nahmen. Ab dem Moment, an dem eintrat, was jedes Handbuch der Geschichte als Restauration bezeichnet, fällt es schwer, das Scheitern des Projekts oder der Hoffnungen von 1789 zu bestreiten, nachdem der Terror, die ungezügelte Korruption der auf den Thermidor folgenden Jahre, die Militärdiktatur und das Kaiserreich mit einem Imperator-Kondottiere an der Spitze gefolgt waren, der riesige Territorien eroberte und sie an Verwandte und Freunde auf der Grundlage einer staatlichen Erbkonzeption verteilte, die nicht nur jedes Prinzip der Demokratie mit Füßen trat, sondern das Ancien Régime in seinen schlimmsten Zügen zu reproduzieren schien. Mehr noch: Mit dem Sturz des Absolutismus und des Feudalismus wollten die Französischen Revolutionäre auch die Wurzeln des Kriegs ausreißen und ewigen Frieden sichern. Stattdessen hatte der »napoleonische Despotismus«, um mit Engels zu sprechen, dafür gesorgt, dass der »verheißene ewige Friede« umgeschlagen war »in einen endlosen Eroberungskrieg« (MEW, 20: 239). 1814 waren die Pläne und Hoffnungen von 1789 bis zur Unkenntlichkeit entstellt. Und am Ende der ersten Phase einer großen historischen Krise trat mit der Rückkehr der Bourbonen ein Regime an, das ohne Zweifel liberaler war als Terror, Militärdiktatur und ein kriegerisches und expansionistisches Imperium, die auf den revolutionären Enthusiasmus gefolgt waren. Analoge Betrachtungen ließen sich beispielsweise hinsichtlich der ersten englischen Revolution anstellen, die in Cromwells Militärdiktatur mündete, die indes von der Ausnahmepersönlichkeit ihres Gründers abhing und sich als unfähig erwies, nach dessen Ableben zu überdauern.

Und dennoch ist es richtig, die Kategorie der Restauration für die Rückkehr der Bourbonen oder der Stuarts zu gebrauchen, versuchten diese doch, das Neue, das mühevoll aus all den Versuchen, Fehlern, Sackgassen, Widersprüchen, Rückschlägen, Deformationen jeder Art hervorgegangen war, wieder zu ersticken. Es gibt keinen Grund, die Veränderungen die sich in Osteuropa zutrugen, wesentlich anders zu bewerten, trotz aller unbarmherzigen Lesart, die wir zur Geschichte der zwischen 1989 und 1991 zusammengebrochenen Regime anstellen können und müssen. Der Rekurs auf die Kategorie Restauration erweist sich als umso schlagender, wenn man sich den Umstand vor Augen führt, dass die Krise und dann der Zusammenbruch des realexistierenden Sozialismus im kapitalistischen Westen erst die Möglichkeit geebnet hat, aus dem Katalog der Rechte die ökonomischen und sozialen zu streichen.

Zu gleichen Schlussfolgerungen gelangt man, wenn man sich auf das internationale Feld konzentriert. Der Planet war am Vorabend der Oktoberrevolution im Grunde im Privatbesitz einer Handvoll kapitalistischer Großmächte. Der Sieg der Bolschewiki löste dann allerdings eine gigantische Welle antikolonialer Revolutionen aus. Aber auch auf dieser Ebene traten nach dem Untergang der alten Ordnung Notlagen ein. Denn die nationale Frage hat bei der Auflösung des sozialistischen Lagers und des Landes, das aus der Oktoberrevolution hervorging, in der Tat eine entscheidende Rolle gespielt. Deren Protagonisten waren davon überzeugt, dass die nationalen Konflikte, Spannungen, ja sogar die Identitäten zusammen mit dem Kapitalismus verschwänden. Es lohnt indes, einen Blick auf die Momente der größten Krisen zu werfen, die das sozialistische Lager in Misskredit brachten. 1948: der Bruch der UdSSR mit Jugoslawien. 1956: Einmarsch nach Ungarn. 1968: Einmarsch in die Tschechoslowakei. 1969: blutige Grenzkonflikte zwischen der UdSSR und China; zu diesem Zeitpunkt nur mit Mühe verhindert, wurde zehn Jahre später der Krieg zwischen Ländern, die sich beide auf den Sozialismus beriefen, mit dem Kräftemessen zunächst zwischen Vietnam und Kambodscha, dann zwischen China und Vietnam zur tragischen Realität; 1981: Kriegsrecht in Polen, um einem etwaigen »brüderlichen« Eingreifen der UdSSR zuvorzukommen und eine Oppositionsbewegung in Zaum zu halten, die ihren großen Anhang auch der Berufung auf die nationale Identität verdankte, die vom Großen Bruder unterdrückt worden war. Wenn auch für sich genommen je sehr verschieden, war all diesen Krisen die Zentralität der nationalen Frage gemein. Die Auflösung des sozialistischen Lagers begann nicht zufällig an der Peripherie des »Imperiums«, in den Ländern, die lange schon mit der ihnen auferlegten Begrenzung der Souveränität haderten. Auch im Innern der UdSSR erfolgte der entscheidende Anstoß zum endgültigen Zusammenbruch bereits vor dem obskuren »Putsch« vom August 1991 mit den Unruhen in den baltischen Ländern, in die der Sozialismus 1939-40 exportiert worden war: In gewisser Hinsicht hat die nationale Frage, die in starkem Maße den Sieg der Oktoberrevolution begünstigt hat, auch den Abschluss jenes historischen Zyklus markiert, der mit ihr eröffnet worden war. Und auch in diesem Fall liegt das restaurative Moment auf der Hand und wird durch die bisweilen explizit erfolgte Rehabilitierung des Kolonialismus (und selbst des Imperialismus) bestätigt.

Es ist durchaus möglich, einen Vergleich mit den anderen großen Revolutionen zu ziehen, die die moderne und zeitgenössische Geschichte geprägt haben. Nach dem Tode Cromwells und der flüchtigen Nachfolge seines Sohnes Richard in der Position des Lordprotektors der Republik, marschierte der Kommandant des schottischen Heeres George Monk nach London und berief ein neues Parlament ein, das die Rückkehr der Stuarts sanktionierte. Zurückgekehrt von seinem desaströsen Abenteuer in Russland und von der Niederlage in Leipzig, konfrontiert mit der Verfolgung durch eine außergewöhnlichen Koalition von Feinden und mit einer wachsenden Entfremdung des französischen Volks, war Napoleon 1814 gezwungen abzudanken und die Rückkehr der Bourbonen zu dulden. Zwischen 1989 und 1991 ereignete sich die Auflösung der UdSSR und mit ihr der Macht und Ordnung, die aus der Oktoberrevolution hervorgegangen waren. Bei allen radikalen Unterschieden zwischen den drei hier miteinander verglichenen Revolutionen weisen die Krisen, in die sie gerieten, einige wichtige Gemeinsamkeiten auf: a) als ihre hegemoniale Phase erschöpft war, sahen sich alle drei mit gravierenden internationalen Problemen konfrontiert (die da waren: die irischen und schottischen Erhebungen, die Revolte der Völker, die zuerst die Grande Nation und später die Doktrin und/oder Praxis der begrenzten Souveränität in eine Krise stürzte); b) im Innern ging es darum, auf der einen Seite einer Opposition von Anhängern des gestürzten Ancien Régime und auf der anderen Seite einer wachsenden Zahl der vom neuen Regime Desillusionierten und Enttäuschten entgegenzutreten, die sich angewidert aus dem politischen Leben zurückgezogen hatten oder, schlimmer noch, zur Preisgabe und zum Verrat der ursprünglichen Ideale aufriefen. Daraus folgte die Unmöglichkeit einer Stabilisierung der neuen Ordnung, die von da an ihres legitimierenden Grundsatzes beraubt war und in der Luft hing; c) die ausweglose Suche nach Stabilisierung und nach einem legitimierenden Prinzip, das Stabilisierung hätte ermöglichen sollen – all das führte zur Rückkehr des Ancien Régime (und sei es auch nur teilweise). Und diese Rückkehr wird ab einem bestimmten Punkt dadurch befördert, dass sie von einer mehr oder weniger großen Fraktion der Führungsgruppe, die aus der Revolution hervorgegangen war, akzeptiert wird. Man denke da an die Rolle, die das vom General Monk anberaumte Parlament im England des Jahres 1660 spielte, an die des fortschrittsfeindlichen Senats, des Ministers Talleyrand und des Marschalls Marmont im Frankreich des Jahres 1814 und schließlich an Gorbatschow und Jelzin in der Sowjetunion der Jahre 1989-91.

In allen drei Fällen ermöglichte die Notlage der neuen Ordnung die Rückkehr der alten herrschenden Klasse zur Macht.

Kapitel XI

Zwischen Austreibung und Fragmentierung des Klassenkampfs

1. Arendt und der »Alptraum« vom Klassenkampf

Besaß das Diktum vom »Ende der Geschichte« bereits zu dem Zeitpunkt, als es ausgesprochen wurde, keinerlei Glaubwürdigkeit und war ohne Sinn, so geraten in unseren Tagen auch die ehrgeizigsten philosophischen Versuche, den Klassenkampf auszutreiben, in die Krise. Dabei scheint es ratsam, mit einer Denkerin zu beginnen, der intellektuelle Courage nicht abgesprochen werden kann. Wir befinden uns in den 60er und 70er Jahren des vergangenen Jahrhunderts: Die verbreiteten Kämpfe der Arbeiter in den kapitalistischen Metropolen verflochten sich mit der Revolution der Kolonialvölker – die einen wie die anderen entschlossen, die »Ausbeutung« zu bekämpfen, »Klassenkampf« zu führen. In dieser Situation, in der die bestehende gesellschaftliche und politische Ordnung weltweit in Frage gestellt war, zögerte Hannah Arendt nicht, diese beiden Kategorien und die Bewegungen, die sich daran orientierten, in radikaler Weise zu delegitimieren. »Ausbeutung«? »Der Wert dieser Hypothese hat mit Wissenschaft wenig zu tun, und wenn sie ein Jahrhundert intensivster historischer Forschung hat überleben können«, dann sicherlich nicht »wegen ihres geschichtlichen Gehalts«. Klassenkampf? Die schwere Schuld von Marx bestehe darin, die Massen gelehrt zu haben, »Armut nicht als ein Naturphänomen [...], sondern als ein politisches Phänomen« zu verstehen, sie besteht darin, in den angeblich Ausgebeuteten die Protagonisten eines großen

Emanzipationsprozesses gesehen zu haben, wohingegen es allen einleuchten müsste, dass »das Elend der Massen, [...] per definitionem niemals imstande ist, ›freigesinnte Menschen‹ aus ihren Reihen zu entlassen, solange das Elend jeden Einzelnen in die Fesseln der Notwendigkeit schlägt« (Arendt 1963: 78). »Die Befreiung der Arbeiterklasse kann nur das Werk der Arbeiterklasse selbst sein«, und zwar mittels Klassenkampf: so sahen das Marx und die Internationale Arbeiterassoziation. Arendts Antwort ist auch in diesem Falle deutlich: »Es waren nie die Unterdrückten und Ausgeschlossenen in erster Person, die den Weg bereiteten, sondern diejenigen, die nicht unterdrückt und degradiert waren, aber es nicht ertragen konnten, dass andere es waren« (Arendt 1972: 204). Indem sie sich selbst dank des Klassenkampfs befreien, erreichen die Ausgebeuteten ein positives Ergebnis für die Gesellschaft insgesamt, Und erneut scheint es, als wolle sich Arendt schroff gegen Marx stellen (1972: 123): »Die Seltenheit der Sklavenerhebungen und der Aufstände unter den Entrechteten und Unterdrückten ist wohlbekannt und die wenigen Male, die es geschah« waren »ein Alptraum für alle«. Ignoriert wird dabei die große Revolution der schwarzen Sklaven, angeführt von Toussaint Louverture, die eine Kettenreaktion zur Aufhebung der Sklaverei in Gang setzte.

Unzweifelhaft liegt hier ein Radikalismus Arendts vor, die mit ihrem Versuch, die Kategorie »Ausbeutung« zu delegitimieren, ohne es zu wissen in Widerspruch zu einer langen Denktradition geriet. Bei Marx ist »Ausbeutung« das Synonym für Aneignung von »Mehrarbeit« durch die Klasse, die über das Eigentum an Produktionsmitteln verfügt. Im *l'esprit des lois* (Buch VII, 1) machte Montesquieu als Quelle des Luxus der Oberklassen die »Arbeit der anderen« (travail d'autrui) aus. Damit steht er mitnichten allein. Bei Taine (1986: 430), dem großen Kritiker der Französischen Revolution, findet sich eine blendende Zusammenfassung des Ancien Régimes: Arbeiten muss eine »Klasse, die an die Scholle gebunden ist, seit sechzig Generationen Hunger leidet, nur um die andere Klasse zu ernähren«. Und wie wir wissen, ist die Kategorie der »Mehrarbeit« auch bei Autoren wie Calhoun und Nietzsche zugegen. Letzterer hatte keine Schwierigkeiten damit, die Wirklichkeit, und in seinen Augen die Notwendigkeit, der »Ausbeutung« anzuerkennen (vgl. Kap. II, § 3).

Im Bemühen darum, jeden Schatten des Verdachts zu vertreiben, der auf einem politisch-sozialen System liegen könnte, das selbst auf dem amerikanischen Kontinent Probleme zu haben schien, setzte sich Arendt nicht einmal richtig mit Marx auseinander. Der nämlich erwähnte die Fronarbeit, um zu zeigen, dass »Mehrarbeit« und »Ausbeutung« eine unmittelbar wahrnehmbare Form annehmen konnten: Nachdem der Bauer auf seinem eigenen Feld gearbeitet hatte, war er gezwungen auf dem Feld des Feudalherren Arbeit zu leisten. In diesem Fall erhellte bereits die räumliche Distanz der Grundstücke den Unterschied zwischen »notwendiger Arbeit« und »Mehrarbeit« (MEW, 23: 251). Die Zwangsarbeit in den Kolonien bietet ein weiteres Beispiel unmittelbar wahrnehmbarer Mehrarbeit (erbracht von den Indigenen zu Diensten der Kolonialherren, nicht mehr der Feudalherren). Darüber hinaus müsste der Umstand zu denken geben, dass England, ein Staat, »den Kapitalist und Landlord beherrschen«, das Bedürfnis hatte, per Gesetz den Arbeitstag zu begrenzen, und zwar in der Absicht, die »Lebenskraft der Nation« zu bewahren (zweifellos bedroht von der maßlosen Jagd nach Mehrarbeit und Mehrwert und folglich von einer grenzenlosen Ausbeutung) (MEW, 23: 253).

Arendt argumentierte grundverschieden (1963: 77f, 145): Das Zustandekommen des Elends »in politischen Begriffen zu erklären« und die »Transformation der sozialen Frage in einen politischen Faktor ersten Ranges«, wie sie Marx vermöge der Theorie der Ausbeutung und des Klassenkampfs ausgearbeitet hat, waren etwas Unheilvolles. Tatsächlich: »und wenn wir heute sagen können, dass die alte und furchtbare Wahrheit, dass nur Gewalt und Herrschaft über andere wenigstens einigen Menschen die Freiheit verschafft, überholt und nicht mehr gültig ist, so danken wir diesen wirklichen Fortschritt nicht etwa irgendwelchen modernen politischen Ideen oder Ideologien, sondern einzig und allein der modernen Technik«.

Demnach müsste wenigstens bis zur Einführung »der modernen Technik« das Massenelend ausschließlich auf das Konto einer stiefmütterlichen Natur gegangen sein. Diese These ignoriert allerdings, dass in den wiederkehrenden Überproduktionskrisen, die den Kapitalismus auszeichnen, »ein großer Teil nicht nur der erzeugten Produkte, sondern der bereits geschaffenen Produktivkräfte regelmäßig vernichtet«

wird (MEW, 4: 468). Diese These ist im Lichte der 2008 ausgebrochenen Krise aktueller denn je, war aber bereits in einer Schrift, nämlich dem *Manifest der Kommunistischen Partei,* enthalten, die 160 Jahre zuvor verfasst worden war. Wir haben es folglich mit einem System zu tun, das nicht nur ungleiche Verteilungsverhältnisse mit sich bringt, sondern auch zu wiederkehrender Zerstörung des gesellschaftlichen Reichtums führt. Und die technische Entwicklung kann dagegen nichts ausrichten.

So oder so, selbst wenn die Technologie die Lösung der sozialen Frage bieten sollte, bleibt unbeantwortet, wie sich dann erklärt, dass in den Jahren, in denen Arendt ihre Thesen aufgeschrieben hat, in Washington (also in einem Land, das in technologischer Hinsicht weltweit führend war) »70 Prozent der Patienten eines Kinderkrankenhauses von Unterernährung betroffen sind«, wie eine unverdächtige Zeitschrift (vgl. Einleitung) mitzuteilen wusste? Wenigstens in diesem Falle wären die Wirklichkeit der Ausbeutung und die Notwendigkeit und der Nutzen des Klassenkampfs anzuerkennen gewesen. Es ist nicht so, wie Arendt argumentiert, dass man sich nie vom Alptraum des Klassenkampfs befreie und dass der Technologie heilsame Wirkung und entscheidende Bedeutung unabhängig von Politik und politischem Handeln zukomme. In diesem Punkt erweist sich der deutlichste Unterschied zu Marx.

Der insistierte gar noch kraftvoller auf die außerordentlichen emanzipativen Wirkungen, die die Fortschritte der Technik, diese humane »vergegenständlichte Wissenskraft«, hervorbringen könnte. Dass es dazu kommt, steht allerdings keineswegs fest. Solange die »Wissenschaft« nicht aufhört, »in den Dienst des Kapitals gepresst« zu werden (MEW, 42: 602; MEW, 23: 382), ist die technologische Entwicklung beileibe kein Synonym des gesamtgesellschaftlichen Reichtums. Das *Kapital,* diese »Kritik der politischen Ökonomie«, wie es im Untertitel heißt, ist auch eine Kritik an jener einseitigen Sicht von den wundersamen Wirkungen der technologischen Entwicklung, die den bürgerlichen Politökonomen so lieb und teuer ist und die Arendt aufgegriffen und radikalisiert hat. Die wirkliche Geschichte hat gezeigt, dass diese unter kapitalistischen Bedingungen katastrophale Folgen für die subalternen Klassen haben kann. Das »Aufblühen der mechanischen Wollfabrik mit der progressiven Verwandlung von Ackerland in Schafweide« rief »die massenhafte Verjagung und ›Überzähligmachung‹ der Landarbeiter« hervor (MEW, 23: 467). Es ist dies der tragische Moment, bei dem, um einen Ausdruck von Thomas Morus, den Marx erwähnt, zu gebrauchen, die »Schafe die Menschen auffressen« (vgl. Kap. III, §3). Zwei Jahrhunderte später schrieb Marx angesichts der Entwicklungen im Verlauf der industriellen Revolution: »Sofern die Maschinerie Muskelkraft entbehrlich macht, wird sie zum Mittel, Arbeiter ohne Muskelkraft oder von unreifer Körperentwicklung, aber größrer Geschmeidigkeit der Glieder anzuwenden. Weiber- und Kinderarbeit war daher das erste Wort der kapitalistischen Anwendung der Maschinerie!« (MEW, 23: 416).

Werfen wir einen Blick darauf, was in den USA zum Ende des 18. Jahrhunderts in Folge der Einführung der Baumwollzerhackmaschine geschah. »Vor dieser Erfindung reichte die angestrengteste Tagesarbeit eines Negers kaum hin, ein Pfund Baumwollfasern vom Baumwollsamen zu trennen. Nach der Erfindung des Cottongin konnte ein altes Negerweib bequem täglich 50 Pfund Baumwollfasern liefern, und allmähliche Verbesserungen haben die Wirksamkeit der Maschine später verdoppelt« (MEW, 15: 349). Die befreienden Möglichkeiten dieser technologischen Entwicklung liegen auf der Hand. Aber was geschah in Wirklichkeit?

> Was [...] das Rohmaterial betrifft, so unterliegt es z.B. keinem Zweifel, dass der Sturmmarsch der Baumwollspinnerei den Baumwollbau der Vereinigten Staaten und mit ihm nicht nur den afrikanischen Sklavenhandel treibhausmäßig förderte, sondern zugleich die Negerzucht zum Hauptgeschäft der sogenannten Grenz-Sklavenstaaten machte. Als 1790 der erste Sklavenzensus in den Vereinigten Staaten aufgenommen ward, betrug ihre Zahl 697.000, dagegen 1861 ungefähr vier Millionen (MEW, 23: 467).

Die Technologie, die das Zerhacken der Baumwolle enorm erleichterte, beseitigte bzw. reduzierte keineswegs die Sklavenarbeit, sondern dehnte sie in fürchterlichem Maße aus. Diesen Zustand stellten indes der Klassenkampf und die abolitionistische Revolution in Gestalt des Sezessionskrieges in Frage. Die international bestehenden Ausbeutungsverhältnisse zugrunde gelegt, kann der technische Fortschritt nicht nur für die Arbeiterklasse, sondern auch für ganze Völker zur Katastrophe werden.

> Die Weltgeschichte bietet kein entsetzlicheres Schauspiel als den allmählichen, über Dezennien verschleppten, endlich 1838 besiegelten Untergang der englischen Handbaumwollweber. [...] Akut dagegen wirkte die englische Baumwollmaschinerie auf Ostindien, dessen Generalgouverneur 1834/35 konstatierte: »Das Elend findet kaum eine Parallele in der Geschichte des Handels. Die Knochen der Baumwollweber bleichen die Ebenen von Indien« (MEW, 23: 454f).

Es war einmal mehr der Klassenkampf, mit dem diesem Prozess entgegengetreten wurde. Diesem und seinen schädlichen Resultaten stellte Arendt die Wirklichkeit des technologischen Fortschritts gegenüber. Wie aber im *Elend der Philosophie* unterstrichen wurde, ist diese technische Entwicklung in starkem Maße vom Klassenkampf beeinflusst: »In England sind die Strikes regelmäßig Veranlassung zur Erfindung und Anwendung neuer Maschinen gewesen. [...] Hätten Gewerkschaften und Strikes keine andere Wirkung als die, mechanische Erfindungen gegen sich wachzurufen, schon dadurch hätten sie einen ungeheuren Einfluss auf die Entwicklung der Industrie ausgeübt«. »Nach jedem neuen einigermaßen bedeutenden Strike erstand eine neue Maschine« (MEW, 4: 176 u. 155). Das *Kapital* erhellt ferner diese Dialektik der Arbeiterstreiks und die Antwort der Unternehmer. In England errang der Klassenkampf in den Fabriken die gesetzliche Begrenzung des Arbeitstages, was eine Verringerung des absoluten Mehrwerts bedeutete, der von der Dauer eben jenes Arbeitstages abhängt. Von diesem Moment an »warf sich das Kapital mit aller Macht und vollem Bewusstsein auf die Produktion von relativem Mehrwert durch beschleunigte Entwicklung des Maschinensystems« und durch die Intensivierung des Arbeitsrhythmus (MEW, 23: 432).

Der von Arendt empfohlene Ansatz blamiert sich bereits auf intellektueller und moralischer Ebene: Es wird unmöglich, die Gründe für die Opfer des technologischen Fortschritts (und damit des kapitalistischen Systems) zu erkennen. Schlichtweg verrückt, kriminell gar, erscheinen da die Arbeiter, die sich der Maschinenstürmerei hingaben, die moderne Fabriken in Brand setzten und die Maschinen zerschlugen, deren Einführung Arbeitslosigkeit und Elend mit sich brachte. Tatsächlich protestierten sie auch aus einem anderen Grund, den bereits der utopische Sozialismus benannt hatte: Robert Owen, hier von Marx zitiert, drückte sich so aus: »Seit der allgemeinen Introduction von unbeseeltem Mechanism in britische Manufakturen wurden Menschen mit weniger Ausnahme als eine sekundäre und untergeordnete Maschine behandelt und bei weitem mehr Aufmerksamkeit geschenkt der Vervollkommnung des Rohmaterials von Holz und Metallen als denen von Körper und Geist« (MEW, 42: 607). Im *Elend der Philosophie* werden die Konsequenzen der Einführung der Maschinen und der damit zusammenhängenden Vereinfachung und Zergliederung der Arbeit plastisch beschrieben: Sie haben »das Kapital konzentriert und den Menschen zerstückelt« (MEW, 4: 155). Im *Manifest der Kommunistischen Partei* wird der Versuch unternommen, die Gründe für die Maschinenstürmerei zu verstehen und die Wut ihrer Anhänger gegen die Maschinen als solche in die richtigen Bahnen zu lenken (gegen »die bürgerlichen Produktionsverhältnisse«). Damit verliehen sie dem Klassenkampf mehr Reife, der in seiner Spontanität ansonsten blind bleibt (MEW, 4: 470).

So sehr auf der einen Seite die Maschinenstürmerei zurückzuweisen ist, so sehr muss auf der anderen Seite der »ökonomische Optimismus« kritisiert werden, dem die bürgerlichen Politökonomen (und Arendt) anhängen. Es ist notwendig, zwischen Maschinen, die der Möglichkeit nach die Mühen der Arbeit verringern können, und ihrer »kapitalistischen Anwendung« zu unterscheiden. Denn letztere kann den »Arbeiter [...] als furchtbarste Geißel« treffen, steigert die »Leiden der durch die Maschinerie verdrängten Arbeiter«, die, sofern nicht entlassen, »verkrüppelt durch die Teilung der Arbeit« werden (MEW, 23: 463ff).

Es lohnt, einen weiteren Aspekt in den Untersuchungen von Marx zu berücksichtigen. In den wiederkehrenden »Handelskrisen« bringen der »beschleunigte Lauf der Maschinen« und deren »immer rascher sich entwickelnde, unaufhörliche Verbesserung« eine »Vermehrung der in einer gegebenen Zeit geforderten Arbeit« mit sich und machen »den Lohn der Arbeiter immer schwankender« sowie ihre »ganze Lebensstellung immer unsicherer« (MEW, 4: 468 u. 470). Das erinnert unmittelbar an heutige Tage: Die außerordentliche technologische Entwicklung ist weit davon entfernt, die Wunder zu vollbringen, die ihr angedichtet werden. Im Gegenteil, sie geht einher mit wachsender Unsicherheit und Prekarität des Arbeitsplatzes, mit der Absenkung des Lebensstandards und der Wiederkehr der Figur des working poor, mit der Verschärfung des Kontrastes zwischen arm und reich, mit der fortschreitenden Konzentration der ökonomischen und politischen Macht in den Händen einer Oligarchie, die keinerlei Schamgefühl mehr verspürt. Sofern der Opfer der Vergangenheit nicht gedacht wird, mutet die Auffassung, die Technologie sei die einzige Lösung der sozialen Frage, für die Opfer der Gegenwart wie eine hässliche Fratze an.

Zwei weitere Erwägungen. Vergegenwärtigen wir uns das Datum des Aufsatzes, in dem Arendt die Technologie gegen den politischen und sozialen Kampf, gegen den Klassenkampf, in Stellung bringt. Wir schreiben das Jahr 1963. Etwa zwanzig Jahre später, in der Nacht vom 2. auf den 3. Dezember 1984 ereignete sich die vermutlich fürchterlichste Chemiekatastrophe in der Geschichte der Menschheit – mit Tausenden und Abertausenden Toten. Verantwortlich war die Union Carbide, ein multinationaler Düngemittel und Insektizidhersteller, dessen Firmenzentrale in den USA sitzt. Doch die Tragödie ereignete sich in Bhopal, Indien. Auch im Lichte der ökologischen Frage (die mit der sozialen Frage national wie international gleichwohl verwoben ist) wird die Unterscheidung zwischen Maschinen und deren »kapitalistischer Anwendung« notwendiger denn je.

Und schließlich: Auf internationaler Ebene verstärken die technologische Entwicklung und die damit verbundene Revolution in Military Affairs (RMA) die Versuchung der USA und des Westens, das Recht des Stärkeren zum Schaden der Länder zur Geltung zu bringen, die nicht in der Lage sind, dieser militärischen Übermacht etwas entgegenzusetzen. Einhalt kann alldem einzig der politische Kampf, der Klassenkampf gebieten. Und es ist bemerkenswert, Arendt, der leidenschaftlichen Theoretikerin der aristotelischen Praxis und der intersubjektiven Aktion, dabei zuzusehen, wie sie im entscheidenden Moment Praxis und Aktion beiseiteschiebt, damit die Technologie ungestört ihre wohltätigen Effekte entfalten könne.

2. Die Verdrängung des Konflikts bei Habermas

Im Gegensatz zu Arendt griff Habermas (1976: 180) zumindest noch bis Mitte der 70er Jahre auf Begriffe wie »Ausbeutung«, »Klassengesellschaft« und »Klassenkampf« zurück, wenngleich er dabei stets die

Notwendigkeit betonte, »zwischen evolutionär verschiedenen Problemlagen« zu unterscheiden. Etwa ein Jahrzehnt später brachte er die Überzeugung zum Ausdruck, dass sich in Folge des aufkommenden Sozialstaates und der »Befriedung« des Westens gegenüber den Zeiten von Marx alles geändert habe. Der Klassenkampf ist jetzt nicht mehr ruinös wie noch bei Arendt: Er ist ganz einfach obsolet und überflüssig geworden. Während Arendt bange war vor dem Alptraum des Klassenkampfs, ließ sich mit Habermas ruhig schlafen (zumindest was den Westen angeht).

Man könnte sagen, dass der deutsche Philosoph ein wenig glücklos war. Er schrieb seinen beruhigenden Text in jenen Jahren, in denen ausgerechnet Dahrendorf auf die Gestalt des working poor aufmerksam machte, die auch in den am weitesten entwickelten kapitalistischen Ländern zurückkehrte, während sich auf der anderen Seite eine Finanzaristokratie immer mehr bereicherte. In den USA füllten die alten und die neuen Armen die Gefängnisse auch dank einer unnachgiebigen Gesetzgebung (die auch kleinere Delikte, begangen von den subalternen Klassen, schwer ahndet). 1991 verglich ein scharfer Beobachter aus Frankreich die USA mit der Republik Südafrika, wo zu jener Zeit noch die Rassentrennung herrschte und eine weiße Minderheit an der Macht war:

> In zehn Jahren hat sich der straffällig gewordene Bevölkerungsteil Amerikas mehr als verdoppelt und übertrifft damit um 30 Prozent die Rekordmarke Südafrikas (4,26 Prozent gegenüber 3,33 Prozent). Mit welchem Wort kann man diesen Gulag bezeichnen. Was passiert da mit Amerika? (Albert 1992, 46f)

Es waren vor allem die aufeinander folgenden historischen und politischen Entwicklungen, die Habermas' Thesen unbarmherzig an der Wirklichkeit blamierten. Diese brachten zunächst die Befriedung im Westen, brachten den Sozialstaat, dessen Aufbau (in Europa) »unter sozialdemokratischen wie konservativen Regierungen« erfolgte. Aber heute wird er vor aller Augen von »sozialdemokratischen wie konservativen Regierungen« demontiert. Das aber ist nicht alles. In der angesehenen Wochenzeitung *Die Zeit*, in der der deutsche Philosoph mehrere Male seine Gedanken verbreiten durfte, war eine Erklärung zum anhebenden (oder wiederkehrenden) »Sozialdarwinismus« liberaler Prägung zu lesen:

> Im Rückblick wird man wahrscheinlich sagen, dass es der Untergang des Sozialismus war, der den Kapitalismus auf diese Weise enthemmte und seine Schönredner von der Schönrednerei zu einer Rhetorik der Härte führte. Die Systemkonkurrenz war entfallen, und der Kapitalismus meinte, um seine Akzeptanz nicht mehr bangen zu müssen (Jessen 2011).

Das hier indirekt angeklungene Lob des untergegangenen Sozialismus in Osteuropa können wir übergehen. Konzentrieren wir uns stattdessen auf den theoretischen Gehalt. Ergebnis des Klassenkampfs (geführt von Volksmassen, die angesichts der Herausforderung des Sozialismus selbstbewusst geworden waren), hatte der Wohlfahrtsstaat die Reaktion der privilegierten Klassen herausgefordert, mithin eine neue und anders geartete Form des Klassenkampfs hervorgebracht, der sich unter den neu entstehenden Bedingungen nach 1989, die für die große kapitalistische Bourgeoisie weltweit günstig waren, daran machte, eben jenem Wohlfahrtsstaat den Todesstoß zu versetzen. Was nach Habermas ein elementares Faktum zur Widerlegung der Theorie des Klassenkampfs war, erwies sich als instabiles Ergebnis eines Prozesses, bei dem von oben wie von unten heftige Klassenkämpfe geführt wurden, die man zu Unrecht ignoriert und verdrängt hat.

Es ließen sich weitere Beispiele dieses einzigartigen Vorgangs anführen. In einem Aufsatz aus den 70er Jahren bemerkte Habermas (1979: 89), dass weltweit »lediglich 17 Staaten eine höhere jährliche Bilanzsumme ausweisen als General Motors«. Diese Notiz gibt zu mehrerlei Erwägungen Anlass. Wie erklärt sich das enorme Gefälle zwischen den entwickelten kapitalistischen Ländern des Westens (also jene, aus denen in erster Linie die großen multinationalen Konzerne stammen) und den Ländern der Dritten Welt (die eine Kolonialvergangenheit haben)? Ist die Spreizung, von der hier die Rede ist und die »große Divergenz« genannt wird, natürliche und ewige Gegebenheit oder nicht vielmehr das Ergebnis historischer Prozesse und Konflikte, die erforscht und erhellt werden müssen? Welche neuen Konflikte provoziert diese »große Divergenz«, die es den multinationalen Konzernen und den immer reicheren und immer mächtigeren Ländern ermöglicht, die Unabhängigkeit der mehr und mehr abgehängten und schwachen Länder (mit ökonomischem Druck oder eben direkter militärischer Gewalt) zu beschränken oder gar zu vereiteln? Und geben sich letztere ihrem Schicksal hin oder kämpfen sie für eine ökonomische Entwicklung bei gleichzeitiger realer politischer Unabhängigkeit? Von alldem findet sich bei Habermas keine Spur. Er zieht aus der von ihm genannten Information den einzigen Schluss, dass eine fortschreitende Erosion der staatlichen Souveränität im Gange sei und sich eine postnationale Konstellation abzeichne. Somit verschwinden von Neuem die Konflikte – oben wie unten – im Rahmen einer bestimmten politisch-sozialen Situation. Die Verkündung des Beginns einer postnationalen Konstellation erweist sich somit als die andere Seite der angeblichen »Befriedung«.

Mitte der 80er Jahre glaubte Habermas, die Marxsche Theorie des Klassenkampfs dadurch widerlegen zu können, dass er die »Befriedung« Westeuropas ausrief. Welche Atmosphäre herrschte aber zum Zeitpunkt der Gründung der Internationalen Arbeiterassoziation 1864? In seiner Inauguraladresse zeichnete Marx ein trostloses Bild:

> Die Entdeckung neuer Goldlande [in den USA] führte kurz darauf zu einem ungeheuren Exodus, der unersetzliche Lücken in den Reihen des britischen Proletariats hinter sich ließ. Andre seiner früher tätigsten Glieder, durch den Köder größerer Beschäftigung und augenblicklicher Lohnerhöhung bestochen, »trugen den bestehenden Verhältnissen Rechnung«. Alle Versuche, die Chartistenbewegung aufrechtzuerhalten oder neu zu gestalten, scheiterten vollständig, alle Preßorgane der Arbeiterklasse starben, eins nach dem andern, an der Apathie der Masse, und in der Tat, nie zuvor schien die englische Arbeiterklasse so ausgesöhnt mit einem Zustand politischer Nichtigkeit (MEW, 16: 10).

In ähnlichen Begriffen hat sich Engels in einem Brief an Marx geäußert und darin das Verschwinden jedweder »revolutionärer Energie« eines Proletariats beklagt, das sich nunmehr der Bourgeoisie angeschlossen habe (vgl. Kap. V, § 5). Was die beiden revolutionären Philosophen als »politische Nichtigkeit« der Arbeiterklasse und als Kapitulation gegenüber der herrschenden Klasse abkanzelten, wurde von Habermas als »Befriedung« gefeiert. Die Verkehrung des Werturteils ist offensichtlich, aber wichtiger ist ein anderer Unterschied. Marx und Engels verdrängten keineswegs die Konflikte, die der sogenannten Befriedung vorangehen und auch auf sie folgen. Sie erklärten die Verzagtheit des englischen Proletariats, das sich seiner »politischen Nichtigkeit« ergab, mit den »Niederlagen der kontinentalen Arbeiterklassen«, mit dem »Fehlschlag der Revolutionen von 1848«, der »ihren Glauben in ihrer eignen Sache brach«, so dass »die fortgeschrittensten Söhne der Arbeit« in »Verzweiflung nach der transatlantischen Republik« flohen (MEW, 16: 10). Nicht zu vergessen auch, dass der Kolonialexpansionismus den gesellschaftlichen Konflikt in den Metropolen abmilderte, gleichwohl aber den nationalen und gesellschaftlichen Konflikt in den Kolonien zuspitzte, wie etwa der Sepoyaufstand in Indien einige Jahre vor Gründung der Internationalen Arbeiterassoziation bewies.

Ganz anders Habermas. Der datierte den Beginn der »Befriedung« auf das Jahr 1945. Da war gerade der größte Klassenkampf der Menschheitsgeschichte zu Ende gegangen. Der Versuch des Dritten Reichs, die Kolonialtradition aufzugreifen und sie dahingehend zu radikalisieren, eine neue Ordnung der Sklaverei gegenüber den slawischen Völkern in Osteuropa zu errichten, endete in einem Debakel.

Das Ansehen und der Einfluss der UdSSR und der kommunistischen Bewegung erlangten einen Höhepunkt. Unter diesen Umständen loderte im Osten wie im Süden des Planeten die antikoloniale Revolution auf, während in Westeuropa (nicht aber in den USA, wo die Arbeiterbewegung immer eine geringere Rolle gespielt hat) im Kampf für den Aufbau eines Sozialstaats wichtige Erfolge errungen werden konnten. Diese Vorgänge waren miteinander verbunden, wie die Unterstützung beweist, die die Bewegungen für den Sozialstaat in Westeuropa den nationalen Befreiungsbewegungen angedeihen ließen. Es dürfte ausgesprochen schwierig sein, all dies als den Anfang vom Ende des Klassenkampfs zu beschreiben.

Wenn auch ohne wirklichen Sozialstaat und trotz des Ausbruchs der ökonomischen Krise kennen auch die USA in diesen Tagen das Phänomen der »Befriedung«. Mehr noch als die herrschende Klasse tendieren die Arbeiter, die unter Erwerbslosigkeit und Prekarität leiden, dazu, die China und anderen aufstrebenden Ländern der Dritten Welt zugeschriebene unfaire Konkurrenz für ihre Misere verantwortlich zu machen. Die »Befriedung« ist somit garantiert, aber auch in diesem Falle handelt es sich keineswegs um ein neues Phänomen. Bereits Engels hatte festgestellt, dass in England »die Masse der eigentlichen Arbeiter« dazu tendiert habe, weniger die eigene Bourgeoisie ins Visier zu nehmen als vielmehr die Konkurrenten des Weltmarkts, denen man unlautere Methoden und eine Verletzung des fair trade vorwarf und daher Schutzzölle forderte (vgl. Kap. VI, § 1). Einige Jahrzehnte später rief Oswald Spengler (1933: 120f) die deutsche bzw. westliche Arbeiterklasse dazu auf, den Klassenkampf zu beenden, weil der »Rassenkampf« über sie hereingebrochen sei. Der deutsche Theoretiker, der sich vor dem »Untergang des Abendlandes« ängstigte, behauptete, die Sowjetunion zahle ihren Arbeitern Hungerlöhne und hielte den Preis ihrer Waren künstlich niedrig und würde so »die Existenz der weißen Arbeiterschaft« gefährden. Auch in diesem Fall steht die »Befriedung« im Westen und innerhalb der »weißen Rasse« im Dienste eines erbarmungslosen »Rassenkampfs«, der die Aufrechterhaltung der internationalen Arbeitsteilung zugunsten der Kolonialmächte zum Ziel hat, und daher in Wahrheit ein Klassenkampf im Zeichen der Bewahrung und der Reaktion ist. In unseren Tagen ist der fair trade die von Washington lancierte Parole, die oftmals auch bei den US-amerikanischen Arbeitern nachhallt und damit für eine innere Befriedung sorgt, während sie vor allem gegenüber China, gegen das zum Handelskrieg aufgerufen wird, reichlich aggressiv klingt. Doch ist es gestattet, die »Befriedung« vom Konflikt zu separieren, oder sind beide Momente nur die zwei Seiten derselben Medaille? Im *Manifest der kommunistischen Partei* wurde hervorgehoben, dass der Erwerb von Klassenbewusstsein von Seiten des Proletariats durch die in ihm wohnende »Konkurrenz« behindert wird und dass die Bourgeoisie ein Interesse daran hat, diese Konkurrenz anzufachen.

3. Ein Paradigmenwechsel?

Trotz der Warnungen Arendts und der Beruhigungen von Habermas erfreut sich die Theorie des Klassenkampfs von Neuem einer breiten und bisweilen zustimmenden Aufmerksamkeit. Aber welche Ziele setzt sie sich? Und was ist von Frasers These zu halten, derzufolge nach dem »Tod des Kommunismus« die Emanzipationsbewegungen nicht mehr die Umverteilung der Ressourcen, sondern die Anerkennung zum Ziel hätten (vgl. Kap. III, § 1)? Tatsächlich aber hat der Marxsche Klassenkampf diese Unterscheidung an allen drei Fronten (Emanzipation der Arbeiterklasse, der unterdrückten Nationen und der Frauen) zurückgewiesen.

Der Kampf um Anerkennung war nie abwesend. Das gilt selbst im Falle der seitens der sozialistischen Bewegung gegen das kapitalistische (und imperialistische) System vorgebrachten Anprangerung der Kriegspolitik. Bedeutsam ist in dieser Hinsicht, wie Gramsci argumentierte. Italien wurde von seinen Regenten trotz einer breiten Oppositionsbewegung aus Sozialisten und Katholiken in den Ersten Weltkrieg gezerrt, obwohl allen klar war, dass dafür ein hoher Preis an Menschenleben zu entrichten war. Das macht Gramscis Schlussfolgerung (1980: 175; 1987: 520) verständlich: immer schon wie Kinder behandelt und folglich als unfähig erachtet, politischen Willen und politische Absicht zu formulieren, wurden die Volksmassen auf dem Altar imperialer Projekte geopfert. Mithin stand der Kampf um Anerkennung mehr denn je auf der Tagesordnung: Das »Arbeitsvolk« dürfe nicht länger »eine leichte Beute«, bloßes »Menschenmaterial«, das einer Elite zur Verfügung steht, dürfe nicht länger »ein rohes Material der Geschichte der privilegierten Klassen« sein. Die Kommunisten müssten alles daran setzen, dass sich diese ungeheuerliche Tragödie, die sich zwischen 1914 und 1918 abgespielt hatte, nicht wiederhole.

Die von der Oktoberrevolution ausgelöste Welle erfasste im Kampf um Anerkennung den gesamten Planeten als antikoloniale Revolution. Konzentrieren wir uns auf jene dreißig Jahre vom Ende des Zweiten Weltkriegs bis zur Mitte der 70er Jahre, jenen Zeitraum also, in dem der Ausbau des Sozialstaats vonstatten ging und von dem man sagte, dass er die Epoche des Kampfes für eine Umverteilung schlechthin gewesen sei. Richten wir den Blick über den Westen hinaus, so lässt sich erkennen, dass es sich um eine Phase handelte, in der sich die schwerwiegendsten Kämpfe um Anerkennung in der Weltgeschichte zugetragen haben. Bei den Feierlichkeiten anlässlich der Machteroberung rief Mao Zedong 1949 aus: »Unsere Nation wird niemals mehr eine Nation sein, die sich beleidigen und demütigen lässt. Wir sind aufgestanden. […] Die Zeiten, in denen die Chinesen für unzivilisiert gehalten wurden, sind nun vorbei« (Mao, AW, Bd. 5: 13 f). Während die chinesische

Revolution zu ihrem Abschluss kam, gewann die algerische an Kraft. Und Fanon schrieb (1967: 91 u. 53): »Der Kolonisierte [...] griff nicht nur deshalb zur Waffe, weil er vor Hunger fast umkam und mit ansehen musste, wie seine Gesellschaft aus den Fugen geriet, sondern auch weil der Kolonist ihn als wildes Tier betrachtete und ihn wie ein wildes Tier behandelte«; um sich aus dem »Insgesamt seiner Inferioriät« zu befreien, hatte der Kolonisierte einen Kampf aufzunehmen, der ihn »in seinen eigenen Augen rehabilitierte«. Das war im Jahr 1961. Die vietnamesische Revolution trat in ihre härteste Phase. Nachdem es Frankreich besiegt hatte, befand sich das Land in den Fängen der weltweit stärksten Macht. Der Anführer und Meister dieses Befreiungskampfes war Ho Chi Minh, der 1960 bei Gelegenheit seines 70. Geburtstages seinen intellektuellen und politischen Weg in Erinnerung rief: »Es war der Patriotismus, nicht der Kommunismus, der mich an die Seite Lenins und der Dritten Internationale führte.« In erster Linie ergriffen ihn die Appelle und Dokumente, die sich auf den Befreiungskampf der Kolonialvölker bezogen und in denen deren Recht auf Bildung unabhängiger Nationalstaaten hervorgehoben wurden: »Lenins Thesen [zur nationalen und kolonialen Frage] lösten bei mir eine große Ergriffenheit, großen Enthusiasmus und einen großen Glauben aus und halfen mir, die Probleme klarer zu sehen. Die Freude darüber war so groß, dass ich weinte« (in: Lacouture 1967: 39f).

Kein Zweifel: Es handelte sich in allen drei Fällen um Kämpfe für die nationale Befreiung, die epischen Charakter besitzen. Es waren gleichzeitig Kämpfe um Anerkennung. All dies geschah zwar nicht im Westen, war jedoch nicht ohne Bezug zu ihm. Die antikoloniale Revolution übte auch auf die USA Einfluss aus, insofern die Afroamerikaner zum Kampf gegen die Rassentrennung, gegen Diskriminierung und die Aufrechterhaltung des Regimes der white supremacy getrieben worden waren. Und in einem Land wie Frankreich verschafften sich die unterdrückten Kolonialvölker Gehör, revoltierten auf dem Territorium der Kolonialmacht, die sie unterdrückte und demütigte. In den USA wiederum betraf die Rassendiskriminierung, wie Palmiro Togliatti 1948 bemerkte (1974-84: 382), jenseits der Schwarzen auch »andere Völker, unter ihnen die Italiener, die als minderwertiger Menschenschlag« betrachtet wurden. So oder so: Nachdem die subalternen Klassen der kapitalistischen Metropolen jahrzehntelang für ihre Anerkennung und ihre Emanzipation gestritten hatten, konnten sie jetzt nur schwerlich gleichgültig gegenüber den Forderungen nach Anerkennung bleiben, die von den ehemals bzw. immer noch kolonisierten Völkern erhoben wurden.

In einer Polemik gegen Norberto Bobbio stellte Togliatti 1954 (1974-84: 866) den universellen Anspruch der kommunistischen Bewegung gegen die fortbestehenden Ausschlussklauseln der bürgerlichen Welt: »Seit wann und in welchem Maße wurden gegenüber den Kolonialvölkern jene liberalen Prinzipien angewandt, von denen man sagt, auf ihnen sei der englische Staat des 19. Jahrhunderts gegründet, das Modell, glaube ich, eines perfekten liberalen Regimes für diejenigen, die so räsonieren, wie Bobbio das tut?« Die Wahrheit ist, dass die »liberale Doktrin [...] auf der barbarischen Diskriminierung der menschlichen Geschöpfe gründet«.

Das Paradigma des Kampfes um Anerkennung kam nicht nur zum Tragen, wenn es darum ging, Solidarität mit den Kolonialvölkern zu üben. Es ist interessant zu sehen, wie Ernest Bevin, damaliger Chef der Labour Party und erfahrener Gewerkschafter, die Notwendigkeit begründet, den Sozialstaat in Großbritannien zu errichten: »Es wird eine große Umgestaltung der Werte geben müssen. Die Auffassung, dass diejenigen, die produzieren oder verarbeiten, Untergebene seien und gegenüber den Spekulanten einen niederen Status zu akzeptieren haben, muss verschwinden.« (in: Hennessy 1993: 69). Der Sozialstaat wird hier mitnichten nur im Namen der Umverteilung gefordert!

Auch die Bewegung zur Emanzipation der Frau war selbstredend ein Kampf um Anerkennung. Zu Beginn jener dreißig Jahre zwischen 1945 und 1975 erklärte Togliatti – Kommunist von weltweit großem Ansehen: »Die Emanzipation der Frau muss eines der zentralen Probleme der Erneuerung des italienischen Staates und der italienischen Gesellschaft werden«. Notwendig sei die Beseitigung einer »Gesetzgebung, die die Minderwertigkeit der Frau sanktioniert«. Die »Menschenrechte« reichten dabei nicht aus. Vielmehr müsse man weitergehen und »die Fähigkeit wie den Mut aufbringen, die Frauenrechte zu proklamieren«. Dabei ging es mitnichten nur um die Verbesserung ihrer materiellen Lebensbedingungen, sondern um den Respekt ihrer »Würde« (Togliatti

1974-84: 146 u. 151). Das war im Jahr 1945. In den folgenden Jahren erreichte die feministische Bewegung wichtige Erfolge und konnte sich konsolidieren. Aber die abwegige Gegenüberstellung zwischen dem Paradigma der Anerkennung und dem der Umverteilung blieb bestehen.

So wenig der Kampf um Anerkennung jemals endete, auch nicht in den dreißig Jahren, in denen der Westen sich dem Aufbau des Sozialstaates verpflichtet hatte, so sehr hat der Kampf für eine Umverteilung angesichts der 2008 ausgebrochenen ökonomischen Krise gegenwärtig eine größere Aktualität denn je. Beide Paradigmen hängen eng zusammen. Der Arbeitslose und der working poor hadern oder verspüren Vorbehalte nicht nur wegen der Opfer, die sie zu erbringen gezwungen sind, sondern auch weil die erbärmlichen Lebensbedingungen, die ihnen in einer so reichen und opulenten Gesellschaft auferlegt werden, einer Beleidigung und einer Demütigung gleichkommen. Was nun den Eindruck mangelnder Anerkennung verstärkt, ist die wachsende Bedeutung des Reichtums bei der Besetzung der wichtigsten politischen Posten. Die beiden Paradigmen sind auch im Kampf um die Emanzipation der Frau präsent. Dieser Kampf befindet sich, wenn er auch im Westen wichtige Erfolge errungen hat (die im Übrigen von der Krise wieder in Frage gestellt werden, weil diese vor allem die weibliche Erwerbstätigkeit betrifft), in anderen Kulturen bestenfalls in einem Anfangsstadium.

Und schlussendlich: Im Kampf gegen den Neokolonialismus, der gegen die selbsternannten »auserwählten Nationen« geführt wird, die die Machtzentren der internationalen Wirtschaft besetzen und behaupten, die einzigen zu sein, die wirkliche Souveränität ausüben, erhält die Verschränkung des Kampfes für eine Umverteilung der Reichtümer mit dem Kampf um Anerkennung unmittelbare Evidenz, was am Beispiel der Palästinenser abgelesen werden kann. Die »Indigenen« werden ihres Bodens beraubt und müssen ihr Dasein in Elend und Ausgrenzung fristen. Gleichzeitig unterliegen sie einer doppelten Missachtung: Sie werden weder als würdig erachtet, einen eigenen unabhängigen Nationalstaat zu errichten, noch werden sie als gleichberechtigte Bürger in einem Staat anerkannt, der ihr Land annektiert.

4. Die Fragmentierung des Klassenkampfs

Der angebliche Paradigmenwechsel charakterisiert mitnichten die Situation, die mit der Krise und dann mit dem Zusammenbruch des »sozialistischen Lagers« eingetreten ist. Vielmehr verifiziert sich der Gegensatz zwischen dem Paradigma der Umverteilung (repräsentiert von der Arbeiterbewegung) und dem der Anerkennung (das am ehesten seine Verkörperung in der Frauenbewegung erhält) in den realen Veränderungen. Um das zu begreifen, darf nicht aus dem Blick geraten, dass es verschiedene Subjekte des Klassenkampfs gibt und dass die Kämpfe um Anerkennung und Emanzipation vielgestaltig sind. Zwischen ihnen besteht keine prästabilierte Harmonie, aus objektiven wie subjektiven Gründen können Missverständnisse und Brüche eintreten. Die größten Momente der Geschichte, die auch dem *Manifest der Kommunistischen Partei* seinen Impuls gegeben haben, waren diejenigen, in denen eine Zersplitterung vermieden wurde, sodass die verschiedenen Kämpfe in einer einzigen machtvollen emanzipatorischen Welle zusammenflossen.

Das jedoch ist eher die Ausnahme denn die Regel. So fortschrittlich er für sich genommen auch sein mag – es gibt keinen Klassenkampf, der von der herrschenden Klasse nicht instrumentalisiert und folglich in konservative oder reaktionäre Bahnen gelenkt werden könnte. Dies ist zwar kein neues Phänomen. Es ist aber infolge einer Desillusionierung angesichts des Ausgangs der Revolutionen des 20. Jahrhunderts und der daraus hervorgehenden Desorientierung schärfer hervorgetreten und hat qualitativ neue Bedeutung angenommen.

Disraeli hatte das Wahlrecht auf die Volksklassen ausgedehnt und damit deren politische Emanzipation befördert, dies allerdings im Austausch für deren Unterstützung einer Politik der kolonialen Expansion Englands. Und diese Politik war erfolgreich: Marx und Engels waren gezwungen zu konstatieren, dass sich auch die revolutionäre Klasse par excellence, das Proletariat, von den Sirenen des Kolonialismus betören lassen kann. Dieses Problem stellt sich heutzutage umso gravierender dar, als mit dem Aufkommen des Neokolonialismus und dem, was unter anderen ein vor allem Fragen der Geopolitik zugewandter US-amerikanischer Politologe »Menschenrechtsimperialismus« genannt hat (Huntington 1997: 284), das Unterdrücker- und Aggressorland seine gegenüber dem unterdrückten und überfallenen Land ausgeübte Gewalt mit Leichtigkeit in einen mystifizierenden Nebel hüllen kann.

Dies indes ist nicht das einzige Moment einer Fragmentierung des Klassenkampfs. Werfen wir einen Blick auf die dritte Front des Klassenkampfs, auf die Emanzipationsbewegung der Frauen. Die Ausweitung der politischen Rechte auf die Frauen war von der Arbeiterbewegung seit langem als integraler Bestandteil des Vorhabens gefordert worden, die alte kapitalistische Ausbeuterordnung zu stürzen. 1887 griff Eleanor Marx zusammen mit ihrem Ehemann Edward Aveling die »Frauenfrage« auf und trat für die politischen Rechte der Frauen ein, nicht nur, indem sie die »Unterdrückung« und die »Demütigung« der Frauen mit jener der Arbeiter verglich, sondern indem sie auch hinzufügte, dass »das Verhältnis der Geschlechter« der deutlichste und abscheulichste Ausdruck des »moralischen Bankrotts« der kapitalistischen Gesellschaft insgesamt sei (Marx-Aveling/Aveling 1983: 16 u. 13). Zur selben Zeit jedoch betrachteten Vertreter der herrschenden Klasse die Einführung des Frauenwahlrechts aus einer vollkommen anderen, eher entgegengesetzten politischen und sozialen Perspektive. Sie könnte nämlich, wie ein französischer Autor vermutete, eine »große konservative Reserve« schaffen. Und tatsächlich wurde das Abstimmungsverhalten der Frauen oftmals zum Gegengewicht eines bedrohlich wachsenden politischen Einflusses der Volksmassen infolge der Lockerungen der Diskriminierung durch das Zensuswahlrecht (Losurdo 2008, Kap. 6, § 3). Das heißt in anderen Worten, dass die herrschende Macht den Klassenkampf sowie den Kampf um Anerkennung, dessen Protagonisten die Frauen sind, in der Absicht nutzt, den Klassenkampf und den Kampf um Anerkennung seitens der Volksklassen zu neutralisieren oder zu behindern. Man kann das anhand eines anderen Szenarios überprüfen: Zu Beginn des 20. Jahrhunderts begrüßten die vornehmen und wohlhabenden Frauen in Großbritannien den Kolonialexpansionismus und erhöhten ihn zu einem »Kreuzzug des Empires«. Außerdem traten Feministinnen für die Emanzipation der Frauen ein, indem sie auf die Rolle verwiesen, die diese beim Aufbau des Empires gespielt hatten (Callaway/Helly 1992 und Burton 1992). In diesem Falle geriet die Bewegung für die Emanzipation der Frauen in einen Widerspruch mit der Emanzipationsbewegung der Kolonialvölker.

Diese mannigfaltigen Widersprüche, die eine komplexe objektive Situation widerspiegeln, sind nicht einfach das Ergebnis der Manöver einer herrschenden Macht. Sie werden lediglich in Ausnahmefällen, sofern eine überzeugende zusammenführende Theorie vorliegt, eine Revolution bevorsteht bzw. eine gereifte revolutionäre Bewegung existiert, überwunden und zusammengeführt, und auch in diesem Falle geschieht das nicht ohne Schwankungen und Schwierigkeiten verschiedenster Art. Als der Erste Weltkrieg wütete, rief Lenin einerseits das Proletariat im Westen dazu auf, sich gegen die Bourgeoisie zu erheben und den imperialistischen Krieg in einen revolutionären Bürgerkrieg umzuwandeln, begrüßte andererseits die von den »kolonialen Völkern« und allgemein von einem »unterdrückten Land« geführten Kämpfe und Kriege für die nationale Befreiung und lenkte drittens die Aufmerksamkeit auf die »Haussklaverei«, der die Frauen unterworfen waren (LW, 23: 25 u. 68), die nicht zufällig ebenso wie die »Armen« und die »eigentlich proletarische Unterschicht« von den politischen Rechten ausgeschlossen waren (LW, 25: 474; LW, 22: 287). Hier erweisen sich die drei Fronten des Klassenkampfs als konvergent.

Etwa ein Jahrzehnt später begannen Mao und die Seinen von den ländlichen Gebieten ausgehend mit der revolutionären Umwälzung Chinas, wozu auch gehörte, die »Gattengewalt des Ehemannes«, die wie ein »dicker Strick« den Frauen um den Hals lag, abzuschütteln (AW, Bd. 1: 46).

Bei anderen Gelegenheiten erwies sich die Vereinigung der drei Fronten des Klassenkampfes als schwieriger. Sicher, auch für Frantz Fanon »zeichnete sich die Freiheit des algerische Volkes durch die Befreiung der Frau, durch ihren Eintritt in die Geschichte aus«. Und das ist nicht bloß eine Prinzipienerklärung. Denn schon die aktive Beteiligung am Partisanenkrieg bestätigte, dass die Frauen nicht mehr länger einem untergeordneten Status unterlagen, und zwar insofern, als diese Beteiligung die Geschlechtertrennung und das »Tabu der Jungfräulichkeit« hatte fraglich werden lassen. »Die alte Angst vor der Entehrung« wurde »angesichts der enormen Tragödie, die das Volk durchlebte, vollkommen absurd« (Fanon 2007: 94-96). Dabei darf jedoch ein anderer Aspekt der Angelegenheit nicht aus dem Blick geraten:

> Die französischen Verwaltungsbeamten in Algerien, die den ursprünglichen Charakter der Bevölkerung zerstören und von der Obrigkeit den Auftrag haben, um jeden Preis die Störung der Existenzformen, die irgendeine nationale Realität wachrufen könnten, fortzusetzen, richten sich mit aller Macht gegen das Tragen des Schleiers, ersonnen als Symbol der Lebensbedingungen der algerischen Frau [...]. Die Aggressivität der Besatzer und auch deren Hoffnungen verzehnfachen sich nach jedem enthüllten Schleier [...]. Die algerische Gesellschaft scheint mit jedem entfernten Schleier die Unterstellung unter die Schule der Herren zu akzeptieren und zu beschließen, ihre Gewohnheiten unter der Direktion und dem Schutz der Besatzer zu ändern (Fanon 2007: 40 u. 44f).

In einem bestimmten Zusammenhang kann die nationale Befreiung in einen Konflikt mit der Emanzipation der Frau geraten. Und diese Gefahr akzentuiert sich heute in aller Deutlichkeit im Nahen Osten, wo nach der Krise des Kommunismus und des Marxismus die religiös orientierten Parteien die Führung der Befreiungsbewegungen und des nationalen Widerstands übernommen haben. In der Vergangenheit haben die Kolonialmächte (genauso wie auch Mussolini-Italien) ihre Expansionsfeldzüge im Namen der Befreiung von der in Afrika noch in Kraft befindlichen Sklaverei geführt, nur um dann noch widerwärtigere Formen der Zwangsarbeit einzuführen, die nicht nur über eine bestimmte Klasse, sondern über die gesamte einheimische Bevölkerung verhängt wurde. In diesen Tagen hisst der Neokolonialismus nicht ohne Erfolg das Banner der Frauenemanzipation, zielt dabei aber nicht auf ein Land wie Saudi-Arabien, wo die Geschlechtertrennung und die häusliche Sklaverei in ihren strengsten und borniertesten Formen fortbestehen, sondern auf ein Land wie Iran, wo die Diskriminierung der Frauen weiterhin schwerwiegend und abscheulich ist, aber immerhin in beachtlichem Maße in Frage steht (junge Frauen bilden an den Universitäten die Mehrheit und erfreuen sich einer ausgeprägten gesellschaftlichen Mobilität).

5. Zwischen Trade-Unionismus und Populismus

Die Fragmentierung der Klassenkämpfe wird durch den Riss befördert, der zwischen den antikapitalistischen Kämpfen in den Metropolen, also den industriell am weitesten fortgeschrittenen Ländern, und den Kämpfen in den Ex-Kolonien besteht, die gezwungen sind, gegen den Neokolonialismus und gegen die Kanonenbootpolitik vorzugehen, wie sie von den Großmächten betrieben wird, die nur wenig Bereitschaft zeigen, ihre Herrschaft bzw. ihre Hegemonie aufzugeben. Dieser Riss wird auch theoretisch reflektiert von einem bekannteren Philosophen, der einer von ihm als abwegig betrachteten Tendenz mit Ironie begegnet, derzufolge der Klassenkampf nicht mehr zwischen »Kapitalisten und Proletariat in jedem Land« geführt werde, sondern sich auf die internationale Ebene verschoben habe, wo sich eher Staaten als gesellschaftliche Klassen gegenüber stünden. Auf diese Weise sei die Marxsche »allgemeine Kritik des Kapitalismus« zur »Kritik des ›Imperialismus‹« reduziert und deformiert worden, die indes das essentielle, nämlich die »kapitalistischen Produktionsverhältnisse« aus dem Blick verliere (Žižek 2007: 2 u. 5). Ist diese Polemik berechtigt? Sie müsste dann auch gegenüber Marx selbst vorgebracht werden: Denn der widmete sich mit konstanter Aufmerksamkeit der nationalen Frage, und es sollte zu denken geben, dass sich die »soziale Frage« in einem Land wie Irland als »nationale Frage« präsentierte.

Für Žižek war Mao ein Rebell par excellence. Der allerdings bekannte sich klarer und deutlicher als jeder andere »zur Identität von nationalem und Klassenkampf«. Das war zwar zu einer Zeit, als China gezwungen war, sich der Versklavungsversuche des japanischen Imperialismus zu erwehren. Aber diese Beteuerung war alles andere als ein taktisches Hilfsmittel, sie wurde von einem glühenden Patrioten vorgebracht. Noch 1963, da unter Bezugnahme auf den Kampf der Afroamerikaner für ihre bürgerlichen und politischen Rechte, unterstrich Mao: »Letztlich ist der nationale Kampf eine Frage des Klassenkampfes«. Diesen Standpunkt wiederholte er fünf Jahre später: »Die Rassendiskriminierung in den Vereinigten Staaten ist das Produkt des kolonialistisch-imperialistischen Systems. Der Widerspruch zwischen den breiten schwarzen Volksmassen und der Führungsclique in den USA ist ein Klassenwiderspruch« (Mao Zedong 1998: 379 u. 439). Zwar ist hier von den Afroamerikanern die Rede, also von einer Angelegenheit innerhalb eines einzelnen Landes. Aber sähe die Schlussfolgerung anders aus, wenn man die Unterdrückung nicht einer Bevölkerung mit kolonialen Ursprüngen untersuchte, sondern die eines Kolonialvolks in strengem Sinne?

Zur Klärung des hier in Rede stehenden Problems lohnt es sich, an ein Kapitel der Geschichte zu erinnern, das auch Žižeks leidenschaftliches Interesse geweckt hat. Gemeint ist die große Revolution (und der große Klassenkampf) der schwarzen Sklaven in Santo Domingo / Haiti. Für den slowenischen Philosophen (2010: 159) regredierte sie nach dem Tod von Jean-Jacques Dessalines 1806 »zu einer neuen Form hierarchischer Herrschaft«. Konzentrieren wir uns auf die vorangegangene Phase: Die schwarzen Sklaven von Santo Domingo hatten sich nicht gegen den Kapitalismus als solchen erhoben, sondern gegen das von den kapitalistischen Metropolen den Kolonialvölkern auferlegte Sklavenhaltersystem. Somit enthielt die Revolution der Schwarzen von Anfang an ein Moment der nationalen Befreiung: Der von Toussaint Louverture angeführte Aufstand befreite nicht eine bestimmte subalterne Klasse von ihren Ketten, sondern die schwarze Bevölkerung insgesamt.

Das Moment der nationalen Befreiung war sogar noch deutlicher in der zweiten Phase der Revolution gegenwärtig. Das gewaltige Heer, das Napoleon entsandt hatte und das unter dem Kommando seines Schwagers Charles Leclerc stand, sollte die Kolonialherrschaft Frankreichs und die Negersklaverei wiederherstellen. Es wurde von den Revolutionären geschlagen, die als »Armee der Inkas« bzw. als »Armee der Indigenen« auftraten und schrien: »Verflucht sei Frankreichs Name! Ewiger Hass Frankreich« (Dubois 2004: 299) Die de facto Unabhängigkeit verlangte jetzt auch eine de jure Anerkennung, und aus Santo Domingo wurde Haiti, womit auf einen Namen Bezug genommen wurde, der auf präkolumbianische Zeiten verweist. Mit anderen Worten: Die schwarzen Revolutionäre identifizierten sich mit den ersten Opfern des westlichen kolonialen Expansionismus und wollten »ihren Kampf für die Freiheit von der Sklaverei in Verbindung mit den ersten Kämpfen der indigenen Völker gegen die spanischen Invasoren setzen« (Dubois 2004: 299; Dubois 2012: 18).

Die Revolution gegen die Sklaverei ist, so lässt sich schlussfolgern, zugleich eine antikolonialistische Revolution und stellt sich letztlich als Widerstandskrieg und Kampf um die nationale Befreiung dar. Es wäre reichlich absurd, nur die erste Etappe dieses Prozesses als revolutionären Klassenkampf zu definieren, während das für die zweite Phase nicht mehr gelten soll. Und es wäre vermutlich singulär, wenn der Aufstand zur Abschaffung der Sklaverei und der Kolonialherrschaft als revolutionärer Klassenkampf betrachtet würde, nicht aber der bewaffnete Widerstand, der verhindern sollte, dass diese wie jene restauriert würden. In beiden Phasen spielte die nationale Frage eine essentielle Rolle und beide Phasen betrachtet Žižek mit Wohlwollen; zugleich kritisiert er die Tendenz zur Reduktion des antikapitalistischen Klassenkampfs auf den antikolonialistischen und antiimperialistischen Kampf.

Im 20. Jahrhundert fand ein Ereignis statt, das ganz gut mit den Geschehnissen von Santo Domingo / Haiti verglichen werden kann: Der Ausgang der Schlacht um Stalingrad besiegelte das Schicksal der Hitler-Pläne, ganze Völker in Osteuropa zu kolonisieren und zu versklaven, endgültig. Nicht zufällig wurden beide Ereignisse von vergleichbaren ideologischen Reflexionen begleitet. Die von Napoleon angestrebte kolonialistische Konterrevolution sollte das universelle Menschheitsprinzip beseitigen, das die Sklaven von Santo Domingo aus der Erklärung der Menschenrechte von 1789 herausgelesen hatten. Auf Toussaint Louverture, der das unbedingte Prinzip verkündet hatte, dass ein Mensch, ganz gleich welcher Hautfarbe, in keinem Falle der »Eigentümer von Seinesgleichen sein kann« (vgl. Kap. III, § 2), schien Napoleon zu antworten: »Ich bin auf Seiten der Weißen, weil ich weiß bin, darüber hinaus gibt es keinen anderen Grund als diesen, aber dieser ist ein guter Grund« (in: Dubois 2004: 261). Auf das noch akzentuiertere universalistische Pathos der Oktoberrevolution und auf den von ihr erschallenden Aufruf an die Sklaven der Kolonien, ihre Ketten zu sprengen, antwortete das Theorem vom *Under Man / Untermensch*: Dieser vom US-amerikanischen Autoren Lothrop Stoddard ersonnene Begriff zielte auf die Schwarzen. Er war dann gewissermaßen das Leitmotiv bei dem Versuch Nazideutschlands, Osteuropa zu kolonisieren und die Slawen zu versklaven und auch bei der Vernichtung der Juden, die zusammen mit den Bolschewiki als Ideologen und Anstifter einer niederträchtigen Revolte der »unterlegenen Rassen« gebrandmarkt wurden[4].

4 Zur Geschichte des Begriffs Under Man / Untermensch vgl. Losurdo 2009, Kap. 27, § 7 sowie Losurdo 2011, Kap. III, § 5

Die napoleonische Invasion in Russland mit dem Überfall der Hitler-Wehrmacht auf die Sowjetunion zu vergleichen, ist ein Gemeinplatz. Es wäre dagegen sehr viel treffender, letztere mit der Unternehmung Napoleons gegen Santo Domingo zu konfrontieren. In beiden Fällen standen Typen von Kolonialsystemen und außerdem das Institut einer mehr oder weniger getarnten Sklaverei auf dem Spiel; in beiden Fällen handelte es sich um Klassenkampf, der zur selben Zeit auch ein Widerstands- und nationaler Befreiungskrieg war.

Müssen wir die Gleichzeitigkeit von nationalem und Klassenkampf als eine Verunreinigung des letzteren betrachten? Dieses Problem, bzw. diese Debatte durchzieht die gesamte Geschichte der sozialistischen und kommunistischen Bewegung. Marx und Engels beklagten den Umstand, dass sich die englischen Arbeiter zwar für die Verbesserung ihrer Lebensbedingungen und für die Erlangung ihrer politischen Rechte eingesetzt, aber den Unabhängigkeitskämpfen Irlands, Polens und Indiens keinerlei Aufmerksamkeit geschenkt hatten. Später dann, als er gegen den Trade-Unionismus stritt und die Unterstützung der nationalen Befreiungsbewegungen zum wesentlichen Bestandteil revolutionären Bewusstseins erhob, wurde Lenin vorgeworfen, den Klassenstandpunkt aufgegeben und die Sache der Emanzipation des Proletariats in einer trüben und faden Brühe ertränkt zu haben (vgl. Kap. VI, §2). Machen wir einen Sprung um einige Jahrzehnte. 1963 bekräftigte die Kommunistische Partei Chinas unter Berufung auf Lenin: »In der gegenwärtigen Situation ist die nationale Frage eine Frage des Klassenkampfs«. Der »marxistisch-leninistische Klassenstandpunkt« verlange eine »klare Abgrenzung« zwischen »unterdrückten Nationen« und Imperialismus (Die Polemik o.J.: 238). Dies war polemisch gegen die sowjetischen Kommunisten gerichtet, die ihrerseits die chinesischen Kommunisten bezichtigten, den proletarischen Klassenkampf in den kapitalistischen Metropolen vergessen zu haben.

Die Gefahr der Fragmentierung des Klassenkampfs besteht ständig. 1963 dürfte es schwierig gewesen sein, eine Haltung einzunehmen, die Lenin seinerzeit als Trade-Unionismus angeprangert hatte, und die antikolonialen Revolutionen, die in Vietnam, in Algerien und in Lateinamerika aufloderten und die der Imperialismus unter Rückgriff auf eine genozidale Praxis bekämpfte, als etwas den revolutionären Klassenkämpfen Äußerliches zu betrachten. Die heutigen Weltverhältnisse scheinen für eine Wiederbelebung des Trade-Unionismus günstiger zu sein. Müssen wir daher die Stellungnahme von Žižek in diesen Kontext einordnen? In Zeiten der Krise des Marxismus ist die Tendenz bemerkbar, sich der Anstrengung zu verweigern, die Widersprüche in ihrer Verflechtung zu betrachten. Diese Tendenz könnte man als populistisch bezeichnen, sie weicht jedenfalls auf eine binäre Lesart des Konflikts aus.

6. Emanzipationskämpfe zwischen militärischem Sieg und ökonomischer Niederlage

Zur Vertiefung des Problems lohnt es, eine vorläufige Frage zu stellen: Was bleibt von der gigantischen antikolonialen Revolution, die ihren Stimulus aus der Oktoberrevolution erhielt und durch »Stalingrad« noch einmal beschleunigt wurde? In Palästina stehen sich Kolonialismus und Antikolonialismus in geradezu klassischer Weise gegenüber. Und in der restlichen Welt? Eine Vorbemerkung sei vorangestellt: Die entscheidenden Klassenkämpfe der Zeitgeschichte stellten sich nicht nur als nationale Kämpfe dar, sondern sie wurden und werden sowohl auf ökonomischem wie auch auf militärischem Gebiet geführt.

Der bemerkenswerteste Fall ist einmal mehr die Revolution der Sklaven von Santo Domingo. Sie fügte der mächtigsten Armee der damaligen Zeit eine Niederlage zu. Das unabhängige Land, das aus ihr hervorging, Haiti, spielte eine revolutionäre Rolle, die weit über seine Grenzen hinausging. Sie brachte Simon Bolívar dazu, die Sklaverei im spanisch beherrschten Teil Lateinamerikas zu verbieten, und half ihm bei seinem Kampf für die Unabhängigkeit. Sie inspirierte den Aufstand der schwarzen Sklaven in Demerara (heute in Guyana) und in Jamaika und knüpfte Verbindungen mit den britischen Abolitionisten. Das erste Land, welches das Joch der Sklaverei abgeschüttelt hatte, präsentierte sich stolz als Land der Freiheit, und tatsächlich richteten sich darauf die Hoffnungen der Sklaven in Kuba oder im Süden der USA.

Und genau deshalb endete der Kampf der Kolonial- und Sklavenhaltermächte, deren Herrschaft global betrachtet noch intakt war und die darauf zielten, dieses potentiell Schule machende Beispiel eines von ehemaligen Sklaven regierten Landes zu neutralisieren und zu liquidieren, nicht mit der Niederlage des von Napoleon entsandten Heeres. Allerdings änderten sich die Methoden des Kreuzzuges zur Wiederherstellung einer als unbestreitbar angemaßten weißen Vormachtstellung. Thomas Jefferson zufolge sollte man jene, die es gewagt hatten, die internationale Ordnung herauszufordern und auf den Kopf zu stellen, nach der diplomatischen Isolierung einfach aushungern lassen. Mit der Weigerung, die Unabhängigkeit Haitis anzuerkennen, drohte Frankreich mit einer erneuten militärischen Intervention. Dies veranlasste die Führer des karibischen Landes, im Jahr 1825 ein Abkommen zu akzeptieren, das sich als katastrophal erweisen sollte. Im Austausch für die Anerkennung der Unabhängigkeit von Seiten der Regierung in Paris, verpflichteten sie sich zur Entschädigung der expropriierten und ihres »Menschenviehs« beraubten Kolonisten. Damit verschuldete sich Haiti immer schwerer: 1898 musste die Hälfte des Staatshaushalts für die Begleichung der Schulden aufgebracht werden, und 1914 stieg dieser Anteil auf 80 Prozent (Dubois 2012: 7f). Diese stets wachsende ökonomische Abhängigkeit machte die formal gültige politische Unabhängigkeit zunichte. Wenngleich militärisch siegreich, erlitt die Revolution von Santo Domingo auf ökonomischer Ebene eine Niederlage. Die Bevölkerung des Landes, das die Armee Napoleons besiegt hatte, vermochte es nicht, die vom Kolonialsystem errichtete internationale Arbeitsteilung in Frage zu stellen. Die Folgen waren schwerwiegend – und das nicht nur, weil sich die Lebensbedingungen für die Volksmassen des Landes immer weiter verschlechterten. Der Verlust des Ansehens, das sich das Land durch die Sklavenrevolution erworben hatte, festigte das bestehende Regime der white supremacy im Süden der Vereinigten Staaten und letztendlich auf der ganzen Welt.

Eine Wiederholung jener Ereignisse trug sich im 20. Jahrhundert in zwei Etappen zu. Betrachten wir die erste: Bereits unmittelbar nach dem Oktober 1917 erwog Herbert Hoover, damals hoher Vertreter der Regierung Wilson und später selbst Präsident der USA, explizit die Androhung einer »unbeschränkten Hungersnot« bzw. des »Hungertods«, die sich nicht nur gegen Sowjetrussland, sondern gegen alle Völker richten sollte, die es wagten, sich vom Beispiel der bolschewistischen Revolution inspirieren zu lassen. Alle waren sie vor diese rüde Alternative gestellt, wie Gramsci in einem Artikel in der »Avanti« vom 16. Dezember 1918 zusammengefasst hatte: Geld oder Leben, bürgerliche Ordnung oder Hunger. Die zweite Etappe: Völlig ausgeblutet aus dem Zweiten Weltkrieg getreten, wurde, wie ein US-amerikanischer Forscher festhielt, die Sowjetunion, die bis dahin immerhin noch als Verbündeter der USA galt, im Mai 1947 von der nämlichen Macht mit dem Marshallplan vor diese Alternative gestellt: Wenn sie nicht auf die Kredite und den Handel, derer sie dringend bedurften, verzichten wollten, hatten »die Sowjets ihre Wirtschaft westlichen Investitionen, ihre Märkte westlichen Produkten und ihre Sparbücher westlichen Prokuristen zu öffnen«, hatten sie »die ökonomische und mediale Durchdringung« durch jene Länder zu akzeptieren, die sich anschickten, die NATO zu gründen (Ambrose 1997: 10). Diese Erpressung kennen wir bereits: »Geld oder Leben, bürgerliche Ordnung oder Hunger«. Ganz offensichtlich hat der ökonomische Kampf eine nicht unbeträchtliche Rolle bei der von der Oktoberrevolution erlittenen finalen Niederlage in Osteuropa gespielt.

Auch die chinesische Revolution hatte, nachdem sie konfrontiert war mit einer, wenngleich begrenzten, militärischen Intervention der USA in den Bürgerkrieg, der das große asiatische Land erfasst hatte, einer Offensive Rechnung zu tragen, die vor allem auf ökonomischer Ebene geführt wurde. Die Exponenten der Truman-Regierung wurden zuweilen sehr deutlich: China müssten »Wunden zugefügt«, sein »Lebensstandard auf oder unter das Subsistenzniveau« gedrückt werden. Dem »gesamten gesellschaftlichen Leben« seien »hohe Kosten« aufzuerlegen, es gelte letztendlich, einen »Zustand des Chaos«, eine »katastrophale wirtschaftliche Situation« zu schaffen, die zum »Desaster«, zum »Zusammenbruch« führe werde. Im Weißen Haus folgte ein Präsident auf den nächsten, doch das Embargo, das auch Medizin, Traktoren und Düngemittel beinhaltete, blieb bestehen. Zu Beginn der 60er Jahre notierte Walt W. Rostow, ein Mitarbeiter der Kennedy-Regierung, dass dank dieser Politik die ökonomische Entwicklung Chinas um Jahrzehnte gebremst worden sei. Wenn auch nicht der Wirtschaftskrieg selbst, so wurde doch zumindest seine Androhung auch dann noch aufrechterhalten, als China kurz davor stand, der Welthandelsorganisation beizutreten. Nicht ohne Genugtuung hielt Edward Luttwak, ein bekannter US-amerikanischer Politologe, fest: »Metaphorisch gesprochen könnte man sagen, dass die Importblockade chinesischer Produkte die Nuklearwaffe ist, die Amerika gegen China richtet.«[5]

7. »Politische Annexion« und »ökonomische Annexion«

Das stets gegebene ökonomische Moment eines jeden großen Klassenkampfs war Marx sehr wohl bewusst. Wir haben gesehen, wie er den englischen Kolonialismus dafür kritisierte, Irland auf »bloßes Weideland« reduziert zu haben, zu einem reinen Lieferanten von »Fleisch und Wolle zu den möglichst billigen Preisen« (vgl. Kap. I, § 3). In einem Brief an Engels vom 30. November 1867 sann Marx über die Möglichkeit einer Volksrevolution in Irland nach, die die Kolonialherrschaft beenden und die Unabhängigkeit erringen würde. Die neue revolutionäre Macht wäre aufgefordert, die von den Kolonisatoren betriebene Deindustrialisierung zurückzudrängen, eine protektionistische Politik zu betreiben und »Schutzzölle gegen England« zu erheben (MEW, 30: 400). Wiederholt unterstrich Marx, dass der Freihandel die Produktivkraftentwicklung befördere. Das aber hinderte ihn nicht, einem Land den Protektionismus für einen begrenzten Zeitraum zu empfehlen, das sich aus seiner Unterentwicklung und aus kolonialer Abhängigkeit zu befreien und den Emanzipationsprozess aus dem politisch-militärischen Stadium in das ökonomische zu überführen hatte.

Dieses Problem hatte auch Lenin präsent, der in gewohnter Klarheit zwischen »politischer« und »ökonomischer Annexion« unterschied. Es reiche nicht aus, die erste beseitigt zu haben, um auch von der zweiten frei zu sein. Formal unabhängig, war »Argentinien in Wirklichkeit eine ›Handelskolonie‹ Englands« und war »Portugal faktisch ein ›Vasall‹ Englands« (LW, 23: 36). Bei der Untersuchung der Herrschaftsformen innerhalb eines einzelnen Landes bemerkte Marx, dass auf eine gesell-

---

5 Für Bolívar und Jefferson vgl. Losurdo 2010, Kap. V, § 8, für den Wirtschaftskrieg gegen Sowjetrussland und die Volksrepublik China vgl. Losurdo 2012: 249 f. u. 369-371

schaftliche Form, die durch direkte »persönliche Abhängigkeitsverhältnisse« gekennzeichnet sei, eine Form von »persönlicher Unabhängigkeit, auf sachlicher Abhängigkeit gegründet«, folge – dies zeichne die kapitalistischen Gesellschaften aus (MEW, 42: 91). Man kann also auf der Ebene der internationalen Beziehungen den Übergang vom Kolonialismus zum Neokolonialismus nachvollziehen. Die »persönlichen Abhängigkeitsverhältnisse« entsprechen der »politischen« Annexion, während die »sachliche Abhängigkeit«, verbunden mit »persönlicher Unabhängigkeit«, der »ökonomischen Annexion« bei formeller nationaler Unabhängigkeit entspricht.

Diese Form der Politik ist alles andere als obsolet. Dank ihrer ökonomischen und technologischen Potenzen führen die kapitalistischen Großmächte ökonomische wie auch wirkliche Kriege und erweisen sich dabei als fähig, Länder der Dritten Welt zu zerstören, ohne dabei eigene Verluste zu erleiden, so wie schon in der klassischen Ära des Kolonialismus, ja sogar in noch ausgeprägterer Weise. Folglich kann die »soziale Frage« in gewissem Maße auch heute noch als »nationale Frage« auftreten, kann sich also eine partielle »Identität von nationalem Kampf und Klassenkampf« ergeben (um die jeweilige Sprache von Marx und Mao zu verwenden).

Auch auf der ökonomischen Ebene ihres Kampfes für die Emanzipation hat die antikolonialistische Bewegung in ihren besten Momenten volles Bewusstsein und Reife bewiesen. Am 16. September 1949, also am Vorabend der Machteroberung, warnte Mao (AW, Bd. 4: 483) vor dem Bestreben Washingtons, China »vom USA-Mehl abhängig« zu machen, so dass es sich »in eine amerikanische Kolonie verwandelt hätte«: Der Kampf um die Entwicklung der Produktion erwies sich als eine Fortsetzung des Kampfes gegen die koloniale oder halbkoloniale Herrschaft. Vier Jahrzehnte später war es Deng Xiaoping (1992-95, Bd. 3: 202), der bekräftigte: »Zur Erlangung genuiner politischer Unabhängigkeit muss ein Land der Armut entrinnen«.

Tausende Kilometer entfernt positionierte sich Che Guevara (1969: 883 u. 1429) nicht anders. In den 60er Jahren mahnte er zur Wachsamkeit vor einer »wirtschaftlichen Aggression« und rief die unabhängig gewordenen Länder dazu auf, sich »nicht nur vom Joch der Politik, sondern auch vom Joch einer imperialistischen Wirtschaft zu befreien«.

Zur selben Zeit, unmittelbar, bevor die algerische Revolution siegte, warf Fanon das Problem auf, wie es einer nationalen Befreiungsbewegung gelingen könnte, den Übergang von der politisch-militärischen Phase des Kampfes hin zur politisch-ökonomischen zu meistern. Um der dank bewaffneter Gewalt eroberten Unabhängigkeit Konkretheit und Festigkeit zu verleihen, müsse man der Unterentwicklung entrinnen. Die Aufgaben der Arbeit und der Produktion wurden wichtiger. Der mehr oder weniger qualifizierte Arbeiter trat an die Stelle des Guerillakämpfers. Als sich für die Kolonialmacht abzeichnete, dass sie würde kapitulieren müssen, schien sie den Revolutionären zuzurufen: »Ihr wollt die Unabhängigkeit? Nehmt sie euch und verreckt daran!« Auf diese Weise verwandelte sich »die Apotheose der Unabhängigkeit in den Fluch der Unabhängigkeit«. Die neue Herausforderung bestand nun nicht mehr auf militärischem Gebiet; es bedurfte geeigneter Antworten: »Man braucht Kapital, Technik, Ingenieure, Mechaniker etc.« (Fanon 1967: 56 u. 58).

Damit wurde in gewisser Weise einerseits der Stillstand vieler afrikanischer Länder vorausgesehen, die es nicht schafften, von der militärischen zur ökonomischen Phase der Revolution überzugehen, und andererseits die erfolgreiche Wende der antikolonialen Revolutionen wie in China oder Vietnam. 1961 widmete Aimé Césaire, ein weiterer herausragender Theoretiker der damals in Gang befindlichen antikolonialistischen Revolution, Toussaint Louverture ein Buch, das zugleich eine Bilanz jener früheren Revolution ist, deren Anführer der schwarze Jakobiner war. Nach dem militärischen Sieg hatte sich Louverture dem Problem des wirtschaftlichen Aufbaus gestellt. Zu diesem Zweck hatte er zu einer Kultur der Arbeit und der Produktivität ermuntert und versucht, die weißen Techniker und Experten aus den Reihen des geschlagenen Feindes einzusetzen. Also exakt das, was Lenin in den Jahren der NÖP später auch machen würde: Am Arbeitsplatz die »strengste Disziplin« einführen und auf »bürgerliche Spezialisten« zurückgreifen (Césaire 1961: 242). Komparatistik ist immer problematisch. Césaire wies auf die Grenzen des soldatischen Ansatzes hin, den der Anführer der schwarzen Sklaven gewählt hatte, nachdem die Macht erobert worden war. Wesentlich ist etwas anderes: Der hier angestellte Vergleich erwächst aus dem Bewusstsein für den Übergang, der ab einem bestimmten Zeitpunkt in jeder antikolonialen Revolution und überhaupt in jeder Revolution eintritt, die jene von Kapitalismus und Imperialismus errichtete internationale Arbeitsteilung in Frage stellt. Daher ist es wichtig, der Tragödie Beachtung zu schenken, die sich im Verlaufe der von Toussaint Louverture angeführten Revolution zugetragen hat: Dieser wurde für das Vorhaben, auf weiße Spezialisten und Techniker zurückzugreifen, verdächtigt und des Verrats bezichtigt, so dass seine politische Linie eine herbe Niederlage erlitt. Die Folgen waren gravierend. Santo Domingo war dank einer breiten und bemerkenswert effizienten Produktion von Zucker, der zu großen Teilen exportiert wurde, eine sehr reiche Insel. Der Reichtum wurde von den Sklaven produziert und wanderte in die Taschen der Grundeigentümer. Waren die ehemaligen Sklaven in der Lage, diese fortschrittliche wirtschaftliche Struktur, die sie infolge der Revolution geerbt hatten, in ihrem eigenen Interesse funktionieren zu lassen? Tatsächlich trat an die Stelle des Sklavenhaltersystems und der Kolonialherrschaft eine zurückgebliebene Subsistenzwirtschaft. Die Insel wurde von allgemeinem Elend erfasst und ist heute eines der ärmsten Länder der Erde. Nach dem von Haiti angenommenen Abkommen mit Frankreich frohlockte ein französischer Autor: Die einstige Kolonialmacht hatte ihre Herrschaft wiederherstellen können, ohne Krieg führen zu müssen, sondern dadurch, dass sie sich viel effektiverer ökonomischer Mittel bedient hatte (Dubois 2012: 102). Später dann entzog sich Haiti der Kontrolle Frankreichs, aber nur deshalb, weil an die Stelle des europäischen Landes die näher gelegene und mächtigere nordamerikanische Republik trat.

Es ist an dieser Stelle interessant, die Geschichte der Dritten Welt in ihrer Gesamtheit zu reflektieren. Auf einer 1955 in Bandung abgehaltenen Konferenz begrüßte Sukarno, damaliger (und erster) Präsident Indonesiens, feierlich die ersten entscheidenden Ergebnisse der antikolonialen Revolution, die damals noch in vollem Gange war. Und er forderte die gerade unabhängig gewordenen Länder auf, sich auch aus der »ökonomischen Kontrolle« zu befreien, die die alten Kolonialmächte noch immer ausübten. Ein Jahr später veröffentlichte der Ghanaer Kwame Nkrumah ein Buch, mit dem er zu zeigen beabsichtigte, dass »ein Staat im Zangengriff des Neokolonialismus nicht Herr seines Schicksals« sein könne (in: Prashad 2009: 57f u. 192).

Damals spielte sich eine Dialektik auf globalem Niveau ab, die sich bisher nur innerhalb einzelner Länder, insbesondere in den USA, manifestiert hatte: Dort versuchten die Schwarzen nach der Abschaffung der Sklaverei die Ergebnisse ihrer Emanzipation vermöge des Zugangs zu Landbesitz zu festigen oder wirksam werden zu lassen. Das Scheitern dieses Versuchs, von der weißen Elite mit allen Mitteln behindert, verdammte die Afroamerikaner zur Segregation in die niederen Bereiche des Arbeitsmarkts, verdammte sie zur ökonomischen und gesellschaftlichen Unterordnung, die bis heute fortbesteht. Auf den Sieg der Union, der auch dank des Zustroms von Sklaven in die Reihen ihrer Armeen errungen wurde, folgte die ökonomische und soziale Niederlage der ehemaligen Sklaven. Es sollte indes außerhalb jeder Diskussion stehen, dass sich der Emanzipationskampf sowohl in der militärischen wie in der ökonomischen Phase als Klassenkampf manifestierte.

Gegenwärtig hat in den fortgeschrittenen kapitalistischen Ländern selbst eine von Marx beeinflusste Strömung Mühe, den Kampf, sich von der »politischen Annexion« (Lenin) bzw. vom »politischen Joch« (Che Guevara) zu befreien, um sich der militärischen Aggression zu erwehren, in die Kategorie des emanzipatorischen Klassenkampfs einzuordnen. Dem geht die Weigerung voraus, das Ringen um die Beendigung der »ökonomischen Annexion« (Lenin) bzw. um die Loslösung vom »Joch einer imperialistischen Wirtschaft« (Che Guevara) ebenfalls in Begriffen des Klassenkampfs zu fassen. Glücklicherweise ist diese Haltung nicht frei von Schwankungen und Inkohärenzen. Žižek drückt seine Verachtung gegenüber einer angeblichen Degeneration des Klassenkampfs zum Kampf gegen den Imperialismus aus. Doch in seinen politisch klarsten Momenten stellt er seine eigenen theoretischen Voraussetzungen in Frage. Unter deutlich erkennbarer Bezugnahme auf die israelische Politik in Palästina spricht er von »kolonialistischem Landraub«. Gegenstand der Kritik ist hier eine mit Hilfe des Militärs durchgesetzte »politische Annexion«. Doch dabei bleibt er nicht stehen. Auf das Chile Salvador Allendes bezogen, berichtet der Philosoph von einer Botschaft, die Henry Kissinger der CIA hinterbracht hatte: »Macht, dass die Wirtschaft schreit vor Schmerz«. Und er unterstreicht, dass diese Politik sich auch gegen Venezuela unter Chávez fortgesetzt habe (Žižek 2011: 130; Žižek 2012: 85). Hier äußert sich eine klare Verurteilung des Imperialismus, der für seine aggressive Wirtschaftspolitik kritisiert wird. Die nationale Frage lässt sich leicht negieren, aber das hier beschriebene Verhalten gegenüber Palästina, Chile und Venezuela betrifft, auch wenn es besonders schwer auf den subalternen Klassen lastet, die Nation in ihrer Gesamtheit, so dass sich ein Klassenkampf, der diese Frage ignoriert, als wenig glaubwürdig und wirkmächtig erweist.

Wenn dabei aber stets die Gefahr des Chauvinismus droht, ist es dann noch erlaubt, von der nationalen Frage zu sprechen und sie unter bestimmten Umständen mit dem Klassenkampf zu verbinden, jene sogar mit diesem zu identifizieren? 1916, da wütete bereits das imperialistische Gemetzel, begangen im Namen der »Vaterlandsverteidigung«, zögerte Lenin nicht zu beteuern: »In einem wirklich nationalen Krieg ist das Wort ›Vaterlandsverteidigung‹ keineswegs ein Betrug, und wir sind keineswegs gegen sie« (LW, 23: 21). Es handelte sich um einen präzisen Hinweis, der im Widerstandskampf gegen das »Dritte Reich« und generell im Kampf um nationale Befreiung gegen die Kolonialherrschaft noch eine wesentliche Rolle spielen sollte. Im Gegensatz dazu befanden sich jene, die in Analogie zum Ersten Weltkrieg die »Vaterlandsverteidigung« verspotteten, zum Defätismus rieten und de facto darin endeten, das Geschäft der Nazis bzw. der Japaner zu betreiben. Dies ist der Beweis dafür, dass der Verzicht auf eine »konkrete Analyse einer konkreten Situation« zugunsten des simplen Spiels der Analogieschlüsse ins Desaster führt.

Andererseits existieren keine Kategorie und keine politische Losung, die nicht irgendwie von den politischen und gesellschaftlichen Kämpfen durchdrungen sind. Oder ist vielleicht der Begriff »Demokratie« unbefleckt geblieben? »Demokratisch« nennt sich in den USA eine Partei, die lange Zeit das Institut der Sklaverei und die white supremacy verteidigte. Ähnlich verhält es sich mit dem Schicksal von Wörtern, die bei erster Betrachtung unangefochtenes Erbe der Linken zu sein scheinen: Revolution, Sozialismus, Arbeiterklasse. Doch siehe da, 1933 ereignete sich eine von Adolf Hitler angeführte »Revolution« der »Nationalsozialistischen Deutschen Arbeiterpartei«!

Sprachliche Ähnlichkeiten bedeuten also nicht notwendigerweise politisch-ideologische Ähnlichkeiten, wie man bei oberflächlicher Betrachtung annehmen könnte. Die sprachlichen Ähnlichkeiten können sogar auf das Gegenteil hinweisen. Daraus entwickelt sich ein zäher Kampf um Losungen und Begriffe, die auf die eine oder andere Weise interpretiert werden können und die in einer bestimmten historischen Situation im Alltagsbewusstsein verankert sind bzw. sich allgemeiner Aufmerksamkeit erfreuen.

8. China und das Ende der »kolumbianischen Epoche«

In China verschwand die teilweise bestehende Identität von Klassenkampf und nationalem Kampf nicht mit dem Ende des »Jahrhunderts der Demütigung«. Zwar wurde 1949 die Volksrepublik ausgerufen, doch der Prozess der nationalen Wiedervereinigung und der Wiedererlangung der territorialen Integrität war noch nicht abgeschlossen. Man hatte sich vielmehr vom Westen betriebenen Bestrebungen zur Zerstückelung des Landes zu erwehren, der die separatistischen Bewegungen (in Tibet, in Xinjiang, in der Inneren Mongolei und anderswo) unterstützte und alimentierte. Ohnedies Ziel eines erbarmungslosen Wirtschaftskrieges, war die Volksrepublik China darüber hinaus auch stets der Gefahr einer Militäraggression ausgesetzt und nicht von ungefähr lange Zeit von der Mitgliedschaft in den Vereinten Nationen ausgeschlossen. Vor allem aber war das Land eines der ärmsten Länder der Erde und lief gemäß Maos Erklärung vom 16. September 1949 Gefahr, vom »USA-Mehl« abhängig und zu einer »amerikanischen Kolonie« zu werden. Bis zum Ende der 50er Jahre stellte der chinesische Revolutionär seine These von der in China geltenden Identität oder zumindest substantiellen Konvergenz von Klassenkampf und nationalem Kampf nicht in Frage. Zwar änderten sich dann die Verhältnisse mit dem Großen Sprung nach vorn und vor allem mit der Kulturrevolution, so dass die Losung dann lautete: »Eins teilt sich in zwei«. Die antiimperialistische Einheitsfront erhielt Risse, und der Gegner im Klassenkampf wurde im Landesinneren gesucht. Aber im Mai 1974 brachte Mao in einem Gespräch mit dem britischen Ex-Premier Edward Heath seine tiefgreifende Enttäuschung über das Erreichte zum Ausdruck. Als er sich bei dieser Gelegenheit eingestand, die Ernährungsprobleme nicht gelöst zu haben, mag er vielleicht an die rund ein Vierteljahrhundert zuvor beschworene Gefahr gedacht haben, dass China zur Kolonie der USA hätte werden können, wenn es von diesen mit dem zum Überleben notwendigen Mehl versorgt worden wäre.

Die These von der substantiellen Konvergenz von Klassenkampf und nationalem Kampf erreichte ihre Hochzeit mit dem Machtantritt Deng Xiaopings. Die von ihm betriebene Politik der Reformen und der Öffnung ist oftmals als eine Angleichung Chinas an den Westen, als Beginn einer Windstille auf der internationalen Bühne interpretiert worden. Das aber ist eine eher oberflächliche Betrachtung. Unter gewissen Gesichtspunkten war diese Politik der Versuch, den verheerendsten Formen des weiter geführten Wirtschaftskrieges zu entfliehen. Während lange Zeit die Drohung mit einer »nuklearen« Attacke in kommerzieller Gestalt aufrechterhalten wurde, konnte man nun einem subtilen Spiel beiwohnen: Die USA hofften, über ein riesiges Land zu verfügen, das billige Arbeitskräfte und einfache, technologiearme Produkte zu Niedrigstpreisen lieferte. China wiederum beabsichtigte, fortgeschrittene Technologie zu erwerben, worauf nunmehr der Westen nach Krise und Zusammenbruch der UdSSR und des sozialistischen Lagers ein Monopol besaß. Auf diese Weise würde der Abstand zu den am fortgeschrittensten kapitalistischen Ländern aufgeholt und somit diese erste Form der Ungleichheit beseitigt werden. Doch dieses alles andere als leicht zu realisierende Vorhaben hatte zur Folge, dass die USA das große asiatische Land mit einer Art Technologieembargo belegten. Und nun? Bis zu welchem Punkt hat sich dieser Wettstreit hin entwickelt?

Huntington hatte zum Ende des 20. Jahrhunderts (1997: 340) notiert: Wenn die in dem asiatischen Land in Gang befindliche Industrialisierung und Modernisierung Erfolg hat, dann wird »der Aufstieg Chinas zur Großmacht weit über jedem anderen vergleichbaren Phänomen der zweiten Hälfte des zweiten Jahrtausends stehen«. Nicht ganz 20 Jahre später besteht daran kein Zweifel mehr: China ist in der Zwischenzeit der Welthandelsorganisation beigetreten, und die USA können nicht mehr mit einer »nuklearen« Attacke in kommerzieller Gestalt drohen. Sodass man mit Blick auf die epochalen Veränderungen in Asien (Ferguson 2011: 322) schlussfolgern konnte: »Was wir erleben, ist das Ende der 500-jährigen westlichen Vorherrschaft«. Die beiden hier zitierten

Autoren haben also die gleiche Datierung im Blick. Bewegen wir uns in der Geschichte um fünf Jahrhunderte zurück, stoßen wir auf die Entdeckung/Eroberung Amerikas und auf den Beginn dessen, was Halford J. Mackinder (1904: 421 f), einer der Väter der Geopolitik, als »kolumbianische Epoche« bezeichnet hat: die Entdeckung und die »politische Aneignung« der Welt durch den Westen, der sich triumphal ausdehnte und dabei auf »beinahe vernachlässigbaren Widerstand« stieß.

Das Ende der »kolumbianischen Epoche« ist gleichzeitig der Anfang vom Ende der »großen Divergenz«, die einen tiefen Graben zwischen dem Westen und dem Rest der Welt hinterlassen hat und ersterem eine militärische Übermacht ermöglichte. Aus der beengten Sicht fortgeschrittener ökonomischer und technologischer Entwicklung erwuchs eine kulturelle Arroganz, die oftmals rassistische Züge trug. Jetzt aber bietet sich die Aussicht auf einen radikalen Wandel in der internationalen Arbeitsteilung. Und einmal mehr ist die Konfrontation auf politischer, diplomatischer und ökonomischer Ebene, bei der es darum geht, die bestehende internationale Arbeitsteilung zu bewahren oder zu ändern, selbst Klassenkampf – ein Klassenkampf um die Beförderung oder die Blockade eines Emanzipationsprozesses von planetarischen Ausmaßen. Für Marx und Engels war das Ringen um die Überwindung der patriarchalischen Arbeitsteilung in der Familie ein integraler Bestandteil des Emanzipationsprozesses (und des Klassenkampfes). Es wäre nun reichlich merkwürdig, wenn das Ringen um eine Beendigung der internationalen Arbeitsteilung, die im Verlaufe der »kolumbianischen Epoche« mit Waffengewalt aufrechterhalten worden ist, nicht dem Emanzipationsprozess (und dem Klassenkampf) zugerechnet würde!

Die Verringerung der »globalen Ungleichheit« hat jedenfalls eine enorme Bedeutung. Umso mehr, als diese ein fürchterliches Zwangsverhältnis möglich gemacht hat, das bis heute nur sehr langsam abstirbt. Schon Adam Smith (1976, Buch IV: 626; siehe auch Arrighi 2008: 11 u. 15) hatte festgestellt, dass zur Zeit der Entdeckung/Eroberung Amerikas (und damit zu Beginn der »kolumbianischen Epoche«) die »Überlegenheit der Europäer sich als so groß erwies, dass diese ungestraft jede Art von Ungerechtigkeit in den fernen Ländern begehen konnten«. Sehr viel später richtete Hitler (1965: 75 u. 77) das Wort an die deutschen Industriellen:

> Die weiße Rasse kann aber ihre Stellung nur dann praktisch aufrechterhalten, wenn die Verschiedenartigkeit des Lebensstandards in der Welt aufrechterhalten bleibt. Geben Sie heute unseren sogenannten Absatzmärkten den gleichen Lebensstandard, wie wir ihn haben, und Sie werden erleben, dass die nicht nur in der politischen Macht der Nation, sondern auch in der wirtschaftlichen Stellung des einzelnen sich ausdrückende Vormachtstellung der weißen Rasse nicht mehr gehalten werden kann.

Man müsse die Sowjetunion ins Visier nehmen, die sich »mit Hilfe der Krücken der kapitalistischen Wirtschaft« anschicke, für die Länder der weißen Rasse zum »schwersten wirtschaftlichen Konkurrenten« zu werden. In Verteidigung dessen, was wir heute »globale Ungleichheit« nennen, war Hitler bereit, einen der grausamsten reaktionären Klassenkämpfe zu entfesseln, den die Weltgeschichte je gesehen hat. All dem scheint der Marxismus bzw. Postmarxismus im Zeichen des Trade-Unionismus / Populismus gleichgültig gegenüberzustehen. Er verkündet zwar gegen die Ungleichheit kämpfen zu wollen, vorausgesetzt aber, dass es sich dabei nicht um die »globale Ungleichheit« handelt, die doch so gewaltträchtig ist und zwischen den Menschen den tiefsten Graben schürft.

9. Der Westen, China und die beiden »großen Divergenzen«

Während sich die globale »große Divergenz« verringerte, vergrößerte sich innerhalb der fortgeschrittenen kapitalistischen Welt eine andere ebenfalls so bezeichnete »große Divergenz« (Noah 2012). Diese zweite war zwar bereits seit einiger Zeit zu beobachten, verschärfte sich aber seit der Krise von 2008. Der *Wall Street Journal*-Redakteur Francesco Guerrera schrieb 2011: in den USA »verfügt ein Prozent der Bevölkerung über mehr als ein Fünftel des Reichtums im Land, während 15 Prozent der Menschen unterhalb der Armutsgrenze leben« (Guerrera). Wir treffen hier auf Machtverhältnisse, die die Freiheit der unteren Klassen unmöglich machen: »Lediglich 27 Prozent der Erwerbslosen erhalten Arbeitslosenunterstützung. Dies ermöglicht es den Unternehmen, die

Gewerkschaften zu attackieren und die abhängig Beschäftigten, die sich gewerkschaftlich organisieren wollen, zu bedrohen« (Reich 2011).

Das wirft die Frage auf, ob von dieser zweiten »großen Divergenz« eigentlich auch das Land betroffen ist, das wie kein anderes die erste »große Divergenz« in Frage gestellt hat? In China ist zwar die absolute Ungleichheit, also die zwischen Leben und Tod, die in Zeiten des Mangels immer droht, verschwunden, andererseits aber ist die Verteilung des gesellschaftlichen Reichtums mittlerweile sehr ungleich. Diese Dialektik ist in der Geschichte der aus der Oktoberrevolution hervorgegangenen Bewegungen nicht neu. Sie wurde von Trotzki 1936/37 mit Blick auf Sowjetrussland recht gut beschrieben:

> In seiner ersten Periode war das Sowjetregime zweifellos viel egalitärer und viel weniger bürokratisch als heute. Doch war das Gleichmachertum der allgemeinen Not. Die Mittel des Landes waren so dürftig, dass eine Absonderung breiterer privilegierter Schichten aus der Masse nicht möglich war. Gleichzeitig erstickte der ›gleichmacherische‹ Charakter des Arbeitslohns das persönliche Interesse und wurde so zu einer Bremse für die Entwicklung der Produktivkräfte. Die Sowjetwirtschaft musste aus ihrer Armut herauskommen und eine höhere Stufe erklimmen, damit der Fettansatz – die Privilegien – möglich wurde (Trotzki 1988: 810).

Trotz seines polemischen Tons – das Zitat stammt aus einem Buch, das bereits im Titel von »Verrat« an der Revolution spricht – ist der Auszug erhellend: a) man darf nicht bei »der allgemeinen Not« stehen bleiben; b) in diesem Stadium gibt es einen »›gleichmacherischen‹ Lohn«. Man achte auf die Anführungszeichen, in die das Adjektiv gesetzt ist. Es handelt sich bloß um eine Gleichheit des Elends, um einen zwangsmäßigen »allgemeinen Asketismus«, von dem sich das *Manifest der Kommunistischen Partei* bereits deutlich distanziert hatte und der, so wäre zu ergänzen, das Abgleiten in die absolute Ungleichheit mit sich bringen kann; c) um diesen Bedingungen zu entkommen, muss die »Produktivkraftentwicklung« befördert werden, indem man individuelle Anreize schafft. Daraus ergeben sich Ungleichheiten, die durch die unterschiedliche Quantität und Qualität der geleisteten Arbeit legitimiert sind, die sich jedoch in inakzeptable »Privilegien« verwandeln können.

Hier begegnen uns eine Analyse und eine Warnung, die auch für China Gültigkeit beanspruchen können. Die dortigen Veränderungen der vergangenen Jahrzehnte lassen sich mit einer Metapher illustrieren: Zwei Züge, fahren von einem Bahnhof mit dem Namen »Unterentwicklung« los in Richtung eines Bahnhofs mit dem Namen »Entwicklung«. Einer der beiden Züge ist superschnell unterwegs, der andere mit verringerter Geschwindigkeit, was zur Folge hat, dass der Abstand zwischen den beiden Zügen wächst. Die unterschiedlichen Geschwindigkeiten erklären sich leicht, wenn man sich sie kontinentalen Dimensionen Chinas und seine qualvolle Geschichte vor Augen führt: Die Küstenregion, die bereits über eine wenn auch nur elementare Infrastruktur verfügte und die sich der Nachbarschaft zu und der Möglichkeit des Handels mit weiter entwickelten Ländern erfreute, befand sich also von Anfang an in einer günstigeren Ausgangslage als die traditionell zurückgebliebenen Regionen, die ohne Zugang zum Meer sind und zudem an Länder angrenzen, die sich durch ökonomische Stagnation auszeichnen. Anders dagegen die Lage im Westen. Nicht wenige Beobachter sprechen im Falle dieser Weltregion von einer Rückkehr einer Misere, die als überwunden galt und die über eine Gesellschaft hereinbricht, in der sich der Reichtum in immer kleineren Kreisen konzentriert. Für China dagegen lässt sich sagen, dass Wohlstand bzw. würdevolle Lebensbedingungen zurückkehren, auch wenn dies im Rahmen eines äußert widersprüchlichen Prozesses geschieht. Wenn auch mit unterschiedlichen Geschwindigkeiten – die beiden Züge haben das gleiche Ziel.

Das Aufkommen bzw. die Verschärfung jener zweiten »großen Divergenz« und die Demontage des Sozialstaates waren in den USA und in Westeuropa von einer ideologischen Kampagne vorbereitet worden, die unabhängig von irgendeinem ökonomischen Kalkül mit Hayek die ökonomischen und sozialen Rechte aus dem Rechtskatalog gestrichen hatte. In China verlief der ideologische Prozess in umgekehrter Richtung. Als Deng Xiaoping 1979 für die Wende warb, war er weit davon entfernt, die ökonomischen und sozialen Rechte in Frage zu stellen, im Gegenteil, er unterstrich deren zentrale Stellung. Er kritisierte das alte Modell dafür, dass es unfähig gewesen sei, die Produktivkräfte zu entwickeln und den Zustand des Mangels zu überwinden, und deshalb auch nicht das Recht auf ein Leben in Würde realisiert habe. Es drängte sich ein grundlegender Wandel auf. Dabei war zu berücksichtigen, dass »die Armut nicht der Sozialismus ist und dass Sozialismus die Beseitigung des Elends« und die Realisierung der »allgemeinen Wohlstands« und des »Glücks« des gesamten Volkes bedeutet (vgl. Kap. VII, § 6). Auf dieser Grundlage blieb die Gegnerschaft zum Kapitalismus bestehen, der »lediglich zehn Prozent der Bevölkerung reich machen kann, aber nicht die restlichen 90 Prozent«. Es sei notwendig, den 1949 eingeschlagenen Weg weiterzuverfolgen, allerdings ohne ein Abgleiten in den Populismus, der im Reichtum eine Beschmutzung der revolutionären Reinheit zu erkennen glaubte und der de facto, indem er jedweden materiellen Anreiz beseitigt haben wollte, die Freistellung von der Arbeit belohnte. »Wenn wir am Sozialismus festhalten und das [Marxsche] Verteilungsprinzip anwenden, wonach jeder nach seiner Arbeit zu entlohnen ist, dann wird es keine exzessive Ungleichheit des Reichtums geben«. Wie schon bei der explizit erwähnten NÖP, sollte dem öffentlichen Eigentum privates an die Seite gestellt werden, wobei die führende Rolle das erstgenannte einnehmen sollte (Deng Xiaopiing 1992-95, Bd. 3: 73, 143 u. 145).

Nun begann sich mit zunehmender Deutlichkeit ein ideologischer und politischer Kampf um den neuen Kurs in China abzuzeichnen: Auf der einen Seite die Befürworter der egalitären Verteilung des Mangels, die dazu neigten, diese Bedingungen populistisch als Synonym hervorragender Politik und Moral zu verklären; und auf der anderen Seite die Befürworter eines tatsächlich »allgemeinen Wohlstands«, der indes nur durch den Wettbewerb der Individuen und der Unternehmen, durch den Markt und durch die Verschränkung von staatlicher und privater Industrie bei führender Rolle des staatlichen Sektors (und der politischen Macht) zu erreichen sei. Wie Dengs Bezugnahme auf die NÖP beweist, handelte es sich dabei nicht um eine neue Debatte in der Geschichte der sozialistisch ausgerichteten Länder. Damit ist, wenn auch mit bisher unbekannter Radikalität, ein altbekanntes Dilemma benannt: Entweder alles auf einen »allgemeinen Asketismus« und auf »rohe Gleichmacherei« setzen (was bereits im *Manifest der Kommunistischen Partei* verspottet worden ist) oder den Auftrag ernst nehmen, den wiederum das *Manifest* einer kommunistischen Partei an der Macht aufgab, nämlich »die Masse der Produktionskräfte möglichst rasch zu vermehren«?

Drei Jahrzehnte einer außerordentlichen ökonomischen Entwicklung, die reich an Widersprüchen und Konflikten jeder Art war, haben es möglich gemacht, hunderte Millionen Menschen aus Elend und absoluter qualitativer Ungleichheit zu befreien bzw. haben die Gefahr gebannt, ihr zum Opfer zu fallen. Das China von heute schickt sich an, auch die verschiedenen Erscheinungsweisen der quantitativen Ungleichheit zu bewältigen. In den letzten Jahren konnten sich Tibet, die Innere Mongolei und andere Region rühmen, höhere und teilweise deutlich höhere Wachstumsraten zu erzielen als der nationale Durchschnitt. Gleiches lässt sich auch für die Megapolis Chongqing und für die Metropole Chengdu sagen, die etwa 1.500 Kilometer von den am weitesten entwickelten östlichen und Küstenregionen entfernt liegen und die eine furiose Aufholjagd zu betreiben scheinen. Folglich verringern sich die regionalen Differenzen in China im Rahmen einer beschleunigten ökonomischen Entwicklung. Diese Differenzen vergrößern sich hingegen in Europa (und innerhalb einzelner Länder wie Italien). Sie verschärfen sich vor dem Hintergrund von Stagnation bzw. Rezession.

In China vergrößert sich zwar das Gefälle zwischen Stadt (die die jungen und unternehmenslustigen Kräfte anzieht) und Land, aber diese Tendenz wird durch den rapiden Urbanisierungsprozess eingedämmt. Die Passagiere des superschnellen (städtischen) Zuges werden immer zahlreicher. Es mangelt aber auch nicht der Anstrengungen, die Geschwindigkeit des vergleichsweise langsameren (ländlichen) Zugs zu beschleunigen. In den Städten ist der Zugang zu Wohlstand, Reichtum und Luxus keineswegs gleichmäßig. Aber diese Ungleichheiten und Verzerrungen werden in gewisser Weise durch die rasche Anhebung des Lohnniveaus und der Errichtung erster Bausteine eines Sozialstaates gebremst und entschärft.

Die unterschiedliche Geschwindigkeit, mit der China das Elend hinter sich lässt und den Komfort der modernen Zivilisation erlangt, kann mit der Kategorie »große Divergenz« insgesamt nicht angemessen beschrieben werden. Umso mehr, als hartnäckige Schwierigkeiten wie Felsblöcke auf dem Weg zum »allgemeinen Wohlstand« liegen, die verhindern, dass alle in den vollen Genuss der ökonomischen und sozialen Rechte kommen, und die die Gesellschaft so schnell wie möglich beiseite zu räumen hat. Auch auf ideologischer Ebene ist die Antithese zum Neoliberalismus deutlich, der die erste wie die zweite »große Divergenz« befördert und legitimiert.

10. China und der Klassenkampf

Welche Klassenverhältnisse herrschen also in China, wie steht es um den Klassenkampf? Jede Antwort wäre oberflächlich, wenn sie vom internationalen Kontext abstrahierte. Es lohnt, an die Zurechtweisungen zu erinnern, die der US-amerikanische Fernsehjournalist Mike Wallace am 2. September 1986 Deng Xiaoping erteilt hatte: Westliche Investoren beklagten sich darüber, dass das Geschäftemachen in China nach wie vor schwierig sei. Exorbitant hohe Mieten für die Büros, zu viel Streit um Verträge, zu viele Sondersteuern, und auch die Lohnkosten seien außerordentlich hoch (in: Deng Xiaoping 1992-95, Bd. 3: 173). Diese Klagen ertönten immer dann, wenn die politische Macht in Peking Normen zugunsten der Arbeiterklasse erlassen oder versucht hatte, deren Ausbeutung einzudämmen. Heute antworten die multinationalen Unternehmen auf die rasche Lohnsteigerung und die Einführung strengerer Umweltauflagen mit einer Verlagerung ihrer Betriebe in rückständigere und zu größeren Zugeständnissen bereite Länder, bisweilen kehren sie sogar in ihre Stammländer zurück, insbesondere in die USA, wo in der Zwischenzeit die Lohnkosten spürbar gesunken sind. Nachvollziehbar, dass die politische Führung in Peking in einer ersten Phase, als es darum ging, den Mangel und die damit zusammenhängende Situation absoluter qualitativer Ungleichheit zu überwinden, in erster Linie daran interessiert war, die industrielle und technologische Basis des Landes zu festigen.

Doch damit endet die internationale Einflussnahme auf die von China ergriffenen wirtschaftspolitischen Maßnahmen nicht; eine Einflussnahme übrigens, die von den Anhängern eines »Idealismus der Praxis« gern übersehen wird. Vergegenwärtigen wir uns die Situation, wie sie in der zweiten Hälfte der 90er Jahre herrschte. Wir kennen bereits die wiederkehrenden Drohungen Washingtons, den US-amerikanischen Markt für chinesische Waren zu schließen und also auf ein Mittel zurückzugreifen, das noch vor einiger Zeit als das kommerzielle Äquivalent zur »Nuklearwaffe« galt. China konnte versuchen, sich durch den Beitritt zur Welthandelsorganisation, der WTO, zu schützen. Doch diese wie die anderen von den USA bzw. vom Westen beherrschten internationalen Wirtschaftsorganisationen drängten auf rasche und massive Demontage der staatlichen Industrien, ohne auf die gesellschaftlichen Folgekosten zu achten, etwa auf den Anstieg der Arbeitslosigkeit und den Verlust von Sozialleistungen (Kinderkrippen, Gesundheitsversorgung), die in China traditionell an die Anstellung in staatlichen Betrieben geknüpft sind (Stern 1994; Manning 1996). Die Interventionen aus Washington waren durchaus auch direkter. Die US-amerikanische Presse berichtete von Mahnungen des US-Botschafters in China, wonach das Fortbestehen eines ausgedehnten staatlichen und kollektiven Wirtschaftssektors und »mangelnde Anstrengungen zugunsten des Marktes« »negative Folgen« haben würden. Als besorgniserregend und inakzeptabel betrachtete man dort eine Politik, die, anstatt die staatlichen Unternehmen zu schließen, das Ziel verfolgte, sie »wettbewerbsfähiger« zu machen. Wirklich empört war man dann, als sich eine »Strategie« abzeichnete, die den Anspruch formulierte, die »ausländischen Inverstoren« sollten »mit den Spitzen der kommunistischen Partei« zusammenarbeiten, »um in den chinesischen Staatsunternehmen moderne Technologie und Managementtechniken einzuführen« (Bowring 1995; Tyler 1995).

Mittlerweile hat man China zur WTO zugelassen. Dank dieser Zulassung und dank der außerordentlichen ökonomischen Entwicklung des Landes, konnte die »Nuklearwaffe« in kommerzieller Gestalt neutralisiert werden. Aber nicht deshalb hat sich das Arsenal der Handelswaffen, die Washington zur Verfügung stehen, geleert. Wenn China als Marktwirtschaft anerkannt sein wollte (um somit auch gewisse Garantien gegen protektionistische Androhungen zu haben), und vor allem, wenn es das Technologieembargo, dem es noch immer unterlag, lockern wollte, dann hatte es weitere Konzessionen in der angezeigten Richtung zu machen. Wir wissen bereits, dass China, wie schon die anderen Länder, die eine antikapitalistische und antikoloniale Revolution hinter sich haben, mit den beiden Ungleichheiten konfrontiert war, jener »globalen« und jener im Landesinneren. Es ist, als hätte Washington zu Peking gesagt: Wenn ihr wollt, dass die Hindernisse bei der Beseitigung der ersten Ungleichheit entfernt werden (nämlich mit der Aufhebung der Bestimmungen, die den Zugang zu fortgeschrittener Technologie untersagt oder behindert haben), dann müsst ihr Zugeständnisse machen, die de facto die Ungleichheit des zweiten

Typs verschärfen (insofern nämlich die geforderte Auflösung des staatlichen Sektors in erster Linie die Fähigkeit eingeschränkt hätte, zugunsten der weniger entwickelten Regionen einzugreifen, womit der Kampf gegen die regionale Ungleichheit umso schwieriger geworden wäre).

Theoretisch könnte China sich solchen Drucks und solcher Beeinflussung entziehen, indem es einen mehr oder weniger autarken Entwicklungsweg einschlüge. In Wahrheit aber kann, wie schon das *Manifest der Kommunistischen Partei* erklärt, die ökonomische und technologische Rückständigkeit nicht durch Isolierung von einem weltweit in Gang befindlichen Prozess aufgeholt werden, bei dem »die uralten nationalen Industrien« »durch neue Industrien« verdrängt werden, »deren Einführung eine Lebensfrage für alle zivilisierten Nationen wird, durch Industrien, die nicht mehr einheimische Rohstoffe, sondern den entlegensten Zonen angehörige Rohstoffe verarbeiten und deren Fabrikate nicht nur im Lande selbst, sondern in allen Weltteilen zugleich verbraucht werden« (MEW, 4: 466). In anderen Worten, die Entwicklung, die ein führendes Land einer antikapitalistischen bzw. antikolonialen Revolution zu befördern hat, kann nicht ohne Ankopplung an einen Weltmarkt gedacht werden, der immer noch zu großen Teilen von der Bourgeoisie kontrolliert wird. Es gibt keine wirkliche Alternative, als mit den Wölfen zu heulen.

Somit lässt sich eine Schlussfolgerung ziehen: Wenn man die Umstände des Klassenkampfs in China verstehen will, dann muss man sich die Rolle der westlichen Bourgeoisie, insbesondere der US-amerikanischen, vergegenwärtigen. Die von dieser entfesselte Offensive beschränkt sich nicht darauf, die staatlichen Bereiche der Wirtschaft und, allgemein, die Führungsrolle der politischen Macht gegenüber der Ökonomie ins Visier zu nehmen. Es handelt sich auch um eine politisch-ideologische Offensive, die beabsichtigt, Mao zu dämonisieren, indem dessen schwierigste Regierungsjahre verabsolutiert und dekontextualisiert werden. Von einem politischen Führer, der, gestorben 1976, seit 1948 ganz China und seit 1928 mehr oder weniger ausgedehnte Gebiete dieses riesigen Landes regiert hatte, finden also lediglich die Jahre des Großen Sprungs nach vorn und der Kulturrevolution Erwähnung. Damit wird das Wesentliche verdrängt: Die »gesellschaftlichen Errungenschaften« in ihrem Zusammenhang betrachtet, waren

»außerordentlich«. Sie haben zu einer spürbaren Verbesserung der wirtschaftlichen, sozialen und kulturellen Bedingungen und zu einer deutlichen Erhöhung der »Lebenserwartung« des chinesischen Volkes geführt. Ohne diese Voraussetzungen lässt sich die rasante ökonomische Entwicklung, die nach und nach Hunderte von Millionen Menschen vor dem Hunger, gar vor dem Hungertod bewahrt hat, nicht verstehen (Arrighi 2008: 406f).

Hinzu kommt, dass die Ideologen des Westens verschweigen, dass der Große Sprung in mehrfacher Hinsicht der verzweifelte Versuch war, auf ein verheerendes Embargo zu reagieren. Das gilt in Teilen auch für die Kulturrevolution, die ihrerseits von der Illusion getragen war, man könne die ökonomische Entwicklung durch Massenmobilisierung und die Anwendung militärischer Methoden beschleunigen. Alles geschah in der Hoffnung, die Verheerungen des »Wirtschaftskrieges«, hinter dem stets auch die Gefahr eines totalen Krieges lauerte, ein für alle Male zu beenden. Auf der Grundlage dieser Verdrehungen führen sich die Mitverantwortlichen bzw. die maßgeblich Verantwortlichen dieser Tragödie als Richter auf und fällen ein Urteil: Mao, der Protagonist eines epischen Kampfes zur nationalen Befreiung, der die Kolonial- und Versklavungspläne des asiatischen Imitators des Dritten Reichs vereitelt hatte, wurde nun mit Hitler auf eine Stufe gestellt. Diese Operation zielt darauf, die Selbstachtung der Mitglieder der Kommunistischen Partei wie auch der Staatsbürger der Volksrepublik zu unterminieren und spielt sich im Rahmen eines Kreuzzugs ab, in dessen Folge auch in Peking die Macht des großen Reichtums Einzug halten und eine als nicht hinnehmbar betrachtete Anomalie beseitigt werden soll. Die Kombination von ökonomischem und politisch-ideologischem Druck macht den hauptsächlichen Klassenkampf aus, der in China und um China herum ausgefochten wird.

Um sich dieses Faktums bewusst zu werden, genügt eine elementare Feststellung: Die großartige industrielle und technologische Entwicklung sowie der Austritt von »mehr als 600 Millionen Menschen« (Goldstein 2011: 31) bzw. einer anderen Berechnung zufolge 660 Millionen (Roach 2012) aus dem Elend wäre nicht möglich gewesen, wenn das Regime-Change-Vorhaben der USA nicht eine Niederlage erlitten hätte. Hätte dieses Vorhaben jetzt Erfolg, wäre der weitere Weg zur Überwindung der beiden Ungleichheiten versperrt und die bisher erreichten Resultate gerieten in Gefahr.

Dabei darf sicherlich nicht die innere Bourgeoisie ignoriert werden. Sie wächst rasant, und die Arbeiter stoßen oft genug mit ihr zusammen, weil sie für höhere Löhne sowie bessere Arbeitsbedingungen kämpfen und dabei auch wichtige Erfolge errungen haben und weitere erringen. Aber diese Kämpfe zielen nicht darauf, die politische Macht zu stürzen oder in Frage zu stellen. Oftmals werden sie von der politischen Führung noch darin unterstützt, die Arroganz und Unnachgiebigkeit dieses oder jenes Arbeitgebers, dieses oder jenes lokalen Bosses zu brechen.

Diese Haltung erstaunt die westlichen Marxisten oftmals. Von den chinesischen Arbeitern in ihrem gewerkschaftlichen Kampf fordern sie, jeglichen Kompromiss mit der Staatsmacht zu verweigern, und dünken sich dabei besonders radikal, ja sogar revolutionär. Dabei sei der belgische Arbeiter Lazarevic in Erinnerung gerufen, der es im von Weltkrieg und von Bürgerkrieg verheerten Sowjetrussland fertig brachte, jeden Versuch der Sowjetmacht, die industriellen und ökonomischen Strukturen zu reorganisieren, als Ausbeutung zu denunzieren (vgl. Kap. VII, § 1). Die Lage im China von heute ist offensichtlich eine andere. Gleichwohl sorgen sich die chinesischen Arbeiter, oftmals in der Kommunistischen Partei organisiert, nicht nur um höhere Löhne, sondern auch um die technische Entwicklung der Betriebe, in denen sie arbeiten, und um die Nation, deren Staatsbürger sie sind. Gut möglich, dass sie aus Lenins *Was tun?* gelernt haben: dem Sekretär einer beliebigen Gewerkschaft warf Lenin darin vor, den Emanzipationskampf in seinen verschiedenen nationalen und internationalen Facetten aus dem Blick verloren zu haben und somit zur Stütze einer »Nation, die die ganze Welt ausbeutet« (zur damaligen Zeit England) geworden zu sein. Grundverschieden verhält sich der revolutionäre »Volkstribun«, der die politischen und gesellschaftlichen Verhältnisse national wie international im Zusammenhang betrachtet. Der chinesische Arbeiter, wenn er auch nur ein vages Bewusstsein davon hat, dass die technische Entwicklung seines Landes die »ökonomische Annexion« (Lenin) bzw. die »ökonomische Aggression« (Che Guevara) erschwert, steht dem »Volkstribun« (also dem Protagonisten im revolutionären Klassenkampf) deutlich näher als dem westlichen Marxisten, der sich nur um die Löhne sorgt. Im Gegensatz zu seinem angeblichen Verteidiger erfasst jener Arbeiter intuitiv, dass die maßgeblichen Antagonisten des Klassenkampfs in China und um China herum auf der einen Seite die US-amerikanische und westliche Bourgeoisie sind und auf der anderen Seite eine zwar verselbständigte politische Schicht, die jedoch, anders als in Osteuropa geschehen, weiterhin großes Ansehen aufgrund des Umstands genießt, die Sache der nationalen Emanzipation zu verkörpern.

Wie dieser Kampf ausgehen wird, vermag niemand vorherzusehen. Auch die chinesischen Kapitalisten nicht, die gezwungen sind die Politik in ihr Kalkül mit einzubeziehen, was Mao seinerzeit als die völlige politische, aber eben nur teilweise ökonomische Enteignung der Bourgeoisie beschrieben hatte. Die »politische Enteignung«, von der hier die Rede ist, besteht nicht nur in der Unmöglichkeit, die ökonomische in politische Macht umzuwandeln. Denn die ökonomische Macht unterliegt erheblicher politischer Einflussnahme. Es genügt, einen chinesischen Betrieb in Privateigentum zu betreten, um das Gewicht zu ermessen, das hier sowohl die Kommunistische Partei wie auch die in der Partei organisierten Arbeiter besitzen. Diese verlangen von den Eigentümern, einen festen Teil der Profite in die technologische Entwicklung des Unternehmens zu investieren, um auf diese Weise die Produktivkraftentwicklung und die Modernisierung des Landes zu beschleunigen und den ersten Typ der Ungleichheit zu verringern oder zu beseitigen. Zudem sind die Eigentümer gehalten, einen Teil der Profite für Sozialleistungen aufzuwenden. Wenn man sich dann vergegenwärtigt, dass die Privatbetriebe von Krediten abhängig sind, die von einem staatlich kontrollierten Bankensystem vergeben werden, drängt sich eine Schlussfolgerung auf: Die Macht des Privateigentums in den Privatbetrieben wird durch eine Gegenmacht ausgeglichen und begrenzt. Die chinesischen Kapitalisten, die sich dieser Situation nicht anpassen und das Land verlassen, haben Schwierigkeiten, ihren Reichtum mitzunehmen.

Wie dieser Kampf ausgehen wird, vermag auch die Kommunistische Partei nicht vorauszusehen. Sie ist sich der Notwendigkeit bewusst, auf dem Weg der Demokratisierung voranzuschreiten, obwohl die Einkreisung und die militärische Bedrohung fortbestehen und sich sogar verschärfen.

Wenn auch nur in groben Zügen skizziert, bedeutet die von Peking angestrebte Demokratisierung etwas anderes als die vom Westen eingeforderte. Nach dessen Auffassung ist Demokratie die Möglichkeit, dass die chinesische Bourgeoisie ihre ökonomische Macht endlich in politische Macht umwandeln darf. Auf der anderen Seite muss man sich vor Augen halten, dass im Innern der Kommunistischen Partei Chinas eine rein nationale Strömung, die den revolutionären Prozess (Modernisierung, Wiedererlangung der territorialen Integrität und Wiedergeburt Chinas) als abgeschlossen betrachtet, einer Strömung mit viel ambitionierteren Zielen gegenübersteht, die auf die Geschichte und das ideelle Erbe der kommunistischen Bewegung zurückgreift.

Eines steht aber fest. Mit seiner Entwicklung, die weiterhin von der politischen Macht kontrolliert wird, die noch immer versucht, die gewöhnliche Jagd nach Profit allgemeinen Zielen unterzuordnen, ist China das Land, das mehr als jedes andere die von Kolonialismus und Imperialismus errichtete internationale Arbeitsteilung in Frage stellt und das Ende der kolumbianischen Epoche befördert. Eine Tatsache von enormer historischer und progressiver Tragweite.

Kapitel XII

Der Klassenkampf zwischen Marxismus und Populismus

1. Weil und der »Kampf jener, die gehorchen, gegen jene, die befehlen«

Vor allem infolge der 2008 ausgebrochenen Krise, die nicht selten mit der Großen Depression von 1929 verglichen wird, haben die erbaulichen Ausführungen von Arendt und Habermas ihre Glaubwürdigkeit eingebüßt. Darin wurden dem Klassenkampf die Wunder der technologischen Entwicklung bzw. der »Pazifizierung« entgegengestellt. Auch auf internationaler Ebene wurden die Verhältnisse klarer. Die große Bourgeoisie, Förderin und Nutznießerin der zweiten »großen Divergenz«, die im Westen eine stets wachsende gesellschaftliche Polarisierung verursacht, nimmt mit wachsendem Unbehagen den Rückgang jener ersten »großen Divergenz«, der »globalen Ungleichheit«, zur Kenntnis und scheint entschlossen, diese Tendenz auch unter Rückgriff auf außerökonomische Mittel umzukehren. In dieser an Gefahren so reichen Situation müsste also auf der anderen Seite die Überwindung der Fragmentierung und eine Wiederbelebung der Klassenkämpfe möglich werden: Warum geschieht das nicht bzw. nur in gänzlich unzureichender Weise? Zur Beantwortung dieser Frage ist es nötig, sich einer bestimmten Denk- und Gefühlsrichtung, dem Populismus, näher zuzuwenden.

Es lohnt sich, dabei von einer Philosophin auszugehen, die in diesem Zusammenhang besonders bedeutend ist. Mit marxistischer Bildung ausgestattet und angetrieben von einem lebendigen sympathetischen

Interesse für die Arbeiterfrage war sie für sozialistisch oder kommunistisch ausgerichtete, jedenfalls revolutionäre Zeitschriften (*La Révolution prolétarienne*) tätig, brachte sich aktiv in die Gewerkschaft (und in den Klassenkampf der Arbeiter) ein, sammelte Arbeitserfahrungen in verschiedenen Fabriken und endete schließlich damit, erst mit der UdSSR und dann auch mit Marx zu brechen. Die Rede ist von Simone Weil. In den folgenden Termini hat sie 1937 ihre Lesart der in Frage stehenden Kategorie dargestellt, nachdem sie zuvor vorausgeschickt hatte, dass der Begriff »Klassenkampf« ein Begriff sei, »der nicht wenige Klarstellungen erfordert«:

> Der Kampf derjenigen, die gehorchen, gegen diejenigen, die befehlen, sofern der Herrschaftstyp von Seiten letzterer zur Vernichtung der menschlichen Würde führt, ist auf dieser Welt überaus legitim, begründet und authentisch. Dieser Kampf hat immer existiert, insofern diejenigen, die befehlen immer dazu neigen – ohne sich dessen notwendigerweise bewusst zu sein –, die menschliche Würde derer mit Füßen zu treten, die ihrer Macht unterstehen (Weil 1989-91, Bd. 2: 124).

Dank ihrer Klarheit eignet sich diese Formulierung zur Gegenüberstellung mit der Sichtweise von Marx und Engels. Weil zufolge lässt sich nur dann von Klassenkampf sprechen, wenn die Mächtigen und Reichen auf der einen und die Degradierten und Armen auf der anderen Seite einander gegenüberstehen. Die Sache der Gerechtigkeit und der Emanzipation vertreten immer und einzig diejenigen, die ohne Macht und Habe sind. Klassenkampf ist nur dann, wenn er von einer Opposition ausgeht. Ist der Klassenkampf bei Marx und Engels die Bedingung des historischen und gesellschaftlichen Prozesses, so gerät er bei Weil zu einem moralisch privilegierten Moment in der Geschichte und im Leben der Menschen.

Die französische Philosophin liest den Klassenkampf wie einen moralischen Imperativ: Mit ihm werde das Ende gesellschaftlicher Verhältnisse angestrebt, die zur »Vernichtung der menschlichen Würde« führten. Diese Sinngebung findet sich sehr wohl auch bei den Autoren des *Manifests der Kommunistischen Partei*: Die »Proletarier aller Länder«, aufgerufen, sich im Kampf zu vereinigen, sind die Adressaten jenes »kategorischen Imperativs«, »alle Verhältnisse umzuwerfen, in denen der Mensch ein erniedrigtes, ein geknechtetes, ein verlassenes, ein verächtliches Wesen ist« (vgl. Kap. III, § 3). Man sollte indes nicht vergessen, dass der Einsatz für die Aufrechterhaltung und Verstetigung von Ausbeutung und Unterdrückung, ebenfalls Klassenkampf ist; ebenso wie das Massaker, mit dem die herrschende Klasse in Frankreich den Arbeiteraufstand vom Juni 1848 niedergeschlagen hat: der Klassenkampf, verstanden als »mehr oder minder versteckter Bürgerkrieg« und, dem *Manifest* zufolge, früher oder später dazu bestimmt, zur »offenen Revolution« zu werden, erreichte einen Wendepunkt und endete mit dem vorläufigen Triumph der Bourgeoisie. Im Gegensatz zu Weil besaß der Klassenkampf für Marx und Engels nicht zwingend eine positive Wertung.

Aber selbst wenn man sich bloß auf die emanzipatorischen Klassenkämpfe beschränken wollte, bliebe festzustellen, dass sie nicht in jedem Falle dem von Weil angedeuteten »Kampf jener, die gehorchen, gegen jene, die befehlen« entsprechen. Die Opfer nationaler Unterdrückung und der über die Frauen verhängten »häuslichen Sklaverei« sind nicht einzig Angehörige der subalternen Klassen, und folglich sind die Subjekte des nationalen Befreiungskampfes bzw. für die Frauenemanzipation nicht ausschließlich »diejenigen, die gehorchen«.

Aber auch wenn wir uns auf den Konflikt zwischen Kapital und Arbeit beschränken, funktioniert Weils Schema nicht. Werfen wir einen Blick auf die erbittertsten zu Lebzeiten von Marx und Engels: Zur Absicherung des Sieges der Bourgeoisie im Juni 1848 war die Unterstützung der Lumpenproletarier nötig, die sich, frei von Reichtum und Macht, bereitwillig in deren Dienste stellten. Zur Einführung der gesetzlichen Regelung des Arbeitstages in England bemerkte Marx, sie sei »das Resultat eines vielhundertjährigen Kampfes zwischen Kapitalist und Arbeiter«, »das Produkt eines langwierigen, mehr oder minder versteckten Bürgerkriegs zwischen der Kapitalistenklasse und der Arbeiterklasse« (MEW, 23: 286 u. 316). Der Konflikt näherte sich manches Mal seiner Bruchstelle. Es gab Momente, in denen der »Klassenantagonismus [...] zu einer unglaublichen Höhe gespannt« war (MEW, 23: 309). Hatte in Frankreich der Klassenkampf die Revolution vom Juni 1848 verursacht, so antwortete die politische Macht in England auf die Gefahr einer proletarischen Revolution von unten mit einer Reform von oben. Doch dabei handelte es sich nicht nur um ein Aufeinandertreffen zwischen Proletariern und Kapitalisten. Auf Veränderung drängten auch die am weitesten blickenden Teile der herrschenden Klasse sowie eine Regierung, die von ihren Gegnern nicht zufällig des Jakobinismus bezichtigt wurde (MEW, 23: 253 u. 301).

Ebenso wenig kannte die Geschichte der Pariser Kommune einzig das Aufeinanderprallen zwischen jenen, »die gehorchen«, und jenen, »die befehlen«. Dass es zu ihrer Entstehung kam, hatte auch, um es mit Marx zu sagen, mit den »nationalen Erinnerungen von 1792« zu tun, mit der Empörung darüber, dass dem Vormarsch der preußischen Armee seitens der französischen Regierung nicht angemessen begegnet worden war, was deren Schwäche und Ohnmacht anzeigte. Diese Erinnerungen und Gefühlsregungen verbreiterten die soziale Basis des Aufstand über die Volksklassen im strengen Sinne hinaus (vgl. Kap. VI, § 10).

Es war aber vor allem eine andere historische Krise, die sich auf der anderen Seite des Atlantiks abspielte, die mit besonderer Klarheit die Unzulänglichkeit des Weil so teuren Schemas anzeigt. Die Rede ist vom Sezessionskrieg. Auf dem dortigen Schlachtfeld standen sich eben nicht die Mächtigen und die Degradierten, die Reichen und die Armen, sondern reguläre Armeen gegenüber. Auch deshalb verhielten sich Persönlichkeiten und bedeutende Teile der Arbeiterbewegung gegenüber dieser gigantischen Konfrontation, die sich da in den USA zutrug, abwartend und distanziert. Umso mehr, als Lincoln anfangs erklärt hatte, er wolle die Abspaltung, nicht aber die Sklaverei beseitigen. Marx hingegen wies von Anfang an darauf hin, dass der Süden der erklärte Repräsentant der Sklavenarbeit und der Norden der sich dessen mehr oder weniger bewusste Repräsentant der »freien« Arbeit sei. Unerwarteterweise wurde der Klassenkampf für die Emanzipation der Arbeit mit einem regulären, disziplinierten und schwer bewaffneten Heer ausgetragen. Als Marx 1867 das erste Buch des *Kapitals* veröffentlicht hatte, beschrieb er den Sezessionskrieg als »das einzig großartige Ereignis der Zeitgeschichte«. Diese Formulierung erinnert an jene, die er einige Jahre zuvor getroffen hatte und die sich auf den Aufstand der Pariser Arbeiter vom Juni 1848 bezog, den er als das »kolossalste Ereignis in der Geschichte der europäischen Bürgerkriege« beschrieb (vgl. Kap. 1, § 7). Beide waren entscheidende Etappen in der Geschichte des Klassenkampfs des 19. Jahrhunderts: Die »Formen« des Klassenkampfs können mithin so »verschieden« sein, dass die Protagonisten des Emanzipationsprozesses mal zerlumpte und hungernde Arbeiter waren wie im Juni 1848 und mal eine gewaltige, von Lincoln befehligte Armee.

Während des Marsches nach Süden füllten sich die Reihen des Unionsheeres dank zugelaufener (Ex-)Sklaven, die vor ihren (ehemaligen) Herren geflohen waren und jetzt zur Niederlage der Sezession der Sklavenhalter beitragen wollten. Diese Armee wurde auch außerhalb der USA von den Sympathien jener Arbeiter getragen, die wussten, was auf dem Spiel steht: Freiheit oder erklärte Arbeitssklaverei. Gleichwohl handelte es sich immerhin um eine reguläre Armee, die zum ersten Mal in der Geschichte bei den militärischen Operationen systematisch industrielle Technologie anwandte, um eine Armee, die alles andere als machtlos war, und Macht auch gebieterisch ausübte. Als Lincoln, entschlossen, den Süden zu besiegen, von der allgemeinen Wehrpflicht Gebrauch machte, lehnten sich die armen Immigranten in New York, vor allem die Iren, dagegen auf. Daraufhin marschierte ein bewaffnetes Korps in die Stadt und schlug den Aufruhr mit eiserner Faust nieder (Losurdo 2007, Kap. II, § 5). Seit jeher ein Unterstützer des irischen Befreiungskampfes, zögerte Marx in diesem Falle nicht, den »irischen Pöbel« für sein Verhalten anzuprangern (MEW, 15: 565). Die europäische Arbeiterklasse sollte sich mit dem Unionsheer identifizieren und nicht mit den Immigranten der vom britischen Kolonialismus unterdrückten Insel. Zumindest in diesem Falle waren die Degradierten und Armen integraler Bestandteil der Reaktion, und die Sache der Emanzipation beförderten nicht diejenigen, die gehorchten, sondern diejenigen, die befahlen.

Die theoretischen Vorannahmen, von denen Weil ausgeht, einmal zugrunde gelegt, lassen sich ihre Unsicherheit und ihr Schwanken in den großen Klassenkämpfen des 20. Jahrhunderts gut verstehen. Ein Text, der vermutlich wenige Monate nach der Machterlangung Hitlers verfasst wurde, bringt die Beunruhigung über die Entwicklungen, die sich daraus auf internationaler Ebene würden ergeben können, zum Ausdruck. »Die Errungenschaften des Oktober gegen die Einmischungen des ausländischen Kapitalismus zu verteidigen, wäre nicht ein Kampf zwischen Nationen, sondern einer zwischen den Klassen« (Weil 1989-91, Bd. 1: 237). Wie man sieht, wird hier der Gegensatz zwischen Sowjetrussland und Nazideutschland der Kategorie des Klassenkampfes (zwischen Proletariat und Bourgeoisie) untergeordnet. Doch ein anderer im gleichen Zeitraum angefertigter Text gelangt zu einer gegenteiligen Schlussfolgerung. So wie sie von einem Überfall auf die UdSSR, seitens einer »Fraktion der deutschen Bourgeoisie« ausgeht, beeilt sich die französische Philosophin sogleich, ihre Besorgnis zu präzisieren: die aggressivste Fraktion der deutschen Bourgeoisie hege ihre Angriffspläne »in der Absicht, ihren imperialistischen Hunger zu stillen, nicht aber, wie die Stalinisten und selbst die Trotzkisten glauben, in der Absicht, einen Klassenfeind zu vernichten« (Weil 1989-91, Bd. 1: 258). Die Kategorie des Klassenkampfs mochte in der unmittelbar auf den Oktober 1917 folgenden Phase Sinn ergeben, als der Machterhalt der Bolschewiki in Russland vom »sogenannten antisowjetischen Block aller kapitalistischen Staaten« bedroht war: In jener Phase konnte auch das Schema der Entgegenstellung von Degradierten und Mächtigen, zwischen jenen, die gehorchen, und jenen, die befehlen, zwischen Armen und Reichen Gültigkeit beanspruchen. Nun aber habe sich, wie die »französisch-russische Annäherung« zeige, die Sowjetmacht konsolidiert, sei ein Staat wie jeder andere, »eine Macht wie jede andere« geworden (Weil 1989-91, Bd. 1: 312f u. 258). Es ergebe daher keinen Sinn, bei einem Zusammenstoß formierter Mächte von Klassenkampf zu sprechen. Das »Dritte Reich« beabsichtige zwar, Russland zu unterwerfen, aber wo sei da der Konflikt zwischen Proletariat und Bourgeoisie, wo der Klassenkampf?

Einige Jahre später war Bürgerkrieg in Spanien. Die Philosophin überwand ihre Ratlosigkeit und ihr Zögern und entschied, an die Front zu ziehen, um für die Verteidigung der Republik zu kämpfen. Der Klassenkampf schien zurückgekehrt. Die legitime Regierung verkörperte die Sache der Arbeiter und der Bauern und musste dem Aufstand der Klasse der Besitzenden entgegentreten, die sich ihrerseits der Unterstützung der mächtigen Militärapparate Nazideutschlands und des faschistischen Italiens erfreute. Relativ bald jedoch erfolgten die Ernüchterung und der Entschluss, nach Frankreich zurückzukehren. Das war alles andere als erstaunlich. Immerhin standen sich zwei Heere und Machtapparate gegenüber. Mehr noch, der schreckliche »Gestank des Bürgerkriegs, des Bluts und des Terrors« strömte von beiden Seiten her (Weil 1960: 221). Der Bürgerkrieg war ein internationales Kräftemessen. Zur Unterstützung der Franquisten griffen Italien und Deutschland ein, während die republikanische Regierung Hilfe von der Sowjetunion erhielt. War es bereits schwer, die gegnerischen Fraktionen des spanischen Bürgerkriegs auseinanderzuhalten, so erwies dies sich als unmöglich, sobald die Großmächte ins Spiel kamen. »Aufgrund der internationalen Zirkulation des Kapitals« könne man weder die »Antagonismen unter den Nationen« und weniger denn je den »Gegensatz von Faschismus und Kommunismus« verstehen: »Es existieren keine zwei Nationen, die einander so sehr ähneln wie Deutschland und Russland, die sich allerdings gegenseitig bedrohen« (Weil 1989-91, Bd. 3: 52-55). Von Klassenkampf kann aus solcher Perspektive keine Rede sein, denn auf keiner Seite gibt es Degradierte, niemanden, »der nicht kommandiert«.

Wie es sich tatsächlich verhielt, lässt sich bei Gonzalo de Aguilera, einem Hauptmann der franquistischen Armee nachlesen:

> Die Massen dieses Landes [...] sind Lasttiere. Sie sind zu nichts anderem denn als Sklaven zunutze und nur dann sind sie glücklich, man sie als Sklaven gebraucht [...]. Wenn der Krieg beendet sein wird, werden wir diesen Stall ausmisten. Das beste System der Geburtenkontrolle für Spanien ist das von Gott gewollte. Die Kanalisation ist ein Luxus, der denen vorbehalten bleiben wird, die ihrer würdig sind, den Eliten Spaniens, nicht dem Sklavengeschlecht (Preston 1999: 167).

Auch die Führer des Dritten Reichs wollten die Bedingungen des Sklavendaseins den Slawen aufherrschen. Blickt man dann nach Spanien bzw. auf den internationalen Konflikt, so wird die Frage erlaubt sein: Welchen Sinn ergibt es, erklärte Sklavenhalter mit potentiellen Sklaven auf eine Stufe zu stellen? Um von Klassenkampf sprechen zu können, sucht Weil die Erniedrigten, »diejenigen, die nicht befehlen«, und bemerkt nicht die Massen (potentieller) Sklaven, deren Vernichtung sich am Horizont abzeichnete. Einmal mehr sieht sie den Wald vor lauter Bäumen nicht.

2. Weil und die »Bettelei« als exklusiver Wahrheitsort

Weil hatte die Änderungen, die sich aus dem Machtantritt Hitlers auf internationalem Feld ergaben, sofort erfasst: »Auf der einen Seite wird der Krieg nichts bewirken, als jenen anderen Krieg zu verlängern, der da Konkurrenz heißt und der aus der Produktion einen Kampf um die Herrschaft macht. Auf der anderen Seite, ist das gesamte ökonomische Leben gegenwärtig auf einen zukünftigen Krieg ausgerichtet« (Weil 1989-91, Bd. 1: 292). Der Wettstreit der Großmächte um Hegemonie endete nicht 1918. Er spielte sich bereits auf ökonomischer Ebene ab, bevor er auf dem Schlachtfeld ausgetragen wurde. Diese Situation lastete schwer auf den Volksmassen:

> Nicht bloß der Betrieb, sondern jede Art von Arbeitskollektiv ist gezwungen, den Konsum der eigenen Leute auf das Äußerste einzuschränken, um mehr Zeit zu haben, Waffen gegen das rivalisierende Kollektiv zu schmieden. Solange auf der Erdoberfläche ein Kampf um die Macht ausgetragen wird und solange der entscheidende Faktor des Sieges die Industrieproduktion sein wird, solange werden die Arbeiter ausgebeutet werden (Weil 1989-91, Bd. 2: 32).

Sowjetrussland drohte zur Kolonie degradiert zu werden: »Zu seiner Verteidigung muss es konstant seinen Produktionsapparat und seine Bewaffnung vergrößern, und dies um den Preis einer totalen Knechtung der Arbeitermassen« (Weil 1989-91, Bd. 1: 312). Wenn die Schlussfolgerungen nicht wären, die zu den Prämissen nicht passen wollen, könnte es scheinen, Weil habe in einigen der reiferen Resolutionen der Kommunistischen Internationale geblättert: Vor Krieg und Massaker hatte der Imperialismus den Lebensstandard abgesenkt, die Arbeit verdichtet und die Drohungen gegenüber Sowjetrussland noch weiter erhöht. Der Klassenkampf, der da in vollem Gang war, konnte seitens eines Volks, das seine koloniale Versklavung verhindern wollte, nicht anders geführt werden, denn vermöge einer Stärkung des Militär- und Produktionsapparats. Für Weil jedoch war dies der Beweis, dass sich die Unterwerfung des Arbeiters unter die Ausbeutung und die rigide Arbeitsdisziplin in allen Ländern vollzog und verschärfte. Allerorten sei der Proletarier »Arbeitsfutter, bevor er zu Kanonenfutter« werde. Überall spiele sich das gleiche entmutigende Spektakel ab: »Die betrogenen Massen, jedweder Kontrolle über eine Diplomatie beraubt, die ihr Leben gefährdet, ohne dass sie davon wüssten. (Weil 1989-91, Bd. 1: 238). Auch wenn zwischen den Ländern hinsichtlich ihrer größeren oder geringeren Befähigung und Bereitschaft, ihre jeweiligen Staatsbürger in »Kanonenfutter« zu verwandeln, unterschieden wird, bleiben sie für Weil doch weitgehend ununterscheidbar in ihrem Hunger nach »Arbeitsfutter«. Die UdSSR mache da keine Ausnahme. Ja:

> Wie Marx selbst erkannt hatte, kann die Revolution nicht überall gleichzeitig vonstatten gehen, und wenn sie sich in einem Land ereignet, beseitigt sie nicht, sondern verschärft sie die Notwendigkeit dieses Landes, die Arbeitermassen auszubeuten und zu unterdrücken, da es fürchten muss, schwächer als andere Nationen zu sein. Die Geschichte der russischen Revolution hat das in schmerzhafter Weise bewiesen (Weil 1989-91, Bd. 2: 32).

Die Rede ist von einem Land, das aus einer Revolution hervorging und zu einem zweifachen Klassenkampf aufrief: Jener, den die Arbeiter im Westen gegen die kapitalistische Bourgeoisie, und der, den die »Sklaven der Kolonien« – wie sie bezeichnet wurden – gegen die kolonialistischen und sklavenhalterischen Großmächte zu führen hatten. Die Anstrengungen der UdSSR, ihren Militär- und Produktionsapparat mit dem Ziel zu stärken, ihre eigene kolonialistische Versklavung zu verhindern, kann als eine Politik verstanden werden, die in vollständiger Übereinstimmung mit dem zweiten Klassenkampf steht. Weil jedoch sieht darin den Verrat am ersten, begangen von einem Land, das bloß um der Steigerung seiner militärischen und produktiven Kapazitäten willen nicht zögere, »die Arbeitermassen auszubeuten und zu unterdrücken«. Man beachte: Einer besonders scharfen Ablehnung verfällt der Wettlauf gegen die Zeit, bei dem es darum ging, der Gefahr einer kolonialistischen Versklavung zu entrinnen. So paradox das auch sein mag, dies ist die Schlussfolgerung einer (populistischen) Sichtweise, derzufolge der einzige Klassenkampf, der diesen Namen verdient, der Kampf jener ist, »die gehorchen, gegen jene, die befehlen«.

Mit dem Ausbruch des Weltkriegs schien eine Wende einzutreten. Die Gräuel des von Hitler entfesselten Krieges im Osten hatten das Wesen des Nazismus offengelegt. Und so zog Weil 1943, als sie über die Geschichte des Kolonialismus nachsann, eine bedeutsame Schlussfolgerung:

> Die Kolonisierung maßt sich das gleiche Recht an wie Hitlers analoger Anspruch auf Zentraleuropa [...]. Der Hitlerismus weist im Vorgehen Deutschlands Methoden der kolonialen Eroberung und Beherrschung über den europäischen Kontinent, oder allgemeiner über die Länder der weißen Rasse auf (Weil 1960: 367f).

Die großen Kolonialmächte und nicht Sowjetrussland stünden somit dem »Dritten Reich« de facto näher: »Für die Engländer, die in Indien leben, und für die Franzosen, die in Indochina leben, setzt sich ihre Umgebung aus Weißen zusammen. Die Indigenen sind dagegen lediglich Teil des Landschaftsbilds« (Weil 1960: 373f). Es sei die Logik des Kolonialismus, die unterworfenen Völker zum »Menschenmaterial« zu degradieren. »Die Bevölkerungen der besetzten Länder sind in den Augen der Deutschen« (und der Japaner als »Nachahmer« Nazideutschlands) »nichts anderes« als genau das (Weil 1960: 369f u. 375). Die Kolonialherrschaft, insbesondere die von Hitler und seiner »Nachahmer« errichtete, brachte unzweifelhaft eine Entmenschlichung der Opfer mit sich. Wenn die Bestimmung Weils zugrunde gelegt wird, dass sich der Klassenkampf gegen »die Vernichtung der menschlichen Würde« richtet, dann besteht kein Zweifel daran, dass dort von Klassenkampf die Rede sein muss, wo der Große Vaterländische Krieg und andere Kämpfe zur Befreiung gegen den deutschen und japanischen Imperialismus ausgetragen wurden. Doch die französische Philosophin führt diese Kategorie nicht ein. Die Möglichkeit, dass der Klassenkampf sich unter bestimmten Umständen als nationaler Kampf konfigurieren kann, liegt außerhalb ihres Horizonts.

Somit fand die Wende eher auf politischem, denn auf theoretischem Terrain statt. Weil stellt die verschiedenen Kriegsteilnehmer nicht mehr auf eine Stufe. Im Gegenteil, sie wollte zur Niederlage des Dritten Reichs beitragen, indem sie ein Korps von Krankenschwestern organisieren und an die Front schicken wollte, die dort auch bereit sein sollten zu sterben. Lesen wir nun aber aus einem Brief, der bisweilen angepriesen wird, der allerdings auf moralischer Ebene tatsächlich durchaus diskutabel scheint:

> In dieser Welt sind nur Wesen auf der niedersten Stufe der Demütigung, weit unter der des Bettlertums – also Menschen, die nicht nur kein soziales Ansehen genießen, sondern nach Ansicht aller nicht einmal die Grundwürde der Vernunft besitzen –, wirklich imstande die Wahrheit zu sagen. Alle anderen lügen (Weil 1957: 255).

Das war am 4. August 1943. Trotz Stalingrad war Hitler noch nicht endgültig geschlagen und hatte mitnichten sein Ziel der Errichtung eines kontinentalen Imperiums aufgegeben. Mehr denn je griff er auf eine völkermörderische Praxis zurück, um die Völker Osteuropas Bedingungen zu unterwerfen, wie sie die Rothäute (durch Landraub) und die Schwarzen (verurteilt zur Sklavenarbeit und zum Dienstbotendasein) hatten erfahren müssen. Weil aber schien nur ein einziger Widerspruch zu interessieren, nämlich jener, der alle Länder zerreißt, bei dem die Bettler denen entgegenstehen, die keine sind. Das ist der Triumph des Populismus: Unabhängig von jeder konkreten historischen und politischen Analyse – für die Marxsche Unterscheidung zwischen Proletariat und Lumpenproletariat ist da kein Platz – ist die moralische Tadellosigkeit bei denen zu finden, die frei sind von Macht und Reichtum, bei den Armen und Degradierten, bei den Allerärmsten und Allererniedgrigsten. In diesem Fall funktioniert der Populismus wie ein Mittel zur Flucht vor dem Klassenkampf, der ringsherum weiter wütet.

3. Weil und die »moderne Produktion« als Ort der Sklaverei

Hatte Weil zunächst behauptet, dass Krieg und Kriegsgefahr allerorten zu einer Intensivierung der Produktionsanstrengungen, zu einer Verhärtung der hierarchischen und autoritären Strukturen in Fabrik und Gesellschaft und zu einer Verschärfung der Ausbeutung der Arbeiter führe, ging sie nun einen Schritt weiter: Unabhängig von der internationalen Situation, auch bei Abwesenheit von Konflikten und Spannungen zwischen den verschiedenen Ländern, müsse »das moderne Produktionsregime, also die große Industrie« in Frage gestellt werden. Der Grund sei einfach: »Mit den industriellen Zuchthäusern, die die großen Fabriken sind, lassen sich nur Sklaven produzieren und keine freien Arbeiter« (Weil 1989-91, Bd. 2: 32 u. 104). Der etwaige Sturz des Kapitalismus und die eventuelle Nationalisierung der Betriebe führe zu keiner realen Veränderung: »Die totale Unterordnung des Arbeiters unter den Betrieb und jene, die ihn leiten, fußt auf den Fabrikstrukturen und nicht auf den Eigentumsverhältnissen«. »Die Abschaffung des Privateigentums würde nicht hinreichen zu verhindern, dass die Mühsal der Bergwerke und Fabriken wie ein Sklavendienst auf denen lastet, die ihr ausgesetzt sind« (Weil 1989-91, Bd. 2: 33 u. 38).

An diesem Punkt wird der Bruch mit Marx unvermeidlich, den sie bezichtigt, eine »Religion der Produktivkräfte« gestiftet zu haben, nicht unähnlich jener bürgerlichen Religion, »in deren Namen Generationen von Unternehmern die Arbeitermassen erdrückt haben, ohne auch nur ein Minimum an Reue zu zeigen«. Für Marx sei »der Zweck der Revolutionen nicht die Emanzipation der Menschen, sondern der Produktivkräfte« (Weil 1989-91, Bd. 2: 36 u. 34).

In Wahrheit stellt sich der Klassenkampf bei Marx, wie wir gesehen haben, als Kampf um Anerkennung dar, zu führen gegen ein politisch-soziales System, das eine Masse konkreter Individuen entmenschlicht und verdinglicht. Und er denunzierte die kapitalistische Produktion als »Vergeuderin von Menschen«, machte sie verantwortlich für eine »Timur-Tamerlansche ›Verschwendung‹ von Menschenleben«, nannte sie ein »ununterbrochenes Opferfest der Arbeiterklasse« (vgl. Kap. III, § 3 und Kap. I, § 12). Solange der Kapitalismus besteht, »vollziehn sich alle Methoden zur Steigerung der gesellschaftlichen Produktivkraft der Arbeit auf Kosten des individuellen Arbeiters; alle Mittel zur Entwicklung der Produktion schlagen um in Beherrschungs- und Exploitationsmittel des Produzenten« (MEW, 23: 674). Was Weil entgeht, ist der Umstand, dass aus der Einheit von Mensch und Natur und der entscheidenden Rolle, die die Einsicht in die Produktivkraftentwicklung spielt, folgt, dass Vergeudung und Verschwendung menschlichen Lebens zur gleichen Zeit Vergeudung und Verschwendung materiellen Reichtums sind. Die kapitalistische Produktivkraftvernichtung und die kapitalistische Vernichtung menschlicher Ressourcen sind unauflöslich miteinander verwoben, ja, fallen in eins. »Von allen Produktionsinstrumenten ist die größte Produktivkraft« das Proletariat, »die revolutionäre Klasse selbst« (MEW, 4: 181). Die Arbeiter infolge von Arbeitsüberlastung und einem Leben in Elend zu einem vorzeitigen Tod zu zwingen, bedeutet auch, den gesellschaftlichen Reichtum anzugreifen. Um über das »stets bereite exploitable Menschenmaterial« zu verfügen, verdammt der Kapitalismus einen Teil »der Arbeiterklasse zu erzwungnem Müßiggang«. Die industrielle Reservearmee zwingt den erwerbstätigen Teil der Klasse qua Konkurrenz zur Arbeitsüberlastung (MEW, 23: 661 u. 665). Sowohl »erzwungner Müßiggang« wie auch Arbeitsüberlastung führen einerseits zur Erniedrigung der konkreten Individuen, Menschen aus Fleisch und Blut, und auf der anderen Seite zur Verschwendung und Zerstörung menschlicher Ressourcen. Dieser Vorgang wird angesichts der wiederkehrenden Überproduktionskrisen umso deutlicher.

Die französische Philosophin wird sich in gewisser Weise der Inkongruenz ihrer eigenen Kritik bewusst, insofern sie schreibt, dass »bei Marx die markigen Formeln einer Knechtung der lebendigen Arbeit durch die tote Arbeit«, der konkreten Individuen durch die Bedürfnisse der kapitalistischen Akkumulation »übertrieben werden« (Weil, 1989-91, Bd. 2: 32f). Doch der strittige Gegenstand ist ein anderer. Historisch hatte Marx recht darin, die bornierte Maschinenstürmerei gegen die moderne Fabrik als solche zu verurteilen. Diese kann aber erstens auf freie Arbeiter wie auf Sklaven zurückgreifen, wie es in Hitler-Deutschland und in den von diesem eroberten Gebieten geschah. Die dem »Dritten Reich« beigefügte Niederlage hatte nicht das Ende der modernen Fabrik zur Folge, aber Massen von Menschen vor der Versklavung bewahrt. Zweitens ist offenkundig, dass der Klassenkampf und die politische Aktion innerhalb des Kapitalismus nicht nur die Wiedereinführung der Sklaverei vereiteln, sondern auch die Arbeitsbedingungen verbessern und den Arbeitstag verkürzen sowie den »Despotismus«, von dem das *Manifest der Kommunistischen Partei* spricht, einschränken können. Und drittens gerät die Arbeit in der modernen Fabrik dann umso unerträglicher, je mehr sie den Arbeiter außerhalb der Werkstore in einen Zustand des Elends und der Degradierung zwingt, je mehr die Produktivitätssteigerungen der modernen Fabrik lediglich der Bereicherung einer Handvoll Ausbeuter dienen. Klassenkampf und politische Aktion können mit Blick auf die drei genannten Aspekte radikale Veränderungen bewirken. So lässt sich mit Marx schlussfolgern: »Die gegenwärtige Anwendung der Maschinen gehört zu den Verhältnissen unseres gegenwärtigen Wirtschaftssystems, doch die Art, wie die Maschinen ausgenutzt werden, ist etwas völlig anderes als die Maschinen selbst. Pulver bleibt Pulver, ob man sich seiner bedient, um einen Menschen zu verletzen oder um die Wunden des Verletzten zu heilen« (MEW, 27: 456). Die Erlangung eines reifen Klassenbewusstseins setzt die Überwindung der Maschinenstürmerei voraus: Es geht nicht um den Kampf gegen die Maschine und die moderne Industrie, sondern um die kapitalistische Anwendung dieser wie jener.

Für Weil hingegen ist das Ziel des authentischen Klassenkampfs die moderne Industrie, die unvermeidlich »die totale Unterordnung des Arbeiters« mit sich bringe. Der Kampf um die Freiheit müsse die »großen Fabriken« ins Visier nehmen, die »nur Sklaven produzieren können«. Waren die Anhänger der Maschinenstürmerei für Arendt Wahnsinnige und Kriminelle, schuldig, den einzig möglichen Weg zur Lösung der sozialen Frage und zur Beendigung des Elends zu behindern, werden sie in Weils Rechnung des Freiheits- und Emanzipationskampfes zu Heiligen und Märtyrern idealisiert. Scheute sich Arendt vor dem Klassenkampf wie vor einem »Alptraum«, begrüßt Weil ihn warmherzig, interpretiert ihn aber maschinenstürmerisch, verzerrt ihn zur Donquichotterie.

An Sismondi kritisierte Marx, dieser wolle »überlebte Methoden des Ackerbaus gewaltsam erhalten und die Wissenschaft ebenso aus der Industrie verbannen [...], wie einst Plato die Poeten aus seiner Republik verstieß«. Doch »in der Gesellschaft vollzieht sich eine lautlose Revolution, vor der es kein Entrinnen gibt« (MEW, 8: 544). In einer Welt, in der Wissen zur Produktivkraft par excellence geworden ist, werden das Fortschreiten der Wissenschaften, der Technologien und Produktionsmethoden, die einander durchdringen, zur Bestimmung, der zu entrinnen nur um den Preis katastrophaler Verstümmelungen der intellektuellen Kapazitäten des Menschen möglich ist.

In einer Welt, die alles andere als geeint ist und in der die internationalen Konflikte an der Tagesordnung sind, bedeutet der Verzicht auf moderne Industrie für ein spärlich entwickeltes Land, sich erheblichen Gefahren auszusetzen. Diesen Umstand hatte auch Weil in ihrer Betrachtung der internationalen Situation zwischen den Weltkriegen unterstrichen. Der Populist mag über den Dingen schweben und den Widerspruch zwischen »denen, die gehorchen«, und »denen, die befehlen«, nur innerhalb jedes einzelnen Landes als moralisch relevant erachten. Es bleibt aber festzuhalten, dass ein wenig entwickeltes Land bei Verzicht auf die Beförderung der modernen Industrie, der Wissenschaften und der Technologie sowie mit der Unterwerfung unter das Gesetz des Stärkeren auch moralisch eine problematische Haltung einnimmt.

In der Zwischenkriegszeit anerkannte Weil einerseits die Gefahr, dass die Sowjetunion zur Kolonie werden könnte, kritisierte aber andererseits den dort betriebenen Produktivismus, in einem Land also, das sich von seiner Rückständigkeit und seinem Mangel befreien wollte und gleichzeitig seine Unabhängigkeit zu verteidigen und zu festigen hatte. Auch in unseren Tagen besteht kein Gleichklang zwischen Populismus und dem Kampf, den die weniger entwickelten Länder gegen Mangel und neokoloniale Abhängigkeit zu führen haben. 2006 brachte der Vizepräsident Boliviens, Garcia Linera, eine in Lateinamerika (und der Dritten Welt generell) weit verbreitete Sichtweise zum Ausdruck, als er die Notwendigkeit hervorhob, mit der Arbeit zur Verringerung der kolonialen wirtschaftlichen Abhängigkeit fortzufahren. Demgemäß lautete seine Losung: »Industrialisierung oder Tod« (Stefanoni 2006). Das Motto »Vaterland oder Tod, mit dem so manches Mal die Reden Fidel Castros (1969: 145) und die Reden und Briefe Che Guevaras (1969: 1418 f u. 1448-1454) endeten, lautet nun also: »Industrialisierung oder Tod«. Letzteres ist eine Präzisierung des ersten. Drückte dieses in einer bestimmten Situation die Identität von »sozialer Frage« und »nationaler Frage« (Marx) bzw. von »Klassenkampf« und »nationalem Kampf« (Mao) aus, so ist jenes der Ausdruck des Bewusstseins, dass die politische Unabhängigkeit solange fragil, gar illusorisch bleibt, solange keine ökonomische (und technologische) Unabhängigkeit besteht; des Bewusstseins, dass die Beseitigung der »politischen Annexion« nicht per se die Überwindung der »ökonomischen« (Lenin) bedeutet. Und ohne diese Überwindung kann die Anerkennung als Nationalstaat nicht vollständig erfolgen. Das beweisen bis in unsere Tage die Kriege, deren Opfer diejenigen Länder sind, die sich nicht in der Lage sehen, den westlichen Großmächten ernsthaften Widerstand entgegenzusetzen.

4. Der Populismus als Trauer um die verlorene »ursprüngliche Fülle«

Weils ungestüme Kritik an der Moderne und an der Industrie ist die Kehrseite einer Sichtweise auf die Vergangenheit, die von Pietas durchdrungen ist. Dieses Charakteristikum des Populismus lässt sich auch mit

Rückgriff auf Marx untersuchen. Der gab eine glänzende Zusammenfassung der Tragödie des von Großbritannien kolonisierten Indiens: England hatte »ganze Gefüge der indischen Gesellschaft niedergerissen«, ein »Verlust seiner alten Welt, ohne dass eine neue gewonnen worden wäre« (vgl. Kap. V, § 3). Diese Situation rief eine »besondere Note der Melancholie« hervor, anfällig dafür, die Vergangenheit zu verklären. Man bedauerte das Verschwinden einer Gesellschaft, die durch »Kastenunterschiede und Sklaverei befleckt« war: In ihr war das Individuum einem unhintergehbaren Gewohnheitsrecht unterworfen, eingepfercht in ein beengtes Dasein (das als »unveränderliches, naturgegebnes Schicksal« erschien) und, was vor allem für den Armen galt, »dieses menschenunwürdige, stagnierende Dahinvegetieren« zu erdulden hatte (MEW, 9: 132 f; MEGA, I, 12: 172 f). In Abwesenheit einer neuen Welt, wurde die alte aufgrund der Leiden der Gegenwart und der vagen Erinnerung an die Vergangenheit idealisiert und verklärt, hörte nicht auf, zu einem Sehnsuchtsort zu werden.

Dieses Phänomen beschränkte sich nicht auf die koloniale Welt. Es manifestierte sich auch in Europa während der industriellen Revolution, die, um mit dem *Manifest der Kommunistischen Partei* zu sprechen, »alle feudalen, patriarchalischen, idyllischen Verhältnisse zerstört« hatte, die »kein anderes Band zwischen Mensch und Mensch übriggelassen« hat »als das nackte Interesse, als die gefühllose ›bare Zahlung‹«, die »die persönliche Würde in den Tauschwert aufgelöst« und »dem Familienverhältnis seinen rührend-sentimentalen Schleier abgerissen und es auf ein reines Geldverhältnis zurückgeführt« hat (MEW, 4: 464 f). Daraus folgt, wie in den *Grundrissen* notiert ist, eine »volle Entleerung«, die ein Betrauern einer mythischen »ursprünglichen Fülle« sowie die »Illusion der ›rein persönlichen Verhältnisse‹ der Feudalzeiten«, bzw. der prämodernen und präindustriellen Welt im Allgemeinen bewirkt (MEW, 42: 96 u. 98).

In diesen Kontext lässt sich einerseits eine Massenbewegung wie der Luddismus, also die Maschinenstürmerei, einordnen und andererseits die Haltung eines Zeitgenossen von Marx, der von diesem sagte, er »flüchtet sich [...] oft in die Vergangenheit; wird laudator temporis acti« (MEW, 26.3: 50). Die Rede ist von Sismondi: Mit seiner Familie auf der Flucht vor der Revolution in Frankreich, mithin Zweifler an

Projekten radikaler politisch-gesellschaftlicher Transformation, war er gleichwohl mitfühlend mit den Leiden des Volkes, und diese Leiden schienen ihm am besten vermieden oder gelindert, wenn die industrielle Entwicklung gebremst werde. Seiner Überzeugung nach hatte die Einführung neuer und mächtiger Maschinen zwar eine »Steigerung der Produktivität« erbracht, aber zugleich dazu geführt, dass das frühere Gleichgewicht zerstört worden war, ohne dass sich daraus irgendein realer und dauerhafter Vorteil ergeben hätte. Eine trostlose Angelegenheit: die »alten Webstühle werden verschwinden« und mit ihnen die Welt der Demut, die sich sicherlich durch ihre Bescheidenheit der Lebensbedingungen und gar durch Mangel auszeichnete, aber immerhin unbeschwert und würdevoll war (Sismondi: 208f).

Wir stoßen hier auf die erste Form des Populismus, die Marx einer bissigen Kritik unterzog. Die »ursprüngliche Fülle« ist bloß das Produkt der Einbildung und eine Verdrängung der Schmerzen und Leiden, die noch gravierender waren als jene, vor denen man zu fliehen beabsichtigt. Richten wir den Blick in die Vergangenheit, so stoßen wir mitnichten auf eine lebendige Spiritualität, sondern auf eine Welt, in der der tägliche Überlebenskampf so etwas schlichtweg unmöglich gemacht hat. Wir stoßen keineswegs auf größeren Reichtum in den persönlichen und intersubjektiven Verhältnissen, sondern auf eine entschieden größere Armut. Wohlgemerkt, vom Subjekt, vom Individuum hatte man nicht einmal einen Begriff.

In dem Maße, in dem auf wirklich sympathetische Weise die Leiden der von der industriellen Revolution Betroffenen nachempfunden werden, drückt diese erste Form des Populismus, wenn auch in unreifer Manier, einen legitimen und richtigen Protest aus. Dieser kann aber eine davon sehr verschiedene und instrumentelle Gestalt annehmen. Es geht um diejenigen, die beabsichtigen, den Protest der subalternen Klassen zu neutralisieren, zu entschärfen oder in andere Bahnen zu lenken. Und was das angeht, hat vermutlich niemand als Marx selbst den Topos härter kritisiert, von dem beispielsweise Mandeville sprach (1988: 311-316), dass nämlich noch der »größte König« dem »ärmlichsten und unwissendsten Bauern« die »bezaubernde [...] Unbeschwertheit des Geistes«, die »Ruhe und Friedlichkeit seiner Seele« neidet. Vom Bauern, der fortwährend an der Schwelle zum Verhungern steht, wird somit verlangt, sich mit seinen Lebensbedingungen abzufinden; er soll sie gar als ein Glück und ein Privileg betrachten. Die »bezaubernde« Welt, angesichts derer Mandeville in Verzückung zu geraten scheint, ist in Wirklichkeit der »Idiotismus des Landlebens«, von dem das *Manifest* spricht (MEW, 4: 466), und hat nichts Gutes an sich. Später erklärte Marx so den breiten Zuspruch, den Louis Napoleon von der Landbevölkerung erhielt: keinerlei »Reichtum der gesellschaftlichen Verhältnisse«, der »Verkehr mit der Gesellschaft« ist auf ein Minimum reduziert. All das machte die Bauern wehrlos gegenüber den Manövern des bonapartistischen Abenteurers und Diktators (MEW, 8: 198).

Marx war vielleicht Tocquevilles größter Antipode. Letzterer beschrieb die Verhältnisse des Armen unter dem Ancien Régime so (1951, Bd. 16: 121): Charakterisiert durch »begrenzte« Wünsche und friedvolle Gleichgültigkeit gegenüber »Geschehnissen, die nicht dazugehören«, war sein Schicksal »weniger zu bemitleiden als das der Menschen unserer Tage«. Immer gewohnt an ihre Lebensumstände, erfreuten sich die Armen »jener Art *vegetativen* Glücks, dessen Faszination sich dem zivilisierten Menschen nur schwer erschließt«. Auf den hier kursiv gesetzten Terminus griff auch Marx zurück, als er das »menschenunwürdige, stagnierende Dahinvegetieren der indischen Kastengesellschaft beschrieb.

Die Sichtweisen von Mandeville und Tocqueville sind trostspendende Mystifikationen, denen zufolge der ökonomische und materielle Mangel Hand in Hand mit dem spirituellen Reichtum oder jedenfalls mit einer »Seelenruhe« bzw. einer gewissen Form der »Glückseligkeit« geht. Über das Ziel einer anderen und gerechteren Einkommensverteilung hinaus muss der Klassenkampf die Überwindung des materiellen Elends anstreben, das auch ein Synonym der Armut der gesellschaftlichen Beziehungen und folglich auch der geistigen Armut ist, eine Überwindung, die in erster Linie durch eine veränderte Produktionsweise und eine verstärkte Produktivkraftentwicklung entsteht.

Marx widerspricht auch einem anderen Gemeinplatz in der Rhetorik dieser ersten Form des Populismus: Dieser liebt es, der wattierten Seelenruhe der beengten Dorfgemeinschaft das Durcheinander der politischen Welt und der Universalgeschichte gegenüberzustellen. Diese Sichtweise war in Deutschland schon zur Zeit der Französischen Revolution verbreitet. In seiner *Ästhetik* hatte Hegel (1969-79, Bd. 13: 340) beobachtet, dass ein beengtes soziales Umfeld in einem Landstädtchen einerseits »bornierte Philister« hervorbringt, andererseits aber nicht vor der von »den mächtigsten Verhältnissen tiefbewegten Welt«, vor den großen historischen Erschütterungen schützt. Marx ging darüber hinaus. Der »Idiotismus des Landlebens« bildete das Fundament der katastrophalen Politik des bonapartistischen Regimes in Frankreich, mit seiner vehementen Militärdiktatur im Inneren und seinen blutigen kriegerischen Abenteuern im Ausland.

Der Populismus kann keines seiner Versprechen halten. Und dennoch gab es im Laufe der Geschichte Situationen, die sein erneutes Emporkommen begünstigten. Man denke da an die Periode zwischen den Weltkriegen, die beide durch eine breite Anwendung von Wissenschaft und Technologie zum Zwecke eines kolossalen Gemetzels gekennzeichnet waren. In diese Phase fiel auch die Great Depression, die über die Erwartung ununterbrochenen Wachstums des gesellschaftlichen Reichtums hereinbrach. Eine der Krisenlösungen, war der Rüstungskeynesianismus, wie er besonders in Hitler-Deutschland zur Anwendung kam: Die Produktivkraftentwicklung hatte folglich die Funktion einer erneuten Zerstörung von Humanressourcen und menschlichem Leben. In diesem geistigen Klima, das bei Simone Weil seinen höchsten Ausdruck findet, erneuerte sich das Bedauern über den Verlust einer als mythisch erfahrenen »ursprünglichen Fülle«.

Je mehr nun in unseren Tagen, in der Welt nach der Niederlage des revolutionären Projekts, die große Industrie die Agrikultur ihrer Kontrolle unterstellt und das Handwerk sowie die traditionelle häusliche Industrie zerstört und je stärker die Erschütterungen der Globalisierung werden, umso stärker ausgeprägt ist das Betrauern und Verklären jener vergangenen gesellschaftlichen Beziehungen. In der Vergangenheit gab es wenigstens, so wird argumentiert, um nicht zu sagen fabuliert, gemeinschaftliche Verbindungen und gemeinsam geteilte Werte, gab es eine Welt, die noch nicht von der Krise zerrissen war und die einen Sinngehalt besaß. Man denke da an einen Autoren wie Pier Paolo Pasolini (1981: 277) und an dessen Anklage, die industrielle, neokapitalistische Entwicklung sei trotz einer merklichen Erhöhung der durchschnittlichen Lebenserwartung verantwortlich für einen »Genozid«, weil sie große Bereiche der Gesellschaft und damit der Kultur sowie weitverbreitete Lebensweisen beseitigt habe. Die populistische Versuchung wurde mit Beginn bzw. mit der Verschärfung der ökologischen Krise noch größer.

5. Der Populismus als Verklärung der Unterdrückten

Mit dieser ersten Form des Populismus verbindet sich oder kann sich eine zweite Form verbinden, die sich nicht durch eine Verklärung der Vergangenheit als solcher auszeichnet, sondern durch eine Verklärung der Opfer der Gegenwart, die als Verkörperung moralischer Vortrefflichkeit dargestellt und idealisiert werden. In diesen Kontext lässt sich Weils Eloge auf die »Wesen auf der niedersten Stufe der Demütigung, weit unter der des Bettlertums« einordnen, weil sie die einzigen seien, die in der Lage seien, die Wahrheit auszusprechen: Der Luxus, das Artifizielle, das Unechte und vor allem die Lüge, die der wohlhabenden und herrschenden Klasse eigen sind, sind ihnen fremd. Macht und Herrschaft fernstehend, verkörpern die Bettler und Degradierten auch Milde. Dies ist die erste Variante des zweiten Typs des Populismus.

Die zweite Variante erblickt die moralische Vortrefflichkeit nicht in einer bestimmten subalternen Klasse, sondern in diesem oder jenem unterdrückten Volk. Gandhi verband im 20. Jahrhundert die Anklage gegen die englische Kolonialherrschaft mit einem Bekenntnis zur »hindutva«, zu einem Hindunationalismus, der sich der Natur nahe fühlte, dem der Luxus fremd sei, der zu Bescheidenheit und Genügsamkeit neige sowie Wächter moralischer Werte (angefangen bei der Verweigerung der Gewalt und der Logik der Überrumpelung) sei –Tugenden, die für den Unterdrücker unerreichbar seien. Der afrikanische Politiker und Intellektuelle Leopold Senghor wiederum sang ein Loblied auf die »négritude«, die er der unheilvollen Kultur des kaltherzigen weißen Mannes gegenüberstellte, der frei von mitfühlenden Regungen einzig das nackte Kalkül kenne und nicht zufällig der Weltgeschichte den Stempel von Herrschaft, Tod und Zerstörung aufgedrückt habe (Losurdo 2015, Kap. II, § 7 und Kap. IV, § 8).

Der Populismus der Verklärung der Unterdrückten tritt schließlich in einer dritten Variante auf, die jene moralische Vortrefflichkeit nicht wie Weil in der »Bettelei« und auch nicht wie Gandhi bzw. Senghor in der »hindutva« bzw. der »négritude« ausmacht, sondern im »Unterschied des Geschlechts«, in einer anderen gesellschaftlich unterdrückten Person. Als Erzeugerin des Lebens ist es nunmehr die Frau, die der Natur nähersteht oder anders gesagt dem Artifiziellen, dem Unechten fernsteht, die zu einer als männlich konnotierten Kultur der Gewalt und der Herrschaft die Antithese bildet.

Im Laufe ihres Kampfes gegen die Verleumdung, der sie traditionell ausgesetzt sind, entwickelten die Protagonisten der sozialen, nationalen und sexuellen Emanzipation oft die Neigung, bestimmte Stereotypen der konservativen und reaktionären Kultur zu übernehmen, drehten deren Werturteil um und richteten es gegen die Unterdrücker. Jahrhundertelang ergab sich die Diskriminierung der subalternen Klassen, der Kolonialvölker und der Frauen aus deren angeblicher Unfähigkeit, sich über den eigenen Naturzustand erheben zu können, weil es ihnen an Mut und kriegerischem Geist gemangelt habe, weil sie dazu neigten, sich von ihren Gefühlen und Emotionen leiten zu lassen. Die Umkehr im Werturteil verleiht den traditionellen Stereotypen keine Glaubwürdigkeit. Mag diese Übung als Protestform verständlich und legitim und ein Moment des Emanzipationskampfes sein: Sie ist dennoch ein Rückgriff auf eine Ideologie, die für fortschrittsfeindliche Zwecke verwendet wird.

Das lässt sich im Zusammenhang mit der dritten Variante des Populismus veranschaulichen. Im Mai 1846 sahen sich Marx und Engels veranlasst, Kritik an Hermann Kriege zu üben. Der predigte einen »Kommunismus«, den er als Überwindung des »Reichs des Hasses« verstand, das auf Profitkult und auf der kühlen Unempfindlichkeit für die Bedürfnisse und Leiden des Nächsten sowie auf der Unterdrückung gegründet sei. Es gehe im Gegensatz dazu darum, ein »Reich der Liebe« zu errichten (»der Ton der Liebe entflieht vor dem Geklapper des Geldes«), eine Gemeinschaft zu gründen, die von der Wärme der Gefühle und der Nächstenliebe lebt. Die Protagonistinnen dieser Transformation könnten einzig die Frauen sein, aufgerufen, »der alten Politik den Rücken zu kehren« und »dem lang verheißenen Reich der Glückseligkeit die erste Weihe zu geben«. Die beiden Philosophen hatten für diese Gefühlsduselei, diese »heuchlerische und unwissende Captatio benevolentiae des Weibes« nur Spott übrig (MEW, 4: 4ff). Die hier zutage tretende Ideologie äußerte sich zwei Jahre später in kaum veränderter Form bei einem Autor (Daumer), von dem bereits zu erfahren war, dass er gegenüber dem Tumult und den Zerstörungen der Revolution von 1848 die Ruhe und die Glückseligkeit der Natur empfahl (vgl. Kap. I, § 11). Diesen Platz nimmt bei Daumer zuweilen die Frau ein:

> Natur und Weib sind das wahrhaft Göttliche im Unterschiede von Mensch und Mann [...] Hingebung des Menschlichen an das Natürliche, des Männlichen an das Weibliche ist die echte, die allein wahre Demut und Selbstentäußerung, die höchste, ja einzige Tugend und Frömmigkeit, die es gibt.

Marx und Engels kritisierten an Daumer, dass er »vor der geschichtlichen Tragödie, die ihm drohend zu nahe rückt, in die angebliche Natur, d. h. in die blöde Bauernidylle« flüchte und dass er einen »Naturkultus« und einen »Kultus des Weibes« predige. Sie verspotteten dessen strikte Bindung der Frau an die Reproduktion des Lebens, also an die Natur, womit ein Ausweg aus der von Gewalt geprägten historischen und politischen Welt gegeben sei. Tatsächlich ist die Natur keineswegs das Synonym für Frieden und Versöhnung, sondern der Ort gewaltsamer Katastrophen, eine tierische Welt des Kriegs aller gegen alle. So wenig die »blöde Bauernidylle« etwas mit dem Kampf gegen die Umweltverschmutzung zu tun hat, so sehr kann die Verschränkung von »Naturkultus« und »Kultus des Weibes« eine Flucht vor dem Kampf um die Frauenemanzipation bedeuten. Und tatsächlich verliert Daumer nicht nur kein »Wort von der gegenwärtigen gesellschaftlichen Stellung der Frauen«, sondern ergibt sich seinem »Kultus« und verlangt von den Frauen, sie sollten sich in die ihnen auferlegte familiäre und bürgerliche Minderstellung fügen (MEW, 7: 201-203). Somit ließe sich sagen, dass Marx und Engels einem Feminismus, der als Klassenkampf auf die Emanzipation abzielt, einen als erbaulicher Populismus daherkommenden Feminismus negativ gegenüberstellten.

1938, also etwa ein Jahrhundert nach Kriege und Daumer, schrieb Virginia Woolf (1992: 25):

> Kämpfen ist immer eine Gewohnheit des Mannes, nicht der Frau gewesen [...]. In der gesamten bisherigen Geschichte lassen sich die Menschen, die durch das Gewehr einer Frau ihr Leben verloren, an einer Hand abzählen. Und auch die übergroße Mehrheit der Vögel und anderer Tiere habt immer ihr [Männer] getötet, nicht wir.

Die hier hervorgehobene Tatsache ist unbestreitbar. Das Problem besteht allerdings darin, zu erkennen, ob sie auf die Natur des Mannes und der Frau zurückgeht oder vielmehr auf die historisch bedingte gesellschaftliche Arbeitsteilung. Zu Zeiten Mohammeds, um ein Beispiel zu geben, haben die Frauen, die sich zum Propheten bekannten, vielleicht nicht gekämpft, sie waren aber im Kriegsgeschehen alles andere als Außenstehende. Sie spornten die Kämpfer durch ihre Gesänge an: Schreitet ihr vorwärts, werden wir euch umarmen / werden wir euch die Kissen aufschlagen; / weicht ihr zurück, werden wir euch verlassen / und nicht im mindesten liebevoll sein (Rodinson 1995: 177 u. 180).

Wenn auch in weniger bildhafter Gestalt, existierte auch im Westen während der tragischsten und blutigsten Phasen der Geschichte eine solche Arbeitsteilung. Wenn man von den Frauen liest, die in Großbritannien noch vor 1914 ihren Freunden, Ehemännern und Söhnen einschärften, »sie sollten sich schämen, wenn sie sich nicht freiwillig zum Militärdienst verpflichteten« (Best 1989: 20), ist man gehalten, an die Frauen, an die Grazien und Musen zu denken, die Mohammeds Krieger ermutigten und anspornten. Die Rolle der Frau innerhalb dieser Arbeitsteilung im Zeichen der totalen Mobilmachung und der kriegerischen Begeisterung entging auch Kurt Tucholsky (1985: 267) nicht, der 1927 scharfe Anklage erhob: »Neben den evangelischen Pastören hat es im Kriege noch eine Menschengattung gegeben, die gar nicht genug Blut saufen konnte: das war eine bestimmte Schicht, ein bestimmter Typus der deutschen Frau«. Während das Massaker immer schrecklichere Formen annahm, opferte sie »Kinder und Gatten« und klagte darüber, »nicht noch einen Sohn zu haben, damit ich ihn dem Vaterlande geben kann«.

Wenn er sich auch nicht explizit zur Sache äußerte, hob Marx bei mehreren Gelegenheiten die zentrale Rolle der Arbeitsteilung hervor. Im *Elend der Philosophie* stimmte er vollständig mit der These Adam Smiths überein (1976, Buch I, 2: 25ff):

> Die Verschiedenheit der natürlichen Anlagen zwischen den Individuen ist in Wirklichkeit weit geringer, als wir glauben. Diese so verschiedenen Anlagen, welche die Angehörigen der verschiedenen Professionen zu unterscheiden scheinen, Leute, die bereits in das reife Alter getreten sind, sind nicht sowohl die Ursache als die Wirkung der Arbeitsteilung. Der Unterschied zwischen den am meisten ungleichen Charakteren, zwischen einem Philosophen und einem gewöhnlichen Lastenträger beispielsweise, scheint weniger eine Frage der Natur als vielmehr eine von Gewohnheit, Sitte und Bildung zu sein.

Nach Wiedergabe dieses Auszugs geht Marx im *Elend der Philosophie* noch einen Schritt weiter. »Ursprünglich unterscheidet sich ein Lastträger weniger von einem Philosophen als ein Kettenhund von einem Windhund. Es ist die Arbeitsteilung, welche einen Abgrund zwischen beiden aufgetan hat« (MEW, 4: 146).

Jene Teile der feministischen Bewegung, die die Verweigerung des Todeskults in der Frau als solcher verkörpert sehen, drängen diese in die Rolle der Reproduktion des Lebens zurück. Historisch aber hat sie bisweilen gegenüber der ihr zugeschriebenen eine entgegengesetzte Rolle gespielt. In Sparta hatte die Mutter ihren Sohn exakt in dem Bewusstsein geboren, dass er auf dem Schlachtfeld sterben werde: »Kehr mit diesem Schild oder auf ihm zurück«, also siegreich und mit der Waffe in der Hand, oder stirb als tapferer und geehrter Krieger. Historisch betrachtet, kam es auch vor, dass die Mütter in hoffnungslosen Situationen ihre Neugeborenen töteten, um sie vor einer schrecklichen und als unerträglich betrachteten Zukunft zu bewahren: So verhielten sich die indischen Frauen, gehetzt von der Niedertracht der Eroberer, oder die schwarzen Sklavinnen oder, früher noch, im Mittelalter, die jüdischen Frauen, die der Verfolgung der christlichen Kreuzzügler ausgesetzt waren, die sie zusammen mit ihren Kindern um jeden Preis zur Konversion zwingen wollten (Losurdo 2011, Kap. I, § 10). Einmal mehr wurden Leben ausgelöscht, die gerade erst das Licht der Welt erblickt hatten.

So oder so, die traditionelle Arbeitsteilung kommt an ihr Ende, wie neben anderem die wachsende Zahl von Frauen in den Streitkräften und auch innerhalb der Eliten bezeugt. Und hinsichtlich der Weltanschauung ist der Unterschied zwischen Soldatin und Soldat geringer als der beider zu denen, die einen freien Beruf ausüben. Das bestätigt einmal mehr die von Smith und Marx vertretene These von der Zentralität der Arbeitsteilung und folglich, nach Auffassung von Marx, von der Zentralität der Klassenspaltung und vom Klassenkampf.

Jede dieser drei Varianten der zweiten Form des Populismus scheitert daran oder verhindert es, die Einheit der Klassenkämpfe herzustellen. Mit einem Diskurs, der die Erniedrigten als ausschließliche Verkörperung moralischer Vortrefflichkeit feiert, ist es reichlich schwierig, einen breiten gesellschaftlichen Block zu bilden, der den Kampf um die Befreiung der unterdrückten Nationen und der Frauen voranbringen und die antikapitalistische Revolution herbeiführen will. Moralische Vortrefflichkeit einzig in den unterdrückten Völkern zu erblicken, macht den Aufruf zur Solidarität mit den subalternen Klassen der unterdrückenden Nationen schwierig. Ist einmal ein einzelnes unterdrücktes Volk heiliggesprochen, dürfte auch die Solidarität unter den unterdrückten Völkern problematisch werden. Analog läuft auch die Verklärung der Frau als immerwährende Verkörperung moralischer Vortrefflichkeit Gefahr, einen grundsätzlichen und permanenten Widerspruch gegenüber dem männlichen Geschlecht hervorzurufen, und würde damit alle drei Formen des Klassenkampfs schwächen. Bleibt hinzuzufügen, dass alle drei Formen der zweiten Variante des Populismus vom wirklichen Grund der Ausbeutung, von der Unterdrückung und vom Kriege ablenken.

6. Populismus und binäre Lesart des Konflikts

Betrachtet als exklusive Träger authentischer Werte, sind die Erniedrigten jederzeit und unter allen Umständen die einzigen Träger eines signifikanten und relevanten sozialen Wandels. Der Populismus verschränkt sich mit der binären Lesart des sozialen Konflikts.

Die Dialektik, die in dieser Verschränkung steckt, lässt sich ausgehend von Proudhon analysieren. Der unterstreicht einerseits die verheerenden Folgen des Raubs an den Armen durch einen exklusiven Klüngel der Reichen und brandmarkt andererseits die feministische Bewegung von Anfang an als »Pornokratie«. Diese Position ist allerdings nicht von einem Geschlechterhass motiviert und auch nicht in erster Linie von einem Kultus patriarchalischer Macht innerhalb der Familie, wenngleich dieses Moment keinesfalls fehlt. Doch der wahre Schlüssel zur Erklärung ist ein anderer. In der feministischen Bewegung, die damals Gestalt anzunehmen begann, spielten die Frauen, die eben nicht aus den Volksklassen stammten, eine nicht unerhebliche Rolle. Das ist alles andere als erstaunlich. Von Adam Smith wissen wir (1976, Buch V, Kap. I, Teil III, Art. 3: 788ff), dass die Volksmassen, zu den härtesten Einschränkungen und zu einer strikten Arbeitsteilung auch innerhalb der Familie gezwungen, auch in der Sexualität eine »strenge Moral« lebten, während die »liberale Moral« am ehesten in den mehr oder weniger wohlhabenden Klassen zum Ausdruck kam. Die Kritik an dieser »strengen Moral«, die auch eine Heiligsprechung der patriarchalischen Macht enthielt, fand dort einen fruchtbaren Nährboden, wo die »liberale Moral« bereits Wurzeln geschlagen hatte. Den westlichen Ländern Europas der damaligen Zeit erwuchsen somit zwei verschiedene gesellschaftliche Widersprüche: Jenseits des Widerspruchs zwischen Proletariat und Bourgeoisie, bestand der, den die feministische Bewegung ins Bewusstsein gerückt hat. Die Träger dieser beiden Konflikte waren nicht identisch. Für Marx waren das zwei verschiedene Äußerungsformen des »Klassenkampfs«, die nicht leicht zur Einheit gebracht, nicht leicht zu einem einheitlichen gesellschaftlichen und politischen Block geformt werden können: Eine bürgerliche Frau konnte sich leicht für die Sache der Frauenemanzipation einsetzen und hatte im Rahmen des Widerspruchs Mann / Frau an der Seite der Unterdrückten ihren Platz, während sie innerhalb des Widerspruchspaars Bourgeoisie / Proletariat (aufgrund ihrer gesellschaftlichen Stellung) auf Seiten der Unterdrücker stand. Die Verächtlichmachung der feministischen Bewegung als Pornokratie erlaubte es Proudhon, sich von dieser Problematik fernzuhalten und beim populistischen Schema zu verharren, das nur den Widerspruch zwischen Erniedrigten und Mächtigen, zwischen Unterdrückten und Unterdrückern kennt.

Wenn wir nun den Blick von den entwickelten Ländern Westeuropas abwenden und ihn nach Osten auf Polen richten, stoßen wir auf einen dritten Widerspruch, auf den nationalen. Von Marx wissen wir, dass er die Beteiligung des polnischen Adels oder dessen fortgeschrittener Teile am nationalen Befreiungskampf begrüßt hat (auch dies eine Manifestation des Klassenkampfs, der in erster Linie die russische Aristokratie ins Visier nahm, die zu jener Zeit der Stützpfeiler des Ancien Régime wie auch des imperialen Expansionismus war). So aber argumentierte Proudhon nicht; er verlachte und verspottete vielmehr die nationalen Bestrebungen der unterdrückten Völker als Ausdruck obskurantistischer Anhänglichkeit an obsolete Vorurteile. In Polen war das gesellschaftliche Lager, das an der nationalen Erhebung teilnahm, so breit angelegt, dass es weit über die Schar der Erniedrigten hinausging. Das verwundert nicht, wenn man berücksichtigt, dass die gesamte Nation der Unterdrückung unterlag. Das aber ist für den Populisten ein Skandal, denn für ihn gibt es nur einen einzigen wirklichen Widerspruch, den zwischen Arm und Reich, zwischen erniedrigtem und unbestechlichem Volk auf der einen Seite und den Großen und Mächtigen (Bourgeoisie und Adel) auf der anderen. Daraus ergibt sich die höhnische und sarkastische Haltung, die Proudhon gegenüber den nationalen Bewegungen einnahm. Eigentum ist Diebstahl: das ist der rote Faden des so berühmten Buchs des französischen Autoren. Eine einzige Demarkationslinie trennt die gesamte Menschheit in Besitzer und Nicht-Besitzer, Diebe und Bestohlene, Reiche und Verlassene. Für den Populisten ist das der einzig wirklich relevante Widerspruch. Und so weist der Populismus eine weitere Eigenschaft auf: er ist auch Flucht vor der Komplexität.

7. »Die Gesamtheit der Eigentümer gegen die Gesamtheit der Arbeiter«

Wie wir wissen, appellierte Proudhon an die Macht, um seine Projekte zugunsten der Armen und Erniedrigten zu realisieren. Die binäre Lesart des Konflikts hat noch keinen rigorosen und kohärenten Populismus hervorgebracht. Das gilt auch für die Erwartung eines »Weltbürgerkriegs«, die für einige Zeit in den Reihen der Dritten Internationale verbreitet war: Auch hier ist die binäre Lesart des Konflikts offenkundig, wobei jedoch in diesem Falle den Part der Unterdrückten ein Staat, ja eine Großmacht (Sowjetrussland) sowie straff organisierte und hierarchisierte Parteien einnahmen. Sobald das Moment des Staates und der Parteien verschwindet, finden wir den Populismus in seiner reinen Form vor: Die Protagonisten des Kampfes sind diejenigen, die nicht nur frei von Reichtum, sondern auch von jeder Form von Macht sind.

Als im 20. Jahrhundert die Nazis an die Macht kamen, offenbarte Weil eine Ahnung dessen, was da kommen würde: Nicht nur ein expansionistischer Krieg im allergrößten Maßstab, sondern ein solcher, mit dem das Ziel verfolgt wurde, Sowjetrussland in eine Kolonie zu verwandeln. Vielfach und explosiv waren die Widersprüche, die sich da zu einem Knoten schürzten, doch die französische Philosophin hielt nur einen einzigen für moralisch und politisch bedeutsam.

> Marx hat in aller Deutlichkeit darauf hingewiesen, dass die moderne Produktionsweise von der Unterordnung der Arbeiter unter die Arbeitsinstrumente bestimmt ist, Instrumente, über die diejenigen gebieten, die nicht arbeiten. Er hat weiterhin gezeigt, dass sich die Konkurrenz, die keine andere Waffe als die Ausbeutung der Arbeiter kennt, in einen Kampf eines jeden Eigentümers gegen die eigenen Arbeiter verwandelt, und, in letzter Konsequenz, *die Gesamtheit der Eigentümer gegen die Gesamtheit der Arbeiter.*
>
> Auf gleiche Weise ist der Krieg unserer Tage bestimmt durch die Unterordnung der Kämpfenden unter die Instrumente des Kampfes. Und die Waffen, die wahren Helden des modernen Krieges, werden wie die Menschen, die ihm zu dienen geschworen haben, von denen befehligt, die nicht kämpfen. Gegeben, dass der Führungsapparat keine anderen Mittel hat, seinen Feind zu schlagen, als die eigenen Soldaten in den Tod zu zwingen, verwandelt sich der Krieg eines Staates gegen einen anderen unmittelbar in einen Krieg des Militär- und Staatsapparates gegen das eigene Heer, und der unbegrenzte Krieg erscheint als ein Krieg, der geführt wird von der *Gesamtheit der Staatsapparate und der größten Staaten gegen die Gesamtheit der tüchtigen Menschen, die die Gewehre anlegen* (Weil 1989-91, Bd. 1: 292f).

Kursiv hervorgehoben sind hier diejenigen Passagen, die recht klar den naiven Standpunkt anzeigen, den Weil zum Klassenkampf einnimmt, bzw. was nach ihrer Auffassung überhaupt nur Klassenkampf ist; die universelle Verbrüderung der Erniedrigten gegen die universelle Verbrüderung der Mächtigen.

Wenige Jahrzehnte später ließ sich beobachten, auf welche Weise ein hoch angesehener Marxist die Ereignisse des Jahres 1956 in Ungarn bewerten würde:

> Die ungarische Revolution hat den größten Betrug der Geschichte entlarvt, nicht mit theoretischen Diskussionen, sondern mit dem Feuer des bewaffneten Aufstands: Die Darstellung des bürokratischen Regimes als »sozialistisch«, ein Betrug, an dem Bürgerliche wie Stalinisten, »rechte« wie »linke« Intellektuelle mitgewirkt haben, weil alle letztlich daraus ihren Vorteil gezogen haben (Castoriadis 2006: 119).

Die Aufrührer wurden offenkundig vom Westen unterstützt. Dieser Umstand, der das binäre Schema hätte fraglich werden lassen können, wird verdrängt: »Bürgerliche wie Stalinisten« scheinen vereint in ihrer unterdrückerischen Haltung, in ihrer schlecht getarnten gemeinsamen Feindschaft gegen eine Erhebung von unten, die die Macht in Ost wie West herausforderte. In diesen Jahren erreichte der Kalte Krieg seinen Höhepunkt, drohte in einen nuklearen Vernichtungskrieg umzuschlagen. Aber all das wurde als bloßer Schein, jedenfalls als völlig bedeutungslos abgetan. Der sowjetischen Monroe-Doktrin, mit der sich die UdSSR zu schützen beabsichtigte, damit aber Ressentiments und Proteste der »Bruderstaaten« auf sich zog, findet keine Beachtung. Was ganz besonders Ungarn betrifft, so haben wir gesehen, dass sich ohne nationale Frage das kurze kommunistische Experiment Béla Kuns nicht erklären lässt. Das gilt nun auch für die Ereignisse des Jahres 1956.

Bei Castoriadis ist das alles abwesend. Aus seiner Sicht ist nur ein einziger Konflikt relevant: »hinter aller Geschichte hierzulande seit einem Jahrhundert« (also seit dem *Manifest der Kommunistischen Partei*) steht »der Klassenkampf der Arbeiter gegen die Ausbeutung, der Klassenkampf der Arbeiter für eine neue Organisationsweise der Gesellschaft« (Castoriadis 2006: 121). Unter die Kategorie des Klassenkampfs fällt demnach nicht der riesenhafte Kampf, der das »Dritten Reich« und das Reich der aufgehenden Sonne daran gehindert hat, ganze Völker zu versklaven, fallen nicht die antikolonialen Bewegungen, die um die Mitte des 20. Jahrhunderts in Asien, in Afrika und im Nahen Osten noch sehr lebendig waren. In der letztgenannten Region erfolgte zeitgleich mit dem ungarischen Aufstand die militärische Intervention Frankreichs, Englands und Israels gegen die nationale Revolution Ägyptens (und Algeriens). Für Castoriadis hingegen (2006: 118), stellt sich die Weltlage als homogen dar: »Die Arbeiter unterliegen in ähnlichen Maßen und Formen dergleichen Ausbeutung und Unterdrückung«. Alle sollten sich, ja müssten sich von der ungarischen Revolution inspirieren lassen: »Ihre Lehren gelten für die russischen, tschechischen oder jugoslawischen, so wie sie morgen für die chinesischen Arbeiter gelten werden. Und in dergleichen Weise gelten sie für die französischen, englischen oder amerikanischen Arbeiter«. Besonders interessant ist hierbei der Hinweis auf die »chinesischen Arbeiter«, die aufgefordert werden, sich gegen die Direktoren der nationalisierten Fabriken zu erheben – genau in der Phase, in der das Land einem verheerenden Embargo und einer militärischen Bedrohung ausgesetzt war, bei der der Einsatz von Nuklearwaffen nicht ausgeschlossen werden konnte.

Fast ein halbes Jahrhundert später hatte die Linke das außerordentliche Glück, zwei gemeinsam verfasste Bücher zweier Autoren zu erhalten, die die Behauptung aufstellten, dass sich in der Welt von heute die Bourgeoisie auf Weltniveau zusammengeschlossen habe und dass dieser eine vereinte »Multitude« gegenüberstehe, die ihrerseits die staatlichen und nationalen Barrieren eingerissen habe (Hardt/Negri 2002 u. 2004). Die Palästinafrage nur flüchtig streifend, erklären die beiden Autoren: »Der Staat ist von Indien bis Algerien, von Kuba bis Vietnam das vergiftete Geschenk der nationalen Befreiung«. Ja, die Palästinenser können auf die Sympathie der beiden zählen. Aber von dem Moment an, in dem diese »institutionalisiert sein werden«, können sie nicht mehr an »ihrer Seite« stehen. »In dem Moment, in dem die Nation beginnt, sich zum souveränen Staat zu formieren, schwinden ihre fortschrittlichen Züge« (Hardt/Negri 2002: 133 u. 112). Diesen Ansatz zugrunde gelegt, hätte der epische Klassenkampf der Ex-Sklaven von Santo Domingo/Haiti ab dem Zeitpunkt keine Legitimation mehr besessen, an dem der Nationalstaat gegründet wurde, der indes das napoleonische Heer daran hinderte, die Kolonialherrschaft und das Institut der Sklaverei zu restaurieren. Darüber hinaus wären auch die Klassenkämpfe illegitim, in denen heutzutage die Ex-Kolonien versuchen, der mühsam errungenen politischen Unabhängigkeit ökonomische Konkretion zu verleihen. Somit mag man nach Hardt und Negri nur solange Sympathien für die Vietnamesen, die Palästinenser oder für andere unterdrückte Völker haben, solange sie unterdrückt und erniedrigt werden. Ein nationaler Befreiungskampf ist nur dann unterstützenswert, wenn er fortgesetzt Niederlagen erleidet.

Das ist eine weitere Äußerung des Populismus: Die moralische Vortrefflichkeit findet sich bei den Unterdrückten, die rebellieren, und bei denen, die den rebellierend Unterdrückten helfen. Sobald aber letztere an die Macht gelangt sind, aufhören Unterdrückte und Rebellen zu sein, büßen sie ihre moralische Vortrefflichkeit ein. In große Schwierigkeiten geraten auch diejenigen, die den Unterdrückten und Rebellierenden halfen, um so von deren moralischer Exzellenz zu profitieren. Diese Dialektik hatte bereits Hegel für das christliche Gebot, den Armen zu helfen, festgestellt: Eine Haltung, die die Ewigkeit der Armut voraussetzt.

In diesen Kontext lässt sich auch ein Autor einordnen, der sich auf Marx beruft, sich zum revolutionären Geist bekennt, aber explizit zum Machtverzicht rät und dazu auffordert, die Welt zu verändern, ohne die »Macht zu übernehmen« (Holloway 2010). Auf diese Weise liefen die Erniedrigten und Unterdrückten nicht Gefahr, ihr Wesen zu ändern und ihre moralische Vortrefflichkeit zu verlieren. Der Kult der Rebellion stellt sich als Feier seiner Machtlosigkeit dar, eine neue politisch-soziale Ordnung zu realisieren und zu regieren.

Im Lichte dieser Betrachtungen versteht man schließlich, dass Žižek (2012: 89) mit solcher Wärme von den »einfachen und berührenden Formulierungen« Weils spricht, für die einzig die Bettler und die Verstoßenen in der Lage sind, die Wahrheit auszusprechen, während alle anderen lügen und nicht anders können, als zu lügen. Das führt uns zu der Frage: Wer wird die Wahrheit aussprechen, wenn sich dereinst ein Zustand eingestellt haben sollte, für den jeder Kritiker des Kapitalismus und des Neoliberalismus kämpft, ein Zustand also, in dem es keine Bettelei mehr geben wird? Und hinsichtlich der Gegenwart: Wer gestattet denen, die keine Bettler sind, im Namen der Bettler zu sprechen?

Dem Hardt und Negri so teuren Ansatz gelingt es in keiner Weise, das 20. Jahrhundert in angemessenen Begriffen zu fassen – das Jahrhundert also, in dem der Kolonialismus in die Krise geriet und der Versuch Hitler-Deutschlands, das (sklavenhalterische) Kolonialsystem wiederzubeleben, im Zuge eines denkwürdigen Kampfes der nationalen Befreiungsbewegungen eine Niederlage erlitt. Kann dieser Ansatz denn wenigstens die Gegenwart erhellen? Wie ließe sich, hätten sich die herrschenden Klassen weltweit vereint, die endlose Tragödie erklären, die in Palästina nicht die »Multitude«, sondern ein Volk in seiner Gesamtheit trifft? Und wie erklären sich dann die wiederkehrenden Kriege, deren Protagonisten der Westen und sein Führungsland sind und die, wenn auch kleine und wehrlose Länder das Ziel sind, bei den Großmächten Russland und China immer wieder Irritationen hervorrufen? Zur Zeit des Krieges gegen Jugoslawien, schrieb einer der beiden aus dem zitierten Autorenduo:

> Wir müssen anerkennen, dass dies keine Aktion des amerikanischen Imperialismus ist. Es handelt sich de facto um eine internationale (in Wahrheit supranationale) Operation. Ihre Ziele ergeben sich nicht aus den begrenzten nationalen Interessen der Vereinigten Staaten: Sie dient effektiv dem Schutz der Menschenrechte (Hardt 1999: 8).

Einerseits liegt hier eine Tautologie vor: Wenn das Empire grenzenlos ist, dann können die Konflikte in seinem Innern keine solchen zwischen souveränen Staaten sein, sondern sind Polizeioperationen, die gegen renitente, rebellische und primitive Provinzen geführt werden. Andererseits stoßen wir auf einen Widerspruch, der von den Theoretikern eines universalen Empires im Aufgang ignoriert und verdrängt wird: Es gibt nicht nur den Konflikt zwischen herrschenden Klassen und »Multitude«, der keine nationalen und Staatsgrenzen kennt. Es gibt auch den Konflikt zwischen Ländern und Staaten, bei dem die einen die »Menschenrechte« verletzen, deren Einhaltung zu achten sich die anderen zur Pflicht machen. Letztere sind in der Regel solche, die traditionell die Protagonisten der Kolonialherrschaft waren. Dieses Zusammenfallen mit den Kämpfen der, wie man in Analogie zur *white supremacy* sagen könnte, *western supremacy*, ist bemerkenswert. Doch noch bemerkenswerter ist der Mangel an Reflexion, der sich da bemerkbar macht: Die Länder, die auch ohne UN-Mandat darum wetteifern, überall dort militärisch zu intervenieren, wo sie die Menschenrechte verletzt wähnen, statten sich mit einer monströs erweiterten Souveränität aus. Die Überwindung der staatlichen Souveränität, auf die das Empire so besteht, wird in ihr Gegenteil verkehrt. Der Populismus, der das Entstehen von Staaten als Folge einer nationalen Befreiungsbewegung als

Verderbtheit betrachtet, endet darin, sich durch die Unterstützung der Militärinterventionen der weltweit mächtigsten Staaten ganz unermesslich zu diskreditieren.

8. »Verbieten verboten!« und »Recht auf Rebellion!«

Die Unfähigkeit, die reale geschichtliche Entwicklung zu erklären, bzw. das Scheitern darüber, eine Erklärung zu suchen, führt beim (Links-) Populismus zu einer Sicht auf den Klassenkampf, die entscheidende Ereignisse der Weltgeschichte ausblendet. Nehmen wir den zurecht berühmten englischen Intellektuellen David Harvey: In einem Aufsatz, in dem er sich des weltweiten Klassenkampfs annimmt und der im Titel auf Lenin verweist (Was tun?), kann man lesen:

> In der Geschichte des Kapitalismus besaßen zahlreiche revolutionäre Bewegungen eine breite städtische Grundlage, waren mithin nicht auf die Fabriken beschränkt (die Revolution von 1848 in Europa, die Pariser Kommune von 1871, Leningrad 1917, der Generalstreik in Seattle 1918, die Revolte von Tucuman 1969, wie auch Paris, Mexico City und Bangkok 1969, die Kommune von Shanghai 1967, Prag 1989, Buenos Aires 2001/02 … der Aufzählung ließen sich mühelos weitere anfügen). Und auch bei den Bewegungen, die ihren Ursprung in den Fabriken hatten (der Streik in Flint/Michigan in den 30er Jahren und die Arbeiterräte in Turin zu Beginn der 20er Jahre), haben die Verbündeten bei den politischen Aktionen eine kritische, aber oftmals vernachlässigte Rolle gespielt (die Frauen, Unterstützungsgruppen der Arbeitslosen in Flint und die kommunalen »Case del popolo« in Turin).
>
> Die traditionelle Linke war schlecht beraten, die sozialen Bewegungen zu ignorieren, die sich außerhalb der Fabriken und Bergwerke ereigneten (Harvey 2011b: 40).

Mit dieser Aufzählung wird zurecht gegen eine verengte Sicht auf den Klassenkampf polemisiert, sie wirft allerdings sogleich eine Reihe von Fragen auf, die die Auswahl betreffen. Fangen wir mit den ersten Ereignissen an: Ein Streifzug durch die europäischen Revolutionen des 19. Jahrhunderts, von 1848 bis zur Pariser Kommune. Aber geht er irgendwo auf den Klassenkampf des Sezessionskriegs ein, eines Krieges, den Marx als »Kreuzzug des Eigentums gegen die Arbeit bestimmt hatte und den er 1867 als »großartiges Ereignis« der Zeitgeschichte bezeichnet hatte? Geht er irgendwo darauf ein, dass dieses gigantische Aufeinanderprallen, bei dem in seiner letzten Phase die schwarzen Sklaven, darin gewissermaßen Toussaint Louverture nacheifernd, zur Waffe griffen, um ein Regime zu stürzen, das sie zu menschlichem Vieh degradierte, auch Klassenkampf war?

Und wie erklärt sich in einer Aufzählung, die (unter Verweis auf Bangkok und Schanghai) die ganze Welt umfassen will, das Schweigen über den Aufstand von Taiping (1851-64), den »blutigsten Bürgerkrieg in der Weltgeschichte, mit geschätzt 20 bis 30 Millionen Toten«? Der Grund ist, dass dieser Konflikt auch eine nationale Dimension besaß. Die Aufrührer griffen im Namen der sozialen Gerechtigkeit zu den Waffen, aber eben auch, um eine Dynastie zu stürzen, die vor der Aggression »durch britische Drogenhändler« kapituliert hatte (Davis 2004: 22), um den »Qing-Lakaien des Imperialismus« ein Ende zu bereiten (Mao Zedong, AW, Bd. 4: 469). In den von ihnen kontrollierten Gebieten beeilten sich die Taiping, den Opiumkonsum zu verbieten, womit man London herausforderte, das die wankende Dynastie unterstützte. Auch in diesem Fall verschmolz bei Marx eine geradezu prophetische Weitsicht mit revolutionärer Ungeduld, als er 1853 festhielt, dass die »chronischen Aufständen in China in den letzten zehn Jahren [...] sich jetzt zu einer einzigen ungeheuren Revolution zusammengeballt haben«, deren Bestimmung es sei, ihren Einfluss weit über Asien hinaus geltend zu machen. Diese Revolution hatte ganz gewiss innere »soziale Ursachen«, erhielt ihren Antrieb aber von einem nationalen Impuls: Sie war auch die Folge der Erniedrigung, eines finanziellen Aderlasses und einer generellen Zerrüttung, die mit Beginn des ersten Opiumkrieges eine ganze Nation verheert hatten (MEW, 9: 95f; MEGA, I, 12: 147f). Eine weitere Frage stellt sich: Steht all das außerhalb des Klassenkampfs oder bildet es eines der wichtigsten Kapitel des Klassenkampfs im 19. Jahrhundert?

Nicht weniger bedeutsam ist, dass in der geprüften Aufzählung die Revolte der Sepoy in Indien 1857 verschwiegen wird. Ein Aufstand, den ein zeitgenössischer indischer Historiker als »gigantischen Klassenkampf« und große antikoloniale Revolution zugleich bezeichnet hat.

Dieser »patriotische Krieg, der ebenso sehr Bürgerkrieg wie Klassenkampf war«, der in erster Linie von Bauern geführt wurde, die die Kolonialherrschaft und »die hohen Fürsten und philobritischen Kaufleute« angriffen, und der weit über das Jahr 1857 hinaus ging, entwickelte sich nach dem erst später von Mao aufgestellten Modell, wonach das Land die Stadt einkreist, und er forderte Millionen Tote (Misra 2008: 1866, 1874 f u. 1897). Erklärt sich das Schweigen daraus, dass hier eine »Identität von nationalem und Klassenkampf« bestand, die sich Mao zufolge in den antikolonialen Revolutionen herstellt?

Noch selektiver erscheint in der Aufzählung die Auswahl der Klassenkämpfe und der revolutionären Bewegungen des 20. Jahrhunderts. Von der Oktoberrevolution 1917 erfolgt ein Sprung in die Jahre 1967-69. Und Stalingrad? Sicher, was sich in Seattle zwischen 1918 und 1919 zutrug, als Hunderttausend Arbeiter gegen Hungerlöhne sowie gegen die auf der Welle des imperialistischen Krieges verhängte Beseitigung der Koalitionsfreiheit streikten und damit letztlich auch gegen den Kapitalismus insgesamt kämpften, war ein großer Klassenkampf. Aber es wäre merkwürdig, wenn man im Falle des epischen Widerstands dutzender Millionen Menschen, eines ganzen Volkes, das mit der Waffe in der Hand das größte Heer der Erde und dessen Versuch, es zu versklaven, zurückschlug, nicht von Klassenkampf zu sprechen. Und wie sind die Erhebungen gegen die Nazibesatzung zu bewerten, die nach und nach in verschiedenen Ländern Europas stattfanden, und wie die Revolutionen in den Kolonien und Halbkolonien, die sich später zutrugen und die beispiellose radikale Veränderungen der Weltlage brachten? Das Schweigen des englischen Gelehrten erklärt sich, wenn man konstatiert, dass die Kriege des Widerstands sowie die zur nationalen Befreiung und die antikolonialen Erhebungen und Revolutionen für ihn wenig bis nichts mit Klassenkampf zu tun haben.

Das Ergebnis dieser Herangehensweise ist paradox. Klassenkampf findet demzufolge immer nur als singuläres Ereignis statt, wenn sich ein deutlicher Trennungsstrich zwischen Ausgebeuteten und Ausbeutern, zwischen Unterdrückten und Unterdrückern ziehen lässt. Somit wird die Theorie von Marx und Engels nur dann angewandt und der Anwendung für würdig befunden, wenn sie auf den Geltungsbereich einer Mikrogeschichte reduziert wird, die aus der Sicht der Emanzipation der Ausgebeuteten und Unterdrückten die einzig wirklich bedeutsame ist, während der gesamte Rest zur profanen Makrogeschichte degradiert wird, äußerlich und indifferent gegenüber der Heilsgeschichte der Emanzipation.

Wenn Marx von der Geschichte als einer Geschichte der Klassenkämpfe sprach, verstand er darunter nicht nur die Streiks und andere alltägliche gesellschaftliche Konflikte, sondern auch und vor allem die großen Krisen und historischen Wenden, die sich vor aller Augen abspielen: Der Klassenkampf ist eine exoterische Makrogeschichte und nicht jene esoterische verengte Mikrogeschichte, auf die er oft reduziert wird. Damit stehen wir vor einem Dilemma: Entweder besitzt die Theorie der »Klassenkämpfe«, wie sie im *Manifest der Kommunistischen Partei* dargelegt wird, ihre Gültigkeit, was bedeutet, die Geschichte in ihrer Gesamtheit unter diesem Gesichtspunkt zu interpretieren (angefangen bei den entscheidenden Ereignissen des 19., 20. und des beginnenden 21. Jahrhunderts) oder aber, es gilt, sich von dieser Theorie zu verabschieden, sofern diese Ereignisse nichts mit Klassenkampf zu tun haben.

Werfen wir nun einen Blick auf Ereignisse, die Harvey in seiner Aufzählung erstaunlicherweise zu »revolutionären Bewegungen« bzw. Klassenkämpfen mit revolutionärem Charakter stilisiert. Neben »Leningrad 1917« sticht da »Prag 1989« hervor. Bei anderer Gelegenheit schrieb der Autor: »Jahrhunderte hat der Grundsatz der Gleichheit die politischen Kämpfe und die revolutionären Bewegungen beseelt, vom Sturm auf die Bastille bis zum Tienanmen-Platz«. Seit 1789 hat der »radikale Egalitarismus« nicht aufgehört, Hoffnungen, Unruhen, Revolten und Revolutionen zu inspirieren (Harvey 2010: 231). So werden, direkt oder indirekt, unter der Etikette »radikaler Egalitarismus« Ereignisse wie Petrograd bzw. »Leningrad 1917«, »Prag 1989« und der »Tienanmen-Platz« nebeneinander gestellt! Müssen wir also die Protagonisten der Oktoberrevolution, Václav Havel und die aus China verbannten Studentenführer, die in den USA eine neue Heimat gefunden haben, in eine gemeinsame Traditionslinie einordnen? Die einen wie die anderen hätten das als Beleidigung aufgefasst. Doch selbst wenn wir darüber einmal hinwegsehen; müssen wir Havel und die chinesischen Studenten als Exponenten eines »radikalen Egalitarismus« auffassen? Zumindest soweit es die internationalen Beziehungen betrifft, waren sie Vertreter der westlichen Suprematie, der das Recht (mitunter die Pflicht) zugeschrieben wird, in jeder Ecke des Planeten militärisch zu intervenieren, ganz gleich, ob es eine entsprechenden Resolution der UNO gibt oder nicht. Und auch wenn man sich ausschließlich auf die gesellschaftlichen Verhältnisse innerhalb eines einzelnen Landes beschränkte, so stünde doch außer Zweifel, dass sich Havel und die aus China Verbannten zum Neoliberalismus bekannten. Wäre die Tienanmen-Bewegung von 1989 siegreich gewesen, hätte das mit großer Wahrscheinlichkeit bedeutet, dass ein chinesischer Jelzin an die Macht gekommen wäre. Sich eine egalitäre Revolution in China vorzustellen, gestaltet sich reichlich schwierig, wenn man bedenkt, dass zur selben Zeit der kapitalistische und neoliberale Westen in Osteuropa ebenso wie in Lateinamerika (man denke da an die Niederlage der Sandinisten in Nicaragua) triumphierte, sich die kommunistischen Parteien zu einem guten Teil beeilten, den Namen zu wechseln und die Macht der USA und der Einfluss des *Washington Consensus* so unumstritten und so unanfechtbar waren, dass die Vorstellung vom »Ende der Geschichte« aufkam. An ein solches Wunder konnte nur glauben, wer Populist war, konnte nur glauben, wer sich einer nüchternen Analyse der Klassen und der Klassenkämpfe (im Innern wie international) verweigerte, um sie durch einen mythologischen Glauben an die rettenden Werte des »Volkes« und der »Massen« zu ersetzen.

Man könnte sagen, dass der Marxismus des späten 20. und des beginnenden 21. Jahrhunderts bisweilen als der Erbe der 68er-Kultur auftritt, die unter der Losung »Verbieten verboten« stand und versuchte, auch Maos Motto »rebellieren ist gerecht«, mit dem er die Kulturrevolution ausrief, in diese Richtung zu verbiegen. In Wirklichkeit hatte die »gerechte« Rebellion sehr genaue Grenzen und sollte die Revolution, aus der die Volksrepublik China hervorging, keinesfalls in Frage stellen. Nicht ohne Grund hat derselbe Mao die Armee einschreiten lassen, um eine Situation zu beenden, die zu einem Krieg aller gegen alle und zu ausschweifender Anarchie hätte führen können. Doch darum kümmerte sich die 68er-Kultur nicht allzu sehr: Aus deren Sicht fiel der fortschrittliche Klassenkampf mit einer Erhebung von unten in eins, die sich schlichtweg gegen jede etablierte Macht richtete, weil diese einfach als Synonym für Unterdrückung schlechthin betrachtet wurde.

Wenn man von diesen Annahmen ausgeht, fällt es nicht schwer, den »Tienanmen-Platz« neben den Sturm auf die Bastille, die Ereignisse von 1989-91 in Osteuropa – jene »zweite Restauration«, von der Badiou (2006: 39) sprach – neben die Oktoberrevolution zu stellen. Demgemäß gehörte zu dieser Auflistung der Revolutionen und Volkserhebungen auch die Vendée und für das 20. Jahrhundert der Kronstädter Aufstand gegen die Bolschewiki ebenso wie die endemischen Aufstände der Bauern gegen die neue Zentralmacht in Moskau. Der Vollständigkeit halber dürften in dieser Aufzählung auch die Unruhen und Revolten jener Jahre nicht fehlen, in denen die Sowjetunion der Aggression Hitler-Deutschlands zu begegnen hatte. Mit seiner Verabsolutierung des Widerspruchs von Masse und Macht und der Verurteilung jedweder Form von Macht, erweist sich der Populismus als unfähig, zwischen Revolution und Konterrevolution klar zu unterscheiden.

Vielleicht wäre es besser, sich die Lektionen des alten Hegel (1956: 699; vgl. Losurdo 1989, Kap. VII, § 11) zu Herzen zu nehmen, der mit Blick auf die reaktionäre und antisemitische Agitation seiner Zeit festhielt: »der Mut besteht heute nicht mehr darin, die Regierungen anzugreifen, sondern sie zu verteidigen«. Der populistische Rebell, dem Hegel zu wenig als Revolutionär erscheint, sollte wenigstens Gramscis Warnung (1991 ff: 2036) vor den Phrasen des »›Rebellentums‹, des ›Umstürzlertums‹, der ›Staatsabgewandtheit‹« berücksichtigen, die ein Ausdruck einer »unpolitischen Haltung« seien.

9. Jenseits des Populismus

Dass namhafte Vertreter des Marxismus in den Populismus abdriften, wirft Fragen auf: Standen Marx und Engels der hier kritisierten Sichtweise ganz und gar fern? Hinsichtlich der ersten Form des Populismus bestehen keine Zweifel: Es war Marx, der die schärfste Kritik an der mythischen Nostalgie einer »ursprünglichen Fülle« formulierte. Ausführlicher fallen die Schlussfolgerungen aus, wenn wir die zweite Form des Populismus analysieren. In diesem Fall gilt es, die verschiedenen

Varianten der Verklärung der Unterdrückten auseinanderzuhalten. Beginnen wir mit der zweiten: Zwar verurteilten die beiden Philosophen und militanten Revolutionäre die vom britischen Kolonialismus am irischen Volke begangenen Verbrechen, ihnen kam aber nicht in den Sinn, sich an einer als essentialistisch verstandenen »irischen« Seele zu ergötzen, denn zur gleichen Zeiten hoben sie die reaktionäre und antiabolitionistische Rolle hervor, die die irischen Migranten während des Sezessionskrieges in den USA spielten.

Vergleichbare Betrachtungen lassen sich für die dritte Variante anstellen, die der Populismus als Verklärung der Unterdrückten annehmen kann. So wie beide die Lage der Frau als erste »Klassenunterdrückung« verurteilten, so wenig kann ein Zweifel darüber bestehen, dass Marx und Engels der feministischen Bewegung einen starken Impuls gegeben haben. Im *Manifest der Kommunistischen Partei* verdammen sie nicht nur die Unterdrückung, sondern auch den Verdinglichungsprozess, dem die Frau unterworfen ist. Gleichzeitig scheuen sie sich nicht, von der »Ausbeutung der Kinder durch ihre Eltern« zu sprechen, schließen also die Mutter dabei nicht aus (MEW, 4: 478). Für einen Essentialismus gibt es keinen Platz: Wie bei den unterdrückten Völkern so ergibt es auch bei den Frauen keinen Sinn, deren Lage auf eine angebliche Natur zurückzuführen, die zwar lange verunglimpft wurde, jetzt aber, wo traditionelle Werte sich auflösten, in ihrer moralischen Überlegenheit anzuerkennen und zu feiern sei. Es geht dagegen vielmehr darum, eine historisch bedingte Arbeitsteilung zu untersuchen und in Frage zu stellen, die die koloniale oder halbkoloniale Knechtung, die Sklaverei und die häusliche Segregation mit sich brachte.

Es lohnt, zur ersten Variante des Populismus der Verklärung der Unterdrückten ein wenig mehr zu sagen, zu jener also, die sich auf die subalternen Klassen richtet. In ihren Jugendschriften stellten sich Marx und Engels gegen jene, die angesichts einer angeblich neuen Invasion der Barbaren Alarm schlugen, und neigten vielmehr dazu, dem Proletariat die Fähigkeit zuzuschreiben, sich mit Leichtigkeit reifes revolutionäres Bewusstsein und eine Art Immunität gegenüber nationalen Vorurteilen und chauvinistischem Hass anzueignen und einen geistigen Adel zu entwickeln, was der Klasse der Besitzenden alles ganz und gar abging. Und dennoch blieb die Aufmerksamkeit von Anfang an und stets der konkreten historischen und gesellschaftlichen Analyse vorbehalten. Von Geistesadel war auch im Falle des polnischen Adels die Rede, der seine Klassen- bzw. Standesinteressen der Sache der nationalen Befreiung opferte; so wie umgekehrt die Depravation des Lumpenproletariats nicht verschwiegen wurde, einer Klasse mithin, in die das kapitalistische System beständig Individuen oder ganze Teile der Arbeiterklasse hinabzupressen droht.

Allenfalls lässt sich ein Residuum des Populismus in der Sichtweise entdecken, wonach der Staat in der kommunistischen Gesellschaft dazu bestimmt sei, abzusterben. Es ist bereits darauf hingewiesen worden, wie ganz und gar unrealistisch diese Erwartung ist. Man mag eine weitere Überlegung anstellen. Es ist unverständlich, warum die Absorption des Staates durch die Zivilgesellschaft ein Fortschritt sein soll. So unterschiedliche Maßnahmen wie die Einführung der Schulpflicht im Westen, das Verbot der Witwenverbrennung in Indien, die Aufhebung der Rassentrennung an den Schulen im Süden der USA wurden der Zivilgesellschaft allesamt vom Staat auferlegt. Heutzutage erfolgt die Frauenemanzipation in gewissen islamischen Staaten leichter, wenn der Staat sie betreibt und nicht die Zivilgesellschaft. Als sich Marx und Engels das Aufgehen des Staates in die Zivilgesellschaft erhofften, dachten sie an eine vom Klassenantagonismus befreite Gesellschaft. Und dennoch ist bei ihnen eine gewisse Idealisierung der Zivilgesellschaft (gedacht in ihrer Gegnerschaft zur Macht) präsent und in diesem Sinne ein Residuum des Populismus.

Und dieses Überbleibsel erklärt letztlich, warum die beiden gelegentlich in eine binäre Lesart des Konflikts abglitten.

Sobald wir uns indes einem beliebigen historischen Ereignis zuwenden (wie zum Beispiel dem Kampf um die Verkürzung des Arbeitstages oder dem Sezessionskrieg), stellen wir fest, dass Marx und Engels ihre Aufmerksamkeit wiederholt auf die vielfältigen Widersprüche und auf die bisweilen fortschrittliche Rolle des (bürgerlichen) Staates richteten, mithin Antipoden des Populismus waren. Und dennoch glaubte Marx, in der Pariser Kommune eine »internationale Gegenorganisation der Arbeit gegen die weltbürgerliche Verschwörung des Kapitals« zu sehen. Wichtiger noch, das *Manifest* reduzierte den Klassenkampf auf den Kampf zwischen »Unterdrücker und Unterdrückte«. Nähmen wir diese

Wendung wörtlich, hieße das, wir wären nicht mehr weit entfernt von Weils (populistischer) Geschichtsbetrachtung vom »Kampf derer, die gehorchen, gegen jene, die befehlen«. Wenn wir dagegen die grundlegende Auffassung und die gesamten Ausführungen von Marx und Engels in Rechnung stellen, erweist sich eine andere Interpretation als überzeugender. Es ist ohne jeden Zweifel so, dass in den epischen Klassenkämpfen, wie sie sich in Valmy, in Port-au-Prince, in Paris (im Juni 1848), in Gettysburg und in Stalingrad zugetragen haben, Unterdrückte und Unterdrücker einander gegenüberstanden. Das aber ist nur in letzter Hinsicht richtig. Anders gesagt, wenn man die absolute Zentralität und Vordringlichkeit dessen, worum es jeweils ging (das weitere Schicksal des Ancien Régime, die Sklaverei in Santo Domingo, die Lohnsklaverei in Frankreich, die Sklaverei in den USA, eine neue Kolonialsklaverei, die das »Dritte Reich« gegenüber den Slawen zu errichten entschlossen war) in Rechnung stellt, werden alle anderen Widersprüche, alle anderen Zwangsverhältnisse (in diesem konkreten historischen Moment) ganz und gar nebensächlich.

10. »Wall Street« und »War Street«

Heutzutage sehen sich auch die Finanzmagnaten bisweilen veranlasst, Marx zu lesen – aus erster oder auch zweiter Hand: Denn gibt es Autoren, die besser als er die 2008 ausgebrochene ökonomische Krise erklären könnten? Diese Kapitalgewaltigen jedenfalls konnten, wenn sie sich aus ihren Bürofenstern lehnten, bis dahin unbekannte und beunruhigende Demonstrationen erblicken, die sich immer wieder mal ereigneten. Dabei wurde dazu aufgerufen, die Wall Street zu besetzen und jenes eine Prozent der Privilegierten unter Anklage zu stellen, die de facto die Macht ausüben und sich auf Kosten der restlichen 99 Prozent der Bevölkerung bereichern. Das ideologische Klima hat sich seit jener triumphalen Bekanntmachung vom Ende der Geschichte vor einem Vierteljahrhundert geändert. Gemeinsam mit der Geschichte scheint auch der Klassenkampf zurückgekehrt zu sein. Soweit sich die Demonstranten allerdings darauf beschränkten, bloß Kritik an den gravierendsten Auswirkungen der Krise ohne Rekurs auf das Marxsche

Verständnis des Klassenkampfes zu üben, wird man erleben, dass diese Kritik sich letztlich zu Diensten der herrschenden Ideologie und Klasse auswirkt.

Sollten die Kapitalmagnaten in ihrer Marx-Lektüre nun fortschreiten, befiele sie womöglich ein Schauder, sobald sie auf die Untersuchungen zur Überproduktionskrise stießen. Denn diese sind der Beweis dafür, dass ein soziales System, das in wiederkehrender Weise enorme Mengen gesellschaftlichen Reichtums vernichtet, Arbeitslosigkeit, Prekarität und »Despotismus« am Arbeitsplatz (wovon das *Manifest der Kommunistischen Partei* spricht) hervorruft und eine unbegrenzte Zahl von Menschen ins Elend stürzt, dem Untergang geweiht ist. Sie sähen sich in furchtbarer Weise in ihren Kampf um Anerkennung zurückgeworfen und müssten angesichts der Tatsache, dass heutige Wissenschaft und Technologie unter anderen gesellschaftlichen und politischen Verhältnissen als den herrschenden eine rasche Beschleunigung der Entwicklung der Produktivkräfte und des gesellschaftlichen Reichtums herbeiführen könnten, ihre Lage als umso schmerzhafter empfinden. Allerdings existieren im Westen keine Parteien, die imstande wären, der wachsenden Unzufriedenheit der Massen einen organisierten Ausdruck zu verleihen. Es gibt daher für die Kapitalgewaltigen keinen Grund, besonders verängstigt zu sein. Ausdruck einer besonderen Besorgnis waren möglicherweise Plakate, mit denen die Demonstranten ihrer Wut nicht nur gegen die Wall Street, sondern auch gegen die »War Street« Luft machten: Das Viertel der Hochfinanz wurde zugleich als dasjenige Viertel gesehen, in dem der Krieg und der militärisch-industrielle Komplex ihren Sitz haben. Damit artikulierte sich eine Bewusstsein vom Zusammenhang von Kapitalismus und Imperialismus. Auch wenn Gegenden von großer geopolitischer Bedeutung ins Visier genommen, dort neue und mächtige Militärbasen errichtet wurden und der Waffenhandel wiederbelebt wurde, verkaufte man die von den USA und vom Westen entfachten Kriege als humanitäre Operationen. Allerdings bewertete ein außerhalb jedes Verdachts stehender Autor die humanitäre Intervention in Libyen so: »Heute wissen wir, dass der Krieg 30.000 Tote gefordert hat, gegenüber 300 Opfern der anfänglichen Repression«, die auf das Konto von Gaddafi gehen (Todorov 2012). Die erdrückende Überlegenheit des westlichen Medienapparates vermochte es, wenn auch mit schwindender Wirkmächtigkeit, die öffentliche Meinung zu manipulieren, aber die Erkenntnis begann sich Bahn zu brechen, dass die Wahrheit wie ihre Unterdrückung auf den Klassenkampf und dessen vielfältige und miteinander verbundene Formen zurückverweisen.

Diese vielfältigen und miteinander verbundenen Formen sind auch dann festzustellen, wenn man sich ausschließlich auf den sozialen Konflikt in den kapitalistischen Metropolen beschränkt. Denn dort stoßen wir auf eine größer werdende Zahl an Migranten, die, aus den ärmsten Ländern der Welt kommend, Ausdruck jener ersten »Großen Divergenz« sind, die Kapitalismus und Kolonialismus ab einem bestimmten Zeitpunkt dem Rest der Welt auferlegt haben. Sie landen in den kapitalistischen Metropolen, während sich dort die zweite »Große Divergenz«, die wachsende gesellschaftliche Polarisierung zwischen einem immer kleiner werdenden Kreis Privilegierter und dem Rest der Bevölkerung, weiter zuspitzt. Vor diesem Hintergrund wird klar, dass die Migranten oftmals genauso behandelt werden wie die *niggers* in den USA unter dem Vorzeichen der *white supremacy*. Nicht selten lassen diese Menschen Länder hinter sich, wo sie der Enteignung und der Ausgrenzung eines klassischen Kolonialismus ausgesetzt sind. Länder, die das Ziel von Kriegen sind, die der Westen vom Zaun bricht, bzw. Länder, die es nicht geschafft haben, von der politisch-militärischen Phase zur politisch-ökonomischen Phase der antikolonialen Revolution überzugehen, leiden noch immer an Unterentwicklung, Mangel und an Bürgerkriegen, die mitunter deren Verursacher sind. Die Migranten, die im Westen stranden, bringen ihre eigene Geschichte und ihre eigene Kultur mit, eine Kultur, die oftmals (man denke da insbesondere an die Lebensbedingungen der Frau) erheblichen Konfliktstoff in sich birgt. Wie organisiert man diese so heterogenen Massen in einem einheitlichen Block der Frauen und Männer, der in der Lage ist, einen wirksamen Klassenkampf gegen den Kapitalismus und dessen diverse Ausdrucksformen (von der gesellschaftlichen Polarisierung bis zur Kriegspolitik) zu führen?

Zu diesen objektiven Schwierigkeiten kommen die politischen und ideologischen Initiativen der herrschenden Klasse hinzu. Vor allem in den USA versucht diese, einer gefestigten Tradition und einer bewährten Technik folgend, den sozialen Konflikt zu externalisieren, indem sie die wachsende Wut der Volksmassen auf aufsteigende Länder, insbesondere auf China umleitet, das, nachdem es das »Jahrhundert der Demütigung« und das Massenelend, das eine Folge der Opiumkriege war, hinter sich gelassen hat und nunmehr die »kolumbianische Ära« und die 500-jährige unangefochtene westliche Vorherrschaft in Frage stellt.

Folglich setzt die Organisierung der lohnabhängigen Arbeiter für einen konsequenten Klassenkampf in den kapitalistischen Metropolen die Befähigung zur Orientierung entlang der vielfältigen Widersprüche und Klassenkämpfe voraus, die die Welt von heute durchdringen. Mehr denn je empfiehlt sich die Relektüre der Marxschen Theorie der Klassenkämpfe (im Plural). Nur so wird man sich ein essentielles Instrument wieder aneignen können, das gleichzeitig dem Verständnis der historischen Prozesse wie der Beförderung des Befreiungskampfes dient.

Literaturverzeichnis

Adler, Georg: Die imperialistische Sozialpolitik. Disraeli, Napoleon III., Bismarck. Eine Skizze, Tübingen 1897

Albert, Michel: Kapitalismus contra Kapitalismus, Frankfurt (Main) 1991

Albertini, Mario: Nota biografica premessa a P.-J. Proudhon, La giustizia nella rivoluzione e nella chiesa, Turin 1968

Althusser, Louis: Für Marx. Pour Marx, Frankfurt (Main) 1968

Ders. / Balibar, Etienne: Leggere »Il Capitale«, Mailand 1968

Aly, Götz: Hitlers Volksstaat. Raub, Rassenkrieg und nationaler Sozialismus, Frankfurt (Main) 2005

Ambrose, Stephen E.: When the Americans Came Back to Europe, in: International Herald Tribune, 20.5.1997

Archibold, R. C.: Cuba's Imprint on Haiti, in: International Herald Tribune, 9.11.2011

Arendt, Hannah: Über die Revolution, München 1963

Dies.: Crises of the Republic, San Diego / New York / London 1972

Arrighi, Giovanni: Il lungo XX secolo. Denaro, potere e le origini del nostro tempo, Mailand 1996

Ders.: Adam Smith a Pechino. Genealogie del ventunesimo secolo, Mailand 2008

Badiou, Alain: Il secolo, Mailand 2006

Bebel, August: Die Frau und der Sozialismus (1879), Berlin 1964

Benjamin, Walter: Gesammelte Schriften, Bd. 10, Frankfurt (Main) 1972

Bentham, Jeremy: The Works, hrsg. v. J. Bowring, Edinburgh 1838-43

Berelowitch, A.: L'Occidente, o l'utopia di un mondo normale, in: Europa/Europe, Nr. 1.366 (1993)

Bernstein, Eduard: Der Socialismus und die Colonialfrage, in: Sozialistische Monatshefte, Heft 9, 1900, S. 549-562

Best, Geoffrey: The Militarization of European Society, 1870-1914, in: J.R. Gillis (Hrsg.): The Militarization of the Western World, New Brunswick / London 1989

Bloch, Ernst: Geist der Utopie (Erste Fassung), Frankfurt (Main) 1971

Bocca, Giorgio: Dimenticare Hitler..., in: la Repubblica, 6.2.1992

Boffa, Guiseppe: L'ultima illusione. L'Occidente e la vittoria sul comunismo, Rom / Bari 1997

Bonanni, A.: Si apre la sfida al Congresso. Eltsin è pronto a ricorrere alle urne per contrastare l'opposizione, in: Corriere della Sera, 1.12.1992

Bowring, Philip: Toward More Efficient State Capitalism, if Beijing Has Its Way, in: International Herald Tribune, 9.11.1995

Broué, Pierre: Trotzki. Eine politische Biographie, 2 Bände, Köln 2003

Bucharin, Nikolai I. (1969a): Critica della piattaforma economica dell'opposizione (15. Januar 1925), in: Bucharin, N. I. / Preobrazenskij, E. A.: L'accumulazione socialista, hrsg. v. L. Foa, Roma 1969

Ders.: (1969b): La nuova politica economica e i nostri compiti (30. April und 1. Juni 1925), in: Bucharin, N. I. / Preobrazenskij E. A.: L'accumulazione socialista, hrsg. v. L. Foa, Roma 1969

Buckley, Kevin: Panama. The Whole Story, New York 1991

Burke, Edmund: The Works. A new Edition, London 1826

Burton, Antoinette M.: The White Woman's Burden. British Feminists and »The Indian Woman«, 1865-1915, in: Chaudhuri N. / Strobel M. (Hrsg.): Western Women and Imperialism. Complicity and Resistance, Bloomington / Indianapolis 1992, S. 137-157

Buzan, Barry G.: New Pattern of Global Security in the Twenty-first Century, in: International Affairs, Nr. 6, Juli 1991

Calhoun, John C.:Union and Liberty, hrsg. v. R. M. Lence, Indianapolis 1992

Callaway, Helen / Helly, Dorothy O.: Crusader for Empire. Flora Shaw / Lady Lugard, in: Chaudhuri N. / Strobel M.: Western Women and Imperialism. Complicity and Resistance, Bloomington / Indianapolis, 1992, S. 79-97

Caretto, Ennio: »A Mosca chiederò la testa di Castro«. Bush annuncia le sue richieste per aiutare le riforme in URSS, in: la Repubblica, 19.7.1992

Ders.: L'ONU vuol punire la Libia, in: la Repubblica, 29./30.3.1992

Carlyle, Thomas: Latter-Day Pamphlets (1850), hrsg. v. M. K. Goldberg / J. P. Seigel, Ottawa 1983

Carr Edward H.: La rivoluzione bolscevica, Turin 1964

Castoriadis, Cornelius: La rivoluzione proletaria contro la burocrazia (franz. Original in: Socialisme ou Barbarie, Nr. 20, Dezember 1956), in: MicroMega 9 (2006) S. 117-122

Castro, Fidel: Socialismo e comunismo: un processo unico, Milano 1969

Césaire, Aimé: Toussaint Louverture. La révolution française et le problème colonial, Présence Africaine, Paris 1961

Condorcet, Marie Jean Antoine: Oeuvres, hrsg. v. A. Condorcet O'Connor und M. F. Arago (Paris 1847), Faksimile-Ausgabe, Stuttgart 1968

Constant, Benjamin: De la liberté des anciens comparée à celle des modernes (1819), in: Ders.: De la liberté chez les modernes. Ecrits politiques, hrsg. v. M. Gauchet, Paris 1980

Corradini, Enrico: Scritti e discorsi 1901-1914, hrsg. v. L. Strappini, Turin 1980

Croce, Benedetto: Storia d'Italia dal 1871 al 1915 (1928), Bari 1967

Ders.: Materialismo storico ed economia marxistica, Vorwort zur 3. Auflage (September 1917), Bari 1973

Cucurnia, Fiammetta: Mosca, tra furti e racket dilaga la baby-delinquenza, in: la Repubblica, 5.5.1993

Dahrendorf, Ralf: Soziale Klassen und Klassenkonflikt in der industriellen Gesellschaft, Stuttgart 1957

Ders.: Fragmente eines neuen Liberalismus, Stuttgart 1987

Ders.: Betrachtungen über die Revolution in Europa, Stuttgart 1990
Davis, Mike: Die Geburt der Dritten Welt: Hungerkatastrophen und Massenvernichtung im imperialistischen Zeitalter, Berlin 2005
De Gennaro, Riccardo: Paura a Torino. E gli impiegati vanno in corteo, in: la Repubblica, 16.1.1994
Deng Xiaoping: Selected Works, Beijing 1992-95
Diaz, Furio: Filosofia e politica nel Settecento francese, Turin 1962
Die Polemik über die Generallinie der internationalen kommunistischen Bewegung, o. O. [Berlin-West], o.J.
Dimitroff, Georgi: Die Offensive des Faschismus und die Aufgabe der Kommunistischen Internationale im Kampf für die Einheit der Arbeiterklasse gegen den Faschismus, in: Ders., Ausgewählte Schriften, Bd. 2, Berlin 1968
Disraeli, Benjamin: Sybel or The Two Nations (1845), hrsg. v. S.M. Smith, Oxford/New York 1988
Dostojewski, Fjodor M.: Die Brüder Karamasow, Frechen 2000 (Lizenzausgabe)
Drescher, Seymour: From Slavery to Freedom. Comparative Studies in the Rise and Fall of Atlantic Slavery, London 1999
Dubois, Laurent: Avengers of the New World, Cambridge/London 2004
Ders.: Haiti. The Aftershocks of History, New York 2012
Duverger, Maurice: Mafia e inflazione uccidono la Russia, in: Corriere della Sera, 18.10.1993
Enzensberger, Hans Magnus (Hrsg.): Gespräche mit Marx und Engels, Frankfurt (Main) 1973
Fanon, Frantz: I dannati della terra (1961), Turin 1967
Ders.: Scritti politici. Bd. 2. L'anno V della rivoluzione algerina, Rom 2007
Fauré, Christine (Hrsg.): Les déclarations des droits de l'homme de 1789, Paris 1988
Ferguson, Niall: Colossus. The Rise and Fall of the American Empire, London 2005
Ders.: The War of the World, London 2006
Ders.: Civilization. The West and the Rest, London 2011
Feuerbach, Ludwig: Die Naturwissenschaft und die Revolution (1850), in: Ders.: Anthropologischer Materialismus. Ausgewählte Schriften, Bd. 2, hrsg. v. A. Schmidt, Frankfurt (Main)/Wien 1967
Fichte, Johann Gottlieb: Briefwechsel, Bd. 1, hrsg. v. H. Schulz, 2. Aufl., Leipzig 1930
Figes, Orlando: La tragedia di un popolo. La Rivoluzione russa 1891-1924, Mailand 2000
Flores, Marcello: L'immagine dell'URSS. L'Occidente e la Russia di Stalin (1927-1956), Mailand 1990
Franceschini, E.: Mafia e donne in topless sulle rive del mar Nero, in: la Repubblica, 18./19.8.1991 (a)
Ders.: Emergenza in Russia. Un milione alla fame, Eltsin corre ai ripari, in: la Repubblica, 17.10.1991 (b)
Fraser, Nancy: Social Justice in the Age of Identity Politics: Redistribution, Recognition, and Participation, in: Fraser, N./Honneth, A.: Redistribution or Recognition? A Political-Philosophical Exchange, London 2003

Fréderic II., Roi de Prusse: Oeuvres posthumes, Bd. 20, Correspondance de Monsieur D'Alembert avec Fréderic II, Roi de Prusse, Berlin 1791
Friedberg, Aaron L.: Menace: Here Be Dragons: Is China a Military Threat?, in: The National Interest, September/Oktober 2009
Fukuyama, Francis: The End of History?, in: The National Interest, Sommer 1989, S. 3-18
Furet, François: Il passato di un'illusione. L'idea comunista nel XX secolo, Mailand 1995
Ders./Richet, D.: La rivoluzione francese, Roma/Bari 1980
Gadamer, Hans-Georg: Wahrheit und Methode. Grundzüge einer philosophischen Hermeneutik, 6. Aufl., Tübingen 1990
Goebbels, Joseph: Tagebücher, hrsg. v. R.G. Reuth, München/Zürich 1992
Goldstein, Andrea: BRIC. Brasile, Russia, India, Cina alla guida dell'economia globale, Bologna 2011
Gramsci, Antonio: La costruzione del partito comunista, Turin 1971
Ders.: Cronache Torinesi 1913-1917, hrsg. v. S. Caprioglio, Turin 1980
Ders.: La città futura 1917-1918, hrsg. v. S. Caprioglio, Turin 1982
Ders.: L'Ordine Nuovo 1919-1920, hrsg. v. V. Gerratana und A.A. Santucci, Turin 1987
Ders.: Gefängnishefte, Hamburg/Berlin 1991 ff
Green, Thomas Hill: Lecture on Liberal Legislation and Freedom of Contract (1881), in: Works, Bd. 3, hrsg. v. R.L. Nettleship (London 1891, 3. Aufl.), Faksimile-Ausgabe, London 1973
Guerrera, Francesco: Ascoltiamo quell'urlo in piazza, in: La Stampa, 2.10.2011
Guevara, Ernesto Che: Scritti, discorsi e diari di guerriglia 1959-1967, hrsg. v. L. Gonsalez, Turin 1969
Guillemin, Henri: La première résurrection de la République, Paris 1967
Gumplowicz, Ludwig: Der Rassenkampf. Soziologische Untersuchungen, Innsbruck 1883
Habermas, Jürgen: Theorie des kommunikativen Handelns. Zweiter Band, Frankfurt (Main) 1988
Ders.: Zur Rekonstruktion des Historischen Materialismus, Frankfurt (Main) 1976
Hardt, Michael: La nuda vita sotto l'Impero, in: Il manifesto, 15.5.1999
Ders./Negri, Antonio: Impero, Mailand 2002
Dies.: Moltitudine. Guerra e democrazia nel nuovo ordine imperiale, Mailand 2004
Harvey, David: The Enigma of Capital and the Crises of Capitalism, London 2010
Ders.: What is to be Done?, in: AA.VV.: Revolution and Subjectivity, Madrid 2011, S. 29-43
Hayek, Friedrich August von: Die Verfassung der Freiheit, Tübingen 1991
Ders.: Recht,Gesetz und Freiheit, Tübingen 2003
Hegel, Georg Wilhelm Friedrich: Vorlesungen über die Philosophie der Weltgeschichte, hrsg. v. G. Lasson, Leipzig 1919/20
Ders.: Berliner Schriften, hrsg. v. J. Hoffmeister, Hamburg 1956

Ders.: Werke in zwanzig Bänden, hrsg. v. E. Moldenhauer und K.M. Michel, Frankfurt (Main) 1969-79
Ders.: Jenaer Realphilosophie, hrsg. v. J. Hoffmeister, Hamburg 1969
Hennessy, Peter: Never Again. Britain, 1945-1951, New York 1993
Herzl, Theodor: Zionistisches Tagebuch, in: Briefe und Tagebücher, hrsg. v. A. Bein et al., Berlin / Frankfurt (Main) / Wien 1984/85
Hildebrand, Klaus: Vom Reich zum Weltreich. Hitler, NSDAP und koloniale Frage 1919-1945, München 1969
Himmelfarb, Gertrude: The Idea of Poverty. England in the Early Industrial Age, New York 1985
Himmler, Heinrich: Geheimreden 1933 bis 1945, hrsg. v. B.F. Smith und A.F. Peterson, Berlin 1974
Hitler, Adolf: Mein Kampf (1925-27), München 1939
Ders.: Reden und Proklamationen 1932-1945. Kommentiert von einem deutschen Zeitgenossen, Bd. I: Triumph, Erster Halbband 1932-1934, hrsg. v. Max Domarus, Wiesbaden 1973
Hoffmeister, Johannes (Hrsg.): Dokumente zu Hegels Entwicklung, Stuttgart 1936
Holloway, John: Die Welt verändern, ohne die Macht zu übernehmen, Münster 2010
Huntington, Samuel P.: Lo scontro delle civiltà e il nuovo ordine mondiale, Mailand 1997
Ikenberry, G. John: America's Imperial Ambition, in: Foreign Affairs, September/Oktober 2002, S. 44-60
Institut für Marxismus-Leninismus beim ZK der SED (Hrsg.): Der I. und II. Kongreß der Kommunistischen Internationale, Berlin 1959
Institut für Marxismus-Leninismus beim ZK der SED (Hrsg.): Komintern und revolutionäre Partei. Die Kommunistische Internationale über die revolutionäre Partei und die marxistisch-leninistische Weltanschauung der Arbeiterklasse. Auswahl von Dokumenten und Materialien 1919-1943, Berlin 1986
Jean, Carlo: »Guerre giuste« e »guerre ingiuste, ovvero i rischi del moralismo«, in: Limes. Rivista italiana di geopolitica, Nr. 3, Juni-August 1993, S. 257-271
Jessen, Jens: Unterwegs zur Plutokratie, in: Die Zeit, 1.9.2011
Johnson, Paul: Colonialism's Back – And Not a Moment Too Soon, in: The New York Times Magazine, Sonntagsbeilage, 18.4.1993
Judt, Tony: Postwar. A History of Europe since 1945, New York 2005
Kant, Immanuel: Gesammelte Schriften, hrsg. v. d. Königlich Preußischen Akademie der Wissenschaften, Berlin / Leipzig, 1900 ff
Kaplan, Robert D.: A NATO Victory Can Bridge Europe's Growing Divide, in: International Herald Tribune, 8.4.1999
Kautsky, Karl: Die Diktatur des Proletariats, Wien, 1919
Kolko, Gabriel: Century of War. Politics, Conflict, and Society Since 1914, New York 1994
Kommunistische Partei Chinas: Die Polemik über die Generallinie der internationalen kommunistischen Bewegung, Berlin 1970
Krastins, V.: Latvia's Past and Present, in: International Herald Tribune, 7.4.2000

Laclau, Ernest / Mouffe, Chantal: Hegemonie und radikale Demokratie (1991), 4. Aufl., Wien 2012
Lacouture, Jean: Ho Chi Minh, Mailand 1967
Lassalle, Ferdinand: Arbeiterprogramm (1862-63), in: Ders.: Reden und Schriften, Leipzig 1987
Le Bon, Gustave: Psychologie der Massen, Stuttgart 1911
Lenin, Wladimir I.: Werke (LW), Berlin 1956-1972
Livi, Roberto: La riforma di Raúl, in: Il manifesto, 3.8.2010
Locke, John: The Reasonableness of Christianity as delivered in the scriptures (1695), London 1824
Ders.: An Essay Concerning Toleration (1667), in: Philip Milton and J. R. Milton (Hrsg.): The Clarendon Edition of the Works of John Locke: An Essay Concerning Toleration: And Other Writings on Law and Politics, 1667–1683, Oxford 2006
Losurdo, Domenico: Hegel und das deutsche Erbe: Philosophie und nationale Frage zwischen Revolution und Reaktion, Köln 1989
Ders.: Die Gemeinschaft, der Tod, das Abendland: Heidegger und die Kriegsideologie, Stuttgart 1995
Ders.: Hegel und die Freiheit der Modernen, Frankfurt (Main) 2000
Ders.: Der Marxismus Antonio Gramscis, Hamburg 2000
Ders.: Kampf um die Geschichte. Der historische Revisionismus und seine Mythen, Köln 2007
Ders.: Demokratie oder Bonapartismus: Triumph und Niedergang des allgemeinen Wahlrechts, Köln 2008
Ders.: Nietzsche, der aristokratische Rebell. Biographie und kritische Bilanz, Hamburg 2009
Ders.: Freiheit als Privileg. Eine Gegengeschichte des Liberalismus, Köln 2010
Ders.: Die Sprache des Imperiums. Ein historisch-philosophischer Leitfaden, Köln 2011
Ders.: Stalin. Geschichte und Kritik einer schwarzen Legende. Mit einem Essay von Luciano Canfora, Köln 2012
Ders.: Gewaltlosigkeit. Eine Gegengeschichte, Hamburg 2015
Lukács, Georg: Werke, Neuwied / Berlin 1968 ff
Lu Xun: Letteratura e sudore. Scritti dal 1925 al 1936, hrsg. v. A. Bujatti, Isola del Liri (Frosinone) 2007
Mackinder, Halford J.: The Geographical Pivot of History, in: Geographical Journal, Bd. 23 (1904), Nr. 4, S. 421-437
Mallaby, Sebastian: The Reluctant Imperialist, in: Foreign Affairs, März/April 2002, S. 2-7
Mandeville, Bernard de: The Fable of the Bees (1705 und 1714; hrsg. v. F. B. Kaye, Oxford 1924), Faksimile-Ausgabe, Indianapolis 1988
Manning, Robert A.: Getting China to Play by the World Trade Rules, in: International Herald Tribune, 9.1.1996
Mao Zedong (Mao Tsetung): Ausgewählte Werke (AW), Beijing 1966-1978
Ders.: On Diplomacy, Beijing 1998

Martinetti, Cesare: Il Parlamento riabilita il vecchio rublo, in: La Stampa, 29.7.1993
Marx, Karl: Grundrisse der Kritik der politischen Ökonomie (Rohentwurf) 1857-1858, Berlin 1953
Ders.: Manuskripte über die polnische Frage (1863-64), hrsg. v. W. Conze und D. Hertz-Eichenrode, Den Haag 1961
Ders./Engels, Friedrich: Werke (MEW), Berlin 1955-89
Dies.: Gesamtausgabe (MEGA), Berlin 1975/Amsterdam 1990ff
Marx-Aveling, Eleanor/Aveling, Edward: Die Frauenfrage (1887), hrsg. v. I. Nödinger, Frankfurt (Main) 1983
Mayer, Arno J.: Politics and Diplomacy of Peacemaking. Containment and Counterrevolution at Versailles, 1918-1919, New York 1967
Mayer, Arno J.: Adelsmacht und Bürgertum. Die Krise der europäischen Gesellschaft 1848-1914, München 1984
Mazower, Mark: Hitler's Empire. How the Nazis Ruled Europe, London 2009
Mill, John Stuart: Considerations on Representative Government (1861), in: H.B. Acton (Hrsg.): John Stuart Mill, Utilitarianism, Liberty, Representative Government, London 1972
Ders.: The Subjection of Women (1869), in: Ders.: Collected Works, hrsg. v. J.M. Robson, Toronto/London 1963-91, Bd. 21
Misra, Amaresh: War of Civilisations. India AD 1857, 2 Bde., New Delhi 2008
Molnár, Miklós: Marx, Engels et la politique internationale, Paris 1975
Mosse, George L.: Gefallen für das Vaterland. Nationales Heldentum und namenloses Sterben, Stuttgart 1993
Myrdal, Gunnar: An American Dilemma: the Negro Problem and Modern Democracy, New York/London 1944
Naím Moisés: Mafia States. Organized Crime Takes Office, in: Foreign Affairs, Mai/Juni 2012, S. 100-111
Nietzsche, Friedrich: Sämtliche Werke, Kritische Studienausgabe, hrsg. v. G. Colli und M. Montinari, München 1988
Noah, Timothy: The Great Divergence. America's Growing Inequality and What We Can Do About It, New York 2012
Nolte, Ernst: Der europäische Bürgerkrieg 1917-1945. Nationalsozialismus und Bolschewismus, Frankfurt (Main)/Berlin 1987
Olusoga, David/Erichsen, Casper W.: The Kaiser's Holocaust. Germany's Forgotten Genocide, London 2011
Pasolini, Pier Paolo: Il genocidio (1974), in: Ders.: Scritti corsari, 3. Aufl., Mailand 1981
Piper, Ernst: Alfred Rosenberg. Hitlers Chefideologe, München 2005
Pomeranz, Kenneth: The Great Divergence. China, Europe and the Making of the Modern World Economy, Princeton 2000
Popper, Karl R.: Die offene Gesellschaft und ihre Feinde, 6. Aufl., Tübingen 1980
Ders.: »Kriege führen für den Frieden«, Interview mit Olaf Ihlau, in: Der Spiegel, 23.3.1992
Prashad, Vijay: Storia del Terzo Mondo, Catanzaro 2009
Preston, P.: La guerra civile spagnola 1936-1939 (1986), Mailand 1999

Proudhon, Pierre-Joseph: La Pornocratie, ou les femmes dans le monde moderne, Paris 1875
R. E.: Clinton: »Usammo i neri come cavie umane. Una vergogna americana«, in: Corriere della Sera, 10.4.1997
Reich, Robert B.: When America's Rich Get Too Rich, in: International Herald Tribune, 5.9.2001
Renan, Ernest: Œuvres complètes, hrsg. v. H. Psichari, Paris 1947 ff
Roach, Stephen S.: Transforming economic structure risky but vital task of nation's future, in: Global Times, 15.11.2012
Robespierre, Maximilien de: Œuvres, Paris 1950-67
Rodinson, Maxime: Maometto (1967), Turin 1995
Roth, Joseph: Reise nach Russland. Feuilletons, Reportagen, Tagebuchnotizen 1920-1930, Köln 1995
Rowan, C. T. / Mazie, D. M.: Fame in America, in: Selezione dal Reader's Digest, März 1969, S. 99-104
Scalfari, Eugenio: Al pettine i nodi di Reagan e Thatcher, in: la Repubblica, 26./27.1.1992
Schlesinger jr., Arthur M. (Hrsg.): History of United States Political Parties, New York / London 1973
Ders.: I cicli della storia americana (1986), Pordenone 1991
Ders.: Four Days with Fidel: A Havana Diary, in: The New York Review of Books, 26.3.1992
Schreiber, Gerhard: Deutsche Kriegsverbrechen in Italien. Täter, Opfer, Strafverfolgung, München 1996
Sieyès, Emmanuel-Joseph: Ecrits politiques, hrsg. v. R. Zapperi, Editions des archives contemporaines, Paris 1985
Sinowjew (Zinov'ev), Alexander A.: La caduta dell'»impero del male«. Saggio sulla tragedia della Russia, Turin 1994
Sisci, Francesco: La differenza tra la Cina e il mondo. La rivoluzione degli anni ottanta, Mailand 1994
Sismondi, Jean-Charles-Léonard Sismonde de: Nuovi principi di economia politica o della ricchezza nei suoi rapporti con la popolazione (1819; 1827), hrsg. v. P. Barucci, Mailand 1975
Slotkin, Richard: The Fatal Environment. The Myth of the Frontier in the Age of Industrialization 1800-1890, New York 1994
Smith, Adam: The Nature and Causes of the Wealth of Nations, Oxford 1976
Ders.: Lectures on Jurisprudence (1762-63 u. 1766), Indianapolis 1982
Snow, Edgar: Stella rossa sulla Cina (1938), 3. Aufl., Turin 1967
Soprani, Anne: La Révolution et les Femmes 1789-1796, Paris 1988
Spencer, Herbert: The Principles of Ethics (1879-93), hrsg. v. T. R. Machan, Indianapolis 1978
Ders.: The Proper Sphere of Government (1843), in: Ders.: The Man versus the State, Indianapolis 1981
Spengler, Oswald: Jahre der Entscheidung, München 1933
Stalin, Josef W.: Werke, Hamburg 1971 ff

Stefanoni, Pablo: Bolivia a due dimensioni, in: Il manifesto, 22.7.2006
Stern, Ernest: The Way Ahead for China: More Change, Sustainably, in: International Herald Tribune, 19.5.1994
Taine, Hippolyre: Le origini della Francia contemporanea. L'antico regime (1876), Mailand 1986
Tawney, Richard H.: La religione e la genesi del capitalismo (1926), Turin 1975
Thurow, Lester: Head to Head. The Coming Economic Battle among Japan, Europe and America, New York 1992
Tocqueville, Alexis de: Œuvres complètes, hrsg. v. J. P. Mayer, Paris 1951 ff
Todorov, Tzvetan: La guerra impossibile, in: la Repubblica, 26.6.2012
Togliatti, Palmiro: Opere, Bd. 5, hrsg. v. L. Gruppi, Rom 1974-84
Trotzki, Leo D.: Schriften. Sowjetgesellschaft und stalinistische Diktatur, hrsg. v. H. Dahmer et al., Hamburg 1988
Tucholsky, Kurt: Der Krieg und die deutsche Frau (1927), in: Ders.: Gesammelte Werke, Bd. 5, hrsg. v. M. Gerold-Tucholsky und F.J. Raddatz, Hamburg 1985
Turone, Sergio: Storia del sindacato in Italia (1943-1969), Rom / Bari 1973
Tyler, Patrick E.: Industrial Reform is Under Assault in China, in: International Herald Tribune, 19.6.1995
Vogel, Ezra V.: Deng Xiaoping and the Transformation of China, Cambridge (Mass.) / London 2001
Weil, Simone: Écrits de Londres et dernières lettres, Paris 1957
Dies.: Écrits historiques et politiques, Paris 1960
Dies.: Œuvres complètes, 3 Bde., hrsg. v. A. A. Devaux und F. de Lussy, Paris 1989-91
Wilkinson, William J.: Tory Democracy (1925), New York 1980
Wollstonecraft, Mary: Sui diritti delle donne (1792), hrsg. v. B. Antonucci, Mailand 2008
Woolf, Virginia: Tre ghinee (1938), Mailand 1992
Žižek, Slavoj: Mao Tse-Tung, the Marxist Lord of Misrule. On Practice and Contradiction, London 2007
Ders.: Dalla tragedia alla farsa (2009), Florenz 2010
Ders.: Welcome to Interesting Times!, in: AA.VV.: Revolution and Subjectivity, Madrid 2011, S. 125-136
Ders.: Benvenuti in tempi interessanti, Florenz 2012

Personenregister